Mitteilungen der Deutschen Dendrologischen Gesellschaft

Nr. 109

Quelle & Meyer Verlag Wiebelsheim

www.quelle-meyer.de

Druck und Verarbeitung: Belvédère Print & Packaging b.v.
Printed in in Europe/Imprimé en Europe

ISBN 978-3-494-01982-6

Inhaltsverzeichnis

Für den Inhalt der Beiträge sind die Autoren/Autorinnen verantwortlich.

Vorwort

Sehr geehrte Mitglieder der Deutschen Dendrologischen Gesellschaft, geschätzte Leserinnen und Leser,

im letzten Jahr schrieb ich an dieser Stelle von dem bei uns bislang wärmsten Jahr, welches dokumentiert wurde, 2022. Doch 2023 wurde dieser Rekord schon wieder gebrochen, global und deutschlandweit. Die Durchschnittstemperatur betrug bei uns 10,6 °C. Das hat immense Auswirkungen auf unser Wohlbefinden – und auch auf die Pflanzenwelt. Mit der Klimaerwärmung befasst sich ein Beitrag in diesem Jahrbuch, dessen Verfasserin einen der beiden vergebenen Camillo-Schneider-Preise erhalten hat. Es geht um eine neue Winterhärtezonenkarte für Deutschland und die benachbarten Regionen. Zumindest in unseren Breiten hat es aber auch ausgiebig, mancherorts zu ausgiebig, geregnet. Das kam den Pflanzen zugute, und viele Gehölze haben ein zügiges Wachstum gezeigt, wie wir es lange nicht mehr beobachtet haben. Wir dürfen auf die Blüte und den Fruchtansatz im Jahre 2024 gespannt sein.

Kriege und Konflikte haben den Blick von der Klimakrise abgelenkt. Doch dürfen wir in unserem Bemühen, eine lebenswerte Umwelt zu erhalten, nicht nachlassen – als Dendrologinnen und Dendrologen gestalten wir dabei aktiv mit. Gehölze vermehren, pflanzen, sie zu erhalten, Kenntnisse über sie zu verbreiten oder das Bewusstsein für sie zu stärken, sind wichtige Anliegen unserer Gesellschaft und vieler unserer Mitglieder.

Es gibt immer weniger Fachkräfte und in einigen Branchen herrscht ein regelrechter Mangel an ihnen. Das trifft auch auf den „Grünen Sektor" zu. So gab es 2023 in Deutschland nur 219 neue Auszubildende der Fachrichtung Baumschule, und immerhin 3753 Abschlüsse in der Fachrichtung Garten- und Landschaftsbau; das sind 15,8 % bzw. 6,4 % weniger als im Vorjahr. Beklagt wird in den Betrieben, in Planungsbüros und im Öffentlichen Sektor immer wieder, dass fundierte Pflanzenkenntnisse fehlen. Ohne Kenntnis der Pflanzen, der Gehölze im Speziellen, können die vielfältigen Aufgaben der Branche nicht bewältigt werden, gerade im Hinblick auf die kommenden klima-

Foto: Carmen Jablonski.

bedingten Veränderungen. Die DDG versucht auf vielfältige Weise, Gehölzkenntnisse zu vermitteln. Dieses Thema, und auch wie wir unsere Angebote an die richtigen Adressaten bringen können, wird uns weiterhin beschäftigen.

Im vergangenen Jahr 2023 haben wir Jahrestagung, Studienreise und Winterseminar durchgeführt, alle sehr erfolgreich. Die Berichte zu diesen Veranstaltungen finden Sie in dieser Ausgabe der Mitteilungen der Deutschen Dendrologischen Gesellschaft. Das vorliegende Jahrbuch bietet zudem erneut vielfältige Beiträge aus dem Gebiet der Dendrologie: Abhandlungen zu den Nationalerbe-Bäumen (deren Anzahl sich auch 2023 sehr erfreulich vermehrt hat), zur nicht unkomplizierten Gattung der Vogel- und Mehlbeeren (*Sorbus*), zu diversen Gehölzen (Flatter-Ulme, Lindensorten, Mistel, Ölbäume auf Kreta oder Griechischer Ahorn sowie eine historische Eiche), zum durch

Spechte hervorgerufene Schäden an Bäumen oder zum Begründer der geregelten Forstwirtschaft Heinrich Cotta. Aber auch zum Gehölzbestand in Bad Ems, zu einem Baumpark in Thedinghausen und zur Geschichte der berühmten Baumschule Baumann im Elsass sowie einer Exkursion in die Steiermark und nach Kärnten. Ich danke herzlich allen Autorinnen und Autoren für ihre Beiträge; sie sorgen dafür, dass unser Jahrbuch so vielfältig ist. Auch allen anderen, die sich in vielfältiger Weise für die Belange unserer Gesellschaft einsetzen, danke ich sehr.

Wir mussten Ende November 2023 Abschied nehmen von unserem früheren Präsidenten und Ehrenpräsidenten Prof. Dr. Franz H. Meyer, der im hohen Alter von 95 Jahren verstorben ist. Prof. Meyer war von 1970 bis 1976 Präsident der DDG. Mit einem Nachruf gedenken wir ihm.

In der Zeit Prof. Meyers als Präsident der DDG hatten wir 1294 Mitglieder. Zwischenzeitlich, nach der Wiedervereinigung beider deutscher Staaten, stieg die Mitgliederzahl auf etwa 1500 Personen an. Mittlerweile haben wir wieder einen Mitgliederstand erreicht, der noch nicht ganz an denjenigen von 1971 heranreicht, damit also an den Stand von vor über 50 Jahren. Sollte es nicht möglich sein, unsere Gesellschaft, deren Anliegen auch heute noch so immens wichtig sind, einem größeren Personenkreis zu erschließen? Gemeinsam sollten wir uns darum bemühen, weitere Mitglieder zu werben. Möglichkeiten der Mitgliederwerbung bieten unter anderem die Regionalexkursionen, die erfreulicherweise in vielen Regionen von Mitgliedern organisiert werden. Immer noch gibt es diesbezüglich aber „weiße Flecken“ auf der Landkarte. Ich hoffe, dass diese geschlossen werden können. Die ersten Regionalexkursionen fanden übrigens auf Anregung von Prof. Dr. Meyer statt: In den „Kurzmitteilungen“ (den heutigen „Ginkgoblättern“) Nr. 7 von 1971 wurden gleich sieben solcher Veranstaltungen angekündigt. Ein Jahr später, 1972, waren es schon über 10.

Ich danke dem Redaktionsbeirat, der eine wertvolle Hilfe bei der Begutachtung der eingesandten Beiträge leistete. Ebenso danke ich Frau Claudia Huber, die erneut als Lektorin dieser Ausgabe alle Beiträge kritisch las und das Layout besorgte. Die Zusammenarbeit mit dem Quelle & Meyer Verlag verlief wieder zur vollen Zufriedenheit.

Ich wünsche Ihnen viel Freude beim Lesen dieser „Mitteilungen“ und hoffe, dass wir uns anlässlich einer der kommenden Veranstaltungen der DDG wiedersehen werden.

Ihr

Eike Jablonski, Präsident der DDG

Ehrentafel für langjährige Mitgliedschaft in der Deutschen Dendrologischen Gesellschaft

Für **40-jährige Mitgliedschaft** werden 2024 folgende Mitglieder mit der Ehrennadel – Goldenes Ginkgo-Blatt mit Perle – bedacht:

Dr. Gregor Aas, Bayreuth
Botanischer Garten der Universität Osnabrück, Osnabrück
Irene Burkhardt, Landschaftsarchitekten, München
Bernhard Jaesch, Springe-Bennigsen
Engelbert Kötter, Walldürn
Dr. Ernst Kürsten, Hannover
Frank Leyener, Bad Laasphe
Brigitte Majer, Rastatt
Christof Niehues, Köln
Nordwestdeutsche Forstl. Versuchsanstalt, Abt. Waldwachstum, Göttingen
Ingrid Rogge, Hannover
Klaus Schirrich, Bielefeld
Karl-Heinrich zur Mühlen, Kleinmachnow

Zum Gedenken an Prof. Dr. FRANZ H. MEYER (22.08.1928–30.11.2023)

EIKE J. JABLONSKI

Am 30.11.2023 verstarb im Alter von 95 Jahren Prof. Dr. FRANZ HERMANN MEYER. Er war von 1970 bis 1976 Präsident der DDG und seit 1988 ihr Ehrenpräsident.

FRANZ HERMANN MEYER wurde 1928 in Cuxhaven geboren. Sein Vater WILHELM war Architekt; 1935 nahm er eine Anstellung in Stettin in Pommern an. Das Abitur an der dortigen Oberschule konnte FRANZ H. MEYER nicht abschließen, da er 16-jährig im Sommer 1944 als Luftwaffenhelfer eingesetzt und zu Beginn 1945 zur Wehrmacht eingezogen wurde. Er wurde am Bein verwundet und kam noch im Lazarett in russische Kriegsgefangenschaft. Mit Glück wurde er früh entlassen und konnte sich bis zur britischen Besatzungszone nach Hamburg durchschlagen, wo er sein Abitur ablegte und mit dem Studium der Biologie begann. 1954 wurde er Diplom-Biologe, 1956 promovierte er am Botanischen Institut der Universität Hamburg bei Prof. ELLENBERG und habilitierte sich dort 1962 für das Fach Forstbotanik. Er arbeitete bis 1969 an der Bundesforschungsanstalt für Forst- und Holzwirtschaft, die damals im Schloss Reinbek bei Hamburg untergebracht war. Eine besondere Zeit war ein einjähriger Lehraufenthalt an der Ägäis-Universität in Izmir von 1967 bis 1968. Gerade über diese Zeit hat er oft und gerne berichtet, und auch später führte er Dendrologen durch die Türkei. 1970 erhielt er einen Ruf an die Universität Hannover. Als Professor am Institut für Landschaftspflege und Naturschutz unterrichtete er dort angehende Gartenbauer und Landespfleger sowie Forstwirte und Geobotaniker. Ich selbst habe noch zum Ende seiner beruflichen Laufbahn bei ihm Dendrologie gehört und war begeistert von den Gehölzen, die Assistenten im nahen Berggarten sammelten, und die in den Prüfungen „sitzen“ mussten. Wir Studierenden waren von seinem immensen Fachwissen begeistert. Die Führungen in den Hannoverschen Parks, besonders im Berggarten und im Welfengarten, sind mir in guter Erinnerung; viele Details und Merkmale von Gehölzen lernten wir von ihm.

Abb. 1: FRANZ H. MEYER. Foto: RENATE KNIBBE.

FRANZ H. MEYER betreute über ein Dutzend Doktoranden und unzählige Diplomarbeiten. 1990 ging er in Pension, hielt aber weiterhin Kontakt zu früheren Kollegen und verbrachte viel Zeit auf Reisen, vornehmlich aber in seinem geliebten Garten. Leider machte sich die Kriegsverletzung im Alter immer stärker bemerkbar und schränkte seine Beweglichkeit ein. Seine letzte Reise trat er friedlich von zu Hause und mit Blick in seinen Garten an.

Prof. MEYER war seit 1958 mit Dr. URSULA MEYER verheiratet. Sie ist ebenfalls Botanikerin. Die beiden lernten sich an der Universität Hamburg kennen. Eine Seite in einer Festschrift zum 100. Geburtstag der Universität Hamburg ist den beiden gewidmet (siehe auch Univ. Hamburg 2023). Aus der Ehe gingen drei Kinder hervor.

Sein berufliches Leben widmete er der Dendrologie und speziell der Mykorrhiza. Früh entdeckte er die Auswirkung von Überdüngung durch Stickstoff auf das Wurzelwerk von Bäumen. Er beobachtete, dass die Symbiose zwischen dem Wurzelwerk und dem Pilzmycel durch hohen Stickstoffeintrag empfindlich gestört wird. Damit setzte er sich in Widerspruch zur damals vorherrschenden Lehre, dass „saurer Regen" das Waldsterben verursache und dass Kalken dem Wald helfe. Das große Interesse für das Zusammenspiel von Wurzeln und Pilzen fand seinen Ausdruck auch darin, dass er die 3. Auflage von Schaedes „Die pflanzlichen Symbiosen" bearbeitete, die 1962 erschien. Sein Lehrbuch „Bäume in der Stadt", dass er 1982 herausgab und für das er mehrere Beiträge selbst schrieb, wurde zu einem bekannten Standardwerk und erfuhr mehrere Auflagen. Eine patentierte Erfindung von Franz H. Meyer wird noch heute eingesetzt, nämlich der „Baumschnorchel", eine mit Blähton gefüllte Röhre, mit der die Belüftung des Wurzelwerks verbessert wird. Ferner arbeitete er von der 6. Auflage 1977 bis zur 12. Auflage 2007 am „Fitschen", dessen mittlerweile 14. Auflage 2023 erschien, mit und ist Autor zahlreicher wissenschaftlicher Publikationen.

1962 nahm er zum ersten Mal an der Jahrestagung der DDG (in Oldenburg) teil. Es ist anzunehmen, dass er spätestens dann auch Mitglied wurde, und damit über 60 Jahre der DDG verbunden war. Regelmäßig war er nun Teilnehmer der Jahrestagungen und hielt auch Vorträge dort. 1970 wurde er in der Nachfolge von Franz Boerner zum 8. Präsidenten der DDG gewählt, ohne vorher Rats- oder Vorstandsmitglied gewesen zu sein. Er erbat sich, wegen seiner beruflichen Verpflichtungen nicht länger als höchstens zwei Amtsperioden zu amtieren.

Die Jahrbücher sollten nun, unter seiner Amtszeit, jährlich erscheinen, was aber erst ab 1976 gelang. Neben den jährlich stattfindenden Jahresversammlungen organisierte Franz H. Meyer mit großem Engagement jährliche Studienreisen. Es ging nach Südengland, Finnland, Südjugoslawien, nach Norditalien und Schottland. Prof. Meyer regte auch zwecks Förderung der Kontakte der DDG-Mitglieder untereinander halb- oder mehrtägige regionale Veranstaltungen an – die Regionalgruppen wurden geboren. Schon 1971 konnten sieben Veranstaltungen dieser Art angeboten werden.

1976 legte Franz H. Meyer wie vereinbart das Präsidentenamt nieder, sein Nachfolger wurde Prof. Dr. Horst Bartels. Prof. Meyer leitete aber weiterhin mehrere Studienreisen, die nach Irland, Madeira, Zypern und zweimal, 1990 und 1994, in die Türkei führten, zu der er seit seinem Aufenthalt an der Ägäis-Universität Izmir gute Kontakte unterhielt. In den „Mitteilungen" publizierte er regelmäßig zum Thema Mykorrhiza oder zu Gehölzen in der Stadt (z. B. Meyer 1972, 1979, 1991).

Die DDG ist Prof. Dr. Franz H. Meyer dankbar für sein Engagement für die Dendrologie. Wir werden unserem ehemaligen Präsidenten und Ehrenpräsidenten ein ehrendes Andenken bewahren.

Quellen:

Knibbe, R. (2023): Schriftliche Mitteilung.

Meyer, F. H. (1962): Reinhold Schaede, Die pflanzlichen Symbiosen. 3. Auflage. Fischer, Jena.

Meyer, F. H. (1972): Gehölze in städtischer Umwelt. Mitt. Deutsch. Dendrolog. Ges. 66: 105–131.

Meyer, F. H. (1979): Ektomykorrhizen in vermorschten Stämmen von *Tilia*. Mitt. Deutsch. Dendrolog. Ges. 71: 223–228.

Meyer, F. H. (Hrsg.) (1982): Bäume in der Stadt. Ulmer, Stuttgart.

Meyer, F. H. (1996): Mykorrhiza der Bäume. Mitt. Deutsch. Dendrolog. Ges. 82: 173–180.

Schroeder, F.-G. (2017): Die Deutsche Dendrologische Gesellschaft und ihre Präsidenten von 1892 bis 2008. Mitt. Deutsch. Dendrolog. Ges. 102: 77–146.

Univ. Hamburg (2023): https://www.uni-hamburg.de/newsroom/campus/2018/1023-hoersaal-ehe.html; Zugriff 20.12.2023

Mitt. Deutsch. Dendrol. Ges. (MDDG)	109	11–43	2024	ISBN 978-3-494-01982-6

Baumveteranen und zum Stand Nationalerbe-Bäume, Besonderheiten und Wirkungen der Baumalterung

Andreas Roloff

Abstract

Veteran trees and the status of national heritage trees, Special features and effects of tree ageing

The article presents the current status (Oct. 2023) of the German Dendrology Society (DDG) "Nationalerbe-Bäume" (National Heritage Trees) Initiative and provides comprehensive background information on the special features and effects of ancient trees, the processes of tree ageing and their situation in Germany. Necessary prerequisites and possible "strategies" for a significant tree age are discussed.

Furthermore, current research is presented, what replacement planting would actually have to be carried out in order to compensate for its effects when an old tree is removed, and that these are far more young trees than is currently the case in practice. Finally, the cultural-historical significance of old trees is discussed using the example of National Heritage Trees. The 30 National Heritage Trees proclaimed so far are shown throughout the text with pictures and in two tables with their most important tree data.

Zusammenfassung

Im Beitrag wird der aktuelle Stand (Okt. 2023) der DDG-Initiative Nationalerbe-Bäume präsentiert und zu ihrem Hintergrund umfassend auf die Besonderheiten und Wirkungen uralter Bäume, die Prozesse der Baumalterung und ihre Situation in Deutschland eingegangen. Notwendige Voraussetzungen und mögliche „Strategien" für ein hohes Baumalter werden diskutiert.

Weiter werden aktuelle Erkenntnisse dazu vorgestellt, welche Ersatzpflanzungen eigentlich vorgenommen werden müssten beim Beseitigen eines Altbaumes, um seine Wirkungen zu kompensieren, und dass dies weit mehr Jungbäume sind, als es derzeit die Praxis ist. Abschließend geht es um die kulturhistorische Bedeutung von alten Bäumen am Beispiel der Nationalerbe-Bäume. Die bisher 30 ausgerufenen Nationalerbe-Bäume werden über den Text verteilt mit Bildern und in zwei Tabellen mit ihren wichtigsten Baumdaten gezeigt.

Gliederung

4 Welche Bedeutung haben alte Bäume für Kulturgeschichte und historische Ereignisse?
   Bäume als regionale und lokale Zeitzeugen mit kulturhistorischer Bedeutung
   Schlussbemerkungen

1 Alterungsprozesse an langlebigen Baumarten – was spielt sich dabei ab und mit welchen Folgen?

Der älteste lebende Baum der Welt mit einem einzelnen durchgängig lebenden Stamm ist eine Langlebige Grannen-Kiefer (*Pinus longaeva*) im Hochgebirge Nevadas/USA mit ca. 5000 Jahren (Schütt & Lang 1996). In Europa dürfte es eine Eibe (*Taxus baccata*) in Devon/Großbritannien sein, mit etwa 2000 Jahren (Abb. 1) und an der Basis noch miteinander verbundenen Stammteilen.

Prozesse und Altersherleitung

Bäume altern auf ganz andere Weise als Menschen und Tiere. Dadurch, dass sie im Optimal- und Regelfall jedes Jahr neue Blätter, neue Triebe, neue Wurzeln und neue Jahrringe entwickeln, gibt es immer junge Gewebe, die noch nicht einmal ein Jahr alt sind. Diese ständige lokale Verjüngung an allen Organen ist der Grund dafür, dass selbst Bäume mit einem Alter von über 1000 Jahren noch ganz junge einjährige Organe und Gewebe aufweisen, die so lange weiterleben, sich teilen, wachsen und verjüngen, wie ihre Wasser- und Nährstoffversorgung (bei Blättern auch ihre Belichtung) sichergestellt ist. Das kann schließlich auch nur noch bei einem Teil des ursprünglichen Baumes funktionieren, muss aber fortlaufend erfolgen mit einer maximalen Unterbrechung von 1–2 Jahren. Sonst sterben die betroffenen Stamm- oder Kronenteile, Triebe, Wurzeln und Zucker-Leitbahnen ab oder Wasser-Leitbahnen werden funktionslos.

Bei einer Reihe von Baumarten treiben klonal aus oberflächennahen Wurzeln ständig auch schon zu Lebzeiten des Altbaumes neue Schösslinge aus Wurzeln hervor, die sog. Wurzelbrut: z.B. bei Robinie (*Robinia pseudoacacia*), Zitter-Pappel (*Populus tremula*, Abb. 2) und Grau-Erle (*Alnus incana*). Bei solchen vegetativ entstandenen Bäumen zählt man das Alter immer wieder von 1 an, rechnet also nicht das Alter der (oft gar nicht genau bekannten) Vorgänger- oder Mutterbäume mit hinzu. Der gesamte Klon (also nicht ein Einzelbaum) ist dann inzwischen so alt wie der erste, ursprüngliche Mutterbaum ist (oder alt wäre, falls dieser bereits abgestorben ist). Klonbäume können theoretisch immer weiterleben mit dieser Strategie und in Einzelfällen mehrere 10000 Jahre überleben. Dies ist z.B. besonders gut bekannt und untersucht für den Klon 'Pando' mit über 40000 Individuen

Abb. 1: Eiben-Methusalem mit 13,30 m Stammumfang und einem Alter von über 1500 Jahren (Kenn/Devon, UK).

Abb. 2: Etwa 20–40 Jahre alte Zitter-Pappeln – alles ein Klon unbekannten Ursprungsalters mit unterirdisch verbundenen Wurzeln und unterschiedlich alten Wiederaustrieben.

einer Nordamerikanischen Zitter-Pappel, *Populus tremuloides* (Weisgerber 2010). Solche Klonbäume sind dadurch also sozusagen „unsterblich" – bis sie ggf. von einer Krankheit, einem einschneidenden Naturereignis oder von Menschen komplett zum Absterben gebracht werden. Eindrucksvoll ist dieser Prozess auch bei den sog. Krakenweiden (Roloff 2020a).

Bei sehr alten Bäumen mit über 400 cm Stammumfang sind die Jahrringe regelmäßig nicht mehr zur Altersherleitung nutzbar, da diese Bäume (fast) immer innen hohl sind und also ihre frühe Lebensgeschichte nicht mehr aus einer Zuwachsbohrung rekonstruierbar ist. Man könnte dann nur noch den verbliebenen äußeren Stammmantel zu Hilfe nehmen, allerdings sind Hochrechnungen des

Abb. 3: Mit etwa 1120 Jahren (±130 Jahre) altersdatierter Olivenbaum auf Korfu mit 11,10 m Stammumfang (90 % des Stammes hohl), daraufhin zum europäischen Naturmonument ausgerufen, da mindestens drittältester wissenschaftlich datierter Olivenbaum (nähere Details in Gillner & Roloff 2016).

Baumalters aus seinem Stammumfang oder seinen Jahrringen der letzten Jahrzehnte dabei meist unzulässig bzw. Schätzungen mit Angabe eines Unsicherheitsbereiches (Gillner & Roloff 2016: Abb. 3, Roloff 2021b, Steinfurth & Roloff 2021). Somit können zur Altersherleitung dann oft nur helfen: die heutige Baumgestalt/-skulptur, alte Fotos (gibt es frühestens von etwa 1900), Gemälde (i. d. R. frühestens von etwa 1800 oder selten 1500), auf denen der damals schon beeindruckend große Baum zu sehen ist, oder alte Beschreibungen des früheren Baumes (z. B. in Urkunden – in extrem seltenen Fällen zurück bis 1200, wenn es sich um Gerichts-, Thing- oder Grenzbäume handelte).

Leider hat vor über 700 Jahren niemand aufgeschrieben, wenn zur Fertigstellung einer Kirche oder Burg ein Baum gepflanzt wurde – so etwas kann daher nur vermutet werden. Dabei wird dann wohlwollend durchaus häufiger das Baumalter so hergeleitet: Ist die Kirche von 1324 und daneben steht eine dicke Linde, ist diese heute auch 700 Jahre alt. Das bleibt aber meist bloße Spekulation, denn sie kann evtl. auch erst viel später gepflanzt worden sein – z. B. zum Bau der Nachfolgekirche 1524 und wäre somit erst 500 Jahre alt. Oder es könnte auch ein 400 Jahre alter Wiederaustrieb der ursprünglichen Linde sein, die damals abgestorben war.

Es gibt in Deutschland viele eindrucksvolle Geschichten zum Baumalter mit Aufrundungen auf gerne 1000 Jahre von 700, 500 oder sogar von 400 Jahre alten Bäumen, besonders, wenn es um den ältesten Baum Deutschlands geht, der noch einen einzelnen Stamm oder zumindest an der Basis noch miteinander verbundene originale Stammreste aufweist. Leider hat bislang keine Bezeichnung der vielen „1000-jährigen" Eichen, Linden oder Eiben einer genaueren Überprüfung standgehalten, und es gibt daher hierzulande wohl auch keinen sicher belegten über 1 000 Jahre alten Baum mehr. In England hingegen sind es nach eigener Einschätzung und Erfahrung wohl über 100 Uraltbäume, die über 1 000 Jahre alt sind. Zu den Gründen dafür siehe nachfolgende Kapitel.

Für das Thema Baumalterung eines durchgängig lebenden Stamms ist die Unterscheidung von drei Baumartengruppen nach ihrer Langlebigkeit wichtig, die sich inzwischen für verschiedene Fragestellungen bewährt und etabliert hat (Roloff 2018):

- Kurzlebige (KL) mit 80–100 Jahren Lebenserwartung: z. B. Kultur-Apfel, -Birne, -Kirsche, Sand-, Moor-Birke, Blauglockenbaum, Eberesche, Schwarz-Erle, Götterbaum, Hybrid-Pappel, Fahl-Weide;
- Mittelalte (MA) mit 150–300 Jahren Lebenserwartung: z. B. Spitz-, Berg-Ahorn, Amberbaum, Rot-Buche, Rot-Eiche, Esche, Stech-Fichte, Hainbuche, Baum-Hasel, Gleditschie, Schwarz-, Wald-Kiefer, Mehlbeere, Nussbaum, Schwarz-Pappel, Robinie, Rosskastanie, Schnurbaum, Silber-Weide;
- Langlebige (LL) mit über 400 Jahren Lebenserwartung: z. B. Eibe, Stiel-, Trauben-Eiche, Ginkgo, Ess-Kastanie, Europäische Lärche, Sommer-, Winter-Linde, Platane, Riesenmammutbaum, Flatter-Ulme (im Gebirge auch Berg-Ahorn, Weiß-Tanne, Zirbe).

Es geht hier im Folgenden um die dritte Gruppe – die langlebigen Baumarten (LL) – und dabei um die sog. „Methusalembäume" mit 400 bis 1 000 und mehr Jahren Lebenserwartung (Parker & Lewington 2012), entsprechend den Lebensstadien V–IX in Abbildung 4, die beim Alterungsprozess im Idealfall an diesen Baumarten unterschieden werden können (genaue Altersangaben/-spannen sind dafür nicht möglich oder sinnvoll, da es zu sehr von der Baumart, dem Standort und erfolgten Schäden abhängt):

I	Jugend-Phase: Kronenaufbau, Etablierung oder Pflanzung am Standort
II	Explorations-Phase: Netzwerk von Langtrieben im Wipfelbereich
III	Degenerations-Phase: Längliche Bürstenstrukturen
IV	Stagnations-Phase: Kurztriebkrallen bzw. Pinsel-Strukturen im Wipfelbereich
V	Retraktions-Phase: Absterben mehrerer Hauptachsen im Wipfelbereich
VI	Kronenrückbau-Phase: Aufbau einer Sekundärkrone in mittlerer Baumhöhe
VII	Baumveteran-Phase: Stammöffnungen/-fäulen, Verdichtung der Sekundärkrone
VIII	Zerfalls-Phase: Zerfall des Stammes in Teilbäume
IX	Baummonument-Phase: mehrere eigenständige Individuen
[X]	Verjüngungs-Phase (Wiederaustrieb aus dem Stock)

Die langlebigen Baumarten müssen über ein sehr ausgeprägtes und erfolgreiches Reaktions-, Überwallungs- und Kompartimentierungs-Vermögen (u. a. CODIT-Prinzip: Dujesiefken & Liese 2022)

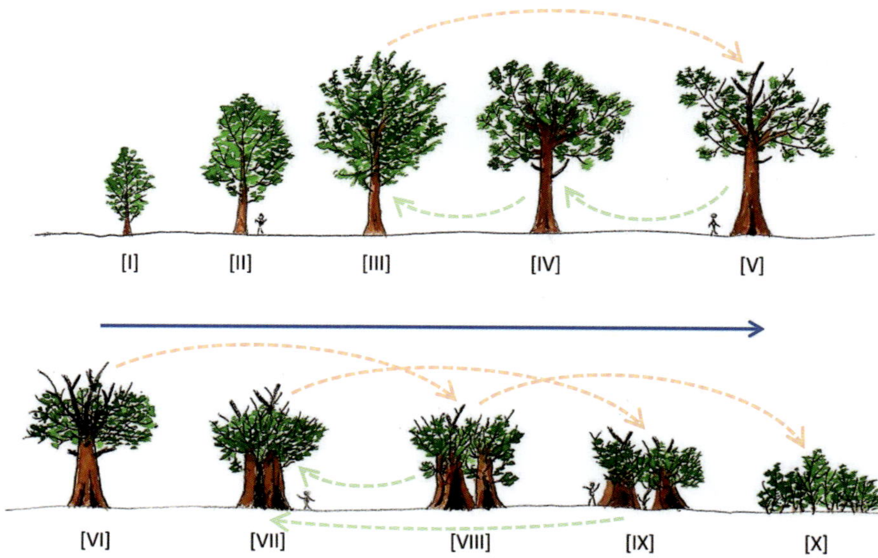

Abb. 4: Alterungsprozess langlebiger Baumarten (z. B. Eichen, Linden): schematische Darstellung in 10 verschiedenen Stadien über einen Lebenszyklus von 500 bis 1 000 Jahren (Erläuterung im Text).

verfügen, damit sie 1 000 Jahre alt werden können. Zudem gehören spätestens ab einem Baumalter von 200 bis 400 Jahren (Stadium V in Abb. 4) Absterbeprozesse mit zur Überlebensstrategie solcher Bäume, in deren Verlauf die Kronen meist sukzessive kleiner und somit die Transportwege für Wasser und Nährstoffe von den Wurzeln zu den Blättern und für die Zuckerlösung von den Blättern zu den Wurzeln verkürzt werden (Stadien V–IX).

Neuere eigene Untersuchungen dieser Alterungsprozesse an sehr alten Bäumen (Abb. 5a–c) haben ergeben, dass jedes Jahr relativ häufig eine variable Anzahl von Nebenzweigen im Wipfelbereich, bisweilen auch einzelne oder mehrere Wipfel-Hauptäste, absterben und zugleich aus schlafenden oder neu angelegten Knospen (etwas) weiter unten in der Oberkrone neue Triebe erscheinen, d. h. Reiterationen: Ihr Anteil in der Krone nimmt im hohen Alter immer mehr zu und kann schließlich (nahezu) 100 % betragen. Wenn man sich diesen ständigen „Umsetzungs- und Rückzugsprozess" genauer ansieht (Abb. 5a), läuft in der Krone solcher alten Bäume eine beeindruckende Dynamik ab, die man bei einmaligem oder wiederholtem oberflächlichem Betrachten gar nicht wahrnimmt. Es findet damit ständig ein fundamentaler langanhaltender Kronenumbau statt.

Dabei werden die Kronen natürlicherweise kleiner (sog. „Rückzug" bzw. „Rückbau", Read 2000, Lonsdale 2013, Dujesiefken et al. 2016, Fay & de Berker 2016, Farjon 2017, Roloff 2018), da ein mindestens partielles fortlaufendes Zurücksterben von Zweigen stattfindet (Stadien V–IX in Abb. 4), ohne dass dies der „Anfang vom Ende" sein muss.

Die Totäste im Wipfelbereich haben zwar Auswirkungen auf die Verkehrssicherheit der Altbäume, sie müssen jedoch kein Anzeichen eines baldigen Absterbens des ganzen Baumes sein. Das wird erst wahrscheinlicher, wenn größere Kronenteile absterben bis in den Grobastbereich (Abb. 5b), wie z. B. durch Trockenstress in den Extremsommern 2003 und 2018/19. Aber selbst danach kann bei wieder günstigen nachfolgenden Bedingungen noch ein Neuaufbau der Oberkrone oder auch einer Sekundärkrone weiter unten erfolgen (Abb. 5c). Die Vielfalt der Abläufe ist enorm und lässt sich schwer schematisieren bzw. in festgelegten Teilschritten beschreiben.

Die bei älteren Bäumen häufigen und für längere Zeit durchaus altersentsprechend normalen Vitalitätsstufen VS 2 und 3 (Roloff 2001, 2018) machen deutlich, dass neben der Verzweigung dann noch andere Kronen- und ggf. Baumparameter für

Abb. 5a: Partieller „Rückzugsprozess" im Wipfelbereich einer 180-jährigen Stiel-Eiche mit Absterben von Wipfel-Seitenästen und Reiterationen.

Abb. 5b: Umfassender „Kronenrückbau" im Wipfelbereich einer 230-jährigen Stiel-Eiche mit Absterben von Wipfel-Starkästen.

Abb. 5c: Erfolgreicher Aufbau einer Sekundärkrone nach Absterben des oberen Wipfelbereiches mit dem Ergebnis einer sehr günstigen Einschätzung der zukünftigen Entwicklung für diese 230 Jahre alte Stiel-Eiche.

die Gesamteinschätzung solcher Bäume mitberücksichtigt werden müssen, von Baum zu Baum unterschiedlich und wenn deren Erfassung praktikabel ist. Dazu gehört z. B. die o. g. Frage, ob vor allem schwächere Seitenzweige absterben (Abb. 5a) oder Hauptäste bis in den Grob- und Starkastbereich (5 bis > 10 cm Durchmesser, Abb. 5b). Weiter sind bedeutsam das Baumalter sowie Reiterationen, bei diesen besonders, ob der Aufbau einer Sekundärkrone (Abb. 5c) erfolgt oder unterbleibt: Ersteres ist positiv einzuschätzen (Retraktion), letzteres kritisch („Resignation", Roloff 2001, 2018, Weiss 2020).

Speziell für den Umgang mit leider häufiger vorkommenden, nicht fachgerecht eingekürzten

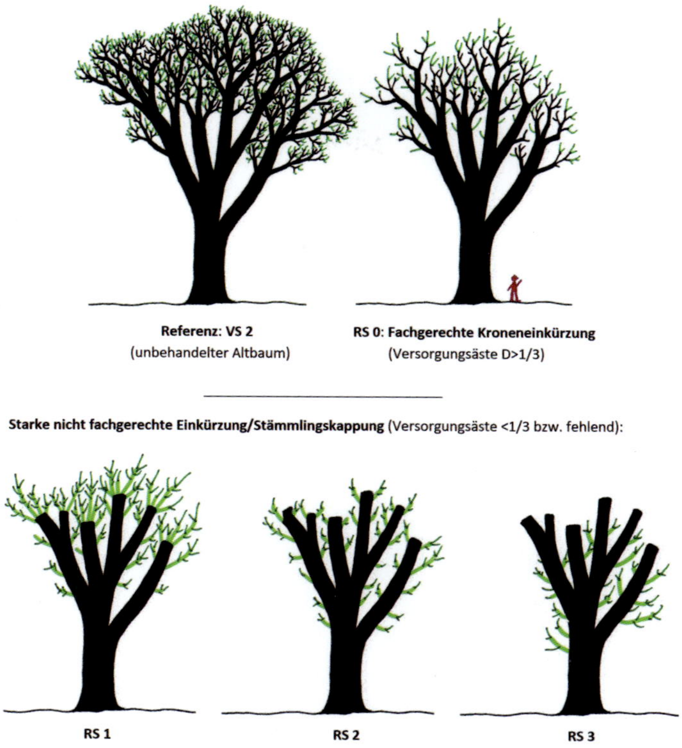

Abb. 5d: Vergleich von „regulärer“ Vitalitätsstufe 2 mit den Regenerationsstufen 0–3 (aus Roloff 2018, Erläuterungen im Text).

oder gekappten Bäumen wurden die sog. Regenerationsstufen entwickelt, die anstelle der regulären Vitalitätsstufen eine Abschätzung des Zukunfts- und Reaktionspotenzials der Bäume erlauben (Roloff 2018). Je schneller und besser der so behandelte Baum wieder austreibt, umso günstiger ist die Regenerationsstufe (RS, Abb. 5d): RS 0 ist ein fachgerecht eingekürzter Baum mit Versorgungsästen sowie zeit- und schnittnaher Reaktion, RS 1–3 sind nicht fachgerecht eingekürzte Bäume: bei RS 1 mit zeit- und schnittnaher Reaktion, d. h. mit bald vielen Wiederaustrieben im obersten Bereich der Krone, RS 2 bei einer verzögerten und/oder auf gesamter Kronenhöhe einsetzenden Wiederaustriebsreaktion, RS 3 mit verzögerten und nur noch im mittleren und unteren Kronenbereich auftretenden Austriebsreaktionen.

Konsequenzen der Baumalterung

Mit der Alterung einhergehend werden ständig Jahrringe angebaut und erfolgen Trieblängen- und Wurzelwachstum (Roloff 2010, 2023b, c). Dadurch kommt eine lange anhaltende Zunahme der Stamm-, Ast- und Wurzeldicke, der Baumhöhe und -breite sowie der Wurzelanläufe, -tiefe und -breite zustande. Das Verhältnis Baumhöhe zu Stammdurchmesser (sog. H/D-Wert) nimmt von mittlerem Baumalter an ab, da die Baumhöhe nicht mehr endlos zunimmt, der Zuwachs des Stammdurchmessers aber noch wesentlich länger anhält. Blattzahl und -fläche werden größer, lange Zeit auch der LAI (Blattflächenindex). Austreibende schlafende Knospen, sog. Reiterationen, treten immer häufiger auf und werden immer bedeutsamer. Die Leitfläche des jüngsten Jahrringes wird aufgrund des immer größeren Stammdurchmessers tendenziell lange Zeit immer größer, natürlich abhängig von der Jahrringbreite und den noch intakten Stammbereichen.

Ursachen – gibt es ein „Rezept“ fürs Altwerden?

Diese Frage wird sehr häufig gestellt, seit es die Initiative Nationalerbe-Bäume gibt (www.nationalerbe-baeume.de, Roloff/DDG 2023). Eine Beantwortung ist etwas komplizierter, aber wird damit auch spannender. Dazu wäre zunächst die Gegenfrage sinnvoll: Warum werden die meisten Bäume und Baumarten **nicht** so alt?

Denn um sich dahin zu arbeiten, welche Voraussetzungen für ein hohes Alter vorliegen müssen, sind zunächst die Gründe interessant, warum viele (sogar die allermeisten) Bäume kein Alter von 500 Jahren erreichen – sondern irgendwann im Laufe der ersten Jahrzehnte oder Jahrhunderte absterben aus einem der folgenden Gründe:

- zu extremer Wasser-, Zucker- oder Lichtmangel;
- tödliche Schädlinge oder Krankheiten (Abb. 6);
- extreme Witterungsereignisse (z. B. wiederholt Eisanhang, Stürme);
- zu schnelles Wachstum;
- zu krasse Standortsprobleme: z. B. Vernässung, Felsen, Versiegelung, Verdichtung, Erosion;
- Baumaßnahmen, Beschädigung;
- geringe Fähigkeit zur Kompartimentierung (CODIT-Prinzip);
- falsche oder zu viel bzw. nicht fachgerechte Baumpflege;
- unterbliebene Sicherungsmaßnahmen;
- Beseitigung durch Menschen z. B. wegen Verkehrssicherungspflicht, Belästigungen, Kosten oder Sorgen (Abb. 7).

Abb. 6: Durch die Holländische Ulmenkrankheit absterbende Feld-Ulmen-Allee.

Gibt es bestimmte Gründe und Voraussetzungen für das Altwerden?

Zunächst muss bei einer langlebigen Baumart eine ununterbrochen ausreichende Pilz-, Schädlings- und Problem-Hemmung, -Beseitigung und -Bekämpfung gegeben sein, vor allem durch eine gute bzw. effektive Kompartimentierung (CODIT-Prinzip: Dujesiefken & Liese 2022), und es sollte eine möglichst große Vielfalt an Endophyten und genetischer Plastizität vorhanden sein (Krabel 2020).

Ein kühler Standort kann vorteilhaft sein (z. B. im Gebirge oder in einem schattigen Tal, Abb. 8), ebenso ein langsames Wachstum (bei Eiben, Wacholder, Buchsbaum immer gegeben, im Gebirge

Abb. 7: Die Übererfüllung der Verkehrssicherungspflicht (jährliches Entfernen aller Äste und Zweige) oder Sorge vor Belästigungen (durch Blüten und Blätter) führen dann bald zum Absterben dieser Altbäume.

Abb. 8: Der kalte Standort in fast 2 000 m NN an der Waldgrenze ist vorteilhaft, wie das hohe Alter von 300 bis 500 Jahren dieser Zirben zeigt.

Abb. 9: Der Standort dieser Sommer-Linde an einer Kapelle, auf ehemaligem vorchristlichem Thingplatz und als Dorfmittelpunkt führte zum Alter von mindestens 600 Jahren (Hochmössingen, NEB #05, Baden-Württemberg).

über 800 m NN auch bei Lärchen, Berg-Ahornen, Weiß-Tannen, Zirben).
Günstig ist Vorwüchsigkeit durch einen dominanten Wipfel, um Lichtanschluss zu halten (viele Nadelbäume), oder hohe Schattentoleranz (Eibe, Weiß-Tanne, Linde) für ein Durchhalten unter anderen Bäumen.

Zudem gibt es einige entscheidende anthropogene Ursachen für ein langes Baumleben: nämlich z. B. Standorte auf Friedhöfen direkt an Kirchen, auf Dorfplätzen oder Gerichts-/Thingstätten (Abb. 9), in Parkanlagen und großen Gärten sowie als Grenzbäume.

Abb. 10: 5 der 7 bestgeeigneten Trockenstress-Anpassungsparameter sind beim Japanischen Schnurbaum realisiert (Peking).

Es müssen zudem günstige physiologische Eigenschaften gegeben sein, z. B. zur Absenkung des Wasserpotenzials, wobei auch die Genetik eine bedeutsame Rolle spielt (Krabel 2020). Vorteilhaft in der Holzanatomie sind dicke Zellwände für Embolieresistenz (Verhinderung von Lufteintritt in die Leitelemente) und kleine Wasserleitungselemente für Embolietoleranz (Reparatur von Lufteintritt durch Wiederbefüllung der Leitelemente mit Wasser). Es fällt auf, dass von den etwa zehn langlebigen Baumarten ungefähr die Hälfte Nacktsamer/Nadelbäume sind, mit ihrer speziell auf Sicherheit getrimmten Holzanatomie (insbesondere Eibe, Binder 2023) und an Trockenstress angepassten Blattanatomie.

Zudem wurden in eigenen Untersuchungen (Roloff 2021a) bedeutsame Merkmale für Trockenstresstoleranz herausgearbeitet, die für eine lange Lebenserwartung vorteilhaft sind. Danach ergibt sich das nachfolgende Ranking der 7 bestgeeigneten Trockenstresstoleranz-Parameter (Abb. 10):

- natürliches Vorkommen auf Standorten mit zeitweiligem oder dauerhaftem Wassermangel,
- glänzende und/oder dickledrige Blätter,
- unterseits bläulich graue oder silbrig weiße Blätter,
- gefiederte oder deutlich gelappte Blätter,
- sehr hohe Frosttoleranz (unter –30 °C),
- kleine Blätter (Länge < 10 cm),
- Vorhandensein von Dornen.

Dabei zählt für die Wirkung nicht nur diese Rangfolge, sondern auch, dass möglichst viele dieser Parameter zutreffen sollten.

Welche „Strategien" für das Erreichen eines hohen Alters gibt es?

Man kann verschiedene Typen von „Strategien" für das Erreichen eines hohen Lebensalters herausfiltern:

- Pilzhemmung durch Kernholz, „Austricksen" von Schädlingen/Schäden durch Johannistriebe (z. B. bei Eichen) oder immergrüne Nadeln (z. B. Eibe);
- enormes Reaktionspotenzial durch Reparieren, Austreiben (Reiterationen), Anbauen und Innenwurzeln: z. B. bei Berg-Ahorn, Ess-Kastanie, Linde (Abb. 11); durch Absprünge: bei Eiche;

Abb. 11: Enormes Reaktionspotenzial der Sommer-Linde mit Innenwurzeln im Stamm und ständigen Reiterationen in der gesamten Krone (NEB #21, Collm/Sachsen).

- sehr gute Kompartimentierung: z. B. bei Eibe, Eiche, Linde, Platane;
- Embolietoleranz: bei Nadelbäumen und zerstreutporigen Laubbäumen;
- dominanter Wipfel mit Vorwüchsigkeit, um den Anschluss ans Licht zu halten (Abb. 12): z. B. bei Lärche, Riesenmammutbaum, Tanne (dadurch Kronenrückzug allerdings schwieriger);
- Pfahlwurzelpotenzial bis in höheres Alter zur besseren Verankerung und Wasserversorgung: z. B. Eiche, Ginkgo, Lärche;
- langsames Wachstum: damit weniger Ressourcenverbrauch und weniger Probleme mit einer großen Baumhöhe: besonders ausgeprägt bei Eibe;
- hohe Holzdichte;
- dicke Borke (keine der Baumarten hat Glattrinde oder Ringelkork: damit wäre auf Dauer zu wenig Schutz vor Beschädigung und Überhitzung gegeben).

Abb. 12: Oberkrone des Riesenmammutbaumes durch seine Höhe im Winterlicht (NEB #14, Bremen).

Solche Strategie-Merkmale sollen in nachfolgender Übersichtstabelle 1 dargestellt und bewertet werden (für Baumarten der gemäßigten Zone, bei denen ausreichend umfangreiche Erfahrungen, Untersuchungen und Erfassungen vorliegen).

Daraus ergibt sich tatsächlich eine interessante und ziemlich schlüssige Herleitung des Potenzials hoher Lebenserwartung. Allerdings zeigt diese Übersicht auch eindrucksvoll, dass sich die hohe Lebenserwartung nicht mit nur wenigen einzelnen zwingend notwendigen Eigenschaften erklären lässt, die erfüllt sein müssen, sondern im Gegenteil diese nur durch eine Kombination möglichst vieler der in der Tabelle genannten Eigenschaften möglich wird. Diese Erkenntnis ist neu und schließt sehr gut nachvollziehbar bestehende Kenntnislücken beim Verständnis der Baumalterung. So sind danach ein ausgeprägtes Kompartimentierungs- und Reiterations-Potenzial Zwangsvoraussetzun-

Tabelle 1: Bedeutsame baumbiologische Eigenschaften langlebiger Baumarten mit steigender Lebenserwartung (nach eigenen Erfahrungen/Erhebungen und Bartels 1993, Knigge & Schulz 1966, Wagenführ 2007, Roloff et al. 2021).

Baumarten[1]	**Fl-Ulme**	**BAh**	**Ginkgo**	**Platane**	**Mamb**	**EsKas**	**Lärche**	**Linde**	**Eiche**	**Eibe**
Kernholz dauerhaft	+	(+)			+	++	++		++	++
Holzdichte über 0,70	+	+		+		+	+		++	+
Kompartimentierung[2]	+	+	+	++	+	+	++	++	++	++
Reiterationspotenzial[3]	++	++	+	++	++	+++	+	++++	+++	+++
Johannistr. + Absprünge									+	
Innenwurzeln	+	(+)		+		+		++		
dominanter Wipfel			+		+		+			
Pfahlwurzel Jugend	(+)	(+)	+	(+)	(+)	+	+	+	++	(+)
immergrüne Nadeln					+					+
langsames Wachstum		(+)	+							++
Embolietoleranz		+	++	+	++		++	+		++
Summe +++	**6,5**	**7**	**7**	**7,5**	**8,5**	**9**	**10**	**10**	**12**	**13,5**
Lebenserwartung[4] **(J.)**	**500**	**500**	**600**	**600**	**700**	**800**	**900**	**1000**	**1000**	**1500**
Holzanatomie-Typ[5]:	Rp	Zp	Nh	Zp	Nh	Rp	Nb	Zp	Rp	Nh

Erläuterungen zur Tabelle:

1 Baumarten-Kürzel in alphabetischer Reihenfolge, BAh: Berg-Ahorn, Eiche: Stiel- und Trauben-Eiche, EsKas: Ess-Kastanie, FlUlme: Flatter-Ulme, Linde: Sommer- und Winter-Linde, Mamb: Riesenmammutbaum

2 Kompartimentierung: Potenzial zur Abschottung/Begrenzung von Schäden durch Wundreaktionen (nach Dujesiefken & Liese 2022, Pietzarka 2023 und eigenen Erfahrungen)

3 Reiterationen: Potenzial zu Austrieben aus Stamm, Ästen (und Wurzeln), deren Zeitpunkt und Ort am Baum nach dem Bedarf ausgerichtet wird, z. B. aus schlafenden Knospen oder Wundkallus (Roloff 2018)

4 Maximales Alter, das in Mitteleuropa häufiger erreicht wird bzw. bei eingeführten Baumarten zu erwarten ist (Roloff et al. 2021)

5 Holzanatomie-Typ: Nh: Nadelholz, Rp: Ringporer, Zp: Zerstreutporer (ohne Bewertung)

gen für ein hohes Alter, können aber allein eine hohe Lebenserwartung definitiv nicht erklären.

Wie man in Tabelle 1 in den beiden unteren Zeilen erkennt, stimmen hohe „Punktzahlen" (Summe +++) sehr gut mit höherer Lebenserwartung überein. Sehr faszinierend an der Tabelle ist: die 3 ältesten Baumarten sind eine ringporige (Eiche), eine zerstreutporige (Linde) und ein Nadelholz (Eibe, Abb. 13), und die 3 Holztypen sind auch insgesamt mit jeweils mehreren langlebigen Baumarten unter den 10 Kandidaten vertreten: 4 Nadelbäume, 3 Zerstreutporer und 3 Ringporer. Es gibt also bei der Holzanatomie keinen Favoriten, was sicher etlichen Erwartungen widerspricht und zeigt, dass das Ziel Langlebigkeit prinzipiell mit jeder Holzanatomie erreichbar ist. Und diese „Ersetzbarkeit" gilt auch für viele der anderen genannten Eigenschaften. Umgekehrt können aber auch viele dieser Eigenschaften gegeben sein, und trotzdem erreicht eine Baumart wegen eines Ausschlussfaktors kein hohes Alter. So würde der Olivenbaum (*Olea europaea*) danach 12 Punkte

Abb. 13: Nadelbaumart Eibe als Baumart Europas mit wohl der höchsten Lebenserwartung von bis zu 2000 Jahren (NEB #03, etwa 700-jährige Eibe in Flintbek bei Kiel, Schleswig-Holstein).

erreichen (!), hat aber hier nicht die nötige Winterhärte.

Allerdings tauchen durch die Tabelle auch neue Fragen auf, z. B. gibt es etliche Baumarten, die einige dieser Eigenschaften aufweisen, aber trotzdem nicht das entsprechende Alter erreichen (wie Elsbeere und Rot-Buche). Ein Grund dafür kann sein, dass es natürlich noch weitere physiologische Eigenschaften gibt (z. B. Schuldt et al. 2020), die sich nicht so einfach erfassen und bewerten lassen wie die genannten Parameter in der Tabelle und in der Auflistung der „Strategien" davor.

Wirkungen – was hat die Baumalterung zur Folge?

Die mit dem Alter erfolgende Zunahme der in aktuellen Diskussionen besonders bedeutsamen Baumwirkungen wie Beschattung, Verdunstung, Kühlung, Luftfilterung, CO_2-Bindung, Wasserspeicherung sowie mentale und gesundheitliche Effekte ist unstrittig (s. Kap. 3). Zwar nimmt theoretisch auch der Wasserverbrauch des Baumes lange Zeit immer weiter zu (bis zum Einsetzen des Kronenrückzuges), aber dabei müssen auch seine Größe und Wirkungen berücksichtigt werden, die bei 100 Jungbäumen nicht annähernd vergleichbar ist.

Auch der Lichtbedarf nimmt bei allen und besonders bei alten Bäumen stetig zu, allerdings mit großen Unterschieden zwischen den Baumarten. Wenn man die genannten etwa 10 Baumarten dazu in eine Rangfolge bringen möchte, sieht diese folgendermaßen aus (Lichtbedarf ab mittlerem Baumalter):

- höchster Lichtbedarf (Oberkrone darf nicht beschattet werden): Eiche, Ess-Kastanie, Ginkgo, Lärche, Platane, Riesenmammutbaum;
- mäßiger Lichtbedarf (Oberkrone erträgt geringe Beschattung): Berg-Ahorn, Flatter-Ulme, Linde;
- geringer Lichtbedarf (Oberkrone erträgt selbst in hohem Baumalter stärkeren Schatten): Eibe.

Mit zunehmendem Stammumfang machen sich die alten Bäume zudem automatisch selbst immer stand- und bruchsicherer, da ihr breiter Stammfuß zunehmend Bruch- und Umsturzrisiken vermindert, selbst bei minimaler Restwand des Holzmantels (Wessoly & Erb 2014, Roloff 2022, Weiss 2023b).

Alte Bäume können zu Bodenhebungen führen und Bodenbeläge (Asphalt, Pflaster etc.) beschädigen. Damit muss man leben und kann versuchen, dies im früheren Baumleben durch vorsichtige Wurzellenkung zu beeinflussen (Benk et al. 2021, Streckenbach 2021).

Mit zunehmendem Alter und damit größeren Dimensionen sowie einer immer größeren Anzahl von „Defekten" (Stammrisse, -beulen, -löcher etc.) werden Bäume zu Charakterbäumen (Hartig & Roloff 2019), d. h., sie entwickeln dann ein immer individuelleres Erscheinungsbild mit prägnanten Eigenschaften – insbesondere, wenn dies durch Freistand intensiver erlebbar wird (Abb. 14). Diese Wirkungen sind sogar wissenschaftlich fundiert erfassbar (s. Kap. 2, Riedenklau & Roloff 2020).

Abb. 14: Charakterbaum einer 700 Jahre alten Sommer-Linde (NEB #01, Heede, Emsland, Niedersachsen).

Uraltbäume speichern mit zunehmendem Alter all ihre Erfahrungen in den Genen (Krabel 2020, Cannon et al. 2022). Diese können bei Bedarf wieder aktiviert werden und z. B. eine Anpassung an Trockenstress, Hitze, Spätfrost u. a. ermöglichen. Und dieser Genpool aus Jahrhunderten wird auch im umgebenden Bestand, Park oder Stadtareal weiter über Pollen und Früchte verbreitet.

Mit dem Baumalter nehmen zudem die vorhandenen Möglichkeiten von Lebensräumen und Mikrohabitaten immer weiter zu, und dies sogar bis zu seinem Lebensende, denn es entwickeln sich immer mehr Hohlräume und morsches Holz etc. (Bütler et al. 2020, Read 2000, Dittrich 2022, Naturschutzinstitut Freiberg 2022). Man muss sich vorstellen, dass in einer 700-jährigen Linde (Abb. 14) seit Jahrhunderten (!) Populationen von Insekten, Fledermäusen, Pilzen und Epiphyten sowie daran gekoppelt auch von Vögeln und Kleinsäugern leben konnten.

Spätestens mit dem Kronenrückzug ist eine enorme Zunahme von Reiterationen verbunden, die eine automatische Anbindung an gesunde mechanische und Leitungsstrukturen erfordern. In diesem Bereich liegt wohl auch einer der wichtigsten Schlüssel für das Potenzial zum Altwerden. Besonders bedeutsam ist hierbei auch die Fähigkeit zur Bildung einer tiefer am Stamm ansetzenden Sekundärkrone (Abb. 5c), welche bei allen diesen Baumarten gegeben sein muss. Dabei schneiden Eiben, Ess-Kastanien, Linden und Platanen am besten ab, welche auch besonders häufig sehr hohe Alter erreichen. Bei Eichen scheitert es oft nur an einer rechtzeitigen Freistellung für ihren hohen Lichtbedarf beim Kronenrückzug. Zudem sind behutsame Baumpflege- und Sicherungsmaßnahmen wichtig, damit solche Baumveteranen nicht aufgrund von „Kopflastigkeit" auseinanderbrechen oder große Äste herausbrechen und dabei Stammbereiche mit herausreißen.

Schlussfolgerungen – was folgt aus dem Dargestellten?

Nach den dargelegten Ausführungen ist hierzulande durchaus etwas mehr Ehrfurcht gegenüber Baumveteranen angebracht. Beispielsweise kann ggf. dafür auch die lokale Verlegung einer Straße sinnvoll werden, um einen herausragenden Altbaum in Würde schützen zu können und ihn nicht für die Herstellung der Verkehrssicherungspflicht in und an technischen Konstruktionen einzwängen und aufhängen zu müssen, die die Baumwirkung und seine Alterswürde erheblich beeinträchtigen (Abb. 15).

Die meisten Baumarten benötigen zum Erreichen eines höheren Lebensalters eine freie, unbeschattete Krone. Dies ist bei Solitären auf Dorf- und Thingplätzen, Friedhöfen oder in Parks/Gärten meist automatisch gegeben, im Wald dagegen eher selten und erfordert dort den weiten Blick in die Zukunft bei vielen Förstergenerationen – der ja eigentlich bei Forstpraktikerinnen und -praktikern sowieso vorhanden ist. Aber dies über mehrere Jahrhunderte zu beachten, ist natürlich

Abb. 15: Für die Verkehrssicherung aufgehängte, gestützte und in ein Stahlkorsett gezwängte ca. 900-jährige berühmte Stiel-Eiche (Nöbdenitz, Thüringen) – ein Altern in Würde sieht anders aus.

Abb. 16: Von Konkurrenz im Kronenraum freigehaltene uralte Trauben-Eiche (NEB #17, im Kammerwald/Rheinland-Pfalz).

eine große Herausforderung, die allerdings gelöst werden kann (Abb. 16).

Bei einer Vitalitätsbeurteilung in höherem Baumalter ist unbedingt das Alter für die Interpretation und Ableitung von Konsequenzen mit einzubeziehen, ggf. auch die Anwendung von Regenerationsstufen (s. Abb. 5d, Roloff 2018, Weiss 2020).

Das Altwerden von langlebigen Baumarten kann auch entscheidend durch Maßnahmen der Konkurrenzsteuerung und Baumpflege befördert werden, und hierbei sind also Baumverantwortliche und -fachleute gefordert:

- rechtzeitige (vorsichtige) Freistellung bzw. Zurücknahme von Lichtkonkurrenten,
- behutsame Einkürzung „kopflastiger" Äste und Kronenteile (nach FLL 2017; s. auch Unger 2022, Weiß 2023a),
- Begleitung des natürlichen Kronenrückzugs („Retrenchment pruning"), angemessene Reduktion der Baumhöhe (nach FLL 2017, Fay 2015, Dujesiefken 2016, Farjon 2017, Stobbe et al. 2020, Klug 2021),
- Ständervereinzelung nach Kroneneinkürzungen (Roloff 2018, Weiss 2023a),
- behutsamer Einbau von Kronensicherungen auf dem Stand des Wissens/der Technik und unter Beachtung der Ästhetik von Uraltbäumen (Klug 2021, Weiss 2023c).

Alle diese Kenntnisse und Maßnahmen werden beim Ernennen von Nationalerbe-Bäumen umgesetzt, um die ausgewählten Veteranen langfristig als Kultur- und Naturerbe zu bewahren und ihnen ein Altern in Würde zu ermöglichen. Dabei kann dann irgendwann (ggf. auch plötzlich und unerwartet) trotzdem ein Absterben mit zum Lebenszyklus gehören, und dieser wird evtl. durch ein erneutes Austreiben aus dem Stock fortgesetzt. Dann sind allerdings diese Wiederaustriebe nicht bereits 1000 Jahre alt …

Abb. 17: Eindrucksvolle Stammskulptur der Sommer-Linde in Polchow (bei Rostock/Mecklenburg-Vorpommern, NEB #15) – dieser Stamm bringt viele Punkte bei einer Bewertung.

2 Stand der DDG-Initiative Nationalerbe-Bäume – Faszination, Besonderheiten, Risiken und Chancen alter Bäume

Besondere Wirkung alter Bäume auf uns Menschen

Sehr alte Exemplare von langlebigen Baumarten (s. Kap. 1), die ein Höchstalter von 400 bis 1000 Jahren erreichen können, haben eine spezielle Wirkung auf uns Menschen. Vielleicht sind es die oft märchenhaft wirkenden Gestalten oder die Verbindung zu längst vergangenen Zeiten, weshalb uns diese (ur-)alten Bäume so faszinieren (Roloff 2019, 2020b, 2021b).

Vor allem das mögliche hohe Alter und ihre besondere Baumgestalt sind häufig der Grund für ein gezieltes Aufsuchen solcher Bäume. Auch die vielen individuellen Besonderheiten des Umfeldes, am Stamm oder in der Krone sowie ihre langen Historien heben die Einzigartigkeit dieser Baummonumente hervor. Jedoch verringert sich ihre Anzahl aufgrund zu hoher Sicherheitserwartungen an alte Bäume dramatisch. Solche Exemplare der Baumarten mit langer Lebensdauer haben allerdings einen hohen ästhetischen, ökologischen und kulturellen Wert. Um diesen Wert ermitteln zu können, sind in einer umfassenden Untersuchung an 30 alten Bäumen, die mindestens 300 Jahre alt sind, zwei Aufnahmebögen für alte Bäume entwickelt worden (Riedenklau 2020, 2022, Riedenklau & Roloff 2021). Die 30 im Rahmen der Masterarbeit aufgenommenen Bäume verteilen sich auf 7 verschiedene Bundesländer Deutschlands, die entwickelten Erfassungsbögen sind an 7 Eiben (*Taxus baccata*), 8 Eichen (*Quercus robur*, *Q. petraea*) und 15 Linden (*Tilia platyphyllos*, *T. cordata*) erprobt worden.

Auffallend sind die Unterschiede der Gesamtpunktzahlen zwischen den untersuchten Gattungen: Die Linden erhielten im Durchschnitt 55 Punkte, die Eichen 47,7 und die Eiben 38 Punkte. Die Eichen und Linden erhalten somit deutlich mehr Punkte als die untersuchten Eiben. Die großen Dimensionen, hohlen Stämme, Stammöffnungen und ausladenden Kronen sind charakteristisch für alte Bäume vieler Laubbaum-Gattungen (Abb. 17). Genau diese besonderen Ausprägungen führen zu höheren durchschnittlichen Gesamtpunktzahlen. Die beschriebenen Charakteristika entwickeln Eiben nicht oder nur in begrenztem Ausmaß, folglich fallen hier die Gesamtpunktzahlen deutlich niedriger aus. Zudem ist ihr Stamm durch Austriebe oder herabhängende, noch dazu immergrüne Zweige der Krone meist nicht zu sehen, was die Baumwirkung deutlich verringert und zur Vergabe von weniger Punkten führt.

Die neu entwickelten Aufnahmebögen zur Erfassung alter Bäume mit ausführlichen Erläuterungen können auf der Internetseite des Instituts für Forstbotanik und Forstzoologie der Technischen Universität Dresden (www.tu-dresden.de/forstbotanik) abgerufen, heruntergeladen und verwendet werden. Sie finden bereits für vielfältige Zwecke etlicher Baumfreunde, Institutionen und für wissenschaftliche Untersuchungen Anwendung.

Abb. 18: Die Berliner Stiel-Eiche „Dicke Marie“ (NEB #09) mit ihrem eindrucksvollen Stamm und als Forstbaum, hier nach behutsamer Freistellung der zuvor zwischen Konkurrenzbäumen eingeklemmten Krone.

Kritischer Zustand und Umgang mit Uraltbäumen in Deutschland

Es gibt in Deutschland wohl keine über 1000-jährigen Bäume mehr, das hat z. T. historische Gründe, aber heutzutage ist dafür ganz wesentlich die überzogene Sicherheitserwartung an alte Bäume verantwortlich: sie werden zu häufig „zurechtgesägt“, damit und bis nichts mehr an Ästen herunterfallen kann, mit der Folge eines zunehmenden Siechtums, sich ausbreitender Stammfäulen und schließlich womöglich Absterbens, oder sie brechen auseinander wegen unterbliebener sinnvoller Sicherungsmaßnahmen. Weitere Ursachen in der Stadt können Standortsprobleme, Baumaßnahmen oder Beschädigung der Wurzeln sein. Im Wald ist es oft der Konkurrenzdruck der Nachbarbäume, der den im Alter kleiner werdenden Greisen Probleme bei der Lichtsuche macht (Abb. 18).

Pflegemaßnahmen an solchen Altbäumen sollten nur ausgewiesenen Experten überlassen werden, sie können bisweilen auch reduziert werden oder teilweise sogar unterbleiben, da diese Bäume die Lebens- und Wachstumsprozesse oft in besonderer Weise selbst optimieren. Die Uraltbäume sind auch aus wissenschaftlicher Sicht hochinteressant, z. B. in ihrer Baumbiologie (Alterungsprozesse, Anpassungsmechanismen, Kronenrückzug), Genetik (Mutationen an alten Ästen, Genpool von Jahrhunderten) und Pathologie (Resistenzen).

Wo befindet sich der älteste Baum Deutschlands?

Es besteht große Unsicherheit, welches der älteste Baum Deutschlands ist, ob dies eine Linde, Eibe oder Eiche ist. Denn Jahrringe helfen einem zur Klärung dieser Frage nur noch sehr eingeschränkt weiter, da der größte Teil des Stammes bei so alten Bäumen immer hohl ist, zumindest das Innere. Zudem müsste man dafür Details über ihre lange Lebensgeschichte wissen und sicher sein, ob es sich um einen Einzelbaum handelt oder ob er aus einer gepflanzten Baumgruppe bzw. aus Stockausschlag hervorging – dies kann bei Eibe und Linde häufiger vorkommen und würde ein deutlich geringeres Alter bedeuten als bei einem Einzelstamm desselben Stammdurchmessers. So sind dann fast alle „Tausendjährigen“ bei genauerer Recherche und Untersuchung doch erst mehrere hundert Jahre alt – was ja auch schön ist.

Wenn man nach dem ältesten Baum Deutschlands im Internet recherchiert, erhält man mindestens 20 verschiedene Kandidaten-Meldungen, am häufigsten wird dabei die Linde in Schenklengsfeld (Hessen) genannt. Auch die zugehörige Gemeinde bewirbt den Baum offensiv als Deutschlands „wohl ältesten Baum“ mit 1 250 Jahren (www.schenklengsfeld.de, Wikipedia). Das ist zunächst natürlich sehr interessant und bemerkenswert – wenn man sich den Baum genauer ansieht, kommt man allerdings ins Nachdenken. Denn er besteht aus 4 einzelnen etwa gleich starken, nur 90–130 cm dicken Stämmen, die auf einem Quadrat exakt in Nord-, West-, Ost- und Süd-Position stehen und Reste des

Abb. 19: Möglicherweise der älteste Baum Deutschlands, die Femeiche in Erle/Raesfeld (Nordrhein-Westfalen, NEB #12).

ursprünglichen Stammes sein sollen. Darüber befindet sich eine gemeinsame geleitete Lindenkrone aller 4 Stämme, deren Äste seit langer Zeit nach außen orientiert werden und so eine sehr mächtige, etwa 25 m breite Krone entwickelt haben. Nach eingehenden eigenen Untersuchungen handelt es sich heute allerdings um die 3. oder 4. Wiederaustriebe eines vormals gepflanzten Baumes, und als solche sind sie wohlwollend aufgerundet 200 Jahre alt. Wann ein möglicher Ursprungsbaum gepflanzt wurde, ist unbekannt (SPIEGEL 2020, Roloff 2021b). Von solchen Wiederaustrieben gibt es zudem etliche viel ältere Exemplare in Deutschland, sogar von Baumweiden. Tatsächlich wesentlich älter dürfte z. B. der heute noch lebende Ursprungsbaum der Eiche in Raesfeld sein (Abb. 19).

Ziele, Vorgehen und Stand zum Schutz von Baumveteranen in Deutschland

Es besteht daher ein allgemein verbreiteter großer Wunsch und zunehmender Bedarf, alte Bäume hierzulande mehr zu würdigen, zu schätzen und zu schützen. Die sog. langlebigen Baumarten (s. Kap. 1) können regelmäßig ein Höchstalter von über 400 Jahren erreichen, einzelne Exemplare z. T. sogar über 1 000 Jahre.

Diese Baumarten stellen daher auch nachvollziehbar den höchsten Anteil unter den Baum-Naturdenkmalen, und das macht deutlich, welche Verantwortung wir für solche alten Bäume haben und dass alles daran zu setzen ist, sie der Nachwelt zu erhalten. Es ist beeindruckend, sich klar-

Abb. 20: Nationalerbe-Baum Prangerlinde in Großpörthen (Sachsen-Anhalt, NEB #08, etwa 800-jährig) während der Ausrufung im Mai 2021: mit musikalischer Einstimmung.

zumachen, dass sie also über so lange Zeiträume alle Ereignisse, Veränderungen und Variabilitäten von Standort, Umfeld und Klima tolerieren können müssen. Demzufolge darf man bei ihnen auch von einem besonders hohen Anpassungspotenzial ausgehen.

Bäume mit einem hohen Alter oder zumindest mit einer so langen potenziellen Lebenserwartung sind neben Naturmonumenten auch Kulturgeschichte (s. Kap. 4), wie man dazu lokal bis heute an besonderen Veranstaltungen am Baum und Aktivitäten zu seiner Existenz erfahren kann (Abb. 20). Die bereits bestehende Schutzkategorie Naturdenkmal reicht für solche national herausragenden Einzelbäume definitiv nicht aus, da sie zu lokal/regional ist und ihre Umsetzung und Einhaltung zudem spürbar von den verfügbaren Finanzen und deren Prioritäten sowie der Motivation der dafür zuständigen Bearbeiter abhängig ist (Schröder 2019).

Initiative zum Erhalt besonderer alter Bäume: Nationalerbe-Bäume

So werden nun seit 2019 bis zu 100 Bäume zu Nationalerbe-Bäumen ausgewählt – der Zeithorizont dafür sind noch 6 Jahre, da die Auswahl geeigneter Bäume, der Abschluss einer Vereinbarung mit den Baumeigentümern, die Vorbereitung und Durchführung der Ausrufung viel Zeit benötigt und eine Pflegekonzeption für jeden dieser Bäume zu erarbeiten ist, worauf dann die Finanzplanung von Maßnahmen basiert. Dafür ist hierzulande die Deutsche Dendrologische Gesellschaft e.V. (DDG) ein hochkompetenter verantwortlicher Akteur, da ihre Satzung einen solchen Vereinszweck ausdrücklich seit ihrer Gründung vor über 100 Jahren nennt (www.ddg-web.de): Bäume fördern und schützen. Zudem sind in der DDG besonders viele Baumkenner und -experten vereinigt und tauschen ihr Wissen aus.

Dafür wurden schon 30 und werden weitere bis zu 70 Bäume mit über 400 cm Stammumfang und möglichst über 400 Jahren Alter vom zuständigen Kuratorium gesucht, ausgewählt und gekürt und für diese Kandidaten dann notwendige Pflege-, Sicherungs-, Schutz- und Umfeld-Maßnahmen aus Sondermitteln gefördert: Dies ist durch die Förderung der Eva Mayr-Stihl Stiftung, Waiblingen, möglich und weiterhin bis zum 100. Baum zugesagt. Jeder bzw. jede Interessierte kann dafür geeignete Kandidaten nennen. Wenn ein Baum in die Vorauswahl für kommende Ausrufungen gelangt ist, wird Kontakt zu den Baumeigentümern aufgenommen: z. B. zur verantwortlichen Gemeinde, Kirche, Parkverwaltung, dem Forstbetrieb oder Privatpersonen und im positiven Fall mit einer Vertrags-Unterzeichnung abgeschlossen. Text und Layout einer repräsentativen Tafel am Baum werden erarbeitet und zur Ausrufung enthüllt (Abb. 20, 21).

Inzwischen hat die Initiative Nationalerbe-Bäume der Deutschen Dendrologischen Gesellschaft im Herbst 2023 ein weiteres wesentliches Etappenziel („Meilenstein") erreicht: in allen 16 Bundesländern insgesamt 30 Bäume als Vertreter zu finden und auszurufen. Diese Kandidaten sind

Abb. 21: Stimmungsvolle Ausrufungszeremonie der Ess-Kastanie in Gleisweiler (Rheinland-Pfalz, NEB #11) im Oktober 2021.

Abb. 22: NEB #10 im Bergpark Kassel-Wilhelmshöhe (Hessen, vorne links im Bild), Ausrufung im Oktober 2021.

alle mit unterschriebener Vereinbarung vertraglich festgelegt und bis Ende 2023 alle Ausrufungszeremonien erfolgt (Details und aktuellster Stand auf www.nationalerbe-baeume.de). Die Anzahl der Bäume je Bundesland richtet sich dabei zunehmend nach der Flächengröße der Bundesländer, um eine gleichmäßige Abdeckung aller Regionen Deutschlands zu erreichen (Tabelle 2, S. 30).

Erster Forstbaum unter den bisherigen Ehrenbäumen wurde die Stiel-Eiche „Dicke Marie" in Tegel, Berlins berühmtester Baum (Abb. 18). Denn im Wald stehen nicht mehr viele von solchen Uraltbäumen, da sie infolge der Konkurrenz durch den umgebenden Bestand beschattet werden und in der Folge oft absterben, wenn die Förster nicht Jahrhunderte lang auf diesen Baum geachtet und ihn von Konkurrenzbäumen freigehalten haben.

Die bisherigen Ausrufungen (Tabelle 2) waren immer sehr bewegend und selbst unter Corona-Bedingungen jeweils ein besonders schönes Ereignis, welches große Aufmerksamkeit der Fachwelt, Medien und örtlichen Bevölkerung erhielt. Die Teilnehmerzahl variierte von 10 (aus Pietätsgründen bei einem Friedhofsbaum in Bremen) und 25 (wegen scharfer Corona-Auflagen an der Eiche „Dicke Marie" in Berlin) bis über 200 am Ginkgo in Riesa (Sachsen), an der Femeiche in Erle (Nordrhein-Westfalen), und sogar über 300 bei der Schönen Eiche in Harreshausen (Hessen).

Alle diese alten Bäume haben ihre eigenen Geschichten (Abb. 22), die meist sehr spannend und ungewöhnlich sind – so weit wie sie durch intensive Recherchen zu rekonstruieren waren. Sie sind auf der Website www.nationalerbe-baeume.de nachzulesen. Bisweilen sind die Bäume durch die erfolgten intensiven Recherchen jünger, in Einzelfällen aber auch älter geworden.

Die Rückmeldungen während der Veranstaltungen, die Meldungen von Kandidaten und die Kommentare zu dieser neuen Baum-Kategorie in Deutschland lassen schon jetzt erkennen, dass es damit gelingen wird, mehr alte Bäume ganz allgemein wertzuschätzen, zu schützen und der Nachwelt zu erhalten (bei fünf Bäumen ist bereits eine Lebensrettung gelungen). Es entsteht ein stärkeres Bewusstsein und Respekt, verbunden mit sehr persönlicher und emotionaler Kommunikation und einer signifikant zunehmenden Zahl von Baumliebhabern und -liebhaberinnen. Man darf gespannt sein, wie sich dies weiterentwickelt. Bereits jetzt sind mehrere Ur-alt-Bäume durch diese Initiative vor ihrem Absägen oder Verstümmeln bewahrt worden, allein deshalb, weil sie auf der Liste möglicher Kandidaten stehen, auch wenn sie noch gar nicht ausgerufen wurden.

Inzwischen sind bereits fast 300 Baumvorschläge eingegangen, aus denen nach intensiver Prüfung geeignete Kandidaten ausgewählt und in einer nichtöffentlichen Kandidatenliste geführt werden. Die Reihenfolge der weiteren Ausrufungen ergibt sich dabei vor allem aus Baum- oder Pflege-Besonderheiten sowie einer angemessenen Berücksichtigung der Baumarten, der geographischen Lage und Umfeldverhältnisse. Auf der Homepage www.nationalerbe-baeume.de finden sich tagaktuell mehr Informationen, auch über die weiteren Planungen und festgelegten Kandidaten.

Tabelle 2: Bisherige Nationalerbe-Bäume mit Angaben zu Baumart, Alter, Stammumfang, Eigentümer, Lage.

Nr.	Jahr Ausr.	Baumart Trivialname	Baumart wiss. Name	Alter Jahre	Umfang m in 1,3 m	Eigentümer	Ort, Bundesland
#01	2019	Sommer-Linde	*Tilia platyphyllos*	700	17,70	Gemeinde	Heede, Niedersachsen
#02	2019	Ginkgo	*Ginkgo biloba*	210	5,20	Verein e. V.	Riesa, Sachsen
#03	2019	Europäische Eibe	*Taxus baccata*	700	4,01	Kirche	Flintbek, Schleswig-Holsein
#04	2020	Stiel-Eiche	*Quercus robur*	600	9,70	Privat	Nagel/Küps, Bayern
#05	2020	Sommer-Linde	*Tilia platyphyllos*	600	7,95	Gemeinde	Hochmössingen, Baden-Württemberg
#06	2020	Berg-Ahorn	*Acer pseudoplatanus*	270	5,60	Stadt	Hamburg
#07	2020	Flatter-Ulme	*Ulmus laevis*	450	10,10	Kirche	Gülitz, Brandenburg (Ausrufung 2022)
#08	2021	Winter-Linde	*Tilia cordata*	800	9,85	Gemeinde	Großpörthen, Sachsen-Anhalt
#09	2021	Stiel-Eiche	*Quercus robur*	600	6,10	Forst	Berlin
#10	2021	Europäische Lärche	*Larix decidua*	240	4,75	Land (Park)	Kassel, Hessen
#11	2021	Ess-Kastanie	*Castanea sativa*	400	7,75	Privat/Gemeinde	Gleisweiler, Rheinland-Pfalz
#12	2021	Stiel-Eiche	*Quercus robur*	900	12,50	Kirche/Gemeinde	Raesfeld-Erle, Nordrhein-Westfalen
#13	2022	Riesenmammutbaum	*Sequoiadendron giganteum*	160	7,30	Stadt	Bremen
#14	2022	Sommer-Linde	*Tilia platyphyllos*	500	9,95	Gemeinde	Vogtei, Thüringen
#15	2022	Sommer-Linde	*Tilia platyphyllos*	800	14,40	Kirche	Polchow, Mecklenburg-Vorpommern
#16	2022	Stiel-Eiche	*Quercus robur*	650	6,50	Privat	St. Gangolf, Saarland
#17	2022	Trauben-Eiche	*Quercus petraea*	360	5,05	Forst	Roth/Our, Rheinland-Pfalz
#18	2022	Sommer-Linde	*Tilia platyphyllos*	750	10,80	Bund	Ramsau, Bayern
#19	2022	Stiel-Eiche	*Quercus robur*	550	4,30	Privat	Harreshausen, Hessen
#20	2022	Sommer-Linde	*Tilia platyphyllos*	800	7,10	Gemeinde	Evessen, Niedersachsen
#21	2022	Sommer-Linde	*Tilia platyphyllos*	800	11,05	Kirche	Collm, Sachsen
#22	2023	Stiel-Eiche	*Quercus robur*	450	6,75	Stadt (Möckern)	Klein Lübars, Sachsen-Anhalt

#23	2023	Winter-Linde	*Tilia cordata*	600	7,20	Gemeinde (Amt)	Pehlitzwerder, Brandenburg
#24	2023	Stiel-Eiche	*Quercus robur*	600	10,15	Gemeinde	Röbel/Müritz, Mecklenburg-Vorpommern
#25	2023	Ahornblättrige Platane	*Platanus ×hispanica*	245	7,70	Land (Universität)	Stuttgart-Hohenheim, Baden-Württemberg
#26	2023	Weiß-Tanne	*Abies alba*	605	6,93	Land (Nationalpark)	NP Bayerischer Wald, Bayern
#27	2023	Flatter-Ulme	*Ulmus laevis*	500	8,60	Privat	Bierde, Nordrhein-Westfalen
#28	2023	Europäische Eibe	*Taxus baccata*	405	4,82	Gemeinde	Thedinghausen, Niedersachsen
#29	2023	Holländische Linde	*Tilia ×europaea*	500	7,15	Kloster	Isenhagen, Niedersachsen
#30	2023	Sommer-Linde	*Tilia platyphyllos*	800	14,10	Gemeinde	Wessobrunn, Bayern

Bewertung zum Stand

Das Bewusstsein für den Wert alter Bäume nimmt deutlich zu. Man darf vorsichtig optimistisch sein, dass damit ihre Anzahl nach einer „Periode des Absägens oder Verstümmelns" ihre Anzahl zunimmt und für ihren Erhalt in Zukunft wieder mehr investiert wird. Dafür bedarf es einer besonderen finanziellen Förderung – diese ist zumindest für die Nationalerbe-Bäume Deutschlands nunmehr möglich. Diese Tatsache wird sich postiv auf die allgemeine Beachtung von Altbäumen und Baum-Monumenten auswirken.

Es ist ein drängendes nationales Anliegen, solche (potenziellen) Uralt-Bäume dauerhaft verantwortungsvoll zu schützen und dabei ggf. zu sichern und zu pflegen, um ihnen damit langfristig ein „Altern in Würde" zu ermöglichen und der Bevölkerung solche Baumveteranen und den einfühlsamen Umgang mit ihnen zu präsentieren. Im Frühjahr 2022 wurde im Saarland der 16. Nationalerbe-Baum ausgerufen (Abb. 23) und damit sind seitdem alle 16 Bundesländer „im Boot".

Aus Anlass des Erreichens von 30 Nationalerbe-Bäumen erschien im Oktober 2023 ein Buch (178 Seiten) „Nationalerbe-Bäume – Ziele, Konzeption und Stand der Umsetzung – zum Schutz alter Bäume in Deutschland (Okt. 2023)" (Roloff/DDG 2023).

Abb. 23: NEB #16, Richteiche in St. Gangolf (Saarland) – infolge der Recherchen zum Baum ist sein Alter kurz vor der Ausrufung von 350 auf 650 Jahre erhöht worden.

3 Neue Erkenntnisse über den Wert alter Bäume und ihren angemessenen Ersatz nach Fällungen

Anlass dieser Fragestellung

Der Wert alter Bäume ist wohl jedem irgendwie bewusst (Abb. 24) – aber wie kann man ihn berechnen und die positiven Wirkungen einschätzen? Dafür stehen derzeit beim Baumschutz die Funktionen im Hinblick auf Klimawirkungen besonders im Vordergrund, aufgrund der weiter fortschreitenden Erwärmung besonders in den Städten.

Herleitung und Berechnung

Es stellt sich daher die Frage, wie man diese Wirkungen von Bäumen möglichst einfach und auch für Baumlaien nachvollziehbar herleiten kann. Es hat sich durch umfangreiche Recherchen und Kalkulationen herausgestellt, dass dies am besten über die Kronenoberfläche funktioniert (Roloff 2010, 2013).

Zur vereinfachten Berechnung wird dabei angenommen, dass die Baumkrone eine Kugel ist. Natürlich ist klar, dass dies eher selten zutrifft, aber für die besser nachvollziehbare Herleitung der Wirkung eines Baumes ist diese vereinfachte Annahme zulässig und unterscheidet sich bei abweichenden Kronenformen nicht grundsätzlich von den hier getroffenen Aussagen.

Abb. 24: Etwa 75-jährige Ess-Kastanie mit einer Kronengröße von 20 m (Stammumfang 2,90 m) mit ihrer messbaren und fühlbaren Klimawirkung, hier bei 32 °C Lufttemperatur im Schatten.

Abb. 25: Etwa 80-jährige Stiel-Eiche mit einer Kronenbreite = Kronendurchmesser von 20 m (Stammumfang 2,50 m).

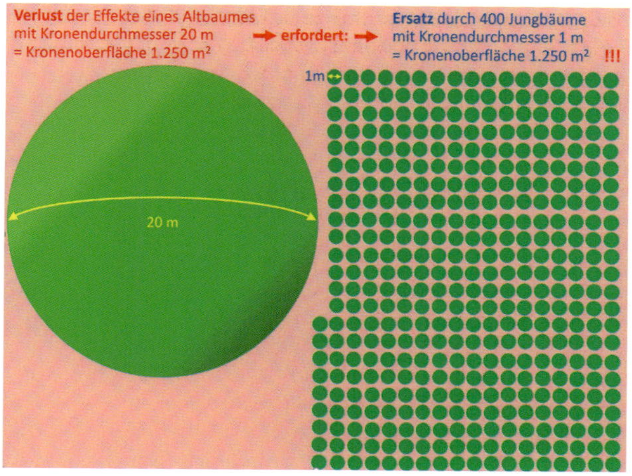

Abb. 26: Der Verlust/das Beseitigen eines Altbaumes mit 20 m Kronendurchmesser bedeutet für einen Ersatz seiner Funktionen die Pflanzung von 400 Jungbäumen – mit Kosten von fast einer Million Euro.

Die Oberfläche (O) einer Kugel berechnet sich unkompliziert über ihren Durchmesser (D):

O = D2 × 3,14

Daraus ergibt sich für einen mittelalten Baum von ca. 60–80 Jahren mit einer 20 m breiten Krone:
20 m × 20 m × 3,14 = 400 m² × 3,14 = 1 256 m². Somit hat ein freistehender Altbaum mit 20 m Kronendurchmesser (Abb. 25) im theoretischen Idealfall eine Kronenoberfläche von ca. 1 250 m² – das ist also eine riesige Fläche!

Mit alten Bäumen sind hier bewusst nicht so besonders alte und große Bäume wie z. B. unsere Nationalerbe-Bäume (Roloff/DDG 2023, s. Kap. 2) als Beispiel gewählt worden, sondern mittelalte Bäume mit „normaler" Kronenbreite. Etliche der Nationalerbe-Bäume haben Kronenbreiten von 30 bis 40 m, ihre Klimawirkungen sind also noch um ein Vielfaches höher als von 20-m-Kronen.

In den Baumschutzsatzungen vieler deutscher Städte heißt es, dass bei der Fällung eines Altbaumes ein oder zwei Jungbäume als Ersatz auf demselben Grundstück zu pflanzen sind. Wir nehmen einmal an, dies seien Bäume mit 1 m Kronendurchmesser (= Kronenbreite) – meist werden sie in der Realität allerdings wohl noch kleiner sein.

Dann lässt sich auch die Kronenoberfläche dieser Jungbäume mit 1 m Kronenbreite ausrechnen: **1 m × 1 m × 3,14 = 3,14 m².** Es müssten also eigentlich 400 Jungbäume mit 1 m Kronendurchmesser gepflanzt werden, um den Verlust der Wirkungen eines Altbaumes mit 20 m breiter Krone zu kompensieren! (s. Abb. 26)

Dies kann man auch schnell für weitere, unterschiedlich große Alt- und Jungbäume berechnen und ihre Wirkungen über die Oberfläche herleiten. Danach benötigt man für den Ersatz eines Altbaumes mit 10 m Kronenbreite 100 Jungbäume o. g. Größe, bei 5 m Kronenbreite sind es immer noch 16 junge Ersatzbäume.

Abb. 27: Neu gepflanzte Jungbäume (Winter-Linden) mit ca. 1 m breiten Kronen – ihre Klimawirkung ist zunächst noch sehr begrenzt, da sie anfangs intensiv mit dem Aufbau ihrer Kronen beschäftigt sind.

Man müsste daher also mehrere hundert Jungbäume pflanzen (Abb. 27), um dieselbe Wirkung wie von der Kronenoberfläche eines Altbaumes zu erzielen. Das könnte und sollte uns nachdenklicher beim Umgang mit Altbäumen machen, denn der funktionelle Ersatz eines solchen Altbaumes würde mit 400 Baumpflanzungen somit fast eine Million Euro kosten. Und dabei würde außerdem noch das Problem auftreten, dass man die notwendige Fläche zur Pflanzung von 400 Bäumen meist gar nicht zur Verfügung haben oder finden wird.

Zudem müssen solitäre Altbäume außerhalb des Waldes im Gegensatz zu Jungbäumen in Trockenzeiten nicht gewässert werden, da sie meistens im Laufe ihres langen Lebens ein großes und tiefreichendes Wurzelsystem entwickelt und sich Wasserreservoire erschlossen haben. Bei einem unserer Nationalerbe-Bäume wurden die Wurzeln fast 40 m vom Baum entfernt gefunden!

Damit dürfte eindrucksvoll belegt sein, dass man zunächst besser erst noch einmal überlegt, ob der alte Baum tatsächlich unbedingt beseitigt werden muss. Oft tritt diese Situation vor der Bebauung eines Grundstückes ein, dann soll i. d. R. als erstes Baufreiheit (= Baumfreiheit) geschaffen werden, damit man beim Bau nicht von Bäumen behindert wird. Nach der Fertigstellung des Gebäudes fehlen dann oft Schattenplätze auf dem Grundstück, und der zukünftige Nutzer ärgert sich, dass dort kein alter Baum (mehr) steht. Ein Umdenken wäre jetzt zeitgemäß, wenn uns nun durch die zuvor dargelegten Berechnungen bewusster wird, welche enorm positiven Klimawirkungen und damit welchen großen Wert Altbäume haben, insbesondere in Städten.

Dabei ist klar, dass die reale Blattfläche eines Baumes sogar meist noch größer als seine Kronenoberfläche ist. Oben genannte Beispielsbäume sind daher auch zusätzlich mit der realen Blattfläche gerechnet worden. Die dabei ermittelten Verhältniszahlen (z. B. 1:400) bleiben aber dieselben, weshalb die oben durchgeführte einfache Berechnung mit der Oberfläche einer Kugel zulässig ist. Sie ist zudem so schneller nachvollziehbar und besser kommunizierbar, selbst für Baumlaien – und darauf kann es bei Bauvorhaben entscheidend ankommen.

Wichtig ist noch anzumerken, dass diese Berechnungen für freistehende Bäume gelten. Bei dicht stehenden Bäumen z. B. im Wald ist die Wirkungsoberfläche der Baumkronen hingegen nur 30–50 % einer Kugel. Zudem sind sowohl bei den Alt- als auch bei den Jungbäumen dort die Konkurrenzeffekte zu berücksichtigen, was eine solche Berechnung für Waldverhältnisse sehr erschwert. Da dies für Alt- und Jungbäume aber dann gleichermaßen gilt, ändert sich dadurch an den Verhältniszahlen (z. B. wie oben 1:400) ebenfalls nichts.

4 Welche Bedeutung haben alte Bäume für Kulturgeschichte und historische Ereignisse?

Nach nur 4 Jahren Laufzeit sind inzwischen 30 Bäume als Nationalerbe-Bäume (NEB) ausgerufen worden. Dies ist ein Anlass, die Wertschätzung alter Bäume als Kulturdenkmale und Zeitzeugen bedeutender Ereignisse der Vergangenheit vor Ort zu bewerten.

Denn es ist bei einer ersten Übersicht zu diesem Thema (Roloff/DDG 2023) aufgefallen, dass alle bisher ausgewählten Nationalerbe-Bäume eine herausragende Bedeutung der historischen Entwicklung vor Ort aufweisen (Abb. 28, Details und aktuellster Stand auf www.nationalerbe-baeume.de). Dies soll an Beispielsbäumen nachfolgend veranschaulicht werden.

Vorab ist bedeutsam, die in Frage kommenden Baumarten nochmals kurz aufzuzählen, welche als langlebige Bäume regelmäßig über 400 und z. T. bis zu 1000 Jahre alt werden können (Roloff 2019), soweit sie inzwischen unter den ersten 30 Nationalerbe-Bäumen vertreten sind (alphabetisch

Abb. 28: Gewaltige Stammskulptur der Tassilolinde Wessobrunn (Bayern, NEB #30) an einer alten Thingstätte.

nach wissenschaftlichen Gattungsnamen): **Weiß-Tanne** (*Abies alba*), **Berg-Ahorn** (*Acer pseudoplatanus*), **Ess-Kastanie** (*Castanea sativa*), **Ginkgo** (*Ginkgo biloba*), **Europäische Lärche** (*Larix decidua*), **Ahornblättrige Platane** (*Platanus ×hispanica*), **Stiel- und Trauben-Eiche** (*Quercus robur, Qu. petraea*), **Riesenmammutbaum** (*Sequoiadendron giganteum*), **Europäische Eibe** (*Taxus baccata*), **Winter-, Holländische, Sommer-Linde** (*Tilia cordata, T. ×europaea, T. platyphyllos*), **Flatter-Ulme** (*Ulmus laevis*).

Für die Recherchen wurden verwendet: Haerkötter, G. & M. (1989), Laudert (2003), Hageneder (2007), Köhler (2007), Fischer-Rizzi (2008), Beiser (2017), Dougherty (2017), Schnurr (2018), Weidner (2019), Werner (2019), Hobbs & West (2021), Höffgen (2022) und zahlreiche Internetquellen.

Bäume als regionale und lokale Zeitzeugen mit kulturhistorischer Bedeutung

Thingplätze, Kultorte

Bevor es Gerichtsbäume gab (etwa ab dem 12. Jh.), waren solche Treffpunkte im Ort oder meist am Dorfrand Thingplätze: als Versammlungsort, zur Besprechung und Verhandlung wichtiger Angelegenheiten („Dinge") mit gerichtsähnlichen Verfahren im öffentlichen Raum nach germanischem Recht. Auf Things wurden politische Entscheidungen getroffen, Gesetze erlassen und Streitigkeiten beigelegt. Heute uralte Eichen sind nach Meinung von Historikern grundsätzlich als Hinweise auf mögliche sehr alte Kultplätze anzusehen.

NEB-Beispiele dafür (mit Nr. #, Baumname, Ort, Bundesland-Abkürzung): #02 Eibe Flintbek (SH), #05 Linde Hochmössingen (BW), #14 Mahllinde Vogtei (TH): Abb. 29, #20 Tumuluslinde Evessen (NI): Abb. 30, #30 Tassilolinde Wessobrunn (BY): Abb. 28.

Gerichtsbäume

Seit dem frühen Mittelalter (ab 11.–13. Jh. bis Mitte 19. Jh.) wurden Gerichtsverhandlungen unter Bäumen abgehalten. Dies mussten dafür schon ältere Bäume sein, damit sie eine entsprechende Wirkung hatten (große Krone zur Abschirmung) oder damit für Urteilsvollstreckungen mindestens schon ein starker Stamm oder Ast vorhanden war. Daraus kann man ableiten, dass dafür nur über 100-jährige Bäume infrage kamen: vor allem Linden, Eichen, Ulmen, Ess-Kastanien. Durch ihre wichtige Funktion waren diese Bäume streng geschützt vor Holznutzung und konnten so Jahrhunderte altern, z. T. bis Mitte des 19. Jh.

NEB-Beispiele: #08 Prangerlinde Großpörthen (ST), #12 Femeiche Raesfeld (NW), #16 Richteiche St. Gangolf (SL), #21 Gerichtslinde Collm (SN).

Grenz- oder Orientierungsbäume

Um Grundstücke in Feld und Flur möglichst dauerhaft und gut erkennbar abzugrenzen, wurden im Mittelalter häufig Grenzbäume gepflanzt oder schon vorhandene Bäume für diese Funktion ausgewählt. Am beliebtesten dafür waren Eichen, weil

Abb. 29: Die Mahllinde Vogtei (NEB #14) bei einer der ältesten und bestuntersuchten Kultstätten Mitteleuropas am Opfermoor Oberdorla (Thüringen).

Abb. 30: Tumuluslinde Evessen (Niedersachsen, NEB #20) auf bronzezeitlichem unangerührtem Grabhügel.

man wusste, dass sie sehr alt werden und so ihre Funktion lange Zeit erfüllen können. Sie waren dadurch auch langfristig geschützt. Erst mit dem im 17. Jh. aufkommenden Vermessungswesen wurden sie überflüssig oder zumindest nicht mehr beachtet, und die meisten sind heute nicht mehr vorhanden.

Zur Orientierung auf Reisen wurden an überregionalen wichtigen Handelsstraßen in Abständen Markierungsbäume gepflanzt. Dies war teilweise auch schon im Altertum Brauch.

NEB-Beispiele: #04 Eiche Nagel/Küps (BY): Abb. 31, #09 Eiche Berlin (BE), #11 Ess-Kastanie Gleisweiler (RP), #16 Richteiche St. Gangolf (SL), #22 Eiche Klein Lübars (ST): Abb. 32.

Bäume mit herausgehobener Bedeutung für die Dorfgründung, -entwicklung oder -kultur

Zur Dorfgründung wurde vor 800 Jahren kaum jemals ein Baum gepflanzt, dies war noch kein gängiges Ritual zu der Zeit. Aber zu besonderen Ereignissen in der Dorfentwicklung und zu kulturellen Ereignissen etwa ab dem 15. Jh. kam es dann schon häufiger vor.

NEB-Beispiele: #01 Linde Heede (NI), #05 Linde Hochmössingen (BW), #07 Ulme Gülitz (BB): Abb. 33, #08 Prangerlinde Großpörthen (ST), #09 Eiche Berlin (BE), #11 Käschde Gleisweiler (RP), #12 Femeiche Raesfeld (NW), #18 Hindenburglinde Ramsau (BY): Abb. 34, #23 Klosterlinde Pehlitzwerder (BB): Abb. 35, #24 Eiche Röbel/

Abb. 31: Alte Eiche am Schloss Nagel/Küps (Bayern, NEB #04) mit über 10 m astfreiem mächtigen Stamm.

Abb. 33: Dinosaurierfußähnlicher Stammfuß der alten Flatter-Ulme in Gülitz (Brandenburg, NEB #07).

Abb. 32: Mächtige Krone der Eiche Klein Lübars (Sachsen-Anhalt, NEB #22), ein Grenzbaum.

Abb. 34: Ungewöhnlich intakter Stamm und mit riesiger Krone der Hindenburglinde in Ramsau (Bayern, NEB #18).

Müritz (MV), #27 Hofulme Bierde (NW): Abb. 36, #30 Tassilolinde Wessobrunn (BY).

Bäume zur Fertigstellung von Burgen, Schlössern, Kirchen, Klöstern
Zur Fertigstellung von Gebäuden mit großer kultureller oder kirchlicher Bedeutung wurden vereinzelt ab dem 13. Jh. Bäume gepflanzt, dann deutlich zunehmend ab dem 15./16. Jh. Unser frühestes Beispiel ist die Polchower Linde, die wohl zur Fertigstellung der Vorgängerkirche etwa 1220 gepflanzt worden sein könnte.

NEB-Beispiele: #01 Linde Heede (NI), #03 Eibe Flintbek (SH), #05 Linde Hochmössingen (BW), #07 Ulme Gülitz (BB), #08 Prangerlinde Großpörthen (ST), #15 Kirchlinde Polchow (MV), #21 Gerichtslinde Collm (SN), #23 Klosterlinde Pehlitzwerder (BB), #28 Schlosseibe Thedinghausen (NI): Abb. 37, #29 Klosterlinde Isenhagen (NI), #30 Tassilolinde Wessobrunn (BY).

Bäume mit herausgehobener Bedeutung in Grünflächen (Parkanlagen, Friedhöfe, Wald)
Sehr vielfältig sind in Szene gesetzte Bäume in Grünflächen, für die man seit etwa 300 Jahren bis heute Fachleute zur Parkgestaltung heranzieht, um besondere Baumpflanzungen zu planen, zu platzieren und zu gestalten. Sehr eindrucksvolle Beispiele dafür sind der Ginkgo in Jahnishausen, der Berg-Ahorn im Hamburger Hirschpark und die Liebesplatane in Hohenheim. Oder die Inszenierung wurde erst nachträglich vorgenommen, nachdem der Baum schon alt war, wie z. B. die Eiche „Dicke Marie“ in Berlin. In besonderen Fällen erfolgte dies sogar erst durch unsere Ausrufung, z. B. die Schlosseibe in Thedinghausen: Auf einem Bild von 1680 ist sie ein kleines Bäumchen, erst 2023 ins Bewusstsein der Gemeinde gerückt und publikumswirksam mit einer viel beachteten Feier zum bedeutendsten Baum der Gemeinde und des Landkreises sowie mit Umweltministerworten zu einem der bedeutendsten Bäume Niedersachsens gekürt.

NEB-Beispiele: #02 Ginkgo Jahnishausen (SN), #06 Berg-Ahorn Hamburg (HH): Abb. 38, #07 Ulme Gülitz (BB), #09 Eiche Berlin (BE), #10 Lärche Kassel (HE), #13 Mammutbaum Bremen (HB), #15 Kirchlinde Polchow (MV), #16 Richteiche St. Gangolf (SL), #17 Königseiche Kammerwald (RP), #21 Gerichtslinde Collm (SN), #24 Eiche Röbel/Müritz (MV): Abb. 39, #25 Liebesplatane Hohenheim (BW), #26 Urwaldtanne Bay-

Abb. 35: Stammskulptur der Klosterlinde Pehlitzwerder (Brandenburg, NEB #23).

Abb. 36: Beeindruckende Stammdimensionen der Flatter-Ulme Bierde (Nordrhein-Westfalen, NEB #27), wohl zur Gründungszeit des Hofes gepflanzt und somit ältestes lebendes „Familienmitglied“.

Abb. 37: Alte Schlosseibe Thedinghausen (Niedersachsen, NEB #28), zur Fertigstellung des Schlosses 1621 gepflanzt.

Tabelle 3: Erste 30 Nationalerbe-Bäume mit Angaben zu Baumart, Alter, Stammumfang, Eigentümer, Lokation und kulturhistorischer Bedeutung:

Nr.	Baumart dt. Name	Alter	Ort, Bundesland	Kulturhistorische Bedeutung
#01	Sommer-Linde	700	Heede, Niedersachsen	Historie Schärpenburg, Hochzeitsort, Dorftreffpunkt, Proklamation Schützenkönig
#02	Ginkgo	210	Riesa, Sachsen	Historie Schlosspark, bestimmender Baum für Schlosspark-Konzeption seit 2020
#03	Europäische Eibe	700	Flintbek, Schleswig-Holstein	Uralter Thingort: strategische Bedeutung wegen Weitblicks in die Landschaft, Historie Kirchenort
#04	Stiel-Eiche	600	Nagel/Küps, Bayern	Eine von 4 alten Eichen im Quadrat: zur Orientierung an alter Heerstraße
#05	Sommer-Linde	600	Hochmössingen, Baden-Württemberg	Historie Kirchenort und Dorfmittelpunkt
#06	Berg-Ahorn	270	Hamburg	Bestimmender Baum für Parkgestaltung vor 250 Jahren, zusammen mit Lindenallee
#07	Flatter-Ulme	450	Gülitz, Brandenburg	Historie Kirchenort u. Friedhof, Dorfschule
#08	Winter-Linde	800	Großpörthen, Sachsen-Anhalt	Gerichtsbaum Mittelalter, Historie Kirchenort
#09	Stiel-Eiche	600	Berlin	Grenzbaum Mittelalter, Historie Kirchenort
#10	Europäische Lärche	240	Kassel, Hessen	Bestimmender Baum für Parkgestaltung vor 250 Jahren, am Fuß der Wassertreppen
#11	Ess-Kastanie	400	Gleisweiler, Rheinland-Pfalz	Historie Dorf und lokale Käschde-Kultur, Grenzbaum
#12	Stiel-Eiche	900	Erle-Raesfeld, Nordrhein-Westf.	Gerichtsbaum Mittelalter (Urkunde 1369!), Historie Dorf
#12	Riesenmammutbaum	160	Bremen	Zeugnis und Historie Friedhofsbegündung 1875 (damals 1. Baum, am Eingang)
#14	Sommer-Linde	500	Vogtei, Thüringen	Uralter Thingort, nahe Kultstätte seit Bronzezeit durchgehend bis Mittelalter
#15	Sommer-Linde	800	Polchow, Mecklenburg-Vorpommern	Historie Kirchenort u. Friedhof seit 13. Jh.
#16	Stiel-Eiche	650	St. Gangolf, Saarland	Grenzbaum Mittelalter (Dokument 1495!)
#17	Trauben-Eiche	360	Roth/Our, Rheinland-Pfalz	Alter Treffpunkt im Wald, 6-mal Wechsel der Landeszugehörigkeit!
#18	Sommer-Linde	750	Ramsau, Bayern	Historie Laubrechen und -nutzung im Stall, Bundesstraßenbau 1939
#19	Stiel-Eiche	550	Harreshausen, Hessen	Historie Ursprung der Säuleneiche und ihrer Verbreitung über ganz Europa
#20	Sommer-Linde	800	Evessen, Niedersachsen	Historie bronzezeitlicher Grabhügel, ungeöffnet u. a. wegen der Linde
#21	Sommer-Linde	800	Collm, Sachsen	Historie Kirchenort u. Friedhof seit 13. Jh.
#22	Stiel-Eiche	450	Klein Lübars, Sachsen-Anhalt	Historie Dorf, Grenzbaum Mittelalter

Nr.	Baumart dt. Name	Alter	Ort, Bundesland	Kulturhistorische Bedeutung
#23	Winter-Linde	600	Pehlitzwerder, Brandenburg	Historie Klosterbau 12. Jh., Beweidung seit 1420, Schutz auf Campingplatz
#24	Stiel-Eiche	600	Röbel/Müritz, Mecklenburg-Vorpommern	Historie Stadtwald Glienholz, Forsthaus
#25	Ahornblättrige Platane	245	Stuttgart-Hohenheim, Baden-Württemberg	Historie Hohenheimer Gärten, 1. Baum geplanzt zur Gründungszeit
#26	Weiß-Tanne	605	NP Bayerischer Wald, Bayern	Waldgeschichte Urwald, Bergmischwal
#27	Flatter-Ulme	500	Bierde, Nordrhein-Westfalen	Historie Hofgut u. Familiengeschichte seit Mittelalter
#28	Europäische Eibe	405	Thedinghausen, Niedersachsen	Historie Schlosss Erbhog: gepflanzt zur Bau-Fertigstellung
#29	Holländische Linde	500	Isenhagen, Niedersachsen	Historie Kloster: gepflanzt zur Umwidmung in Damenstift 1540
#30	Sommer-Linde	800	Wessobrunn, Bayern	Historie Klosterbau 13. Jh.

erischer Wald (BY), #28 Schlosseibe Thedinghausen (NI).

Bäume mit überregionaler gärtnerischer Bedeutung
Einzelne Bäume können durch ihre gärtnerische oder gartenbauliche Bedeutung dauerhaft besondere Beachtung erhalten. Dafür ist unter unseren Bäumen das prägnanteste Beispiel die Schöne Eiche von Harreshausen (#19) mit ihrer Säulenform, die schon vor über 200 Jahren Mutterbaum fast aller Säuleneichen in Europa geworden ist.

NEB-Beispiele: #02 Ginkgo Jahnishausen (SN), #06 Berg-Ahorn Hamburg (HH), #10 Lärche Kassel (HE), #19 Eiche Harreshausen (HE), #28 Eibe Thedinghausen (NI), #29 Linde Isenhagen (NI): Abb. 40.

Zeitzeugen historischer Ereignisse, Namensbäume
Bäume als Zeitzeugen sind oft schon an ihrem Namen zu erkennen: z. B. Hindenburglinde und Hofulme. Sie weisen auf besondere Ereignisse in der Vergangenheit hin, unter unseren Bäumen beson-

Abb. 38: Berg-Ahorn im Hirschpark von Hamburg (NEB #06) mit gewaltiger Krone.

Abb. 39: Markante Stiel-Eiche mit Forsthaus im Röbeler Stadtwald (Mecklenburg-Vorpommern, NEB #24).

Abb. 40: Klosterlinde Isenhagen (Niedersachsen), bei genauem Hinsehen eine der 5 ältesten Holländischen Linden (NEB #29).

ders beeindruckend die Tumuluslinde in Evessen (#20), die auf einem bronzezeitlichen Hügelgrab steht, aber wohl erst vor etwa 700 Jahren auf den 7 m hohen Standort gepflanzt wurde (oder sie ist ein Wiederaustrieb eines früheren Vorgängerbaumes).

NEB-Beispiele: #09 Eiche „Dicke Marie" Berlin (BE), #17 Königseiche Kammerwald (RP), #18 Hindenburglinde Ramsau (BA), #20 Tumuluslinde Evessen (NI), #25 Liebesplatane Hohenheim (BW): Abb. 41, #27 Hofulme Bierde (NW), #30 Tassilolinde Wessobrunn (BY).

Abb. 41: Zur Begründung des Parks 1779 als Liebesbezeugung des Eigentümers gepflanzte Platane in Hohenheim (Baden-Württemberg, NEB #25).

Bäume und Baumarten mit besonderer Bedeutung für kulturelle Rituale

Einige Bäume sind seit längerer oder sogar schon sehr langer Zeit Orte z. B. für die Proklamation des Schützenkönigs, als Hochzeits-Location, für jährliche Dorffeste oder andere wiederkehrende Veranstaltungen. Der Baum steht dann im Mittelpunkt der Festlichkeiten, was ihm erhebliche Beachtung und Würdigung einbringt. In besonderen Fällen kann auch allein die Baumart für solche Wirkungen bedeutsam sein, wie z. B. beim Ginkgo, bei der Eibe oder der Platane mit ihren inzwischen Jahrtausende alten Traditionen für kulturelle Zwecke.

NEB-Beispiele: #01 Linde Heede (NI), #02 Gingko Jahnishausen (SN): Abb. 42, #03 Eibe Flintbek (SH), #12 Femeiche Raesfeld (NW), #13 Mahllinde Vogtei (TH), #28 Eibe Thedinghausen (NI).

Abb. 42: Kultbaumart Ginkgo im Schlosspark Jahnishausen (Sachsen), traumhaft als Besucher-Highlight in Szene gesetzt (NEB #02).

Schlussbemerkungen

Es war nicht erwartet worden zu Beginn der Initiative Nationalerbe-Bäume 2019, dass diese Bäume alle und in solchem Ausmaß kulturhistorische Bedeutung haben. Die hier erstmals so umfassend zusammengestellte Übersicht vermittelt eindrucksvoll, dass neben ihrer Bedeutung für Biodiversität und als Lebensraum auch und ganz besonders ihr Wert für Kulturgeschichte und als historische Zeitzeugen mehr Beachtung verdient. Keiner dieser Bäume ist in dieser Hinsicht ohne historischen Hintergrund vor Ort, regional oder sogar überregional (Abb. 43).

Abb. 43: Die „Schöne Eiche von Harreshausen" in Hessen (umgeben von 4 Linden als Sturm- und Blitzschutz), Abstammungsbaum fast aller Säulen-Eichen in Europa (NEB #19).

Und selbst eine uralte Weiß-Tanne in der Urwald-Parzelle des Nationalparks Bayerischer Wald bei Bayerisch Eisenstein zeigt auf eindrucksvollste Weise, zu welch großen Überraschungen behutsamer Umgang mit den natürlichen Prozess-Abläufen im Waldmanagement in ihrer über 600 Jahre Lebensgeschichte führen kann (Abb. 44).

Alle Fotos vom Autor.

Abb. 44: Älteste Weiß-Tanne Deutschlands als Zeugnis von über 6 Jahrhunderten behutsamen Umgangs mit den Naturressourcen im Nationalpark Bayerischer Wald (NEB #26).

5 Literatur

Bartels, H. (1993): Gehölzkunde. Ulmer, Stuttgart.

Beiser, R. (2017): Baum und Mensch – Heilkraft, Mythen und Kulturgeschichte unserer Bäume. Ulmer, Stuttgart.

Behm-Blancke, G. (2002): Heiligtümer der Germanen und ihrer Vorgänger in Thüringen – Die Kultstätte Oberdorla. Teil 2: Katalog der Heiligtümer und Funde. Weimarer Monographien zur Ur- und Frühgeschichte 38/2: 1–230. Kommissionsverlag Theiss, Stuttgart.

Behm-Blancke, G. (2003): Heiligtümer der Germanen und ihrer Vorgänger in Thüringen – Die Kultstätte Oberdorla. Teil 1: Texte und Fototafeln. Weimarer Monographien zur Ur- und Frühgeschichte 38/1: 1–334. Kommissionsverlag Theiss, Stuttgart.

Benk, J.; Artmann, S.; Kutscheidt, J.; Müller-Inkmann, M.; Streckenbach, M.; Weltecke, K. (2020): Praxishandbuch Wurzelraumansprache. Arbeitskreis Baum im Boden, Möhnesee.

Binder, M. (2023): Ökophysiologische Untersuchungen an Gemeiner Eibe (*Taxus baccata* L.) und Stechpalme (*Ilex aquifolium* L.) und daraus folgende Bewertung waldbaulicher Förderungs- und Erhaltungsmaßnahmen. Diss. Forstbotanik, TU Dresden: 1–178.

Bütler, R.; Lachat, T.; Krumm, F.; Kraus, D.; Larrieu, L. (2020): Taschenführer der Baummikrohabitate. Eidgen. Forschungsanstalt WSL, Birmensdorf.

Cannon, C. H., Piovesan, G., Munné-Bosch, S. (2022): Old and ancient trees are life history lottery winners and vital evolutionary resources for long-term adaptive capacity. Nature Plants 8: 136–145 (2022). https://doi.org/10.1038/s41477-021-01088-5, Zugriff 15.01.2023.

Dittrich, S. (2022): Unveröffentlichter Bericht, Institut für Biodiversität TU Dresden.

Dougherty, M. J. (2017): Kelten – Geschichte und Vermächtnis einer der ältesten Kulturen Europas. Tosa, Fränkisch-Crumbach.

Dujesiefken, D. (2016): Biology and survival strategies of trees. In: Dujesiefken, D; Fay, N.; de Groot, J.-W.; de Berker, N.: Trees – a Lifespan Approach: 31–50. Fundacja EkoRozwoju, Wroclaw

Dujesiefken, D. (2016): Maintenance of mature trees. In: Dujesiefken, D.; Fay, N.; de Groot, J.-W.; de Berker, N.: Trees – a Lifespan Approach: 83–102. Fundacja EkoRozwoju, Wroclaw.

Dujesiefken, D.; Fay, N.; de Groot, J.-W.; de Berker, N. (2016): Trees – a Lifespan Approach. Fundacja EkoRozwoju, Wroclaw.

Dujesiefken, D., Liese (2022): Das CODIT-Prinzip – Baumbiologie und Baumpflege. Haymarket Media, Braunschweig.

Farjon, A. (2017): Ancient Oaks in the English Landscape. Royal Botanic Gardens Kew, Surrey.

Fay, N. (2015): Der richtige Umgang mit uralten Bäumen – Archebäume und Baumveteranen. Jahrbuch Baumpflege 2015: 181–197.

Fay, N.; Berker, N. de (2016): Arboriculture – the perspective from ancient trees. In: Dujesiefken, D.; Fay, N.; de Groot, J.-W.; de Berker, N.: Trees – a Lifespan Approach: 13–29. Fundacja EkoRozwoju, Wroclaw.

Fischer-Rizzi, S. (2008): Blätter von Bäumen – Heilkraft und Mythos einheimischer Bäume. AT-Verlag, Baden/München.

FLL (Hrsg.) (2017): Zusätzliche Technische Vertragsbedingungen und Richtlinien für die Baumpflege, „ZTV-Baumpflege". Forschungsgesellschaft Landschaftsentwicklung Landschaftsbau e. V., Bonn.

Gillner, S.; Roloff, A. (2016): Das Alter von Olivenbäumen – Ein wissenschaftlicher Ansatz zur Altersabschätzung von Olivenbäumen (*Olea europaea* L.) auf Basis einer jahrringanalytischen Methode. Mitt. Deutsch. Dendrol. Ges. 101: 9–18.

Haerkötter, G.; Haerkötter, M. (1989): Macht und Magie der Bäume. Eichborn, Frankfurt/M.

Hageneder, F. (2007): Die Eibe in neuem Licht. Neue Erde, Saarbrücken.

Hartig, A.; Roloff, A. (2019): Charakterbäume in der Stadt – Eine neue Methode zur Einschätzung. ProBaum 01: 10–15.

Hobbs, K.; West, D. (2021): Die Geschichte der Bäume – Und wie sie unsere Lebensweise verändert haben. 2. Aufl. Laurence King Publishing, London.

Höffgen, Th. (2022): Der verteufelte Waldgott. Autorenglück, Dresden.

Klug, P. (2021): Praxis Baumpflege – Kronenschnitt an Bäumen. Arbus, Gammelshausen.

Knigge, W.; Schulz, H. (1966): Grundriss der Forstbenutzung. Parey, Hamburg/Berlin.

Köhler, M. (2007): Heidnische Heiligtümer – Vorchristliche Kultstätten und Kultverdachtsplätze in Thüringen. Jenzig-Verlag, Jena.

Krabel, D. (2020): Bäume – dem Geheimnis des Alters auf der Spur. Forstwiss, Beitr. Tharandt Beiheft 22: 87–97.

Laudert, D. (2003): Mythos Baum – Geschichte, Brauchtum, 40 Baumporträts. BLV, München.

Lonsdale, D. (ed.) (2013): Ancient and other veteran trees: further guidance on management. Ancient Tree Forum/Woodland Trust, Grantham.

Naturschutzinstitut Freiberg (2022): Erfassungen zur Nutzung von Baumdenkmalen im Osterzgebirge durch Vögel und Fledermäuse. https://nsi-freiberg.nabu-sachsen.de, Zugriff 15.10.2023.

Parker, E.; Lewington, A. (2012): Ancient Oaks – Trees that live for a thousand years. Royal Botanic Gardens Kew, Surrey.

Pietzarka, U. (2023): Grundlagen des fachgerechten Gehölzschnitts. In: Roloff, A. (Hrsg.): Baumpflege. 4. Aufl.: 133–146. Ulmer, Stuttgart.

Read, H. (2000): Veteran Trees: A guide to good management. English Nature, Peterborough.

Riedenklau, A. (2020): Entwicklung eines Erfassungs- und Bewertungsbogens für alte Bäume zur Beurteilung ihres ästhetischen, ökologischen und kulturellen Wertes. Mitt. Deutsch. Dendrol. Ges. 107: 68–82.

Riedenklau, A. (2022): Die Entwicklung eines Erfassungs- und Bewertungsbogens für alte Bäume zur Beurteilung ihres ästhetischen, ökologischen und kulturellen Wertes. Masterarbeit Forstbotanik, TU Dresden: 1–112.

Riedenklau, A.; Roloff, A. (2020): Der Wert von Baumveteranen. BaumZtg. 06: 32–35.

Riedenklau, A.; Roloff, A. (2022): Neue Möglichkeiten zur Bewertung und Beschreibung alter Bäume. Allg. Forstztschr./Der Wald 04: 20–22.

Roloff, A. (2001): Baumkronen – Verständnis und praktische Bedeutung eines komplexen Naturphänomens. Ulmer, Stuttgart.

Roloff, A. (2010): Lexikon der Baumbiologie. VCH-Wiley, Weinheim.

Roloff, A. (2013): Bäume in der Stadt. Ulmer, Stuttgart.

Roloff, A. (2018): Vitalitätsbeurteilung von Bäumen – Aktueller Stand und Weiterentwicklung. Haymarket Media, Braunschweig.

Roloff, A. (2019): Besonderheiten und Potenziale langlebiger Baumarten. Allg. Forstztschr./Der Wald 04: 24–29.

Roloff, A. (2020a): Krakenweiden – Zerfall und „Wiederauferstehen". BaumZtg. 03: 24–28.

Roloff, A. (Hrsg., 2020b): Die starken Bäume Deutschlands – 111 faszinierende Naturerben und ihre Geschichten. Quelle & Meyer, Wiebelsheim.

Roloff, A. (Hrsg.) (2021a): Trockenstress bei Bäumen – Ursachen, Strategien, Praxis. Quelle & Meyer, Wiebelsheim.

Roloff, A. (2021b): Baumveteranen – Die Frage des Alter(n)s. BaumZtg. 01: 36–39.

Roloff, A. (2022): Handbuch Baumdiagnostik – Baumbiologische Grundlagen verstehen, Symptome erkennen und für die Baumkontrolle & -beurteilung nutzen. 2. Aufl. Ulmer, Stuttgart.

Roloff, A. (Hrsg.) (2023): Baumpflege. 4. Aufl. Ulmer, Stuttgart.

Roloff, A./DDG (2023): Nationalerbe-Bäume. 2. Aufl. Eigenverlag Dt. Bauminstitut TU Dresden, Tharandt [kostenloser Download unter www.nationalerbe-baeume.de/Neuigkeiten].

Roloff, A.; Weisgerber, H.; Lang, U.; Stimm, B. (2021): Enzyklopädie der Holzgewächse. Wiley-VCH, Wiebelsheim.

Schnurr, E.-M. (2018): Die Kelten – Geheimnisse einer versunkenen Kultur. Deutsche Verlags-Anstalt, München.

Schröder, R. (2019): Ernste Gefahr für die Baum-Naturdenkmale: 90 von 212 Naturdenkmalen des Landkreises Görlitz sollen aufgehoben werden. Ginkgoblätter 157: 19–26.

Schütt, P., Lang, U. M. (1996): *Pinus longaeva* (Westliche Grannenkiefer). Enzyklopädie der Holzgewächse 05: 1–8.

Schuldt, B.; Buras, A.; Arend, M.; Vitasse, Y.; … Kahmen, A. (2020): A first assessment of the impact of the extreme 2018 summer drought on Central European forests. Basic and Applied Ecology 45: 86–103.

SPIEGEL (2020): Grüne Greise – Forscher versuchen, die letzten Überlebenden des Mittelalters zu retten. SPIEGEL 27: 106–107.

Steinfurth, L.; Roloff, A. (2021): Ist aus dem Stammumfang eine Herleitung des Alters möglich? BaumZtg. 03: 38–41.

Stobbe, H.; Kowol, T.; Jaskula, P.; Wilstermann, D.; Düsterdick, S.; Wilm, P.; Vogel, T.; Dujesiefken, D. (2020): Verkehrssicherheit und Baumkontrolle. Haymarket Media, Braunschweig.

Streckenbach, M. (2021): Urbane Böden – eine Lebensgrundlage für Gehölze? Jahrb. Baumpflege 2021: 112–124.

Unger, J. (2022): Pflege des ersten Nationalerbe-Baumes Heeder Linde. Forstwiss. Beitr. Tharandt Beiheft 23: 112–122.

Wagenführ, R. (2007): Holzatlas. Fachbuchverlag, Leipzig.

Weidner, C. (2019): Enzyklopädie der Mythologie. Tosa, Fränkisch-Crumbach.

Weisgerber, H., 2010: Die Gattung *Populus* L. Enzyklopädie der Holzgewächse 57: 1–30.

Weiss, H., 2020: Vitalität und Regeneration als Hilfsmittel zur Qualitätsbewertung von Schnittmaßnahmen. Forstwiss. Beitr. Tharandt Beiheft 22: 117–138.

Weiss, H. 2023a: Behandlung und Schnitt ehemals gekappter Linden. In: Roloff, A. (Hrsg.): Baumpflege, 4. Aufl.: 147–162. Ulmer, Stuttgart.

Weiss, H. 2023b: Grundlagen zur Beurteilung der baumstatischen Situation. In: Roloff, A. (Hrsg.): Baumpflege, 4. Aufl.: 192–207. Ulmer, Stuttgart.

Weiss, H. 2023c: Fachgerechte Sicherung bruchgefährdeter Bäume und Baumteile. In: Roloff, A. (Hrsg.): Baumpflege, 4. Aufl.: 233–250. Ulmer, Stuttgart.

Werner, K. (2019): Das Leben unter der Femeiche von Erle. Eigenverlag Heimatverein, Raesfeld.

Wessoly, L.; Erb, M. (2014): Handbuch der Baumstatik und Baumkontrolle. Patzer, Braunschweig.

www.nationalerbe-baeume.de: Nationalerbe-Bäume Deutschlands, Zugriff 15.10.2023.

Autor:
Prof. Dr. Andreas Roloff
Seniorprofessur für Forschung und Wissenstransfer zur Baumbiologie
Institut für Forstbotanik und Forstzoologie sowie Deutsches Baum-Institut
TU Dresden
Pienner Str. 7
01737 Tharandt
E-Mail: andreas.roloff@tu-dresden.de

Mitt. Deutsch. Dendrol. Ges. (MDDG)	109	44–68	2024	ISBN 978-3-494-01982-6

Sorbus L. (Rosaceae) – eine Gattung (wieder einmal) in Auflösung? Speierling, Ebereschen, Mehlbeeren, Zwergmehlbeere, Zwergapfelmehlbeeren, Elsbeere – zu einer Gattung (*Sorbus* L. s. l. oder *Pyrus* L. s. l.) oder verteilt auf 5–17 Gattungen?

Peter A. Schmidt

Abstract

***Sorbus* L. (Rosaceae) – a genus (once again) is breaking up?**
Servive-trees, Rowans, Whitebeams – to one genus (*Sorbus* L. s. l. or *Pyrus* L. s. l.) or splitting into 5–17 genera?

The genus *Sorbus* in the broad sense (s. l., including True and Wild Servive-trees, Mountain ash and other Rowans, Whitebeams and their relatives) is taxonomically very complicated, among others due to the modes of reproduction. Hybridization, polyploidy, and apomixis are widespread. Already in the 18th and 19th centuries controversial opinions existed about the classification and nomenclature of the species. Putting together them in one genus, *Sorbus* s. l., found general acceptance in the 20th century. However, since the 1990th years again divergent concepts simultaneously arose, based not only on morphological characteristics but also on data of molecular phylogenetic studies. The proposals of the authors reach from including *Sorbus* s. l. in a mammoth genus *Pyrus* s. l. or keeping of the genus *Sorbus* in a broad sense (with subgenera) up to splitting it into 5, 11 or 17 genera. The different concepts are represented. A more acceptable classification in only a few genera (*Cormus*, *Sorbus* s. str., *Aria* s. l.) is requiring the clarification of nomenclatural problems and of assigning *Micromeles* to *Aria* s. l. or a separate genus. As some questions remaining unanswered, the opinions of the authors still considerably diverge and are partly contradictory, further investigations are needed. Because of that for the time being it seems, apart from separating *Cormus*, desirable to maintain the genus *Sorbus* in the broad sense.

Zusammenfassung

Die Gattung *Sorbus* im weiten Sinn (s. l.) mit Speierling, Ebereschen, Mehlbeeren, Zwergmehlbeere, Zwergapfelmehlbeeren und Elsbeere ist taxonomisch besonders kompliziert. Ursachen sind u. a. die Fortpflanzungsweisen, da Hybridisierung, Polyploidie und Apomixis weit verbreitet sind. Zur Gliederung und Benennung der Arten existierten bereits im 18. und 19. Jh. konträre Auffassungen. Im 20. Jh. fand die Zusammenführung in eine Gattung *Sorbus* (s. l.) allgemeine Akzeptanz. Seit den 1990er-Jahren ergab sich jedoch wieder die Situation, dass parallel unterschiedliche Auffassungen existieren, nicht nur basierend auf morphologischen Merkmalen, sondern im Ergebnis molekulargenetischer und phylogenetischer Studien. Die Vorschläge der Autoren reichen von der Einordnung von *Sorbus* s. l. in eine Mammutgattung *Pyrus* (s. l.) über die Beibehaltung der weit gefassten Gattung *Sorbus* s. l. (mit Untergattungen) bis hin zur Gliederung in 5, 11 oder 17 Gattungen. Die verschiedenen Konzepte werden vorgestellt. Eine eher annehmbare Gliederung in nur wenige Gattungen (*Cormus*, *Sorbus* s. str., *Aria* s. l.) setzt die Klärung eines nomenklatorischen Problems und der Einordnung von *Micromeles* zu *Aria* s. l. oder als eigene Gattung voraus. Da offene Fragen verbleiben, die Meinungen der Autoren noch beträchtlich divergieren und teilweise widersprüchlich sind, bedarf es weiterer Untersuchungen. Deshalb erscheint es, abgesehen von der Abtrennung von *Cormus*, vorerst sinnvoll, die Gattung *Sorbus* s. l. beizubehalten.

Gliederung

Vorbemerkung

Die Teilnehmer der Studienreise der DDG 2009 lernten in Ungarn einen Spezialisten der Gattung *Sorbus*, den Leiter der Baumschule Alsótekeres, E. Barabits, kennen (vgl. Schmidt & Liesebach 2010). Zu seinen Spezialsammlungen gehören auch *Sorbus*-Arten, darunter von ihm neu beschriebene (z. B. Barabits 2007). Zur Jahrestagung der DDG in Bamberg 2013 widmete sich ein Vortragsnachmittag dem Thema „Die Gattung *Sorbus* i. w. S.: Vogelbeeren, Mehlbeeren, Elsbeeren und ihre Bastarde“ (vgl. Schmidt 2013, Gruber 2014, Liesebach 2014). Das Interesse der DDG-Mitglieder war geweckt worden. Ich wurde inzwischen mehrfach angesprochen, einen Überblick zur Gattung *Sorbus* zu geben. Die Verunsicherung ist groß. Ist die traditionelle Umgrenzung einer weit gefassten Gattung *Sorbus* (nachfolgend *Sorbus* s. l. = i. w. S.) unter Einschluss von Speierling, Ebereschen (bzw. Vogelbeeren), Mehlbeeren, Zwergapfelmehlbeeren, Zwergmehlbeere und Elsbeere noch vertretbar oder sind mehrere Gattungen und noch hybridogene Gattungen zu unterscheiden, sodass *Sorbus* eng gefasst wird und nur die Ebereschen (*Sorbus* s. str. = i. e. S.) umfasst? Sind die wissenschaftlichen Erkenntnisse zur Aufspaltung der Gattung so abgesichert, dass wir ihnen folgen sollten und neue Namen lernen müssen?

Auf diese Fragen gibt es unterschiedliche Antworten. Da von mir *Sorbus* s. l. in „Fitschen – Gehölzflora“ (Schmidt & Schulz 2017, 2023) bearbeitet wurde, wage ich einige Ausführungen dazu, auch wenn ich kein Spezialist der Gattung *Sorbus* bin. Mein Interesse an dieser höchst bemerkenswerten Pflanzengruppe stieg bei der Vorbereitung eines Vortrags über die Verdienste des Thüringer Forstbotanikers J. M. Bechstein (1757–1822) bei der Erkennung und Beschreibung neuer Gehölzsippen, denn dieser widmete sich verstärkt den Mehl-, Els- und Vogelbeeren sowie Hybriden zwischen diesen (vgl. Schmidt 2012). Der vorliegende Beitrag gibt einen Überblick über die unterschiedlichen Gliederungen von *Sorbus* s. l. und damit zusammenhängende Aspekte. Für die kurz charakterisierten Untergattungen (bzw. Gattungen) werden beispielhaft Sippen genannt. Es würde den Rahmen sprengen, alle wildwachsenden und in Kultur befindlichen Arten und Hybriden von *Sorbus* s. l. zu berücksichtigen. Bestimmungsschlüssel für einheimische Arten finden sich in den Exkursionsfloren wie Müller et al. (2016, 2021), Kaplan (2019), Parolly & Rohwer (2019) oder Stace (2019), für einheimische und kultivierte Arten sowie diverse Hybriden u. a. in Schmidt & Schulz (2023, ca. 40 Sippen) und Roloff & Bärtels (2018, ca. 30). Beschreibungen der Sippen und Fotos ausgewählter Arten bringen Bärtels & Schmidt (2014, ca. 40, dazu auch größere Zahl von Sorten) oder Schmidt & Hecker (2020, ca. 20). Hillier & RHS (2019) stellen sogar > 100 Arten und Hybriden vor, allerdings mit äußerst knapper Charakteristik.

1 Einleitung

Die Gattung *Sorbus* s. l. gehört wegen ihrer Fruchtform (Kernäpfel) zu den Apfelfrüchtigen Rosengewächsen, wenn die Früchte oft auch beerenähnlich (s. Namen Vogel-, Mehl-, Elsbeere) erscheinen. Traditionell wurden die Gattungen als Kernobstgewächse bezeichnet, wobei die Früchte mehrerer Gattungen keine Kernäpfel, sondern Steinäpfel (z. B. *Cotoneaster*, *Crataegus*) sind. In der Vergangenheit als Unterfamilie Maloideae der Rosaceae eingestuft, wurden sie seit Potter et al. (2007)

als Subtribus Pyrinae (Unterfamilie Spiraeoideae) gefasst. Inzwischen werden sie aber nach weiteren molekulargenetischen Befunden als Subtribus Malinae (Unterfamilie Amygdaloideae) eingeordnet (z. B. APW 2017). Die Auffassungen zur Phylogenie und Gliederung der Kernobstgewächse variieren außerordentlich stark und die Verwandtschaftsbeziehungen sowie Gattungsabgrenzungen werden kontrovers diskutiert. Christenhusz et al. (2018) gehen schließlich sogar so weit, dass sie die meisten Gattungen, z. B. *Aronia*, *Chaenomeles*, *Cotoneaster*, *Cydonia*, *Malus*, *Photinia*, *Pyrus*, *Sorbus* s. l. einer Mammutgattung *Pyrus* s. l. zuordnen. Selbst die für die Systematik grundlegende Angiosperm Phylogenie Website (APW 2017) stöhnt: „*Altogether something of a disaster*". Wenn auch andere Gattungen der Rosengewächse über komplizierte Fortpflanzungsweisen verfügen, so bieten gerade die Kernobstgewächse zahlreiche Beispiele für Hybridisierung, Polyploidisierung und Apomixis (agamosperme Fortpflanzung, also Samenbildung ohne Befruchtung). Die Gattung *Sorbus* s. l. ist ein ausgeprägtes Beispiel dafür. Diploide und polyploide Sippen, sexuelle Samenbildung und Apomixis sowie vegetative Ausbreitung treten auf. Hierzu sei auf die Darlegung der Problematik zur Jahrestagung der DDG 2013 (Liesebach 2014) verwiesen (s. auch Meyer et al. 2005, Meyer 2016, Gehrke 2016, Fay & Rich 2022).

Während keinerlei Hybriden des Speierlings – trotz Überlappung der Areale mit anderen Arten von *Sorbus* s. l. – bekannt sind, treten zwischen Mehlbeeren, Zwergmehlbeere, Elsbeere und Ebereschen zahlreiche Hybriden, sowohl Primärhybriden als auch nach Hybridisierung entstandene agamosperme Sippen (Apomikten, „fixierte Zwischenarten"), auf. Die Nachkommen können unterschiedliche Ploidiestufen aufweisen und sich sexuell oder asexuell fortpflanzen. Primärhybriden zwischen den „basalen" diploiden Arten sind fertil und in ihren Merkmalen variabel, können aber durch vegetative Ausbreitung (Wurzelsprosse) kleinflächige Bestände mit einheitlicher Merkmalsausprägung bilden. Die Apomikten dagegen sind in ihren Merkmalen einheitlich und bilden konstante Nachkommenschaften (Klone), die meist als Arten („Kleinarten") beschrieben wurden und immer noch werden. Sie weisen oft eine eng begrenzte Verbreitung auf (lokale oder regionale Endemiten). Daraus resultiert auch die Schwierigkeit, Artenzahlen für die Gattung *Sorbus* s. l. anzugeben, sie schwanken von etwa 100 bis 380. Die Artkonzepte einzelner Autoren weichen stark ab, so vertreten z. B. Gabrielian (1978) und Aldasoro et al. (2004) eine weite Fassung der Arten, im Gegensatz dazu akzeptieren andere Autoren (z. B. Rich et al. 2010, Meyer 2016, Sennikov & Kurtto 2017) apomiktische Kleinarten als Arten, was die Artenzahl beträchtlich erhöht. Es kann sich jedoch nach zytologischen und molekulargenetischen Untersuchungen herausstellen, dass als Apomikten eingeordnete Kleinarten nur lokale Populationen von Primärhybriden sind. So haben sich z. B. von *Sorbus*-Spezialisten wie Düll (1961) und ihm folgenden Autoren die als Apomikten eingeordneten 7 thüringischen Kleinarten (Helmecke & Rode 2010) von *S. latifolia* agg. inzwischen als diploide Primärhybriden erwiesen, die an ihren Wuchsorten durch vegetative Vermehrung homogene Bestände aufbauen können und lokale Kleinarten vortäuschen (Meyer et al. 2014). Allerdings wird immer wieder betont (z. B. Meyer 2016), dass noch diverse Apomikten vorkommen, die bisher nicht beschrieben worden sind. Angaben wie eine der reichsten apomiktischen Kleinarten-Flora der Gattung *Sorbus* in Europa (Transdanubischer Gebirgszug, Ungarn: Barabits 2007) oder Zentren der *Sorbus*-Diversität in Europa (Britische Inseln: Rich et al. 2010; Bayern: Meyer et al. 2005) sind eher so zu deuten, dass diese Gebiete die am intensivsten untersuchten sind. Dagegen fehlt es z. B. in Frankreich, wo ebenfalls mit einer höheren Zahl von Apomikten zu rechnen ist und bereits 1779 die bekannte, aus Mehlbeere und Elsbeere entstandene Art S. *latifolia*, „*the Service-tree of Fontainebleau*", beschrieben wurde, an entsprechenden Studien, worauf Cornier (2008) hinwies und über 2 neue Arten berichtete.

Die Hybridisierung zwischen Arten der Gattung *Sorbus* s. l. gilt oft als Argument für eine weite Fassung der Gattung (s. Kap. 3.2). Es kommt allerdings mit Arten verschiedener Gattungen der Apfelfrüchtigen Rosengewächse, sowohl im natürlichen Areal als auch in Kultur, ebenfalls zu Hybridbildungen (intergenerische Hybriden). Dadurch ist *Sorbus* s. l. mit mehreren anderen Gattungen vernetzt, z. B. mit *Amelanchier* (×*Amelasorbus* Rehder), *Aronia* (×*Sorbaronia* C. K. Schneid.), *Cotoneaster* (×*Sorbocotoneaster* Pojark., Abb. 1), *Pyracantha* (×*Sorbacantha* Shaw) oder *Pyrus* (×*Sorbopyrus* C. K. Schneid.). Manche Art wurde aber auch irrtümlich einer Gattungshybride zugeschrieben. Dies widerfuhr dem Elsbeer-Apfel, *Malus florentina* (Zuccagni) C. K. Schneid. (bzw. *Er-*

Abb. 1: ×*Sorbocotoneaster pozdnjakovii*, ein Beispiel für eine Hybride zwischen 2 Gattungen der Apfelfrüchtigen Rosengewächse, einer Eberesche und einer Zwergmispel: *Sorbus aucuparia* (subsp. *sibirica*, s. Abb. 3) × *Cotoneaster laxiflorus* (incl. *C. melanocarpus*).

iolobus florentinus (Zuccagni) Stapf), gleich zweifach, indem er als vermeintliche Gattungshybride ×*Malosorbus* Browicz und ×*Tormimalus* Holub beschrieben wurde. ×*Crataegosorbus* Koidz. ist keine Hybride zwischen einem Weißdorn und einer Zwergapfelmehlbeere, sondern zwischen 2 japanischen Sippen der Gattung *Sorbus* s.l. bzw. um ×*Sorbomeles*, wenn *Micromeles* als Gattung von *Sorbus* abgetrennt wird (s. Kap. 3.3).

2 Ein Blick zurück

Bemerkenswerterweise brachten die Menschen unabhängig von jeglicher wissenschaftlicher Gliederung oder Benennung mit deutschen Namen wie Vogelbeere, Eberesche, Mehlbeere, Elsbeere oder Speierling Unterschiede zum Ausdruck, nahmen also Gruppenbildungen vor. Im Gegensatz zu diesen Volksnamen, handelt es sich bei Zwerg-, Zwergmispel- oder Zwergapfelmehlbeere um Büchernamen, die erst später für Gruppen geschaffen wurden, nachdem man sie von den eigentlichen Mehlbeeren abtrennte. Auch in der englischen Sprache weisen verschiedene Namen auf Differenzierungen hin: Service-tree, Rowan, Mountain Ash, Whitebeam. Im Französischen trennt man die Arten mit gefiederten Blättern (= sorbiers) von denen mit einfachen Blättern (= alisiers).

Bevor auf die heutigen Auffassungen zur taxonomischen Gliederung von *Sorbus* s. l. eingegangen wird, zeigt uns ein Blick in die Vergangenheit, dass die Situation früher kaum weniger verworren war als sie es heute ist. Die Meinungen der Autoren divergieren seit über 200 Jahren und unterlagen einem ständigen Wandel.

Bereits vor Einführung der binären Nomenklatur durch Linné (1753) gab es Klagen zu „*den Ebischbeer-Bäumen, und den unterschiedenen Arten der Sorborum, oder Sperber-Bäume*“:

„*Die Arten der Sorborum sind auf so mancherley Weise von einander unterschieden, und bekommen im Teutschen so mancherley Benennungen, daß mir bey keiner Art der Bäume so viel Unordnung und Uneinheitlichkeit vorgefallen, als wie bey diesen*“ (Rohr 1732: 203).

Damit waren Vogel-, Els- und Mehlbeeren sowie Speierling gemeint. Linné (1753) wies die Arten 3 Gattungen zu, er stellte

- die fiederblättrigen Arten Vogelbeere und Speierling in die Gattung *Sorbus*,
- die Mehlbeeren und die Elsbeere in die Gattung *Crataegus*,
- die Zwergmehlbeere in die Gattung *Mespilus*.

Erstmalig erweiterte Crantz (1763) die Gattung *Sorbus* und bezog in diese aber nicht nur die eben genannten Arten ein, sondern ebenfalls andere Kernobstgewächse wie Apfel, Birne oder Quitte. Auch Persoon (1806) ordnete in seiner „Synopsis plantarum“ Ebereschen, Mehlbeeren, Elsbeere und Speierling in die Gattung *Sorbus* ein. Dagegen finden sich bei Candolle (1825) im „Prodromus des Pflanzenreichs“ alle Kernobstgewächse in einer weit gefassten Gattung *Pyrus*. Kontroverse Auffassungen vertraten ebenfalls um 1800 herausgegebene Forstlehrbücher. Während Medicus (1802: 151–166) „Mehlbeerbaum“ und Elsbeere zur Gattung *Hahnia* (*H. aria*, *H. torminalis*), „*Vogelbeerbaum*“ zur Gattung *Aucuparia* (*A. silvestris*) und „*Speierlingsbaum*“ zur Gattung *Sorbus* (*S. domestica*) stellte, behandelte Bechstein diese und weitere von ihm neu beschriebene Arten unter *Pyrus* (vgl. Schmidt 2012). So ging es bis Anfang des 20. Jh. weiter. Die breite Palette der Auffassungen reichte von der Unterscheidung von 5 Gattungen (z.B.

Roemer 1847: *Sorbus, Cormus, Chamaemespilus, Aria, Torminalis*) bis zur Zusammenziehung dieser in eine Gattung *Sorbus* i. w. S. (Wenzig 1883) oder Eingliederung in eine weit gefasste Gattung *Pyrus*.

In der Einleitung zu seiner „Deutschen Dendrologie“ verweist Koehne (1893, S. VIII) explizit darauf, dass er bei der Umgrenzung der Gattungen „*in manchen Fällen stark zusammengezogen, in andern stark zerlegt habe*“. Zu den letzteren gehören die von ihm als Unterfamilie Pomeae bezeichneten Kernobstgewächse. Hier ordnete er die Vertreter von *Sorbus* (s. l.) 5 Gattungen zu, die er zu 3 seiner 4 Gruppen der Tribus Sorbeae stellte:

- die Ebereschen als Gattung *Sorbus* der Gruppe *Sorboideae*,
- die Mehlbeeren als Gattungen *Aria* (incl. *Chamaemespilus*) und *Micromeles* der Gruppe *Arioideae*,
- den Speierling (Gattung *Cormus*) und die Elsbeere (Gattung *Torminaria*) der Gruppe *Maloideae*.

Zu den Autoren, die „stark zusammenzogen“, gehörte Krause (1904: 25–34), der in Sturm's Flora von Deutschland Quitten, Birnen, Äpfel, Apfelbeeren („*Mispelbeeren, Aronia*“) und „*Elsebeeren*“ in einer Gattung „*Kernobst, Pirus* (*Pyrus*)“ vereinte und Untergattungen unterschied, so die „*Untergattung Elsebeeren, Sorbus*“ mit Elsbeere („*Pirus torminalis*“), Speierling („*Pirus sorbus*“), Vogelbeere („*Pirus aucuparia*“), Mehlbeere („*Pirus aria*“) und Zwergmehlbeere („*Alpenmispel, Pirus chamaemespilus*“).

Noch bis in die 1930er-Jahre wurde von verschiedenen Autoren *Sorbus* s. l. in die Gattung *Pyrus* eingegliedert, z. B. von Bean (1914) in „Trees and shrubs hardy in the British Isles“, von Voss (1922) im „Wörterbuch der deutschen Pflanzennamen“ oder Diels (1936) in „Engler's Syllabus der Pflanzenfamilien“. Bereits Fritsch (1898) lehnte aber in einem speziellen Beitrag zur Systematik der Gattung *Sorbus* sowohl die Aufspaltung der Gattung, wie sie Koehne vornahm, als auch ihren Einschluss in die Gattung *Pyrus* ab, sondern entschied sich für einen Mittelweg, „*d. h. die Beibehaltung der Gatt. Sorbus im Sinne der meisten Autoren, mit Einschluss von Cormus, Aria und Torminaria*“. Während Schneider (1903: 246) anfangs noch schrieb, „*schließe ich mich vorläufig an Koehne an*“, vertrat er wenige Jahre später im „Handbuch der Laubholzkunde“ (Schneider 1906) ebenfalls eine Gattung *Sorbus* s.l., also mit Einschluss von Speierling, Mehlbeeren und Elsbeere. Diese Behandlung als eigenständige und weit gefasste Gattung *Sorbus* (aber excl. *Micromeles*) durch ihn und Autoren anderer Anfang des 20. Jh. erschienener Werke (z. B. *Sorbus*-Monographie von Hedlund 1901) trugen sicher dazu bei, dass sich diese Auffassung schließlich durchsetzte. Auch im „Gesamt-Verzeichnis 1892–1925“ der Mitteilungen der Deutschen Dendrologischen Gesellschaft (MDDG 39, 1928) wurden alle Arten mit Ausnahme von *Micromeles* unter *Sorbus* gelistet. In seinem für die Gehölzkunde grundlegenden Handbuch gliederte Rehder (1927) die Gattung *Sorbus* in die Sektionen *Sorbus* (*Aucuparia*), *Cormus*, *Aria* und *Micromeles*, also unter Einschluss der in den eben genannten Veröffentlichungen abgetrennten Gattung *Micromeles*.

3 Heutige Auffassungen

3.1 Eingliederung von *Sorbus* s. l. in eine Gattung *Pyrus* im weitesten Sinne

Wie schon beim Rückblick gezeigt (Kap. 2), wurde die Gattung *Sorbus* als solche über einen langen Zeitraum bis in die ersten Jahrzehnte des 20. Jh. von mehreren Autoren nicht akzeptiert, sondern mit anderen Kernobstgewächsen in einer Gattung *Pyrus* s. l. vereint. Grundlage für diese Auffassungen bildeten vor allem Ausprägungen morphologischer und anatomischer Merkmale. In der Gegenwart erfolgte eine Einbeziehung von *Sorbus* s. l. in *Pyrus* durch Christenhusz et al. (2018). Ein wesentliches Argument der Autoren besteht darin, dass dann, wenn *Sorbus* s. l. nicht in mehrere Gattungen aufgeteilt wird, aus phylogenetischer Sicht die Zusammenführung mit diversen anderen Kernobstgewächsen (z. B. *Crataegus, Cotoneaster, Malus, Pyrus*) in einer Gattung zwingend sei. Für diese Mammutgattung hat der Namen *Pyrus* Priorität. Dies praktizierten sie dann auch und veröffentlichten Hunderte von Neukombinationen, die jedoch keine Anerkennung fanden und nur die Zahl der Synonyme steigerten. Bereits Sennikov (2014) vertrat die Meinung, dass für den Fall, dass *Sorbus* s. l. nicht aufgespalten wird, diese Gattung wie viele andere in eine Gattung *Pyrus* s. l. „versenkt“ werden müsse. Das ist ganz offensichtlich weder aus wissenschaftlicher noch praktischer Sicht eine erstrebenswerte Option und fand keine Akzeptanz. Insbesondere von der Praxis wurde ein solches Vorgehen scharf kritisiert, da die Namensänderungen neben einer Vielzahl von Ziergehölzen wichtige Obstbäume, also weltweit bedeutende Kulturpflanzen, betreffen würden. FAY & RICH (2022), obwohl sie sich zu *Sorbus* s. l. bekennen, versuchen noch etwas Positives an einer weit gefassten Gattung *Pyrus* zu finden. Alle Gattungshybriden bzw. hybridogenen Gattungen sowohl zwischen Ebereschen, Mehlbeeren, Zwergmehlbeere und Elsbeere, wenn diese als Gattungen geführt werden würden (s. Kap. 3.3), als auch solche zwischen *Sorbus* s. l. und anderen Gattungen der Kernobstgewächse (s. Kap. 1) würden entfallen, denn es handelt sich dann bei allen um *Pyrus*-Sippen.

3.2 Akzeptanz einer weit gefassten Gattung *Sorbus* mit Untergattungen (Tabelle 1: Spalte 1; Tabelle 2: Spalten 1–3)

Die Auffassung einer Gattung *Sorbus* s. l., die sich im 20. Jh. durchsetzte, wird bis heute von vielen Autoren vertreten, u. a.

- bei Veröffentlichung von Forschungsergebnissen (z. B. ALDAROSO et al. 2005, CASTELLANO 2012, CHEN et al. 2022, QIAN et al. 2022, LI et al. 2023),
- in Florenwerken und Florenlisten (z. B. TISON & FOUCAULT 2014, FISCHER 2015, STACE 2019, LEPŠÍ & LEPŠÍ 2019, MEYER 2021, HAND et al. 2023, EURO+MED 2023),
- im dendrologischen Schrifttum (z. B. ROLOFF & BÄRTELS 2018, HILLIER & RHS 2019, SCHMIDT 2017–2023).

Sorbus s. l. wird meist in 4–6 Sektionen oder Untergattungen (z. B. KÁRPÁTI 1960, CHALLICE & KOVANDA 1978, ZAIKONNIKOVA 2001, ALDAROSO et al. 2004; RICH et al. 2010, MEYER 2016, MABBERLEY 2017) gegliedert (Tabelle 1: Spalte 1, Zeilen 1–5 und 11). Hinzu kommen bei der Gliederung in Untergattungen noch 5 „hybridogene“ Untergattungen, denen die durch Hybridisation zwischen Arten der verschiedenen „basalen“ Untergattungen entstandenen Sippen (hybridogene Apomikten und Primärhybriden, s. Artengruppen in Tabelle 1, Spalte 1, Zeilen 6–10) zugeordnet werden (Tabelle 2, Spalte 1–3). Für die intergenerische Hybride zwischen den Untergattungen *Micromeles* und *Sorbus* gibt es keinen Untergattungsnamen, sie wurde als Gattungshybride ×*Sorbomeles* beschrieben (Tabelle 2, unterste Zeile).

Zunächst werden die 6 „basalen“ Untergattungen, darunter 3 mit jeweils nur 1 Art und 3 jeweils mit zahlreichen Arten, kurz charakterisiert und beispielhaft zu ihnen gehörende Arten genannt. Die 3 monospezifischen Untergattungen bzw. deren Arten sind nach Untersuchungen von 80 Arten aller 6 Untergattungen durch LI et al. (2023) auch pollenmorphologisch gut gekennzeichnet, während die anderen Untergattungen bzw. deren Arten keine einheitliche Pollenmorphologie aufweisen.

Die 6 Untergattungen werden nach der Blattgestalt gruppiert, zunächst die beiden mit gefiederten Blättern, dann die 4 mit einfachen, ungelappten oder ± gelappten, Blättern:

Sippen mit zusammengesetzten, unpaarig gefiederten Blättern, Narben der Blattknospen 5-spurig (5 Gefäßbündel)

– **Untergattung *Cormus*** (SPACH) DUCH., **Speierling** (Abb. 2)
Blüten 1,5–1,8 cm ∅, Griffel 5(–7), Krone weiß. Frucht (1,5–)2–3,5(–5) cm lang, 1,5–3(–4) cm ∅, birn- od. apfelförmig (Abb. 2), grünlich gelb, teilweise gerötet, zuletzt olivbraun, Zellen des Fruchtfleisches mit Tanninen. Endknospe ca. 1,5 cm lang, Knospenschuppen grün, teilweise gerötet u. mit bräunlichem Rand. Stammrinde rau, Bäume > 15 Jahre mit stark schuppiger Borke.

Hierzu nur 1 Art (diploid, sexuell): *S. domestica* L., verbreitet vom Mittelmeerraum bis NW-Afrika, SW-, Mittel-und SO-Europa sowie SW-Asien.

Abb. 2: Der Speierling, dessen gefiederte Blätter in Kombination mit den einzigartigen Früchten und fehlenden Hybriden mit jeglicher *Sorbus*-Art eine Sonderstellung belegen: *Cormus domestica*.

Tabelle 1: Übersicht verschiedener Gattungskonzepte: 1 weit gefasste Gattung *Sorbus* (s. Kap. 3.2) und deren Aufteilung in 5 (Kap. 3.3.3), 11 (Kap. 3.3.1) oder 17 (Kap. 3.3.2) Gattungen (einschl. hybridogener Gattungen – diese s. Tabelle 2) mit Beispielen von Arten(gruppen).

1 Gattung: *Sorbus* (s. l.) mit Untergattungen und hybridogenen Artengruppen	**5 Gattungen: 4 „basale" + 1 hybridogene**	**11 Gattungen: 6 „basale" + 5 hybridogene**	**17 Gattungen**
Speierling: **Untergattung *Cormus***: nur *S. domestica*	***Cormus***: *C. domestica* (Abb. 2)		
Ebereschen: **Untergattung *Sorbus***: *S. americana, S. aucuparia, S. commixta* u. a.	***Sorbus*** s. str.: *S. americana* (Abb. 4), *S. aucuparia* (Abb. 3), *S. commixta* (Abb. 5) u. a.		
Mehlbeeren: **Untergattung *Aria***: *S. aria* (Abb. 6), *S. rupicola, S. colchica* u. a.	***Aria*** s. l. (Namen für die Mehlbeeren, Elsbeere und Zwergmehlbeere umfassende Gattung provisorisch, da dem Antrag, den Namen *Aria* gegen *Torminalis* und *Chamaemespilus* zu schützen, erst noch stattgegeben werden muss)	***Aria***: *A. edulis* (Syn. *A. nivea*), *A. rupicola, A. colchica* u. a.	
Elsbeere: **Untergattung *Torminaria***: nur *S. torminalis* (Abb. 12)		***Torminalis***: *T. glaberrima* (Syn. *T. clusii*)	
Zwergmehlbeere: **Untergattung *Chamaemespilus***: nur *S. chamaemespilus* (Abb. 11)		***Chamaemespilus***: *Ch. alpina*	
Elsbeere × Mehlbeeren: ***S. latifolia* agg.** (Abb. 20–23)		***Karpatiosorbus***: *K. latifolia* u. a.	
Mehlbeeren × Zwergmehlbeere: ***S. sudetica* agg.** (Abb. 24)		***Majovskya***: *M. sudetica* u. a.	
Ebereschen × Mehlbeeren: ***S. hybrida* agg.** (Abb. 13–18)	***Aria*** s. l. × ***Sorbus***	***Hedlundia***: *H. hybrida* u. a.	
Ebereschen × Elsbeere × Mehlbeeren: ***S. intermedia* agg.** (Abb. 23)		***Scandosorbus***: *S. intermedia*	
(Eberesche × Mehlbeere) × Zwergmehlbeere: ***S. hostii* agg.** (Abb. 25)		***Normeyera***: *N. hostii* u. a.	
Zwergapfelmehlbeeren: **Untergattung *Micromeles***: *S. alnifolia* (Abb. 8) *S. caloneura* (Abb. 9) *S. vestita* (Abb. 10) u. a.	***Micromeles*** (zu klären, ob *Aria* s. l. zuzuordnen oder eigene Gattung)	***Micromeles*** *M. alnifolia* *M. caloneura* *M. vestita*	7 Gattungen: ***Micromeles, Dunnaria, Pleiosorbus, Wilsonaria, Alniaria***: *A. alnifolia*, ***Thomsonaria***: *T. caloneura*, ***Griffitharia***: *G. vestita*

Tabelle 2: Untergattungen und Artengruppen mit hybridogenen Sippen und Hybriden der weit gefassten Gattung *Sorbus* (s. Kap. 3.2) im Vergleich zu den entsprechenden Gattungen bei Aufteilung von *Sorbus* s. l. in 11 Gattungen (Kap. 3.3.1), jeweils mit Beispielen von Primärhybriden (Ph) und Apomikten (Ap).

Gattung *Sorbus* s. l.: hybridogene Sippen (Untergattungen, Apomikten) und Hybriden			**Hybridogene Gattungen bei Aufteilung von *Sorbus* in 11 Gattungen**
Untergattungen	**Artengruppe (agg.) mit Primärhybriden und hybridogenen Arten**	**Deutsche Namen**	**Den Untergattungen von *Sorbus* s. l. entsprechende Gattungen**
Soraria (*Aria* × *Sorbus*)	***S. hybrida* agg.** (*S. aria* agg. × *S. aucuparia*) Ph: *S.* ×*thuringiaca* Ap: *S. hybrida*, *S. mougeotii*, *S. arranensis*	Artengr. Hybrid-Ebereschen od. -Mehlbeeren Ph: Thüringer H.-E. od. -M. Ap: Hybrid-E. od. -M., Vogesen-M, Arran-M.	***Hedlundia*** (*Aria* × *Sorbus* s. str.) Ph: *H.* ×*thuringiaca* Ap: *H. hybrida*, *H. mougeotii*, *H. arranensis*
Tormaria (*Aria* × *Torminaria*)	***S. latifolia* agg.** (*S. aria* agg. × *S. torminalis*) Ph: *S.* ×*decipiens* Ap: *S. latifolia*, *S. franconica*, *S. semi-incisa*	Artengr. Breitblättrige Mehlbeeren od. Hybrid-Elsbeeren Ph: Täuschende M., Hybrid-E. Ap: Breitblättrige M., Fränkische M., Budaberg-M.	***Karpatiosorbus*** (*Aria* × *Torminalis*) Ph: *K.* ×*hybrida* Ap.: *K. latifolia*, *K. franconica*, *K. semi-incisa*
Triparens (*Aria* × *Sorbus* × *Torminaria*)	***S. intermedia* agg.** (*S. aria* agg. × *S. aucuparia* × *S. torminalis*) Ap: *S. intermedia*	Artengr. Schwedische Mehlbeere Ap: Schwedische M.	***Scandosorbus*** (*Aria* × *Sorbus* s. str. × *Torminalis*) Ap: *S. intermedia*
Chamaespilaria (*Aria* × *Chamaemespilus*)	***S. sudetica* agg.** (*S. aria* agg. × *S. chamaemespilus*) Ph: *S.* ×*ambigua* Ap: *S. sudetica*	Artengr. Sudeten-Hybrid-Zwergmehlbeeren Ph: Zweideutige Hybrid-Z. Ap: Sudeten-Hybrid-Z.	***Majovskya*** (*Aria* × *Chamaemespilus*) Ph: *M.* ×*ambigua* Ap: *M. sudetica*
Chamsoraria (*Chamaemespilus* × *Tormaria*)	***S. hostii* agg.** (*S. chamaemespilus* × *S. hybrida* agg.) Ph: *S.* ×*hostii* Ap: *S. doerriana*	Artengr. Host-Hybrid-Zwergmehlbeeren Ph: Host-Hybrid-Z. Ap: Dörr-Hybrid-Z.	***Normeyera*** (*Chamaemespilus* × *Karpatiosorbus*) Ph: *N.* ×*hostii* Ap: *N. doerriana*
Hybride zwischen Untergattungen *Micromeles* und *Sorbus*			**Gattungshybride**
Micromeles × *Sorbus*	*S. japonica* × *S. commixta*: *S.* ×*rikuchensis*	Japanische Zwergapfelmehlbeere × Japanische Eberesche: Rikuchi-Hybrid-Z. oder -E.	×*Sorbomeles*: ×*S. rikuchensis*

Obwohl bisher dem Konzept einer weit gefassten Gattung *Sorbus* folgend, gliederte ich (Schmidt 2019–2023) die Untergattung *Cormus* als Gattung aus, da der Speierling, dann *Cormus domestica*, eine isolierte Stellung einnimmt. Während zwischen Arten der nachfolgend aufgeführten Untergattungen zahlreiche Hybriden, sowohl spontan auftretende Primärhybriden als auch agamosperme Sippen, vorkommen, treten weder in der Natur trotz Überlappung der Areale mit diversen *Sorbus*-Arten noch bei gemeinsamer Kultur Hybriden des Speierlings mit einer Eberesche, Elsbeere oder Mehlbeere auf. Das Fehlen jeglicher Hybriden bei einer zu hoher Kreuzungsbereitschaft neigenden Gattung bescheinigt neben morphologisch-anatomischen und molekulargenetischen Merkmalen eine Eigenständigkeit (s. auch Kap. 3.3.3).

– **Untergattung *Sorbus*, Ebereschen** (Abb. 3–5) Blüten 0,5–1,5 cm ∅, Griffel 2–4(–5), Krone weiß, hellrosa, gelblich oder grünlich weiß. Frucht 0,6–1(–1,5) cm ∅, kugelig, eiförmig, verkehrt eiförmig oder ellipsoidisch, rot, rosa, gelb oder weiß, Zellen des Fruchtfleisches ohne Tannine oder höchstens mit Spuren davon. Endknospen 1–2 cm lang, Knospenschuppen rot oder braun bis dunkelviolett, kahl oder schwach bis filzig behaart. Stamm oft mit bis ins Alter glatter Rinde.

Zu den Ebereschen, auch Vogelbeeren genannt, 70–104 Arten in Eurasien (mit großer Artenvielfalt in China) und Nordamerika. Beispielhaft seien genannt *S. aucuparia* L. (Gewöhnliche E., Eurasien) mit einigen Unterarten (z. B. subsp. *sibirica* (Hedl.) Krylov, Sibirische E.; Abb. 3), *S. americana* Marshall (Amerikanische E., NO-Nordamerika, Abb. 4) und *S. commixta* Hedl. (Japanische E., O-Asien). Die beliebte Sorte 'Dodong' (Abb. 5) von der koreanischen Insel Ulleung, sich durch größere Blätter, Blüten und Früchte von *S. commixta* unterscheidend, wurde nach der Neubeschreibung von *S. ulleungensis* Chin S. Chang (Chang & Gil 2014) dieser Art oder bei deren Einstufung als var. *ulleungensis* (Chin S. Chang) M. Kim wieder *S. commixta* als zugeordnet. Eine umfangreiche Sammlung an Ebereschen („Sorbetum") baute Dr. Ullrich Fischer auf, der zur Jahrestagung der DDG 2013 über gartenwürdige Arten und Sorten referierte.

Abb. 3: Sibirische Vogelbeere (*Sorbus aucuparia* subsp. *sibirica*), eine nordasiatische Unterart der Gewöhnlichen Eberesche, im Fernen Osten Russlands (Primorje).

Abb. 4: Amerikanische Eberesche (*Sorbus americana*) mit auffälligen, dunkel purpurroten, kahlen oder nur an der Spitze behaarten Endknospen.

Abb. 5: Sorte 'Dodong' von *Sorbus commixta*, der Japanischen Eberesche, eine Selektion von einer koreanischen Insel, die heute einer endemischen Sippe, *S.* (*commixta* var.) *ulluengensis*, zugeordnet wird.

Sippen mit einfachen, ungelappten oder seicht bis deutlich gelappten Blättern, Narben der Blattknospen meist 3-spurig (3 Gefäßbündel)

– **Untergattung *Aria*** Pers., **Mehlbeeren** (Abb. 6–7)
Blätter ungelappt oder wenn gelappt, dann schwach mit wenigen undeutlichen Lappen, unterseits bleibend weiß- oder graufilzig, Rand gleichmäßig gesägt bis ungleichmäßig doppelt gesägt, jederseits der Mittelrippe 7–14 Seitennerven, Blattstiel 1–2,5 cm lang. Blüten 1–1,7 cm ∅, Krone weiß oder gelblich weiß, ausgebreitet, Griffel 2–3, Kelchblätter meist bleibend, nicht nach der Blütezeit abfallend. Frucht 1–1,5 cm ∅, länglich, eiförmig, kugelig oder abgeflacht kugelig, blass- bis tiefrot, orange- bis scharlachrot, mit wenigen großen oder vielen kleinen Lentizellen. Knospen eiförmig, zugespitzt, Endknospen 1–1,2 cm lang, Knospenschuppen grün bis gelbgrün, teilweise leicht gerötet und mit braunem Rand, locker filzig behaart.

Die Untergattung *Aria* wird unterschiedlich weit gefasst, teilweise werden nur europäische und westasiatische Arten einbezogen, teilweise ebenfalls Arten vom Himalaja bis O-Asien (z. B. Qian et al. 2022 aus China). Dies hängt u. a. davon ab, ob und wie die Untergattung *Aria* von der Untergattung *Micromeles* (s. folgende Untergattung) abgegrenzt oder sie in Sektionen untergliedert wird, aber auch dann wird die Sektion *Aria* teils auf Europa bis W-Asien begrenzt (z. B. Aldasoro et al. 2004), teils auf den Himalaja und weiter östlich vorkommende Arten ausgedehnt (z. B. Gabrielian 1978).

Wenn die Untergattung auf den Mittelmeerraum bis NW-Afrika und Europa, Kleinasien und Kaukasien begrenzt wird, dann 55–60 Arten (eigentlicher) Mehlbeeren, früher auch Mehlbirnen genannt. Hierzu z. B. Artengruppe Echte Mehlbeeren, *S. aria* agg. mit diploider und sexueller Art *S. aria* (L.) Crantz s. str. (Echte M. i. e. S., S- bis W-, M- und SO-Europa, Abb. 6) und weiteren (z. T. apomiktische) Arten wie *S. graeca* (Spach) Schauer (Griechische M., SO-Europa bis Kaukasus), *S. danubialis* (Jáv.) Kárpáti (Donau-M.), in W- und südlichem N-Europa *S. rupicola* (Syme) Hedl. (Felsen-M.). Zur Artengruppe *S. subfusca* agg. (Schmidt 2006) in der Kaukasusregion gehören die in der Blattform und -behaarung (unterseits fast kahl bis dicht graufilzig) variable Art *S. subfusca* (Nordm.) Boiss. (Bräunliche M.; Abb. 7) und *S. colchica* Zinserl. (Kolchische M.). Diese und weitere von *S. subfusca* abgetrennte Arten behandelt Zaikonnikova (1976) als Series Subfuscae, die nach ihrer Auffassung mit ostasiatischen Arten verwandt ist, offensichtlich wegen der an den Früchten fehlenden Kelchblätter, wie sie bei der Untergattung *Micromeles* häufiger auftreten.

Abb. 6: Echte Mehlbeere (*Sorbus aria*), die namensgebende Art der Untergattung (bzw. Gattung) *Aria*.

Abb. 7: Bräunliche Mehlbeere (*Sorbus subfusca*), eine südkaukasische Art der Untergattung (bzw. Gattung) *Aria* in W-Georgien (Bakuriani).

– **Untergattung *Micromeles*** (Decne.) Phipps, Robertson et Spongberg, **Zwergapfelmehlbeeren** (Abb. 8–10)

Eine Kurzcharakteristik ist schwierig, da die Untergattung sehr heterogen und ihre Abgrenzung zur Untergattung *Aria* problematisch ist, auch unterschiedlich gehandhabt wird. Ursprünglich (z. B.

Koehne 1893, Rehder 1940, Krüssmann 1978, Kovanda & Challice 1981) waren hinfällige Kelchblätter (also Früchte ohne Kelch) das wichtigstes Differenzierungskriterium für *Micromeles*, sei es als Sektion, Untergattung oder Gattung (s. Kap. 3.3.2). Allerdings erwog Schneider (1906), der *Micromeles* als eigene Gattung führte, die kaukasische Mehlbeere *Sorbus subfusca*, die im Gegensatz zu den europäisch-westasiatischen Mehlbeeren (s. Untergattung *Aria*) hinfällige Kelchblätter besitzt, mit denjenigen *Micromeles*-Arten, an deren Früchten der Kelch ebenfalls abgefallen ist, in eine Sektion der Gattung *Sorbus* zu stellen. Später (z. B. Phipps et al. 1990, Grimshaw & Bayton 2009) wurden in *Micromeles* auch solche Arten östlich Vorderasiens, deren bleibender Kelch an den Früchten und weißfilzige Blattunterseiten sehr an die Mehlbeeren der Untergattung *Aria* erinnern, einbezogen oder auch alle Arten einer Gattung *Aria* untergeordnet (s. Kap. 3.3.2). Als Ausdruck der Heterogenität kann die Zuordnung der vom Himalaja bis O- und SO-Asien vorkommenden Arten zu 5 Subsektionen der Sektion Aria und 4 Subsektionen der Sektion *Micromeles* bei Gabrielian (1978), zu 5 Sektionen der Untergattung *Aria* bei Aldaroso et al. (2004) oder gar ihre neuerdings erfolgte Verteilung auf mehrere Gattungen angesehen werden (s. Kap. 3.3.2). Die widersprüchlichen Auffassungen zur Abgrenzung der Untergattungen *Aria* und *Micromeles* basieren nicht nur auf morphologisch-anatomischen Merkmalen, auch nach molekulargenetischen Befunden lassen sich Argumente sowohl für die Trennung als auch die Zusammenführung beider finden (Campbell et al. 2007, Zhang et al. 2017).

Blätter ungelappt, Rand scharf oder stumpf, einfach oder doppelt gesägt, jederseits der Mittelrippe 5–20 Seitennerven, unterseits kahl, schwach behaart oder bleibend dicht weiß- oder graufilzig,

Abb. 8: Erlenblättrige Zwergapfelmehlbeere (*Sorbus alnifolia*), eine ostasiatische Art der Untergattung (bzw. Gattung) *Micromeles*, heute auch als *Alniaria alnifolia* geführt.

Abb. 9: Schönnervige Zwergapfelmehlbeere (*Sorbus caloneura*), eine Art der Untergattung (bzw. Gattung) *Micromeles*, heute auch als *Thomsonaria caloneura* geführt.

Abb. 10: Himalaja-Zwergapfelmehlbeere (*Sorbus vestita*), eine zur Untergattung (bzw. Gattung) *Micromeles*, *Aria* oder neuerdings *Griffitharia* gestellte Art.

Blattstiel 0,3–3 cm lang. Blüten 0,7–1,5 cm ∅, Krone weiß, ausgebreitet, Griffel 2–4(–5), Kelchblätter hinfällig oder an der Frucht bleibend. Frucht 0,6–2(–3) cm lang, 0,4–1,5(–2) cm ∅, länglich bis eiförmig oder verkehrt eiförmig, birnförmig oder ± kugelig, grün bis gelb, rot oder braun, auch bereift, ohne oder mit wenigen unauffälligen bis zahlreichen Lentizellen. Knospen 4–8(–10) mm lang, meist ± eiförmig und spitz, Schuppen rot- bis dunkelbraun, kahl.

Bei Einbeziehung aller vom Himalaja bis O- und SO-Asien vorkommender Arten von *Sorbus* s. l. mit einfachen Blättern etwa 65 Arten Zwergapfelmehlbeeren, früher auch Zwergäpfel genannt. Hierzu z. B. *S. alnifolia* (Sieb. et Zucc.) K. Koch (Erlenblättrige Z., O-Asien; Abb. 8), *S. caloneura* (Stapf) Rehder (Schönnervige Z., Himalaja, Abb. 9), *S. vestita* (G. Don) Lodd. (Samtige Z., S-China, Abb. 10).

– **Untergattung *Chamaemespilus*** (DC.) K. Koch, **Zwergmehlbeere** (Abb. 11)

Blätter ungelappt, oberseits glänzend grün, unterseits ± blaugrün, kahl, Rand gleichmäßig dicht u. fein gesägt, jederseits der Mittelrippe 5–8 Seitennerven, Blattstiel 3–7 mm lang. Kronblätter blassrot oder rosa, ± aufrecht bis zusammenneigend, Blüten deshalb nur 0,8–1 cm ∅, Griffel 2(–3), Kelchblätter bleibend. Frucht verkehrt eiförmig bis kugelig, 0,8–1,3 cm ∅, rot bis braunrot, zerstreut mit kleinen od. mittelgroßen Lentizellen. Endknospe ca. 7 mm lang, Seitenknospen noch kleiner und gedrungen, eiförmig, ± zugespitzt, Knospenschuppen olivgrün, teils olivbräunlich mit schmalem rotbraunem oder grauem Rand. Strauch.

Hierzu nur 1 Art (diploid, sexuell) südwest-, süd- und mitteleuropäischer Gebirge: *S. chamaemespilus* (L.) Crantz (Abb. 11), Echte Z., auch Zwergmispelmehlbeere, Zwergmispel (Name aber auch für *Cotoneaster* in Gebrauch) oder Alpenmispel genannt. Früher andere Sippen mit rosa oder roten aufrechten Kronblättern ebenfalls in die Untergattung eingeordnet, sie stellen jedoch Hybriden oder Apomikten, an deren Entstehung *S. chamaemespilus* beteiligt ist, dar (s. unten: Untergattungen *Chamaespilaria* und *Chamsoraria*; Abb. 24–25). Die Untergattung wird von einigen Autoren nur als Sektion *Chamaemespilus* anerkannt und der Untergattung *Aria* zugeordnet (z. B. Aldaroso et al. 2004), von anderen als eigene Gattung aufgefasst (s. Kap. 3.3.1).

– **Untergattung *Torminaria*** (DC.) K. Koch, **Elsbeere** (Abb. 12)

Blätter auffällig gelappt mit spitzen Lappen und Buchten (Abb. 12), jederseits 3–4 3-eckige, am Rand fein gesägte Blattlappen, jederseits der Mittelrippe mit meist 4–5 Seitennerven, unterseits anfangs locker filzig oder schwach behaart, später ± kahl, Blattstiel 2–5 cm lang. Blüten 1–1,5 cm ∅, Krone weiß, ausgebreitet, Griffel 2. Frucht kugelig bis eiförmig oder verkehrt eiförmig, 1,2–1,5 cm ∅, anfangs rötlich, dann bräunlich, hell punktiert, zur Reife weich. Knospen 5–7 mm lang, eiförmig bis halbkugelig, an der Spitze stumpf oder abgerundet, Knospenschuppen grün, (fast) kahl.

Abb. 11: Echte Zwergmehlbeere (*Sorbus chamaemespilus*) mit unreifen Früchten. Kronblätter ähnlich wie Abb. 24–25, da Art an Entstehung von *S. sudetica* agg. und *S. hostii* agg. beteiligt.

Abb. 12: Elsbeere, *Sorbus torminalis*, einzige Art der Untergattung *Torminaria* (bzw. Gattung *Torminalis*), unverkennbar an der Blattform.

Hierzu nur 1 Art (diploid, sexuell) vom Mittelmeerraumes bis W-, N-, SO-Europa und SW-Asien: *S. torminalis* (L.) CRANTZ.

Mit Ausnahme des Speierlings kommen zwischen Arten der anderen Untergattungen Hybriden vor. Die spontan auftretenden Primärhybriden und die nach Hybridisierung entstandenen, sich agamosperm vermehrenden und als Kleinarten beschriebenen Apomikten können zu Artengruppen (agg.) zusammengefasst werden (Tabelle 1: Spalte 1, Zeilen 6–10; Tabelle 2: Spalten 2–3). Gehören die diploiden Elternarten bzw. Ausgangssippen verschiedenen Untergattungen an, dann repräsentieren diese Artengruppen hybridogene Untergattungen (Tabelle 2: Spalte 1), denen eigene Namen gegeben wurden (vgl. MÁJOVSKÝ & BERNÁTOVÁ 2001, RICH et al. 2010, MEYER 2016):

– Untergattungen ***Aria*** × ***Sorbus*** = **Untergattung *Soraria*** MÁJOVSKÝ et BERNÁTOVÁ (Abb. 13–18)
Aus Mehlbeeren (*S. aria* agg.) und Vogelbeere (*S. aucuparia*) im gemeinsamen Verbreitungsgebiet entstanden, in Mitteleuropa auch als ***S. hybrida* agg.**, Artengruppe Hybrid-Ebereschen od. -Mehlbeeren, zusammengefasst.

Blätter schwach fiederlappig bis tief fiederteilig (Abb. 15–16), Einschnitte auch bis zur Mittelrippe reichend oder untere Spreitenhälfte gefiedert und obere fiederig gelappt (Abb. 13–14), Blattlappen spitz, stumpf od. abgerundet, jederseits der Mittelrippe 7–12 Seitennerven, unterseits graufilzig, weißlich oder grünlich filzig. Blüten 1–1,5 cm ∅, Krone weiß, ausgebreitet, Griffel 2–3. Frucht kugelig, rot, 8–12 mm ∅, mit wenigen Lentizellen. Knospen meist etwas kleiner (Endknospe 0,8–1 cm) und gedrungener als bei Vogelbeere, dunkler (rot bis braunviolett) als bei Mehlbeeren, nur teilweise grünlich, Blattnarben 3-, 4- oder 5-spurig.

Neben der Primärhybride *S.* ×*thuringiaca* (NYMAN) FRITSCH (Syn. *S.* ×*pinnatifida* (SM.) DÜLL), Thüringer Hybrid-Eberesche oder -Mehlbeere (Abb. 13), > 50 von W- und N-Europa bis zum Kaukasus vorkommende apomiktische Kleinarten. Von *S.* ×*thuringiaca* wurden mehrere Sorten in Kultur genommen, sowohl solche mit unterschiedlich vielen Blättchen im basalen gefiederten Teil

Abb. 14: In den Merkmalen variierende Nachkommen von *Sorbus* ×*thuringiaca* (s. Abb. 13) wurden in Kultur genommen, hier Sorte 'Quercifolia', Sorte 'Thuringiaca' s. Abb. 15.

Abb. 13: Thüringer Hybrid-Eberesche (*Sorbus* ×*thuringiaca*), eine Primärhybride zwischen Mehlbeere und Vogelbeere (Artengruppe *S. hybrida* agg.) in der thüringischen Rhön.

Abb. 15: Sorte 'Thuringiaca' der Primärhybride von Mehlbeere und Vogelbeere – s. Abb. 14.

Abb. 16: Vogesen-Mehlbeere (*Sorbus mougeotii*), ein tetraploider Apomikt aus der Artengruppe Hybrid-Mehlbeeren (*S. hybrida* agg.) mit weiß- bis graufilziger Blattunterseite.

Abb. 18: Kleine Mehlbeere (*Sorbus minima*, Waliser Lokalendemit), aus den gleichen Sippen wie *S. arranensis* (Abb. 17) enstanden, aber mit deutlich abweichender Merkmalsausprägung.

der Spreite (z. B. 1–3 Fiederpaare bei 'Quercifolia', Abb. 14) als auch solche mit nur tief fiederlappigen, im unteren Teil nicht gefiederten Blättern ('Thuringiaca', Abb. 15). Unter den Apomikten einige mit eng begrenztem Vorkommen (Lokalendemiten, z. B. Hersbrucker Hybrid-M., *S. pseudothuringiaca* DÜLL, Fränkische Alb), andere sind weiter verbreitet, so *S. hybrida* L. s. str. (Echte Hybrid-E. oder Finnoxel, N-Europa bis Dänemark, sonst kultiviert) u. 2 Gebirgsarten Mitteleuropas, die gelegentlich gepflanzt werden: Vogesen- oder Berg-

Abb. 17: Arran-Mehlbeere (*Sorbus arranensis*, schottischer Lokalendemit), ein triploider Apomikt, entstanden aus Felsen-Mehlbeere (*S. rupicola*) und Vogelbeere (*S. aucuparia*).

M., *S. mougeotii* SOY.-WILL. et GODR. (Abb. 16), und Österreichische M., *S. austriaca* (BECK) HEDL. Lokalendemiten in Großbritannien und Irland fassen RICH et al. (2010) als *S. arranensis*-Gruppe zusammen, z. B. mit *S. arranensis* HEDL. (Arran-M., Inselendemit, Schottland, Abb. 17) und *S. minima* (LEY) HEDL. (Kleine M., Wales, Abb. 18).

– **Untergattungen *Aria* × *Torminaria* = Untergattung *Tormaria*** MÁJOVSKÝ et BERNÁTOVÁ (Abb. 19–22)
Aus Mehlbeeren (*S. aria* agg.) und Elsbeere (*S. torminalis*) im gemeinsamen Verbreitungsgebiet entstanden, in Mitteleuropa auch als ***S. latifolia*** agg., Artengruppe Hybrid-Elsbeeren oder Breitblättrige Mehlbeeren (i. w. S.) zusammengefasst.

Blätter schwach bis deutlich gelappt (Abb. 20–22), Lappen ± 3-eckig, spitz od. zugespitzt, jederseits der Mittelrippe mit 7–12 Seitennerven, unterseits filzig mit grauem bis gelblich weißem od. blass gelbgrünem Filz, zuweilen ± verkahlend. Krone weiß, ausgebreitet, Griffel 2–3. Frucht 1–1,5 cm ∅, verkehrt eiförmig bis birnförmig, eiförmig od. kugelig, grünlich gelb, gelb- oder rotbraun, hell- oder orangerot, mit zahlreichen Lentizellen.

Neben der Primärhybride, der Täuschenden Mehlbeere oder Hybrid-Elsbeere, *S.* ×*decipiens* (BECHST.) PETZ. et G. KIRCHN. (Abb. 19) wurden bisher > 80 Apomikten aus W-, M- und SO-Europa bis zum Kaukasus beschrieben, darunter eine

Abb. 19: Locus classicus von *Sorbus ×decipiens*, der Primärhybride aus Mehl- und Elsbeere, von hier (Burgberg bei Waltershausen, Thüringen) beschrieben als „Bastardelzbeerbaum".

Abb. 20: Kordigast-Mehlbeere (*Sorbus cordigastensis*), ein Beispiel für einen aus Mehl- und Elsbeere entstandenen Lokalendemiten der Artengruppe *S. latifolia* agg. in Franken.

Abb. 22: Budaberg-Mehlbeere (*Sorbus semi-incisa*), ein aus Mehl- und Elsbeere entstandener apomiktischer Endemit Ungarns.

Abb. 21: Blatt der Fränkischen Mehlbeere (*Sorbus franconica*), wie die Kordigast-M. (Abb. 20) ein Lokalendemit der Artengruppe *S. latifolia* agg. in Franken.

Vielzahl lokaler Endemiten, z. B. aus Bayern die Kordigast-M. (*S. cordigastensis* N. Mey., Abb. 20), die Dr. G. Aas zur Jahrestagung der DDG 2013 auf dem Kordigast-Berg vorstellte (s. Gruber 2014) und Fränkische M. (*S. franconica* Düll, Abb. 21). Beispiele für gelegentlich gepflanzte Arten sind die Breitblättrige M. (i. e. S.), *S. latifolia* (Lam.) Pers. (SW-Europa), die Badische M., *S. badensis* Düll (S-Deutschland) oder die Budaberg-M., *S. semi-incisa* (Borbás) Borbás (Ungarn, Abb. 22).

– Untergattungen ***Aria*** × ***Sorbus*** × ***Torminaria*** = **Untergattung *Triparens*** M. Lepší et T. Rich (Abb. 23)
Aus einer Mehlbeere (Felsen-M., *S. rupicola*), einer Vogelbeere (*S. aucuparia*) und der Elsbeere im gemeinsamen Verbreitungsgebiet entstandene Artengruppe ***S. intermedia* agg.**

Blätter deutlich gelappt, Lappen vorn abgerundet, Spreitenspitze stumpf, jederseits der Mittelrippe 6–9 Seitennerven, derb lederig, oberseits glänzend dunkelgrün, unterseits grau- bis gelblich graufilzig. Frucht 1–1,5 cm ∅, ellipsoidisch bis eiförmig oder ± kugelig, orangerot.

Hierzu nur die im südlichen Skandinavien und Baltikum natürlich vorkommende Schwedische Mehlbeere oder Oxelbeere, *S. intermedia* (Ehrh.) Pers. (Abb. 23), und das vermutliche Rückkreuzungsprodukt mit der Vogelbeere, *S.* ×*liljeforsii* T. C. G. Rich, mit Blättern, die an die der Artengruppe Hybrid-Ebereschen od. -Mehlbeeren (*S. hybrida* agg.) erinnern. Nach Jahrzehnte währenden Spekulationen über die Ausgangssippen der Schwedischen Mehlbeere konnte durch genetische Untersuchungen belegt werden, dass nicht 2 der o. g. 3 Arten, sondern alle 3 an der Entstehung des tetraploiden Apomikten beteiligt waren (Nelson-Jones et al. 2002), also eine wirklich „intermediäre" Art. Häufig als Park- und Straßenbaum gepflanzt, hat sie sich nach Ausbreitung aus Kultur inzwischen als wildwachsende Art (Neophyt) in Mitteleuropa etabliert.

Zu den beiden folgenden Untergattungen gehören Hybriden und hybridogene Arten, an deren Entstehung die Echte Zwergmehlbeere, *S. chamaemespilus* (= Untergattung *Chamaemespilus*) beteiligt ist (Tabelle 2, Spalten 1–3, Zeilen 4–5). Sie zeichnen sich wie diese ebenfalls durch strauchigen Wuchs und rötliche oder rosa Krone (Abb. 24–25) aus, ihre Blätter sind aber unterseits dünnfilzig behaart. Mehrere aus der subalpinen Vegetation der W-Karpaten zunächst auf der Basis morphologischer Merkmale beschriebene apomiktische Arten beider hybridogener Untergattungen (Bernátová & Májovský 2003) wurden später auch molekulargenetisch untersucht (z. B. Kučerová et al. 2011).

– Untergattungen *Aria* × ***Chamaemespilus*** = **Untergattung *Chamaespilaria*** Májovský et Bernátová (Abb. 24)
Entstanden aus Mehlbeeren (*S. aria* agg.) und Echter Zwergmehlbeere, auch als ***S. sudetica* agg.**, Artengruppe Sudeten-Hybrid-Zwergmehlbeeren (Abb. 24), zusammengefasst; hierzu als Primärhybride die Zweideutige oder Filzige Hybrid-Z., *S.* ×*ambigua* (Decne.) Beck, und mehrere Apomikten, z. B. Sudeten-Hybrid-Z., *S. sudetica* (Tausch) Bluff et al., und Allgäuer Hybrid-Z., S. *algoviensis* N. Mey.

Abb. 23: Schwedische Mehlbeere (*Sorbus intermedia*), ein Apomikt, an dessen Entstehung neben einer Mehlbeere (*S. rupicola*) Els- und Vogelbeere beteiligt waren.

Abb. 24: Sudeten-Hybrid-Zwergmehlbeere (*Sorbus sudetica* agg.), aus Hybridisierung von Echter Zwergmehlbeere (Abb. 11) und Mehlbeere (*S. aria* agg.) entstanden

– Untergattungen ***Chamaemespilus*** × ***Tormaria*** = **Untergattung *Chamsoraria*** MÁJOVSKÝ et BERNÁTOVÁ (Abb. 25)
Entstanden aus Echter Zwergmehlbeere und Hybrid-Ebereschen bzw. -Mehlbeeren (*S. hybrida* agg.), auch als ***S. hostii* agg.**, Artengruppe Host-Hybrid-Zwergmehlbeeren (Abb. 25), zusammengefasst; hierzu als Primärhybride die Host-Hybrid-Z., *S. ×hostii* (HOST) HEYNH., und mehrere Apomikten, z. B. Dörr-Hybrid-Z., *S. doerriana* N. MEY.

Abb. 25: Host-Hybrid-Zwergmehlbeere (*Sorbus hostii* agg.), wie *S. sudetica* (Abb. 24) aus Echter Zwergmehlbeere hervorgegangen, aber 2. Ausgangsart eine Hybrid-Eberesche (*S. hybrida* agg.).

3.3 Aufteilung von *Sorbus* s. l. in 5 und mehr Gattungen (Tabelle 1: Spalten 2–4, Tabelle 2: Spalte 4)

Die weit gefasste Gattung *Sorbus* s. l. kam mit den Publikationen von ROBERTSON et al. (1991), POTTER et al. (2007), CAMPELL et al. (2007) ins Wanken. Auf der Basis dieser und weiterer später veröffentlichter molekulargenetischer Befunde und deren Auswertung für die Phylogenie (z. B. ULASZEWSKI et al. 2021, TANG et al. 2022) ergab sich, dass *Sorbus* s. l. polyphyletisch ist und sich Ebereschen, Speierling, Mehlbeeren, Zwergmehlbeeren, Zwergapfelmehlbeeren und Elsbeere verwandtschaftlich nicht so nahe stehen, um sie in einer Gattung zu vereinen. Es wurde vorgeschlagen, *Sorbus* s. l. in 2, 4, 5–6, 10–11 oder gar 17 Gattungen aufzuteilen. Die Interpretation der Ergebnisse ergibt aber gegenwärtig noch kein Bild, das überzeugend ist und allgemeine Zustimmung findet (s. Kap. 4).

3.3.1 Untergattungen von *Sorbus* s. l. als Gattungen: 11 Gattungen (Tabelle 1: Spalte 3; Tabelle 2: Spalte 4)

In ihrer Synopsis der Maloideae (Apfelfrüchtige Rosengewächse) listeten ROBERTSON et al. (1991) 5 Gattungen, wie sie verschiedene Autoren im 19. Jh. bereits unterschieden (s. Kap. 2), aber dann meist als Untergattungen oder Sektionen von *Sorbus* s. l. aufgefasst wurden: *Aria*, *Chamaemespilus*, *Cormus*, *Sorbus*, *Torminalis*. In der phylogenetisch basierten Klassifikation der Familie Rosaceae führten POTTER et al. (2007) diese 5 Gattungen ebenfalls auf. ALDASORO et al. (2005) waren allerdings der Auffassung, dass eine Monophylie und damit Beibehaltung von *Sorbus* s. l. durch die neuen Erkenntnisse ebensowenig unterstützt werden wie es an überzeugenden Beweisen für eine Aufteilung der Gattung fehlt. Sie blieben bei *Sorbus* i. w. S. (s. Kap. 3.2). Im Gegensatz dazu bezog im selben Jahr MCALLISTER (2005) *Sorbus* in seiner Monographie „The Genus *Sorbus*" nur noch auf *Sorbus* s. str., also die Ebereschen. Dem folgten GRIMSHAW & BAYTON (2009) bei der Besprechung der neu in Kultur eingeführten „*Sorbus*"-Gehölze, die sie unter *Sorbus* s. str. und *Aria* (incl. *Micromeles*) vorstellen, was von der Website „Trees and Shrubs Online" (IDS 2023) so übernommen wurde. Sie waren jedoch bei den Mehlbeeren zurückhaltend und nahmen keine Neukombinationen bei der Überführung von Arten in die Gattung *Aria* vor, sondern verwendeten nur bereits verfügbare Namen. Sie sahen intensive taxonomische Studien als erforderlich an, bevor eine Vielzahl neuer Namen veröffentlicht wird. Ganz im Gegensatz dazu veröffentlichten SENNIKOV & KURTTO (2017) und KURTTO et al. (2018) -zig neue Artnamen, indem sie die europäischen Arten von *Sorbus* s. l. den 5 Gattungen *Aria*, *Chamaemespilus*, *Cormus*, *Sorbus* und *Torminalis* zuordneten. Akzeptiert man dieses Konzept und berücksichtigt die bereits von KOEHNE (1893) und KOVANDA & CHALLICE (1981) als Gattung herausgestellte asiatische Untergattung *Micromeles*, dann ergeben sich 6 den unter 3.2 vorgestellten Untergattungen entsprechende Gattungen (Tabelle 1: Spalte 3, Zeilen 1–6), für die bereits früher Gattungsnamen veröffentlicht wurden:

– Untergattung *Cormus* → **Gattung *Cormus*** Spach: *C. domestica* (L.) Spach (Syn. *Sorbus domestica*, Abb. 2),

– Untergattung *Sorbus* → **Gattung *Sorbus*** L. s. str. (Syn. *Aucuparia* Medik.), von McAllister (2005) in 2 Untergattungen mit 11 Sektionen und 70 Arten gegliedert (Abb. 3–5),

– Untergattung *Aria* → **Gattung *Aria*** (Pers.) Host, z. B. *A. edulis* (Willd.) M. Roem. (Syn. *Sorbus aria*, Abb. 6); hierzu auch kaukasische Arten wie *Sorbus subfusca* (Abb. 7) und *S. colchica*, von denen letztere in POWO (2023) als *Aria colchica* (Zinserl.) Mezhenskyj geführt wird, aber die nah verwandte Art *S. subfusca* unverständlicherweise nicht, obwohl POWO *Aria* von *Sorbus* s. l. abspaltet und in der Synonymie von *S. subfusca* mehrere von Zaikonnikova (1976) *S. subfusca* s. l. zugeordnete Arten unter *Aria* erscheinen. Offensichtlich haben Akyildirim Beğen & Emaniağaoğlu (2022) diesen Fehler übernommen und führen die Mehlbeere *S. subfusca* neben der fiederblättrigen Eberesche *S. aucuparia* in der Gattung *Sorbus* s. str.

– Untergattung *Micromeles* → **Gattung *Micromeles*** Decne., z. B. *M. alnifolia* (Siebold et Zucc.) Koehne (Syn. *Sorbus alnifolia*, Abb. 8), *M. caloneura* Stapf (Syn. *Sorbus caloneura*, Abb. 9), *M. vestita* (G. Don) Mezhenskyi (Syn. *Sorbus vestita*, Abb. 10), Weiteres s. Kap. 3.3.2.

– Untergattung *Chamaemespilus* → **Gattung *Chamaemespilus*** Medik.: *Ch. alpina* (Mill.) K. R. Robertson et J. B. Phipps (Syn. *Sorbus chamaemespilus*, Abb. 11).

– Untergattung *Torminaria* → **Gattung *Torminalis*** Medik.: *T. glaberrima* (Gand.) Sennikov et Kurtto (Syn. *Sorbus torminalis*, Abb. 12).

Sennikov & Kurtto (2017) stuften die hybridogenen Untergattungen (s. Kap. 3.2) ebenfalls als Gattungen ein (Tabelle 2: Spalte 4), womit sich 11 Gattungen ergeben (Tabelle 1: Spalte 3). Für die 5 neu aufgestellten Gattungen schufen sie neue Namen, alle mit Autoren Sennikov et Kurtto. Dies bleibt unverständlich, wo doch Namen von Untergattungen oder Sektionen (z. B. Sektionen Lobatae und Duales; Gabrielian 1978, Zaikonnikova 2001) und von anderen Autoren veröffentlichte Namen für intergenerische Hybriden und hybridogene Gattungen (z. B. Mezhenskyj et al. 2012) oder Gattungsnamen (z. B. Koidzumi 1934), auf die sie hätten zurückgreifen können, bereits vorlagen. Dieses Vorgehen wurde auch von anderer Seite kritisiert (z. B. Mosyakin et al. 2022).

– Untergattung *Soraria* → **Gattung *Hedlundia***; z. B. *H. ×thuringiaca* (Nyman) Sennikov et Kurtto (Syn. *Sorbus ×thuringiaca*, Abb. 13–15), *H. mougeotii* (Soy.-Will. & Godr.) Sennikov et Kurtto (Syn. *Sorbus mougeotii*, Abb. 16), *H. arranensis* (Hedl.) Sennikov et Kurtto (Syn. *Sorbus arranensis*, Abb. 17).

– Untergattung *Tormaria* → **Gattung *Karpatiosorbus***; z. B. *K. ×hybrida* (Borkh.) Sennikov et Kurtto (Syn. *Sorbus ×decipiens*), *K. cordigastensis* (N. Mey.) Sennikov et Kurtto (Syn. *Sorbus cordigastensis*, Abb. 20),

– Untergattung *Triparens* → **Gattung *Scandosorbus***, z. B. *S. intermedia* (Ehrh.) Sennikov (Syn. *Sorbus intermedia*, Abb. 23),

– Untergattung *Chamaespilaria* → **Gattung *Majovskya***, z. B. *M. sudetica* (Tausch) Sennikov et Kurtto (Syn. *Sorbus sudetica*, Abb. 24),

– Untergattung *Chamsoraria* → **Gattung *Normeyera***, z. B. *N. ×hostii* (Host) Sennikov et Kurtto (Syn. *Sorbus ×hostii*, Abb. 25).

Andere Autoren, die sich dem taxonomischen Konzept von Sennikov & Kurtto (2017) anschlossen, vermehrten die Flut neu aufgestellter bzw. neu kombinierter Namen (> 200), indem sie weitere Neukombinationen für außereuropäische Sippen veröffentlichten, z. B. anatolische und kaukasische oder ostasiatische (Mezhenskij et al. 2012, Mezhenska et al. 2018). Der Aufgliederung von *Sorbus* in die 11 Gattungen folgen u. a. die Datenbank POWO (2023) und Autoren wie Schulz (2020) oder auf Länder bezogen Hassler & Muer (2022) für Deutschland, Bartha (2021) für Ungarn (listet u. a. > 30 endemische *Karpatiosorbus*-Arten auf) oder Akyildirim Beğen & Emaniağaoğlu (2022) für die Türkei.

Buttler & Hand (2018, S. 95) sahen hingegen die Arbeit von Sennikov & Kurtto kritisch: *„Wesentlich Neues enthält der Artikel nicht, letztlich geht es eher um Nomenklatur als um Taxonomie. … Ob dieser Vorschlag das Verständnis von Sorbus fördert, bleibt offen. Die lebhafte Neigung der infragenerischen Einheiten von Sorbus zur Hybridisierung untereinander … sprechen eher dafür, sinnvolle Lö-*

sungen jenseits des Monophyliedogmas mit Kleingattungen als Resultat zu suchen."

Folgt man dem Konzept der 5 hybridogenen Gattungen, dann gehören z. B. die Sippen von *Sorbus hybrida* agg. und *S. intermedia* verschiedenen Gattungen (*Hedlundia* und *Scandosorbus*) an. Dabei können die Blätter, deren Merkmalszustände für die Unterscheidung dieser ganz wesentlich sind, manchmal durchaus so ähnlich sein, dass sich selbst „Profis" in der Ansprache der bekannten Zierbäume irren. Es wurden z. B. an Bekannte des Verfassers 2021 von Baumschulen anstatt bestellter *S. intermedia* (zu *Scandosorbus*) Sorten von *S.* ×*thuringiaca* (zu *Hedlundia*) geliefert, von einer Baumschule 'Quercifolia', von einer anderen 'Thuringiaca'.

Wird der Aufteilung der Gattung *Sorbus* s. l. in die 11 Gattungen gefolgt, ergeben sich auch Konsequenzen für die Hybriden von Arten zweier Gattungen, von denen bisher noch keine Apomikten bekannt wurden. Werden *Sorbus* s. str., *Aria* und *Micromeles* als eigene Gattungen aufgefasst, dann existieren intergenerische Hybriden zwischen *Aria* und *Micromeles* (z. B. *Sorbus alnifolia* × *S. aria*, Hillier & RHS 2019) sowie *Micromeles* und *Sorbus* s. str. Für letztere veröffentlichten Sennikov & Kurtto (2017) den neuen Namen ×*Sorbomeles* (Tabelle 2: letzte Zeile), u. a. mit ×*S. rikuchensis* (Makino) Sennikov & Kurtto (*Micromeles japonica* × *Sorbus commixta*). Synonym dieser Sippe ist *Ariosorbus uzenensis* Koidz., ein bereits vor 9 Jahrzehnten von Koidzuma (1934) veröffentlichter Name, wobei ×*Ariosorbus* „passender" wäre, wenn *Micromeles* der Gattung *Aria* zugeordnet werden würde, was ja nicht ausgeschlossen ist (s. Kap. 3.3.2).

Notwendige Namensänderungen ergeben sich auch bei Hybriden mit anderen Gattungen der Apfelfrüchtigen Rosengewächse. Wenn *Aria* eine eigene Gattung ist, kann die Gattungshybride zwischen Mehlbeere und Birne nicht mehr ×*Sorbopyrus* (s. Kap. 1) heißen, sondern muss ×*Pyraria* A. Chev. genannt werden.

3.3.2 Nach Verteilung asiatischer Arten (*Micromeles*) auf 7 Gattungen: 17 Gattungen (Tabelle 1: Spalte 4)

Rushforth (2018) führte die Aufspaltung von *Sorbus* s. l. weiter, indem er für die von Afghanistan über den Himalaja bis O- und SO-Asien vorkommenden Arten mit einfachen, ungeteilten oder gelappten Blättern mehrere Gattungen aufstellte. Sie werden gewöhnlich *Micromeles* zugeordnet, entweder einer Sektion *Micromeles* von *Sorbus* (z. B. Rehder 1940, Phipps et al. 1990), einer Untergattung von *Aria* (mit 2 den Sektionen *Micromeles* und *Alnifoliae* entsprechenden „Gruppen", Grimshaw & Bayton 2009) oder einer eigenen Gattung *Micromeles* (z. B. Schneider 1906, Gora 2007, Koropachinskiy 2015, Mezhenska et al. 2018, Ma et al. 2023). Japanische Autoren gliederten die ostasiatischen Arten in den letzten Jahrzehnten meist in die Gattung *Aria* ein (z. B. Ohashi & Iketani 1993, Iwatsuki et al. 2001), neuerdings befürwortet aber Aizawa (2021) die Zuordnung der japanischen Arten zur Gattung *Micromeles*. Wie allerdings unter der Untergattung *Micromeles* bereits dargelegt (s. Kap. 3.2), ist diese sehr polymorph und die Abgrenzung und Gliederung dieser asiatischen Arten bisher nicht geklärt. Sie wurden z. B. von Gabrielian (1978) 5 Subsektionen der Sektion Aria und 4 Subsektionen der Sektion *Micromeles* oder von Aldaroso et al. (2004) 5 Sektionen der Untergattung *Aria* zugeordnet. Dabei basieren die Gliederungsprinzipien der einzelnen Autoren auf unterschiedlichen Merkmalen bzw. Merkmalszuständen, so dass die Gruppierung der Arten weder zu Sektionen oder Subsektionen noch zu den von Rushforth (2018) neu aufgestellten Gattungen übereinstimmend ist. Rushforth unterscheidet 7 Gattungen, davon 2 bereits beschriebene: ***Micromeles*** Decne. (hierzu z. B. *M. japonica* (Decne.) Koehne) und ***Pleiosorbus*** L. H. Zhou et C. Y. Wu und 5 von ihm neu aufgestellte und benannte:

– ***Griffitharia***: z. B. *G. vestita* (G. Don) Rushforth (Syn.: *Sorbus vestita*, *Micromeles vestita*, *Aria vestita*; Abb. 10),

– ***Alniaria***: z. B. *A. alnifolia* (Siebold et Zucc.) Rushforth (Abb. 8), damit erhält diese Art, die in Ostasien derzeit entweder *Sorbus alnifolia* (China, z. B. Lu & Spongberg 2003), *Micromeles alnifolia* (Russland, z. B. Koropachinskiy 2015) oder *Aria alnifolia* (Japan, z. B. Iwatsuki et al. 2001) genannt wird, ein weiteres Binom, das als akzeptierter Namen Eingang in die Datenbank Plants of the World fand (POWO 2023),

– ***Thomsonaria***: z. B. *T. caloneura* (Stapf) Rushforth (Syn.: *Sorbus caloneura*, *Micromeles caloneura*, Abb. 9),

– ***Dunnaria*** und ***Wilsonaria***.

Daraus ergaben sich natürlich wiederum unzählige neue Artnamen durch Neukombinationen.

Der Aufspaltung der Gattung *Micromeles* durch Rushforth widersprechen Ma et al. (2023), denn ihre phylogenetischen Untersuchungen befürworten zwar die Unterscheidung von 6 Gattungen von *Sorbus* s. l., aber stützen die Einbeziehung der untersuchten asiatischen Arten mit einfachen Blättern in eine Gattung (= *Micromeles*).

3.3.3 Eine eher annehmbare Lösung mit ausstehendem Klärungsbedarf: 5 Gattungen (Tabelle 1: Spalte 2)

Eine naheliegende, verschiedentlich auch vorgeschlagene Lösung erscheint zunächst, *Sorbus* s. l. in eine Gattung mit Fiederblättern und eine Gattung mit einfachen Blättern zu trennen. Die Ergebnisse molekular- und phylogenetischer Studien (z. B. Campell et al. 2007, Li et al. 2012, Lo & Donoghue 2012, Lepší et al. 2015, Sun et al. 2018, Ulaszewski et al. 2021) wurden teils auch so interpretiert, dass die Arten mit Fiederblättern und die Arten mit einfachen Blättern 2 Verwandtschaftskreisen (Kladen) angehören. Wenn sich auch mehrfach ergab, dass sich die Arten mit Fiederblättern näherstehen als diese zu den Arten mit einfachen Blättern, so stützen die Ergebnisse aber, unabhängig von dem Alleinstellungsmerkmal fehlender Kreuzungsbereitschaft des Speierlings mit jeglicher Art von *Sorbus* s. l. (s. Kap. 3.2), die Trennung der fiederblättrigen Arten in 2 Gattungen: Ebereschen = *Sorbus* s. str., Speierling = *Cormus*.

Die europäisch-westasiatisch verbreiteten Arten mit einfachen Blättern (Untergattungen *Aria*, *Chamaemespilus* und *Torminaria*), die verschiedene Autoren 3 Gattungen zuordnen (*Aria*, *Torminalis*, *Chamaemespilus*, s. Kap. 3.3.1), bilden eine gut unterstützte Klade, so dass sie zu einer Gattung zusammengefasst werden könnten (vgl. Mosyakin et al. 2022), die provisorisch *Aria* s. l. genannt werden soll. Die auch in morphologischen Merkmalen zum Ausdruck kommende engere Verwandtschaft von eigentlichen Mehlbeeren, Elsbeere und Zwergmehlbeere brachten bereits Schneider (1906) und Rehder (1927, 1940) in ihren Gattungsgliederungen zum Ausdruck. Lassen wir *Micromeles* (bei Schneider eigene Gattung, bei Rehder Sektion von *Sorbus*) außen vor, dann unterschieden beide Autoren 3 Sektionen: *Sorbus* (*Aucuparia*), *Cormus* und *Aria*. Schneider gliederte *Aria* (bei ihm unter dem Namen *Hahnia*) in die Subsektionen *Aria*, *Torminaria* und *Chamaemespilus* und Rehder führte Mehlbeeren, Elsbeere und Zwergmehlbeere in seiner Sektion *Aria* zusammen.

Im Gegensatz zu *Sorbus* s. str. und *Cormus*, die als Gattungen gut charakterisiert und eindeutig benennbar sind, bleiben einige offene Fragen zu klären, wenn Mehlbeeren, Zwergmehlbeere und Elsbeere in einer Gattung *Aria* s. l. vereint werden sollen:

- Abgrenzung von *Aria* s. l. gegenüber den heterogenen asiatischen Zwergapfelmehlbeeren (*Micromeles*), die teilweise nicht oder nur schwierig von der Untergattung *Aria* (bzw. Gattung *Aria* s. str.) zu trennen sind (s. Kap. 3.2.1, 3.3.2), sogar aus phylogenetischer Sicht nach einigen Autoren (z. B. Aizawa 2021) eher Ebereschen (*Sorbus* s. str.) und Speierling (*Cormus*) näherstehen sollen. Alternativen wären Einbeziehung in *Aria* s. l., eine eigene Gattung *Micromeles* oder gar deren Aufspaltung.
- Gattungsnamen für die Gattung bei Zusammenführung von *Aria*, *Torminalis*, *Chamaemespilus*. Es wäre naheliegend und eindeutig zu bevorzugen, von den 3 Gattungsnamen *Aria* auszuwählen, da es zahlreiche Mehlbeerarten, aber nur je 1 Art von *Torminalis* und *Chamaemespilus* gibt. Dann entsteht jedoch ein nomenklatorisches Problem, denn die Gattungsnamen *Torminalis* und *Chamaemespilus* wurden 1789 veröffentlicht, *Aria* als Gattungsname dagegen erst 1831. Priorität hätte *Torminalis*. Würde dieser Namen gewählt, führe es zu beträchtlichen Konsequenzen, denn es wären -zig Neukombinationen erforderlich, was wieder zu einer Flut neuer Artnamen führen würde. Für zahlreiche Arten existieren jedoch schon früher unter *Aria* publizierte Namen.

Wenn auf der Basis morphologischer Merkmale und phylogenetischer Befunde der Vereinigung von *Aria*, *Chamaemespilus* und *Torminalis* zu einer Gattung gefolgt wird, dann schlagen Mosyakin et al. (2022) aus praktischen Gründen und im Interesse der Stabilisierung der Nomenklatur vor, den Namen *Aria* (Pers.) Host zu schützen (nom. cons.) und *Chamaemespilus* Medik. und *Torminalis* Medik. als Gattungsnamen für diese Gattung zu verwerfen (nom. rej.). Sollte die Entscheidung für den Namen *Aria* positiv ausfallen, bleibt der Klärungsbedarf bezüglich *Micromeles*.

Welche Konsequenzen ergeben sich bei einer Akzeptanz des eben dargelegten Konzepts? Die Gattung *Sorbus* s. l. könnte in überschaubarer Weise aufgeteilt werden:

- 3 Gattungen (*Cormus*, *Sorbus* s. str., *Aria* s. l.) bzw., wenn *Micromeles* als eigene Gattung eingestuft wird, 4 Gattungen, und
- 1 hybridogene Gattung: *Aria* s. l. × *Sorbus* s. str. (incl. *Hedlundia*, *Scandosorbus* und *Normeyera*), wobei der Name für diese offen gelassen wird, zumal die Klärung einer Einbeziehung von *Micromeles* in *Aria* s. l. aussteht.

Bei Akzeptanz einer solchen Aufteilung von *Sorbus* s. l. würde die Zahl hybridogener Gattungen reduziert werden, denn die Taxa von *Karpatiosorbus* und *Majovskya* würden zu Arten bzw. Hybriden der Gattung *Aria* s. l. So würde z. B. die Täuschende Mehlbeere, die Hybride von Echter Mehlbeere und Elsbeere, beschrieben von J. M. Bechstein vom Burgberg bei Waltershausen in Thüringen (Abb. 19) 1797 als *Crataegus hybrida* und 1810 als *Pyrus decipiens* (vgl. Schmidt 2012),

- zwar nicht mehr *Sorbus* ×*decipiens* (1864) heißen,
- man müsste aber auch nicht den neuen Namen *Karpatiosorbus* ×*hybrida* (2017) lernen,
- sondern die Hybride hätte einen Namen, der ihr bereits 1847 gegeben wurde: *Aria* ×*decipiens*.

4 Fazit

Die molekulargenetischen Befunde und die daraus abgeleiteten Schlussfolgerungen belegen, dass die Gattung *Sorbus* s. l. offensichtlich polyphyletisch ist. Sie enthält verschiedene Abstammungslinien (Kladen), die zueinander weniger eng verwandt sind als zu anderen Gattungen. Die Studien ergaben andererseits, dass innerhalb von *Sorbus* s. l. einige Arten natürliche, enger miteinander verwandte (± monophyletische) Gruppen bilden. Die Meinungen zur Fassung dieser Gruppen als Gattungen divergieren derzeit noch stark und sind widersprüchlich. Keines der vorgeschlagenen Konzepte hat bisher allgemeine Anerkennung gefunden. Selbst Sun et al. (2018), obwohl sie betonen, dass die phylogenetischen Beziehungen bei der Tribus Maleae heute viel klarer als vorher sind, sehen eine formale taxonomische Behandlung der Gattungen als verfrüht an.

Die Auswertung molekuargenetischer Studien führte nicht selten zu abweichenden Schlussfolgerungen. So können sie z. B. einerseits die Zusammenführung von *Micromeles* und *Aria*, andererseits deren Trennung stützen (Quian 2022). Die meist als voneinander entfernte Entwicklungslinien herausgestellten *Sorbus* s. str. und *Aria* werden in anderen Studien als monophyletische Gruppe betrachtet, aber *Micromeles* abgetrennt (Xiang et al. 2016). Der noch nicht abgeschlossene Prozess einer befriedigenden taxonomischen Gliederung von *Sorbus* s. l. lässt es also ratsam erscheinen, nicht gleich alle publizierten Änderungen zu übernehmen, zumal ein Antrag zur Konservierung eines Gattungsnamens (*Aria*) für eine Mehlbeeren, Zwergmehlbeere und Elsbeere umfassende Gattung läuft.

Oft sind nur wenige Vertreter einer Gruppe (Untergattung, Gattung i. e. S.) untersucht worden, auch handelt es sich meist um Studien der Chloroplasten-DNA, die nicht immer kongruent mit denen der Kern-DNA sind (vgl. Ritz 2022, Fay & Rich 2022). Trotz der Aussage von Rushforth (2016) *„I clearly consider that the broad concept of Sorbus is pathologically flawed*" und der ergänzenden Bemerkung von Fay & Rich (2022), dass Rushforth nicht der Einzige sei, der so denkt, schließe ich mich (vorerst) diesen beiden Autoren an, die es bei einer „traditionell" weit gefassten Gattung *Sorbus* s. l. belassen. Wir stehen mit dieser Meinung ebenso nicht allein (vgl. z. B. Stace 2019, Hillier & RHS 2019, Ritz 2022, EURO+MED 2023 sowie alle in Kap. 3.2 genannten Autoren). Es ist auch zu bedenken, dass es bei einer so komplexen Evolutionsgeschichte wie die der Kernobstgewächse einschließlich *Sorbus* s. l. nicht verwunderlich ist, dass Problemlösungen kompliziert sind, wenn man alles in ein hierarchisches System pressen möchte. Die Einbeziehung der Gattung *Sorbus* s. l. in eine weit gefasste Gattung *Pyrus* wird ebenso wie die Aufspaltung von *Sorbus* s. l. in 11 oder 17 Gattungen nicht befürwortet. Wenn dem Umstand Rechung getragen werden muss, dass Speierling, Ebereschen, Elsbeere, Mehlbeeren, Zwergmehlbeere und Zwergapfelmehlbeeren nicht so verwandt sind, um sie in einer Gattung zu vereinen, wird der Vorschlag unterstützt, als Gattungen *Cormus*, *Sorbus* s. str., *Aria* s. l. (incl. *Aria*, *Chamaemespilus* und *Torminalis*) und *Micromeles* zu unterscheiden. Bevor dessen Umsetzung möglich ist, bedarf es noch der Klärung offener Fragen, sowohl taxonomischer (Stellung der heterogenen Gattung *Micromeles*) als auch nomenklatorischer (Konservierung des Namens *Aria*, s. Kap. 3.4).

Bei all diesen Diskussionen sollte nicht in Vergessenheit geraten, welch prachtvolle und wertvolle Wildgehölze, Zier-, Obst- und Forstbäume der Speierling, die Ebereschen, die Elsbeere, die Mehlbeeren, Zwergmehlbeere und Zwergapfelmehlbeeren sind, unabhängig davon, ob sie zur Gattung *Sorbus* s. l. oder einer der Gattungen eines anzustrebenden Konsenses im Falle einer Aufteilung von *Sorbus* s. l. gehören. Fay & Rich (2022, S. 26) wenden sich zum Schluss ihrer in die gleiche Richtung gehenden Ausführungen zu der Problematik so treffend an die Leser, dass ich es gern wiedergebe: „*...but we ask the reader to enjoy these wonderful plants and not worry too much about the taxonomic complexities*".

Alle Fotos vom Autor.

5 Literatur und andere Quellen

Bei mehr als 4 Autoren einer Publikation wird nur der Erstautor angeführt und die anderen unter „et al." subsummiert.

Aizawa, M. (2021): An Overlooked Tree Species, *Micromeles calocarpa* (Rehder) M. Aizawa (Rosaceae), from Central Japan. Acta Phytotax. Geobot. 72, 1: 23–42.

Akyildirin Beğen, H.; Emaniağaoğlu, Ö. (2022): Taxonomic contributions to the Turkey Rosaceae family with new genera (*Aria*, *Hedlundia*, *Torminalis*). Turk. J. Biod. 5, 1: 36–49. (In Türkisch).

Aldasoro, J. J. et al. (2004): Revision of *Sorbus* Subgenera *Aria* and *Torminaria* (Rosaceae-Maloideae). Systematic Botany Monographs 69: 1–148.

Aldasoro, J. J.; Aedo, C.; Navarro, C. (2005): Phylogenetic and phytogeographical relationships in Maloidese (Rosaceae) based on morphological and anatomical characters. Blumea 50: 3–32.

APW (2017): Angiosperm Phylogeny Website. Version 14. http://www.mobot.org/MOBOT/research/APweb/. Zugriff 27.07.2023.

Bärtels, A.; Schmidt, P. A. (Hrsg.) (2014): Enzyklopädie der Gartengehölze. 2. Aufl. Stuttgart.

Barabits, E. (2007): New apomictic taxa of *Sorbus* from the Bakony Mountains. Tilia 13: 5–48.

Bartha, D. (2021): Checklist of the Hungarian dendroflora. Univ. Sopron Press, Sopron.

Bean, W. J. (1914): Trees and shrubs hardy in the British Isles. Murray, London.

Bernátová, D.; Májovský, J. (2003): New endemic hybridogeneous species of the genus *Sorbus* in the Western Carpathians. Biologia 58, 4: 781–790.

Buttler, K. P.; Hand, R. (2018): Beiträge zur Fortschreibung der Florenliste Deutschlands (Pteridophyta, Spermatophyta) – Zehnte Folge. Kochia 11: 91–101.

Campell, C. S. et al. (2007): Phylogeny of subtribe Pyrinae (formerly the Maloideae, Rosaceae): Limited resolution of a complex evolutionary history. Pl. Syst. Evol. 266: 119–145.

Candolle, A. P. De (1825): Prodromus systematis naturalis regni vegetabilis 2. Treuttel & Würtz, Paris.

Castellano, G. (2012): Il genere *Sorbus* (Rosaceae, Maloideae) subg. *Aria* in Sicilia. Diss. Univ. Palermo Dipart. Biol. Ambientale e Biodiv., Palermo.

Challice, J.; Kovanda, M. (1978): Flavonoids as markers of taxonomic relationships in the genus *Sorbus* in Europe. Preslia 50: 305–320.

Chang, C.-S.; Gil, H.-Y. (2014): *Sorbus ulleungensis*, a New Endemic Species on Ulleung Island, Korea. Harvard Papers in Botany 19, 2: 247–255.

Chen, X.; Ma, J. H.; Geng, L. Y. (2022): Taxonomic notes on *Sorbus megalocarpa* (Rosaceae) and related taxa. PhytoKeys 201: 131–138.

Christenhusz, M. J. M.; Fay, M. F.; Byng, J. W. (2018): GLOVAP Nomenclature Part 1. The Global Flora 4: 1–155. Plant Gateway, Bradford.

Cornier, B. (2008): *Sorbus legrei* (spec. nov.) et *Sorbus remensis* (spec. nov.) (Rosaceae), deux nouvelles espèces françaises. Bull. Mens. Soc. Linn. Lyon 77, 9–10: 27–46.

Crantz, H. J. N. (1763): Stirpium Austriarum. Fasciculus II. Krauss, Wien.

Diels, L. (1936): A. Engler's Syllabus der Pflanzenfamilien. 11. Aufl. Borntraeger, Berlin.

Düll, R. (1961): Die *Sorbus*-Arten und ihre Bastarde in Bayern und Thüringen. Ber. Bayer. Bot. Ges. 34: 11–65.

EURO+MED (2023): Euro+Med PlantBase – the information resource for Euro-Mediterranean plant diversity: http://www.bgbm.org/EuroPlusMed/, Zugriff 20.08.2023.

Fay, M. F.; Rich, T. C. G. (2022): Rowans, Whitebeams and Servise Trees. Curtis's Botanical Magazine 39, 4: 621–630.

Fischer, M. A. (2015): Korrekturen sowie taxonomische und floristische Nachträge und Aktualisierungen zur 3. Auflage (2008) der Exkursionsflora für Österreich, Liechtenstein und Südtirol, Fortsetzung. Neilreichia 7: 231–293.

Fritsch, K. (1898): Zur Systematik der Gattung *Sorbus*. I. Österr. Bot. Z. 48, 1: 1–4.

Gabrielian, E. (1978): The genus *Sorbus* L. in Eastern Asia and the Himalayas. Academy of Sciences of the Armenian SSR, Yerevan. [In Russ.].

Gehrke, B. (2016): Rosaceae. In: Kadereit, J. W. et al.: Which changes are needed to render all genera of the German flora monophyletic? Willdenowia 46 (1): 51–52.

Gora, C. (2007): Notes on the Genus *Micromeles* Decne. (Rosaceae) in India. Bull. Bot. Surv. India 49, 1–4: 207–210.

Grimshaw, J.; Bayton, R. (2009): New Trees. Recent Introductions to Cultivation. Royal Botanic Gardens, Kew.

Gruber, H. F. (2014): Bericht zur Jahrestagung der Deutschen Dendrologischen Gesellschaft vom 3. bis 8. August 2013 in Bamberg. Mitt. Deutsch. Dendrol. Ges. 99: 175–188.

Hand, R.; Thieme, M. et al. (2023): Florenliste von Deutschland (Gefäßpflanzen). Version 13. http://www.kp-buttler.de

Hassler, M.; Muer, T. (2022): Flora Germanica. Alle Farn- und Blütenpflanzen Deutschlands in Text und Bild. 2 Bde. Verlag Regionalkultur, Ubstadt-Weiher.

Hedlund, T. (1901): Monographie der Gattung *Sorbus*. Kongl. Svenska Vetensk. Acad. Handl. 35, 1: 1–147.

Helmecke, K.; Rode, P. (2010): Verbreitung und Schutz der Kleinarten der Breitblättrigen Mehlbeere (*Sorbus latifolia* agg.) in Thüringen. Haussknechtia 12: 127–148.

Hillier & RHS (2019): The Hillier Manual of Trees & Shrubs. 9th ed. Hilliers Nursaries & Royal Horticultural Society, London.

IDS (International Dendrology Society) (2023): *Sorbus*. In: Trees and Shrubs online. https://www.treesandshrubsonline.org/articles/sorbus/, Zugriff 23.09.2023.

Iwatsuki, K.; Boufford, D. E.; Ohba, H. (2001): Flora of Japan. Vol. IIb. Kodansha, Tokyo.

Kadereit, J. W. et al. (2016): Which changes are needed to render all genera of the German flora monophyletic? 46 (1): 39–91.

Kaplan, Z. (ed.) (2019): Klíč ke květeně České republiky. Academia, Praha.

Kárpáti, Z. (1960): Die *Sorbus*-Arten Ungarns und der angrenzenden Gebiete. Feddes Repert. 62, 2/3: 71–331.

Koehne, E. (1893): Deutsche Dendrologie. Enke, Stuttgart.

Koidzumi, C. (1934): Contributiones ad Floram Asiaticae Orientalis. Acta Phytotaxonomica Geobotanica 3: 146–162.

Koropachinskiy, I. Yu. (2015): North Asian Woody Plants. 2 vols. Academic Publ. House Geo, Novosibirsk.

Kovanda, M.; Challice, J. S. (1981): The genus *Micromeles* revisited. Folia Geobotanica Phytotaxonomica 16: 181–193.

Krause, E. H. L. (1904): J. Sturms Flora von Deutschland. 2. Aufl. Bd. 8: Rosen, Rosiflorae. Lutz, Stuttgart.

Krüssmann, G. (1976/78): Handbuch der Laubgehölze. 2. Aufl. I–III. Berlin/Hamburg.

Kučerová, V. et al. (2011): Alloploid hybridizations in the genus *Sorbus*: pink-flowered hybrids in the National Nature Reserve Skalná Slpa. Acta Facultatis Forestalis Zvolen 53: 41–49.

Kurtto, A. (2009+): Rosaceae: *Sorbus*. In: Euro+Med Plantbase – the information resource for Euro-Mediterranean plant diversity.

Kurtto, A.; Sennikov, A. N.; Lampinen, P. (2018): Atlas Florae Europaeae. Distribution of vascular plants in Europe 17: 1–132.

Lepší, M.; Lepší, P. (2019): *Sorbus* L. – Jeřáb. In: Kaplan, Z. (2019): 498–510.

Lepší, M. et al. (2015): Taxonomic revision of *Sorbus* subgenus *Aria* in the Czech Republic. Preslia 87: 109–162.

Li, M. et al. (2023): Pollen Morphology in *Sorbus* s. l. (Rosaceae) and Its Taxonomic Implications. Plants 2023, 12 (18) 3318. https://doi.org/10.3390/plants12183318.

Li, Q.-Y. et al. (2012): Generic limits of Pyrinae: insights from nuclear ribosomal DNA sequences. Bot. Stud. (Taipei) 53: 151–164.

Liesebach, H. (2014): Sexuelle und asexuelle Fortpflanzungsformen in der Gattung *Sorbus* L. (Rosaceae) – ein Review unter besonderer Berücksichtigung der Apomixis. Mitt. Deutsch. Dendrol. Ges. 99: 55–66.

Linné, C. (1753): Species Plantarum. Tomus I. Stockholm.

Lo, E. Y. Y.; Donoghue, J. M. (2012): Expanded phylogenetic and dating analyses of the apples and their relatives (Pyreae, Rosaceae). Mol. Phyl. & Evol. 63, 2: 230–243.

Lu, L.; Spongberg, S. A. (2003): *Sorbus* Linnaeus. In: Wu, Z. Y.; Raven, P. H. (eds.): Flora of China. Vol. 9: 144–170. Science Press, Beijing; Missouri Bot. Garden Press, St. Louis.

Ma, J.-H et al. (2023): Plastome phylogenomics of *Micromeles* (Rosaceae). Phytotaxa 589, 2.

Mabberley, D. J. (2017): The Plant Book. 4th ed. Univ. Press, Cambridge.

Májovský, J.; Bernátová, D. (2001): New hybridogeneous subgenera of the genus *Sorbus* L. emend. Crantz. Acta Horticulturae et Regiotecturae 4: 20–21.

McAllister, H. (2005): The Genus *Sorbus*. Mountain Ash and other Rowans. Royal Botanical Garden, Kew.

Medicus, L.W. (1802): Forsthandbuch oder Anleitung zur deutschen Forstwissenschaft. Cotta, Tübingen.

Meyer, N. (2016): *Sorbus*. In: Müller, F. et al. (2016): 113–130.

Meyer, N. (2021): *Sorbus*. In: Müller, F. et al. (2021): 441–445.

Meyer, N.; Meierott, L.; Schuwerk, H.; Angerer, O. (2005): Beiträge zur Gattung *Sorbus* in Bayern. Ber. Bayer. Bot. Ges., Sonderbd.: 5–216.

Meyer, N.; Gregor, T.; Meierott, L.; Paule, J. (2014): Diploidy suggests hybrid origin and sexuality in *Sorbus* Subgen. *Tormaria* from Thuringia, Central Germany. Plant Syst. Evol. 300, 10: 2169–2175.

Meszhenska, L.O.; Mezhenskyj, V.M.; Yakubenko, B.Y. (2018): NULESU collections of fruits and ornamental plants. Lira-K, Kiev.

Mezhenskyj, V.M.; Meszhenska, L.O.; Melnichuk, M.D.; Yakubenko, B.Y. (2012): Rare fruit crops: recommendations on breeding and propagation. National Univ. Life and Environmental Sciences of Ukraine and Phytosociocentre, Kiev.

Mosyakin, S.L.; Fedoronchuk, M.M.; McNeill, J. (2022): Proposal to conserve the name *Aria* against *Chamaemespilus* and *Torminalis* (Rosaceae). Taxon 71, 2: 480-481.

Müller, F.; Ritz, Ch. M.; Welk, E.; Wesche, K. (Hrsg.) (2016): Rothmaler – Exkursionsflora von Deutschland. Gefäßpflanzen: Kritischer Ergänzungsband. 11. Aufl. Springer Spektrum, Berlin, Heidelberg.

Müller, F.; Ritz, Ch. M.; Welk, E.; Wesche, K. (Hrsg.) (2021): Rothmaler – Exkursionsflora von Deutschland. Gefäßpflanzen: Grundband. 22. Aufl. Springer Spektrum Berlin, Heidelberg.

Nelson-Jones, E.B.; Briggs, D.; Smith, A.G. (2002): The origin of intermediate species of the genus *Sorbus*. Theor. Appl. Genet. 105: 953–963.

Ohashi, H.; Iketani, H. (1993): New combinations of Asiatic *Aria* (Rosaceae-Maloideae-Sorbeae). J. Jap. Bot. 68: 355–361.

Parolly, G.; Rohwer, J.G. (Hrsg.) (2019): Schmeil/Fitschen – Die Flora Deutschlands und angrenzender Länder. 97. Aufl. Quelle & Meyer, Wiebelsheim.

Persoon, Ch.H. (1806): Synopsis plantarum 2, 1. Cotta, Tübingen.

Phipps, J.B.; Robertson, K.P.; Smith, P.G.; Rohrer, J.R. (1990): A checklist of the subfamily Maloideae (Rosaceae). Can. J. Bot. 68: 2209–2269.

Potter, D. et al. (2007): Phylogeny and classification of Rosaceae. Pl. Syst. Evol. 266: 5–43.

POWO (2017–): Plants of the World Online. Royal Botanic Gardens Kew. http://www.plantsoftheworldonline.org/, Zugriff 27.07.2023.

Qian, Y. et al. (2022): Chromosome counts and karyotype analysis of nine taxa in *Sorbus* subgenera *Aria* and *Micromeles* (Rosaceae) from China. Caryologia 75, 1: 123–130.

Rehder, A. (1927, 1940): Manual of Cultivated Trees and Shrubs Hardy in North America. Ed. 1 (1927), ed. 2 (1940). Macmillan, New York.

Rich, T.C.G.; Houston, L.; Robertson, A.; Proctor, M. (2010): Whitebeams, Rowans and Service Trees of Britain and Ireland. A monograph of British and Irish Sorbus. B.S.B.I. Handbook 14. Bot. Soc. of the British Isles, London.

Ritz, C. (2022): Erläuterungen zu *Sorbus* L. In: Müller, F. et al.: Erläuterungen und Kommentare zu Neuerungen, Abweichungen von der Standardliste der Gefäßpflanzen Deutschlands sowie zu Gattungs- und Artkonzepten in der Rothmaler Exkursionsflora, Auflage 22. Schlechtendalia 39: 198.

Robertson, K.R.; Phipps, J.B.; Rohrer, J.R.; Smith, P.G. (1991): A synopsis of genera in Maloideae (Rosaceae). Systematic Botany 16: 176-394.

Roemer M.J. (1847): Familiarum naturalium regni vegetabilis. Synopses monographicae. III. Rosiflorae. Landes-Industrie-Comptoir, Weimar.

Rohr, J.B. von (1732): Naturgemäße Geschichte der von sich selbst wilde wachsenden Bäume und Sträucher in Teutschland. In: Carlowitz, H.C. von: Sylvicultura Oeconomica oder haußwirthliche Nachricht und Naturmäßige Anweisung zur Wilden Baum-Zucht. 2. Aufl. 3. Teil. Brauns, Leipzig.

Roloff, A.; Bärtels, A. (2018): Flora der Gehölze. 5. Aufl. Ulmer, Stuttgart.

Rushforth, K. (2016): *Sorbus henryi*, Rosaceae. Curtis's Botanical Magazine 33: 67–73.

Rushforth, K. (2018): The Whitebeam problem, and a solution. Phytologia 100, 4: 222–247.

Schmidt, P.A. (2006): Bäume und Sträucher Kaukasiens. Teil 5: Laubgehölze der Familien Ranunculaceae bis Rutaceae. Mitt. Deutsch. Dendrol. Ges. 91: 21–56.

Schmidt, P.A. (2012): Die vom Thüringer Forstbotaniker Johann Matthäus Bechstein (1757–1822) neu beschriebenen Gehölzarten aus heutiger Sicht. Mitt. Deutsch. Dendrol. Ges. 97: 163–182.

Schmidt, P.A. (2013): Einführung in die Gattung *Sorbus* s.l. – Ebereschen, Mehlbeeren, Elsbeere, Speierling. https://ddg-web.de/files/DDG-Veroef-

fentlichungen/Sorbus_JahrestagungDDG_2013_Bamberg.pdf
Schmidt, P.A. (2017, 2023): *Cormus* Spach, Speierling. *Sorbus* L. s. l., Mehlbeere, Zwergmehlbeere, Elsbeere, Eberesche, Vogelbeere. In: Schmidt, P.A.; Schulz, B. (2017): 463, 866–874; (2023): 373, 727–734.
Schmidt, P.A. (2019): *Cormus* Spach, Speierling. *Sorbus* L. s.l., Eberesche, Elsbeere Mehlbeere, Vogelbeere, Zwergmehlbeere. In: Parolly, P.; Rohwer, J. G. (2019): 451–452, 476–479.
Schmidt, P.A. (2020): *Cormus* – Speierling. *Sorbus* – Eberesche, Vogelbeere, Mehlbeere, Zwergmehlbeere, Elsbeere. In: Schmidt, P.A.; Hecker, U. (2020): 205–206, 538–547.
Schmidt, P.A.; Hecker, U. (2020): Die wildwachsenden und kultivierten Laub- und Nadelgehölze Mitteleuropas. Quelle & Meyer, Wiebelsheim.
Schmidt, P.A.; Liesebach, M. (2010): Bericht zur Studienreise der DDG nach Ungarn vom 16. bis 24. Mai 2009. Mitt. Deutsch. Dendrol. Ges. 95: 213–230.
Schmidt, P.A.; Schulz, B. (Hrsg.) (2017, 2023): Fitschen – Gehölzflora. 13. Aufl. 2017, 14. Aufl. 2023. Quelle & Meyer, Wiebelsheim.
Schneider, C.K. (1903): Dendrologische Winterstudien. Fischer, Jena.
Schneider, C.K. (1906): Illustriertes Handbuch der Laubholzkunde. Bd. 1. Fischer, Jena.
Schulz, B. (2020): Gehölzbestimmung im Winter mit Knospen und Zweigen. 3. Aufl. Ulmer, Stuttgart.
Sennikov, A.N. (2014): Proposal to conserve the name *Sorbus* (Rosaceae) with a conserved type. Taxon 63: 1139–1140.
Sennikov, A.N.; Kurtto, A. (2017): A phylogenetic checklist of *Sorbus* s.l. (Rosaceae) in Europe. Memoranda Soc. Fauna Flora Fennica 93: 1–78.
Stace, C. (2019): New Flora of the British Isles. Ed. 4. C & M Floristics, Middlewood Green.
Sun, J. et al. (2018): Phylogeny of Maleae (Rosaceae) Based on Multiple Chloroplast Regions: Implications to Genera Circumscription. BioMed Research International vol. 2018: article 7627191. http://doi.org/10.1155/2018/7627191.
Tang, Ch. et al. (2022): Complete chloroplast genoms of *Sorbus* sensu stricto (Rosaceae): comparative analyses and phylogenetic relationships. BMC Plant Biology 22: 495.
Tison, J.-M.; Foucault, B. (2014): Flora Gallica. Flore de France. Biotope, Mèze.
Ulaszewski, B. et al. (2021): Phylogeny of Maleae (Rosaceae) Based on Chloroplast Genomes Supports the Distinction of *Aria*, *Camaemespilus* and *Torminalis* as Separate Genera, different from Sorbus sp. Plants 10, 11: 2534.
Voss, A. (1922): Wörterbuch der Deutschen Pflanzennamen. 3. Aufl. Ulmer, Stuttgart.
Wenzig, T. (1883): Die Pomaceen. Charaktere der Gattungen und Arten. Jahrb. Königl. Bot. Garten Berlin 2: 287–307.
Xiang, Y. et al. (2016): Evolution of Rosaceae fruit types based on nuclear phylogeny in the context of geological times and genome duplication. Molecular Biology and Evolution 34: 262–281.
Zaikonnikova, T.I. (1976): Notae criticae de generis *Sorbus* L. speciebus nonnullis e Caucaso 2. Novosti system. vysšich rastenij 13: 152–160. (In Russ.)
Zaikonnikova, T.I. (2001): Ryabina – *Sorbus* L. In: Tzvelev, N.N. (Red.): Flora Europae Orientalis. Bd. 10: 535–543. Mir i semia, St. Petersburg. (In Russ.).
Zhang, S.D. et al. (2017): Diversification of Rosaceae since the Late Cretaceous based on plastid phylogenomics. New Phytologist 214: 13–55.

Autor:
Prof. em. Dr. Peter A. Schmidt
OT Sörnewitz
Am Wasserwerk 24
01640 Coswig

Mitt. Deutsch. Dendrol. Ges. (MDDG)	109	69–80	2024	ISBN 978-3-494-01982-6

Die Weißbeerige Mistel (*Viscum album*) und ihre Verbindung mit dem Wirtsbaum – eine beständige Langzeitbeziehung

Max Mylo

Abstract

The mistletoe (*Viscum album*) and its connection with the host tree – a stable long-term relationship

The European mistletoe (*Viscum album*) is probably the most famous plant parasite in Central Europe. The berries of the female plants are eaten and excreted by birds and can adhere to the branches of host trees with the help of the sticky viscine. In the months and years that follow, the mistletoe penetrates the host and forms a physiological and mechanical connection with it, through which it takes up water and dissolved nutrients. This is followed by joint growth with the host, whereby the mistletoe can live for over 20 years. Despite the resulting mechanical stress caused by its own weight and additional wind and snow loads, mechanical failure of mistletoe has never been observed. Current anatomical-morphological and biomechanical studies of the connection have shown that this is ensured due to several factors: The penetration organ of mistletoe, the so-called haustorium, forms several sinkers, whereby the failure of a single sinker does not yet lead to the failure of the entire structure. In addition, chemical (lignin) and cellular (cell wall thickness) gradients are formed at the cellular level, which weaken the mechanical transition from the stiff, lignified host to the softer, non-lignified mistletoe tissue, so that local stress peaks can be minimized. This enables mistletoe to maintain a damage-resistant connection to the host throughout its life cycle.

Zusammenfassung

Die Weißbeerige Mistel (*Viscum album*) ist der wohl prominenteste Pflanzenparasit in Mitteleuropa. Die Beeren der weiblichen Pflanzen werden von Vögeln gegessen und ausgeschieden und können mithilfe des kleberartigen Viszin an den Ästen von Wirtsbäumen haften. In den folgenden Monaten und Jahren dringt die Mistel in den Wirt ein und bildet eine physiologische und mechanische Verbindung mit diesem aus, über die sie Wasser und gelöste Nährstoffe aufnimmt. Anschließend folgt ein gemeinsames Wachstum mit dem Wirt, wobei die Mistel über 20 Jahre alt werden kann. Trotz der dadurch entstehenden mechanischen Belastungen durch das Eigengewicht und zusätzliche Wind- und Schneelasten, wurde ein mechanisches Versagen der Mistel nie beobachtet. Aktuelle anatomisch-morphologische und biomechanische Untersuchungen der Verbindung konnten zeigen, dass dies aufgrund mehrerer Faktoren gewährleistet ist: Das Penetrationsorgan der Mistel, das sogenannte Haustorium, bildet mehrere Senker aus, wobei das Versagen eines einzelnen Senkers noch nicht zum Versagen der Gesamtstruktur führt. Zudem bildet sich auf zellulärer Ebene chemische (Lignin) und zelluläre (Zellwandstärke) Gradienten aus, die den mechanischen Übergang vom steifen, verholzten Wirt zum weicheren, unverholzten Mistelgewebe abschwächen, sodass lokale Spannungsspitzen minimiert werden können. Dies ermöglicht der Mistel, über ihren gesamten Lebenszyklus eine schadensresistente Verbindung zum Wirt zu sichern.

Parasitäre (Gefäß-)Pflanzen

Eine parasitische Pflanze ist eine Pflanze, die in das lebende Gewebe einer anderen Pflanze, den Wirt, eindringt, um Wasser und Nährstoffe für ihr eigenes Überleben und Wachstum zu erhalten (Heide-Jørgensen 2008). Parasitäre Gefäßpflanzen machen weltweit etwa ein Prozent aller

Blütenpflanzen aus und haben sich in zwölf unabhängigen Fällen entwickelt (Nickrent 2020) und können eine große Vielfalt an morphologischen, anatomischen und physiologischen Merkmalen aufweisen (Teixeira-Costa & Davis 2021). Das gemeinsame Merkmal aller parasitischen Pflanzen stellt dabei das Haustorium dar. Dieses ermöglicht die Anheftung und das Eindringen des Parasiten in das Gewebe des Wirtes und verbindet ihn mit dessen Gefäßsystem, wodurch der Austausch von Wasser, Nährstoffen, Proteinen, Nukleotiden und Pathogenen zwischen Parasit und Wirt ermöglicht wird (Heide-Jørgensen 2008, Yoshida et al. 2016). Im Laufe der Entwicklung etabliert das Haustorium eine dauerhafte physiologische und mechanische Verbindung zwischen Parasit und Wirt und beeinflusst so die weitere Entwicklung des Parasiten (Heide-Jørgensen 2008, Mylo et al. 2021). Das Haustorium entwickelt sich meist kurz nach der Keimung und kann autonom oder als Reaktion auf Wirtssignale entstehen (Joel et al. 2013). Es werden zwei Arten von Haustorien unterschieden, das laterale Haustorium und das terminale Haustorium (Yoshida et al. 2016). Das laterale Haustorium entwickelt sich seitlich aus dem Stamm oder den Wurzeln und kommt bei fakultativen und in einigen Fällen auch bei obligaten Parasiten vor. Fakultative Parasiten können ihre Entwicklung mit oder ohne Wirt abschließen, während obligate Parasiten ständig auf einen Wirt angewiesen sind und ohne ihn nicht überleben können. Das terminale Haustorium wird nur an der Spitze der Wurzel oder des Hypokotyls gebildet und kommt nur bei obligaten Parasiten vor. Das Haustorium vereint morphologische und funktionelle Merkmale von Wurzel und Spross und kann daher als Wurzel-Spross-Mosaik betrachtet werden (Teixeira-Costa 2021).

Der Lebenszyklus parasitischer Pflanzen kann in mehrere Phasen unterteilt werden (Teixeira-Costa & Davis 2021): Die erste Phase beginnt vor der Anheftung an den Wirt, umfasst die Keimung des Samens und endet mit der Lokalisierung des Wirts. Die zweite Phase umfasst den Prozess der Haustoriumentwicklung, bestehend aus der Initiierungsphase, die zur Bildung und möglichen Anheftung des Haustoriums an die Wirtsoberfläche führt. Darauf folgt die Penetrationsphase, in der das Haustorium mechanisch und enzymatisch die Epidermis des Wirtes durchdringt (Thoday 1951, Nagar et al. 1984). Auf die Penetrationsphase folgt die konduktive oder leitende Phase (Teixeira-Costa & Davis 2021). In dieser Phase wird eine Verbindung zum Gefäßsystem des Wirtes hergestellt. Die finale Phase folgt auf die Etablierung der Gefäßverbindungen zwischen Parasit und Wirt und umfasst die weitere Entwicklung der Pflanze sowie die Fortpflanzung, wie z. B. die Blüte und die Samenausbreitung. Die Dauer der Phasen und das Vorhandensein oder Fehlen bestimmter Phasen können je nach Funktionalität der parasitischen Pflanzenart variieren.

Aufgrund ihrer Vielfalt können parasitische Pflanzen nach verschiedenen Kriterien klassifiziert werden (Heide-Jørgensen 2008). Eines der wichtigsten physiologischen Unterscheidungsmerkmale ist die Photosyntheserate, die angibt, ob die Pflanze in der Lage ist, Photosynthese zu betreiben und sich teilweise selbst mit Nährstoffen und Photoassimilaten zu versorgen, oder ob sie vollständig vom Wirt abhängig ist. Diese Eigenschaft beeinflusst viele Aspekte des Lebenszyklus, der Keimung, der Entwicklung und der Anheftung an den Wirt (Heide-Jørgensen 2008, Teixeira-Costa & Davis 2021). Abhängig von ihrer Photosyntheserate können parasitische Pflanzen in Hemi- und Holoparasiten eingeteilt werden. Holoparasiten besitzen nicht genügend Chlorophyll, um ausreichend Photosynthese zu betreiben und Photoassimilate zu produzieren. Diese Pflanzen sind vollständig von der Versorgung durch den Wirt abhängig (Westwood et al. 2010) und beziehen alle Nährstoffe, Mineralien und Photoassimilate vom Wirt. Häufig sind Holoparasiten nicht nur mit den Xylemgefäßen des Wirtes verbunden, sondern gelegentlich auch mit den Phloemgefäßen, um zusätzlich mit Photoassimilaten versorgt zu werden. Da Holoparasiten ohne Verbindung zum Wirt nicht überleben können, hängen ihr Lebenszyklus und ihre Entwicklung stark von dieser Verbindung ab (Heide-Jørgensen 2008). Daher koordinieren viele Holoparasiten ihre Keimung nur in Anwesenheit einer nahen Wirtspflanze, um ihre Chancen auf eine erfolgreiche Anheftung an den Wirt zu erhöhen, da sie nach der Keimung absterben würden, sobald die Nährstoffe aufgebraucht sind (Heide-Jørgensen 2008, Yoshida et al. 2016). Hemiparasiten sind grüne Pflanzen, die ihre Fähigkeit zur Photosynthese beibehalten können und sich daher teilweise selbst mit Photoassimilaten versorgen können, wenn auch nicht immer in ausreichenden Mengen. Sie beziehen Nährstoffe hauptsächlich über die Verbindung ihres Haustoriums mit den Xylemgefäßen des Wirtes (Heide-Jørgensen

2008, Teixeira-Costa & Davis 2021). In einigen Entwicklungsstadien können sie sogar unabhängig vom Wirt wachsen und ohne Wirt überleben.

Ein weiteres Unterscheidungsmerkmal ist die spezifische Anheftungsstelle, an der sich der Parasit an den Wirt heftet und von wo aus er in den Wirt eindringt und eine Verbindung herstellt (Teixeira-Costa & Davis 2021). Es kann zwischen Wurzel- und Stammparasiten unterschieden werden (Heide-Jørgensen 2008). Weitere Unterscheidungsmerkmale können die Klettereigenschaften der parasitischen Pflanze sein, die sich nicht nur am Ort der Keimung am Wirt festsetzt, sondern auch am Stamm nach oben wächst und dort eine Verbindung zum Wirt herstellt. Darüber hinaus kann die Morphologie des Haustoriums, ob es sich terminal oder lateral entwickelt, ein weiteres Unterscheidungsmerkmal sein (Schrenk 1894). Klassischerweise werden die Photosyntheserate und die Anheftungsstelle als die beiden gebräuchlichsten Klassifizierungsmerkmale verwendet und die parasitischen Pflanzen in vier Gruppen eingeteilt: Holo-Stammparasiten, Hemi-Stammparasiten, Holo-Wurzelparasiten und Hemi-Wurzelparasiten (Heide-Jørgensen 2008). Diese Einteilung stellt jedoch eine Vereinfachung dar und berücksichtigt nicht die vielen verschiedenen Aspekte der parasitären Entwicklung wie Funktionalität, Morphologie des Haustoriums und andere Unterscheidungen (Teixeira-Costa & Davis 2021).

In der Arbeit von Teixeira-Costa & Davis (2021) wird eine Klassifizierung vorgeschlagen, die sich nicht ausschließlich auf die photosynthetische Aktivität konzentriert, sondern Aspekte wie Funktionalität, Evolution und Lebensweise der parasitischen Pflanzen sowie den allgemeinen Prozess berücksichtigt. Dazu werden fünf verschiedene Gruppen klassifiziert: Euphytoide Parasiten keimen autonom aus und zeichnen sich in jungen Stadien durch ein unabhängiges Wachstum aus. Sie bilden seitliche Haustorien, die sich an den Wurzeln des Wirtes festsetzen und betreiben Photosynthese. Endoparasiten sind auf einen vegetativen Körper reduziert, der auf einen myzelartigen Zellstrang in der Wurzel oder im Stamm reduziert ist. Die einzigen nach außen sichtbaren Organe dieser Parasiten sind ihre Blütenstände mit Blüten und Früchten. Parasitische Reben keimen selbstständig im Boden und bilden für kurze Zeit ein Wurzelsystem. Auf der Suche nach einem Wirt klettert der Parasit am Stamm des Wirtes empor und bildet mehrere seitliche Haustorien, wobei die Anhaftung an den arealen Organen des Wirts geschieht. Obligate Wurzelparasiten wachsen unterirdisch und die Keimung erfolgt durch chemische Signale des Wirtes. Sie sind von Anfang an stark vom Wirt abhängig und verbinden sich, wie der Name bereits erahnen lässt, mit den Wurzeln des Wirtes, wobei sie selber kein Chlorophyll besitzen. Mistelpflanzen keimen autonom direkt an den arealen Ästen und Stämmen des Wirtes, sind photosynthetisch aktiv und bilden aus der Hypokotylspitze des Embryos ein terminales Haustorium (Aukema 2003, Glatzel & Geils 2009, Heide-Jørgensen 2008), was ihnen eine stärkere mechanische Verbindung mit dem Stamm des Wirtes ermöglicht. Ein bekanntes Beispiel für diese Gruppe ist die Europäische oder Weiße Mistel (*Viscum album*). Im deutschen Sprachgebrauch wird umgangssprachlich unter dem Begriff „Mistel“ meist die Weißbeerige Mistel verstanden, weshalb im Folgenden für die oben beschriebene funktionelle Gruppe der Ausdruck „Mistelartige“ verwendet wird.

Mistelartige und die Weißbeerige Mistel

Der Begriff „Mistelartige“ umfasst etwa 1650 Arten aus drei Familien: Santalaceae (Sandelholzgewächse oder Leinblattgewächse), Loranthaceae (Riemenblumengewächse) und Misodendraceae (Misodendrongewächse) (Glatzel et al. 2017, Teixeira-Costa & Davis 2021). In Europa sind folgende Mistelarten heimisch: die Europäische Eichenmistel (*Loranthus europaeus*), die Rotbeerige Mistel (*Viscum cruciatum*) und die Weißbeerige Mistel (*V. album*) (Nierhaus-Wunderwald & Lawrenz 1997). Letztere kommt in Europa auf 40 verschiedenen Baumarten vor und wird aufgrund ihrer Wirtsspezifität und leichter morphologischer Unterschiede in vier Unterarten unterteilt: die Tannenmistel (*V. album* subsp. *abies*), die auf *Abies*-Arten wächst; die Kiefernmistel (*V. album* subsp. *austracium*), die auf Kiefernarten und gelegentlich auf Fichten wächst; die Aleppokiefernmistel (*V. album* subsp. *creticum*), die ausschließlich auf Aleppokiefern (*Pinus halepensis*) und auf Kreta vorkommt; und die Laubholzmistel (*V. album* subsp. *album*), die ein breites Spektrum von Laubhölzern als Wirtspflanzen nutzt und die im Mittelpunkt der in diesem Beitrag beschriebenen

Forschungsarbeiten steht (Abb. 1A). Ihr Verbreitungsgebiet erstreckt sich von Skandinavien im Norden bis Nordwestafrika im Süden (GRUNDMANN et al. 2014).

Viscum album ist ein epiphytischer Hemiparasit, der photosynthetisch aktiv ist und während seines gesamten Lebenszyklus als immergrüner Strauch mit ledrigen Blättern und runden Zweigen auf dem Wirtsbaum wächst und dabei ein Alter von über 20 Jahren und einen Durchmesser von bis zu 150 cm erreichen kann (ZUBER 2004; Abb. 1B). Die Weißbeerige Mistel wird durch Insekten bestäubt (GRUNDMANN et al. 2014, ZUBER, 2004) und ist zweihäusig, wobei männliche und weibliche Blüten getrennt auf verschiedenen Pflanzen wachsen (GRUNDMANN et al. 2014) und weibliche Pflanzen mehr als dreiviertel aller Individuen ausmachen können (MYLO et al. 2021). Das Verbindungsorgan zwischen Mistel und Wirt ist wie bei allen parasitischen Pflanzen das Haustorium, was sich mit den Xylemgefäßen des Wirtsbaumes verbindet und die Mistel mit Wasser und gelösten Mineralien versorgt (Abb. 1C). Grob lässt sich dieses in exophytische und endophytische Teile unterteilen (YOSHIDA et al. 2016, ZUBER 2004). Das exophytische Haustorium befindet sich außerhalb des Wirtsbaumes und sorgt für die Bildung der äußeren Blatt- und Zweighülle, die für die Photosynthese und Fortpflanzung notwendig ist. Das endophytische Haustorium befindet sich im Inneren des Wirtsbaumes und stellt die Verbindung zu den Xylemgefäßen des Wirtes her.

Die Mistel bildet im Herbst zwischen November und Dezember weiße Scheinbeeren, die einen Samen mit ein bis vier Embryonen enthalten (BECKER 1986). Die weiße Farbe der Beerenhaut schützt die Beeren vor Erwärmung und verhindert eine vorzeitige Keimung der Samen (ZUBER 2004, GRUNDMANN et al. 2014). Das Mesokarp der Beere besteht aus zwei Schichten viskoser Schleimstoffe, wobei die äußere Schicht zellulosehaltig und verdaulich ist, während die innere Schicht pektinhaltig und unverdaulich ist (GRAZI & URECH 1981, GRUNDMANN et al. 2014). Die Verbreitung der Mistelsamen erfolgt ausschließlich durch Vögel (NIERHAUS-WUNDERWALD & LAWRENZ 1997, AUKEMA 2003, GRUNDMANN et al. 2014). Einige Vogelarten wie die Misteldrossel und die Wacholderdrossel sind auf die Mistelbeeren als wichtige Nahrungsquelle im Winter angewiesen, da das Nahrungsangebot in dieser Zeit begrenzt ist, wodurch eine für beide Seiten vorteilhafte Beziehung entsteht. Die Vögel fressen die Beeren und verbreiten die Mistelsamen, indem sie sie an Zweigen oder anderen Stellen ausscheiden. Die Samen bleiben dabei unversehrt und sind von einer klebrigen, zähen pektinhaltigen Viszin-Schicht umgeben, die dafür sorgt, dass sie an den Zweigen haften bleiben. Einige Vogelarten, wie z. B. die Mönchsgrasmücke, fressen nur die äußere Fruchtwand und den süßen Schleim und scheiden das restliche Viszin mit den

Abb. 1: A: Mit Weißbeerigen Misteln (*Viscum album* subsp. *album*) bewachsene Wirtsbäume in der Nähe von Malsch (Baden-Württemberg). **B:** Nahaufnahme einer adulten Mistel und des Wirtszweiges auf dem sie wächst. **C:** Angesägte Anbindestelle einer Mistel-Wirt-Verbindung. Das leicht grünliche Haustorium der Mistel ist erkennbar.

Samen direkt an den Zweigen der Nahrungsquelle aus (Grundmann et al. 2014). Dieser Vorgang unterstützt die Lokalisierung des Wirtes für das zukünftige Wachstum der Mistel.

Es dauert bis zu fünf Jahre, bis die Mistel fortpflanzungsfähig ist und Samen verbreiten kann (Zuber 2004). Der Lebenszyklus der Mistel kann in jährliche Entwicklungsphasen eingeteilt werden: Nachdem die Vögel die Samen auf den Zweigen des Wirtsbaumes abgelegt haben, beginnt die Entwicklung. Die Samen haften zunächst an den Wirtsästen, da das umgebende klebrige, pektinhaltige Viszin noch zähflüssig und „schleimig" ist, bevor es mit der Zeit aushärtet (Aukema 2003, Grundmann et al. 2014). Mit steigenden Temperaturen und ausreichend Licht ab März beginnen die Samen auszukeimen (Nierhaus-Wunderwald & Lawrenz 1997, Zuber 2004). Das gekeimte Hypokotyl krümmt sich aufgrund negativ phototroper und geotroper Mechanismen in Richtung Wirtsoberfläche, bis es mit dem Wirt in Kontakt kommt (Grundmann et al. 2014). Danach beginnt die Initiierungsphase, in der sich an der Spitze des Hypokotyls eine glockenförmige Haftscheibe oder Holdfast bildet, welche eine viskose Flüssigkeit zwischen sich und der Wirtsoberfläche absondert, um die Haftung zu verstärken (Thoday 1951). Aus dem Zentrum der Haftscheibe entwickelt sich das meristematische Gewebe des primären Haustoriums, das später unter Bildung eines primären Senkers in den Wirt eindringt (Becker 1986). Vor dem Eindringen in den Wirt werden die obersten Rindenschichten in der Mitte der Haftscheibe mechanisch aufgerissen (Thoday 1951, Grundmann et al. 2014). Gleichzeitig werden die Mittellamellen und damit die Zellwände der äußersten Rindenschichten unter dem primären Haustorium enzymatisch aufgelöst, was es dem sich differenzierenden primären Haustorium ermöglicht, immer tiefer in die Rindenschichten einzudringen, bis es das Wirtskambium erreicht (Grundmann et al. 2014). In dieser Phase wird die junge Mistel bereits durch Osmose mit Wasser und Nährsalzen aus dem Wirt versorgt (Thoday 1951, Grundmann et al. 2014). Nach der Bildung des primären Haustoriums und dem Eindringen in das Wirtsgewebe stellt die Pflanze ihr Wachstum ein und überwintert. Aktuelle, bislang noch unveröffentlichte Forschungsergebnisse der Plant Biomechanics Group der Universität Freiburg deuten darauf hin, dass sich bereits in diesem Stadium kortikale Stränge und daraus sekundäre Senker ausbilden. Kortikale Stränge verlaufen entlang der Wirtsäste und ermöglichen das laterale Auswachsen von neuen Trieben und somit eine vegetative Vermehrung im und entlang des Wirtsbaumes.

Im zweiten Jahr entwickelt sich äußerlich das erste Blattpaar, die Keimblätter (Nierhaus-Wunderwald & Lawrenz 1997). Im Wirt dringt der primäre Senker bis zum Wirtskambium vor und das weitere Wachstum des Senkers wird durch eine sekundäre Teilungszone am Wirtskambium fortgesetzt. Im weiteren Verlauf wird der Senker von neu differenziertem sekundärem Xylemgewebe umgeben und wächst bzw. verlängert sich mit diesem, wobei das endophytische haustoriale Mistelgewebe sein Wachstum mit dem Dickenwachstum des Wirtsbaumes synchronisiert (Smith & Gledhill 1983, Zuber 2004, Grundmann et al. 2014). Das Wirtsgewebe reagiert mit hypertrophem Wachstum, das unterschiedlich stark ausfallen kann, an der Eintrittsstelle des parasitären Gewebes (Smith & Gledhill 1983).

Im dritten Jahr bildet sich ein weiteres Blattpaar am zweiten Nodium des Sprosses (Nierhaus-Wunderwald & Lawrenz 1997), das synchronisierte Wachstum von Primärspross und Wirt setzt sich fort und es bilden sich vermehrt kortikale Stränge mit Sekundärsenkern, die parallel oder senkrecht zur Achse des Wirtsastes verlaufen. Die Verbindung der Wasserleitungssysteme erfolgt durch Einwachsen der Misteltracheiden in die Tracheen und Tracheiden des Wirtsbaumes, wobei die Zellwände der sich verbindenden Tracheiden aufgelöst werden (Luther et al. 1987, Nierhaus-Wunderwald & Lawrenz 1997).

Im vierten Jahr entwickelt der exophytische Spross seine erste dichasiale Gabelsprossverzweigung (Nierhaus-Wunderwald & Lawrenz 1997). Das synchronisierte Wachstum von Primär- und Sekundärspross im Wirt setzt sich fort, ebenso das Wachstum und die Ausdehnung der Rindenstränge und der Sekundärsprösslinge, was zu einer weiteren Zunahme der Wirtsasthypertrophie führt.

Ab dem fünften Jahr setzt sich das exophytische Astwachstum um eine Blattverzweigung fort (Nierhaus-Wunderwald & Lawrenz 1997). In dieser Phase bilden sich neue Äste und Blätter, jedoch immer nur in den Achseln der Vorjahrestriebe. Von nun an bildet sich eine dichasiale Verzweigung pro Jahr, was die Altersbestimmung der Weißbeerigen Misteln einfach gestaltet. Von Februar bis April bilden sich die ersten männlichen und weiblichen Blüten und im November reifen die ersten Beeren (Zuber 2004). Das synchronisierte Wachstum der primären und sekundären Wirtstriebe setzt sich fort, wobei das Rindengewebe in Längsrichtung des Zweiges wächst und miteinander verschmilzt, was zu einer weiteren Zunahme der Wirtsasthypertrophie führt (Smith & Gledhill 1983).

Morphometrie, Morphologie und Anatomie der Mistel

In einer wissenschaftlichen Arbeit aus dem Jahr 2021 untersuchten Mylo et al. die Morphometrie, Morphologie und Anatomie von 130 Mistelproben (*V. album* subsp. *album*). Alle analysierten Misteln wurden von einer Gelben Rosskastanie (*Aesculus flava*) im Botanischen Garten der Universität Freiburg geerntet (Abb. 2A) und waren zwischen 3 und 21 Jahre alt, wobei den Pflanzen erst ab dem sechsten Jahr ein Geschlecht zugeordnet werden konnte, die anderen 15 Proben wurden als „juvenil" eingestuft. Von den bereits geschlechtsreifen Pflanzen waren 88 weiblich (76,5 %) und 27 männlich (23,5 %).

Von allen geernteten Proben wurden der Durchmesser des Wirtsastes an den nicht hypertrophen Stellen und an der Verwachsungsstelle sowie die Länge der hypertrophen Reaktion entlang des Wirtsastes gemessen. Es zeigte sich, dass das hypertrophe Wachstum den ursprünglichen Durchmesser des Wirtsastes im Durchschnitt um mehr als 40 % vergrößerte und dass dies nicht vom Alter der Probe abhängig war. Die Hypertrophie reichte von 1,9 cm bis 35,0 cm entlang des Astes. Der Durchmesser der Verwachsungsstelle der Misteln am Wirt wurde ebenfalls gemessen und zeigte eine lineare Zunahme mit dem Alter und lag zwischen 2,7 mm und 56,9 mm (Abb. 2B).

Neben dem exophytischen Wachstum der Mistel stand insbesondere das endophytische Wachstum des Haustoriums im Mittelpunkt der Untersuchungen. Zu diesem Zweck wurden computertomographische Aufnahmen (kurz CT-Aufnahmen) von ausgewählten Mistelwirtsproben angefertigt. Bei diesem bildgebenden Verfahren handelt es sich um eine spezielle 3D-Röntgenuntersuchung, bei der die Probe vor einem Röntgenstrahl rotiert. Hinter der Probe befindet sich ein Detektor, der die durchdringende Röntgenstrahlung erfasst. Je nach Dichte des Gewebes trifft unterschiedlich viel Strahlung auf den Detektor, was in verschiedenen Graustufen dargestellt wird. Mit Hilfe von Rekonstruktionsberechnungen kann aus den aufgenommenen 2D-Bildern der Probe in verschiedenen Orientierungen eine hochaufgelöste 3D-Darstellung erzeugt werden. Dies ermöglicht

Abbild. 2: A: Ernte der Mistelproben für morphologisch-anatomische und biomechanische Versuche an einer Gelben Rosskastanie (*Aesculus flava*) im Botanischen Garten Freiburg. **B:** Fünfjährige Mistelprobe mit Kennzeichnung der gemessenen morphometrischen Größen. B verändert nach Mylo et al. 2021.

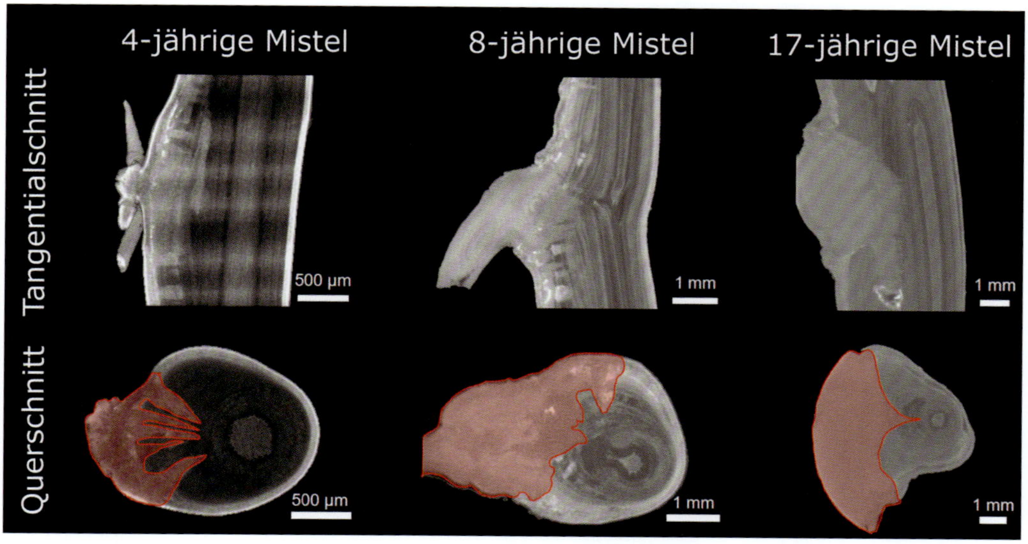

Abb. 3: Computertomographische Aufnahmen von Mistel-Wirt Verbindungen verschiedener Altersgruppen im Tangentialschnitt (obere Reihe) und im Querschnitt (untere Reihe) mit dem Mistelgewebe in rot eingefärbt. Verändert nach Mylo et al. 2021.

im Falle der Mistelproben eine dreidimensionale Darstellung des Mistelgewebes im Wirtsbaum (zur Methodik siehe auch Teixeira-Costa & Ceccantini 2016 und Hesse et al. 2019).

Um verschiedene Altersstrukturen des Mistelwachstums abzudecken, wurden eine vierjährige („junge"), eine achtjährige („mittelalte") und eine siebzehnjährige („alte") Mistel mittels CT-Aufnahmen untersucht. Die Visualisierung der Haustorien zeigte, dass bei der jungen Mistel etwa ein halbes Dutzend relativ schmaler, keilförmiger Senker in den Wirt eingewachsen sind. Dadurch vergrößert die Mistel ihre Kontaktfläche zum Wirt, was neben einer erhöhten Wasseraufnahme auch eine bessere mechanische Verankerung ermöglicht. Im Laufe des gemeinsamen Wachstums von Mistel und Wirt kommt es zu einem Zusammenwachsen der einzelnen Senker (mittelalte Mistel), bis sich in späteren Stadien ein großer Senker im Bereich der Verankerungsstelle gebildet hat (Abb. 3). Gleichzeitig findet in den weiter von der Ansatzstelle entfernten Bereichen ein stärkeres haustoriales Wachstum statt. Das Zusammenwachsen der einzelnen Senker kann dadurch erklärt werden, dass während des sekundären Dickenwachstums des Wirtes innere Spannungen entstehen, die die kleinen Senker zerquetschen würden, wenn sie nicht zusammenwachsen und somit mehr mechanischen Widerstand leisten könnten.

Zur anschaulicheren visuellen Darstellung von CT-Aufnahmen können einzelne Gewebe segmentiert und mit Falschfarben dargestellt werden, so dass eine übersichtliche 3D-Darstellung erzeugt werden kann. Dazu müssen die einzelnen Bereiche der 2D-Aufnahmen manuell oder mittels (semi-) automatischer Algorithmen den jeweiligen Geweben zugeordnet werden. Bei den Mistel-Wirt-Proben stellt sich hierbei das Problem, dass die Rinde des Wirtes eine nahezu identische Dichte wie das endophytische Haustorium der Mistel besitzt, wodurch diese in den CT-Aufnahmen kaum unterscheidbar sind. Um dennoch eine Segmentierung vornehmen zu können, wurde die Probe der vierjährigen Mistel nach dem Scannen in millimeterdünne Scheiben geschnitten (entlang des Wirtsastes) und unter dem Binokular fotografiert (Querschnitt des Wirtsastes). Diese Aufnahmen, in denen die grünen, chlorophyllhaltigen Senker vom braunen Rindengewebe des Wirtes unterschieden werden können, dienten als Vorlage für die Gewebesegmentierung (Abb. 4A). Die resultierende Visualisierung zeigt nicht nur die Lage und Größe der Senker entlang der Verwachsungsstelle, sondern verdeutlicht auch, dass die Mistel in die-

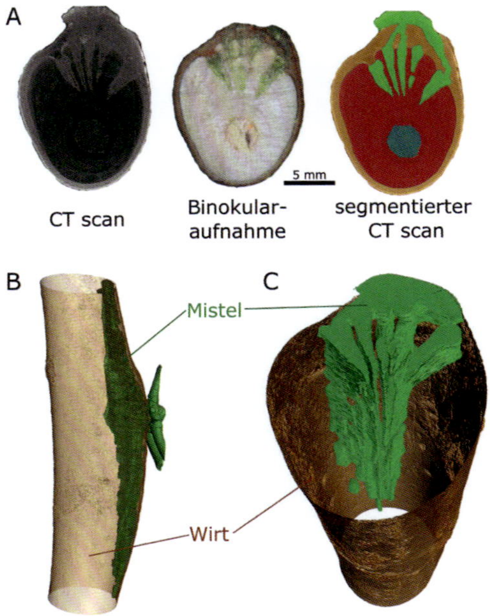

Abb. 4: A: Querschnitt der 4-jährigen Mistelprobe als computertomographischer Scan (CT-Scan), in einer Binokularaufnahme und als CT-Scan mit Gewebesegmentierung (Mistel in grün, Wirtsrinde in braun, Wirtsholz in rot und Wirtsmark in grau). **B:** 3D-Darstellung der segmentierten CT-Aufnahme in Seitansicht. **C:** Ansicht der halbierten Probe mit Sicht auf die Mistel-Wirt Anbindestelle. Verändert nach Mylo et al. 2021.

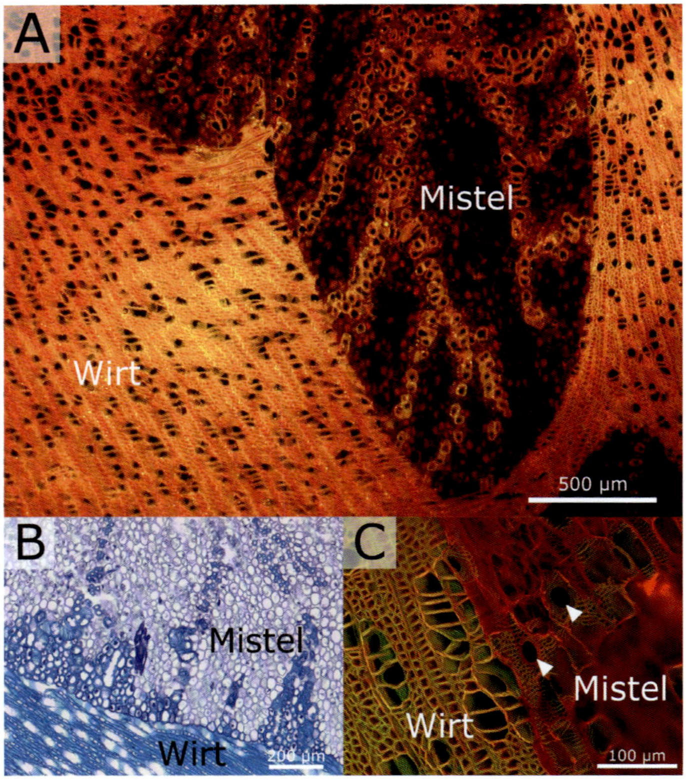

Abb. 5: Histologische Aufnahmen der Mistel-Wirt Verbindung, gefärbt mit Acridinorange (A und C) und Toluidinblau (B). **A:** Unverholzter Mistelsenker in Wirtsholz. **B:** Grenzfläche zwischen Mistel und Wirt mit Zellwand-Gradient. **C:** Detailaufnahme der Grenzfläche mit Perforationsplatten (Pfeil) zur Wasser- und Nährstoffaufnahme der Mistel. Verändert nach Mylo et al. 2021.

sem jungen Stadium bereits mehrere Zentimeter entlang des Wirtsastes gewachsen ist und über ein etabliertes Netzwerk kortikaler Stränge verfügt, welches es ihr ermöglicht, erneut auszutreiben und sich vegetativ im Wirtsbaum zu vermehren (Abb. 4B und C).

CT-Scans sind zwar in der Lage, Strukturen hochaufgelöst darzustellen (in den vorgestellten Untersuchungen bis zu einer Auflösung von 10 µm), eine zelluläre Analyse der beteiligten Gewebe ist jedoch nicht möglich. Daher wurden von Mylo et al. (2021) anatomische und histologische Dünnschnitte von Mistelwirtsproben angefertigt, gefärbt und mikroskopisch analysiert. Anhand der mit Acridinorange gefärbten Schnitte konnte gezeigt werden, dass es in allen Altersstadien eine klare zelluläre Grenze zwischen Mistel- und Wirtsgewebe gibt (Abb. 5A). Entlang dieser Linie konnten keine zerstörten Wirtszellen beobachtet werden, was die Hypothese stützt, dass beim Eindringen der Mistel in das Wirtsholz die Mittellamellen der Zellen aufgeweicht werden, wodurch die Zellen des Haustoriums durch diese hindurchwachsen können. Die Leitgewebe verlaufen in der Mitte der Mistelsenker und bilden Ausläufer, die zur Grenzfläche auswachsen. Dort befinden sich Zellen mit sogenannten Perforationsplatten, an denen besonders große Mengen an Wasser und gelösten Nährstoffen vom Wirt auf die Mistel übertragen werden können (Abb. 5C).

Weitere histologische Aufnahmen von mit Phloroglucin gefärbten Schnitten zeigten chemische Gradienten entlang der Grenzfläche zwischen Mistel und Wirt. Die Mistelsenker bestehen überwiegend aus unverholztem, parenchymatösem Gewebe. Entlang der Grenzfläche zeigt sich jedoch eine Verholzung des Mistelgewebes, die zum Inneren des Senkers hin immer schwächer wird. Dies ermöglicht einen mechanisch weniger abrupten Übergang vom steifen Holz des Wirtes zum deutlich weniger steifen Gewebe der Mistelsenker. Ein ähnlicher Gradient wurde bei mit Toluidinblau gefärbten Schnitten auf zellulärer Ebene gefunden, wobei entlang der Grenzfläche in den Senkern mehr Zellen mit verstärkten Zellwänden gefunden wurden, während diese zum Inneren der Senker hin deutlich abnahmen (Abb. 5B). Beide Gradienten tragen zur besseren Verteilung mechanischer Spannungen bei, die auf die Mistel einwirken (z. B. durch Wind- oder Vogeleinwirkung), und verhindern so lokale Spannungsspitzen, die zum Versagen der Grenzfläche führen könnten.

Biomechanik der Mistel-Wirt Anbindung

In einer auf den morphologisch-anatomischen Analysen aufbauenden Arbeit untersuchten Mylo et al. (2022) die mechanische Verankerung der Mistel im Wirt, was nach Kenntnis des Autors die erste mechanische Analyse pflanzlicher Parasit-Wirt-Interaktionen überhaupt darstellt. Die Weißbeerige Mistel stellt hierfür ein besonders geeignetes Untersuchungsobjekt dar, da aufgrund ihrer Größe von bis zu zwei Metern Durchmesser und dem damit verbundenen Gewicht große mechanische Kräfte auf die Verbindung zum Wirtsbaum wirken. Diese können durch zusätzliche Wind- und Schneelasten noch erhöht werden. Gleichzeitig ist ein rein mechanisches Versagen der Mistel-Wirt-Interaktion nie beschrieben und auch vom Autor nicht beobachtet worden, was darauf hindeutet, dass die Mistel während ihrer bis zu über 20 Jahre dauernden Lebenszeit nie ein Stadium durchläuft, in dem ihre Verankerung anfällig für mechanische Belastungen ist. Dies wird noch bedeutsamer, wenn man die internen Anpassungen des Mistelgewebes während des gemeinsamen und gleichzeitig konkurrierenden Wachstums mit dem Wirt berücksichtigt (siehe oben).

Um die mechanische Verbindung zwischen Mistel und Wirt in verschiedenen Altersstadien zu charakterisieren, wurden Zugversuche durchgeführt. Dabei wurde mit den unteren Backen der Prüfmaschine der Wirtszweig und mit den oberen Backen der Haupttrieb der Mistel eingespannt.

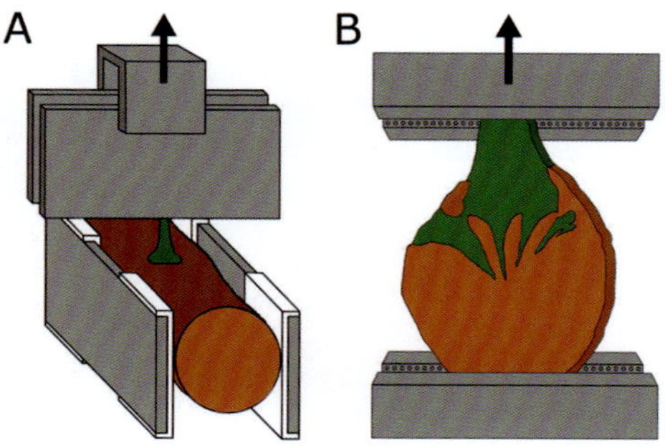

Abb. 6: Schematische Darstellung der Zugversuche an den Mistel-Wirtsverbindungen von intakten Proben (**A**) und gesägten Proben (**B**). Verändert nach Mylo et al. 2022.

Bei Misteln mit einem gerade austreibenden Trieb war dies ohne weitere Probenpräparation möglich (Abb. 6A). Vor allem bei älteren Misteln war die Ansatzstelle jedoch häufig so stark verwachsen, dass ein Einklemmen nicht möglich war. Bei diesen Proben wurde eine Scheibe (etwa 6 Millimeter dick) aus dem Bereich der Anbindungsstelle herausgesägt und für den Zugversuch verwendet (Abb. 6B). Der Zugversuch wurde mit konstanter Dehngeschwindigkeit an der Probe durchgeführt und bei Bruch gestoppt. Bei den herausgesägten Proben wurde der Zugversuch zusätzlich mit einer Kamera gefilmt. Mit Hilfe der digitalen Bildkorrelation, einer Technik zur berührungslosen Verschiebungs- und Dehnungsanalyse, konnte damit das Versagensverhalten entlang der Mistel-Wirt Grenzfläche räumlich hochaufgelöst dargestellt werden. Die resultierenden Bruchbereiche wurden digitalmikroskopisch aufgenommen und die Bruchfläche bestimmt. Zusammen mit den aufgezeichneten Kraft-Weg-Kurven aus dem Zugversuch und dem ermittelten Alter der Proben konnte so eine detaillierte mechanische Charakterisierung der Verankerung der Mistel im Wirtsholz durchgeführt werden.

Die Ergebnisse der insgesamt 70 untersuchten Mistelproben zeigen, dass die maximale Kraft, die notwendig ist, um ein Versagen der Verbindung zu verursachen, mit dem Alter der Mistel zunimmt. Dies ist darauf zurückzuführen, dass die Misteln während des Alterungsprozesses wachsen und die auftretenden Kräfte durch das erhöhte Eigengewicht zunehmen. Normiert man die Kräfte, die zum Versagen führen, mit der Fläche zwischen Mistel und Wirt, so ergibt sich ein über das Wachstum der Mistel konstanter Wert. Damit konnte ge-

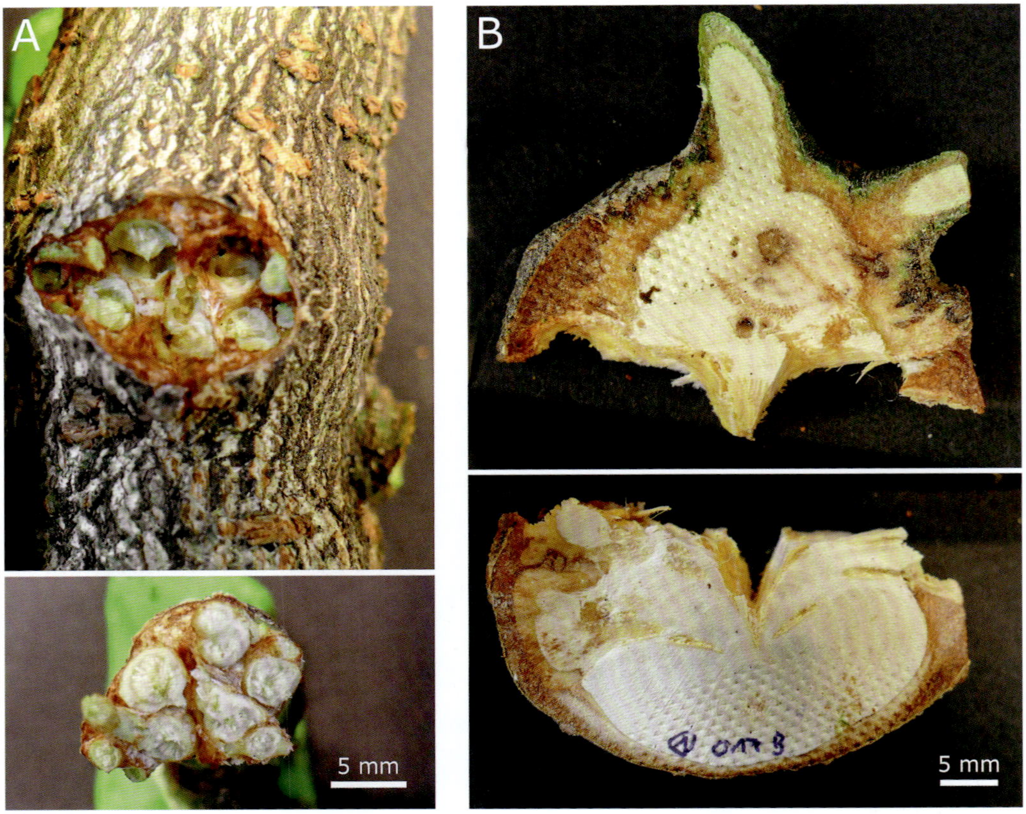

Abb. 7: Abbruchstellen nach den mechanischen Zugtests. **A:** Bei der intakt-getesteten Probe ist das Versagen der einzelnen Senker sichtbar. **B:** Bei der gesägten Scheibenprobe ist das Versagen entlang des Hauptsinkers erkennbar. Verändert nach Mylo et al. 2022.

zeigt werden, dass die Mistel, sobald sie sich mit dem Wirt verbunden hat, zu jedem Zeitpunkt des gemeinsamen Wachstums eine schadensresistente Verbindung aufweist, die der Schlüssel dafür ist, dass sie mehrere Jahrzehnte ohne mechanisches Versagen auf dem Wirtsbaum überleben kann. Bildkorrelationsanalysen konnten zeigen, dass die größten Dehnungen entlang der Grenzfläche zwischen Mistel und Wirt auftreten und lokale Dehnungen von mehr als 30 % notwendig sind, um ein Versagen auszulösen. Aufgrund der großen Anzahl an verankerten Senkern, insbesondere bei jungen Misteln, führt das mechanische Versagen eines einzelnen Senkers nicht zum Versagen der gesamten Struktur, man könnte also sagen, dass eine Art zusätzliches „Sicherheitsnetz“ vorhanden ist (Abb. 7).

Danksagung

Für die Durchführung der präsentierten Analysen im Rahmen meiner Dissertation bedanke ich mich ganz herzlich bei meinem Doktorvater Prof. Dr. Thomas Speck und meiner Betreuerin Dr. Olga Speck für die Hilfe und den sehr wertvollen wissenschaftlichen Exkurs. Des Weiteren gilt mein Dank der Arbeitsgruppe „Plant Biomechanics Group“ an der Universität Freiburg und dem gärtnerischen Team des Botanischen Gartens Freiburg für die Hilfe bei der Ernte und den Versuchen. Dabei besonders hervorzuheben sind Mara Hofmann für die experimentelle Unterstützung und Lukas Wiese für die hervorragende Literaturarbeit!

Literaturverzeichnis

Aukema, J. E. (2003): Vectors, viscin, and Viscaceae: mistletoes as parasites, mutualists, and resources. Frontiers in Ecology and the Environment 1 (4): 212–219.

Becker, H. (1986): Botany of European mistletoe (*Viscum album* L.). Oncology 43 (Suppl. 1): 2–7.

Glatzel, G.; Geils, B. W. (2009): Mistletoe ecophysiology: host–parasite interactions. Botany 87 (1): 10–15.

Glatzel, G.; Richter, H.; Devkota, M. P.; Amico, G.; Lee, S.; Lin, R.; Grabner, M.; Barlow, B. A. (2017): Foliar habit in mistletoe–host associations. Botany 95 (3): 219–229.

Grazi, G.; Urech, K. (1981): Einige morphologische Merkmale der Mistelbeere (*Viscum album* L.) und deren taxonomische Bedeutung. Beiträge zur Biologie der Pflanzen 56: 293–306.

Grundmann, B.; Pietzarka, U.; Roloff, A. (2014): *Viscum album*. In: Stimm, B.; Roloff, A.; Lang, U. M.; Weisgerber H. (Hrsg.): Enzyklopädie der Holzgewächse: Handbuch und Atlas der Dendrologie: 1–18. Wiley-VCH, Weinheim.

Heide-Jørgensen, H. (2008): Parasitic flowering plants. Brill, Leiden.

Hesse, L.; Bunk, K.; Leupold, J.; Speck, T.; Masselter, T. (2019): Structural and functional imaging of large and opaque plant specimens. Journal of experimental botany 70 (14): 3659–3678.

Joel, D. M. (2013): Functional structure of the mature haustorium. In: Joel, D. M.; Gressel, J; Musselman, L. J. (Hrsg.): Parasitic Orobanchaceae: parasitic mechanisms and control strategies: 25–60. Springer, Berlin, Heidelberg.

Luther, P.; Becker, H.; Leroi, R. (1987): Die Mistel: Botanik, Lektine, medizinische Anwendung. Springer, Berlin,Heidelberg, New York.

Mylo, M. D.; Hofmann, M.; Delp, A.; Scholz, R.; Walther, F.; Speck, T.; Speck, O. (2021): Advances on the visualization of the internal structures of the European mistletoe: 3D reconstruction using microtomography. Frontiers in Plant Science 12: 715711.

Mylo, M. D.; Hofmann, M.; Balle, F.; Beisel, S.; Speck, T.; Speck, O. (2022): Biomechanics of the parasite–host interaction of the European mistletoe. Journal of Experimental Botany 73 (4): 1204–1221.

Nagar, R.; Singh, M.; Sanwal, G. G. (1984): Cell wall degrading enzymes in *Cuscuta reflexa* and its hosts. Journal of Experimental Botany 35 (8): 1104–1112.

Nickrent, D. L. (2020): Parasitic angiosperms: how often and how many? Taxon 69 (1): 5–27.

Nierhaus-Wunderwald, D.; Lawrenz, P. (1997): Zur Biologie der Mistel. Merkblatt für die Praxis 28. Eidg. Forschungsanstalt WSL, Birmensdorf.

Schrenk, H. (1894): Parasitism of *Epiphegus Virginiana* (Broom Rape, Cancer Root.). Proceedings of the American microscopical society 15 (2): 91–127.

Smith, P. L.; Gledhill, D. (1983): Anatomy of the endophyte of *Viscum album* L. (Loranthaceae). Botanical journal of the Linnean Society 87 (1): 29–53.

Teixeira-Costa, L. (2021): A living bridge between two enemies: haustorium structure and evolution across parasitic flowering plants. Brazilian Journal of Botany 44 (1): 165–178.

Teixeira-Costa, L.; Davis, C. C. (2021): Life history, diversity, and distribution in parasitic flowering plants. Plant Physiology 187 (1): 32–51.

Thoday, D. (1951): The haustorial system of *Viscum album*. Journal of Experimental Botany 2 (1): 1–19.

Westwood, J. H.; Yoder, J. I.; Timko, M. P.; Depamphilis, C. W. (2010): The evolution of parasitism in plants. Trends in plant science, 15 (4): 227–235.

Yoshida, S.; Cui, S.; Ichihashi, Y.; Shirasu, K. (2016): The haustorium, a specialized invasive organ in parasitic plants. Annual review of plant biology 67: 643–667.

Zuber, D. (2004): Biological flora of central Europe: *Viscum album* L. Flora-Morphology, Distribution, Functional Ecology of Plants 199 (3): 181–203.

Autor

Dr. Max Mylo
Cluster of Excellence livMatS @ FIT
Universität Freiburg
Georges-Köhler-Allee 105
79110 Freiburg i. Br.
E-Mail: max.mylo@livmats.uni-freiburg.de

Mitt. Deutsch. Dendrol. Ges. (MDDG)	109	81–98	2024	ISBN 978-3-494-01982-6

Erstellung einer neuen Winterhärtezonenkarte für Europa unter Berücksichtigung mesoklimatischer Effekte

Elena Wulff und Jürgen Bouillon

Abstract

A new plant hardiness zone map for Europe, considering mesoclimatic effects

For use in private and public spaces, plants should be adapted to the given climatic conditions, here in particular to the temperatures in the coldest season and be able to thrive permanently. Since the 19th century, plants have been assigned to temperature zones (plant hardiness zones), which provide information on the lowest winter temperatures tolerated by the respective species. With the help of plant hardiness zone maps – for the European region by the map of Heinze & Schreiber (1984) – it is possible to evaluate the plant hardiness zone of a potential planting site. However, climatic changes in Europe result in the need for an update of the map. This paper presents a new plant hardiness zone map for Europe created with a geographic information system (GIS) with the current reference period 1991–2020, which for the first time separates half zones for the whole of Europe and incorporates mesoclimatic effects in the processing area. Data from 11,814 weather stations was used for this purpose. The results show a shift in the winter hardiness zone from 1951–1980 to 1991–2020 in most areas of Europe by a half-zone (+2.77 °C). To ensure an appropriate usage of the new plant hardiness zone map, a grid of the standard error of the mean is added. The grid shows possible flaws of the model due to uneven data distribution and the complexity of climatic conditions.

Zusammenfassung

Für die Verwendung im privaten und öffentlichen Raum sollen Pflanzen den gegebenen klimatischen Verhältnissen, hier insbesondere den Temperaturen in der kältesten Jahreszeit, angepasst sein und dauerhaft gedeihen können. Bereits seit dem 19. Jh. werden Pflanzen Temperaturbereichen (Winterhärtezonen) zugeordnet, die Auskunft darüber geben, welche winterlichen Tiefsttemperaturen von der jeweiligen Art toleriert werden. Mithilfe von Winterhärtezonenkarten – für den europäischen Raum durch die Karte von Heinze & Schreiber (1984) – kann ermittelt werden, welche Winterhärtezone am potenziellen Pflanzort vorliegt. Klimaänderungen in Europa ergeben jedoch die Notwendigkeit für eine Aktualisierung der Karte. Die vorliegende Arbeit stellt eine mit einem Geoinformationssystem (GIS) erstellte neue Winterhärtezonenkarte für Europa mit der aktuellen Referenzperiode 1991–2020 vor, die erstmals ganz Europa in Halbzonen unterteilt und im Bearbeitungsgebiet mesoklimatische Effekte berücksichtigt. Dazu wurden Daten von 11 814 Wetterstationen verwendet. Die Ergebnisse zeigen eine Verschiebung der Winterhärtezone von 1951–1980 zu 1991–2020 in den meisten Gebieten Europas um eine Halbzone (+2,77 °C). Für die korrekte Verwendung der Winterhärtezonenkarte wird zudem ein Raster des Standardfehlers ergänzt. Dieses zeigt Unsicherheiten des Modells auf, die durch eine ungleiche Datenverteilung und Komplexität des Klimaregimes in einigen Gebieten erklärt werden können.

Gliederung

1 Einleitung

Mit zunehmend wärmeren Temperaturen in Europa wird der Klimawandel vielschichtig diskutiert. Starkregenereignisse, Trockenperioden und resultierende Folgen wie Wassermangel oder Waldbrände fordern ihren Preis auf der ökologischen, sozialen und wirtschaftlichen Ebene. Die Folgen des Klimawandels im Hinblick auf Landökosysteme sind komplex und in vielen Bereichen irreversibel. Besonders herauszustellen sind die Veränderungen der Phänologie, der Ökosystemstruktur, der Vegetationsperiode sowie der Rückgang einheimischer Arten. Der Artenverlust verändert die Artenstruktur und Biodiversität, kann jedoch zum Teil durch die Einwanderung neuer Arten und die daraus resultierende Habitatverschiebung kompensiert werden (Bednar-Friedl et al. 2022). Die aus der Klimaänderung resultierenden Modifikationen und Rückgänge von Ökosystemen wirken sich auch auf die Auswahl und Verwendung von Pflanzen im Bereich des öffentlichen und privaten Grüns aus. Die Anpassung der Pflanzenauswahl muss folglich mit der Habitatverschiebung Schritt halten können.

Als Planungsinstrument für die Verwendung von Pflanzen werden seit dem 19. Jh. sogenannte Winterhärtezonenkarten verwendet. Die Definition und Darstellung von Winterhärtezonen wurden dabei in mehreren Publikationen mit verschiedenen Ansätzen diskutiert (Abb. 1). Eine detaillierte Auflistung und Darstellung der geschichtlichen Abfolge der Erforschung von Winterhärtezonen findet sich in Heinze & Schreiber (1984).

Die Winterhärte wird generell durch mehrere artspezifische, standort- und umweltbedingte Parameter definiert, wobei jedoch klimatische Bedingungen die Haupteinflussfaktoren darstellen. Trotz einiger multifaktorieller Ansätze (z. B. Drude 1900, Ouellet & Sherk 1967a–c), dem komplexen Phänomen der Winterhärte näher zu kommen, haben sich Winterhärtezonen, die sich an die United States Department of Agriculture (USDA) Plant Hardiness Zone Map (PHZM) (USDA 1960, in der aktuellsten Version siehe USDA-ARS 2023) anlehnen, durchgesetzt. Diese fokussiert vereinfachend einen Klimaparameter, den mehrjährigen Mittelwert der absoluten Jahrestiefsttem-

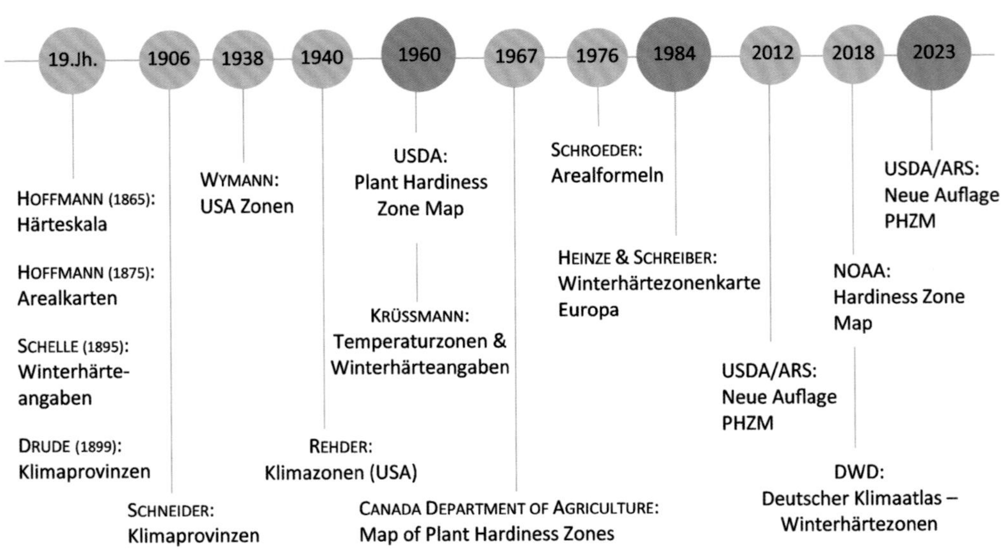

Abb. 1: Publikationen von Winterhärtezoneneinteilungen und -karten seit dem 19. Jh. Aus Wulff 2023.

peratur ($\overline{t_{minJ}}$). Für den europäischen Raum wird seit 1984 eine Winterhärtezonenkarte von Woldemar Heinze und Detlef Schreiber verwendet, veröffentlicht in Band 75 der Mitteilungen der Deutschen Dendrologischen Gesellschaft (Heinze & Schreiber 1984). Deren Mittelwerte basieren auf Temperaturdaten von meteorologischen Stationen aus verschiedenen Perioden vom Anfang des 20. Jh. bis Ende der 1970er-Jahre. Die Zonen umfassen Temperaturbereiche von 5,6 °C, werden jedoch für Mitteleuropa auch in Halbzonen mit einer Temperaturspanne von 2,8 °C angegeben. Mithilfe dieser Karte kann die Anbaufähigkeit eines Gehölzes beurteilt und Kulturareale abgegrenzt werden (Bärtels 1991). Dafür werden die Arten denjenigen Zonen zugeordnet, in der die Pflanze keine dauerhaften Frostschäden erleidet (80%ige Überlebenswahrscheinlichkeit), bzw. die niedrigste Zone genannt, in der die Art noch gedeihen kann. In dieser Zone beginnt dann das Kulturareal für die jeweilige Pflanzenart. Heinze & Schreiber (1984) ordnen den Zonen Referenzarten zu. Diese Zuordnung wurde in den Folgejahren in der dendrologischen Literatur auf nahezu das gesamte Gehölzsortiment übertragen.

Im Jahr 2012 aktualisierte das USDA zusammen mit dem Agricultural Research Service (ARS) die zu dieser Zeit verwendete PHZM von 1990 mittels eines neuen technischen und rechnerischen Ansatzes. Dieser Ansatz wurde von Forschenden der Oregon State University entwickelt und umfasst ein GIS- und statistisch gesteuertes Verfahren namens PRISM (Parameter-elevation Regressions on Independent Slopes Model). Dabei werden Besonderheiten der Topografie – wie Höhe, Neigung, vorherrschende Winde, Gewässer – in die Berechnung mit aufgenommen (Dottle & Koerth 2017). Die neue PHZM verdeutlicht, dass weite Teile der USA um eine Halbzone (+2,8 °C) wärmer dargestellt werden als in der Karte von 1990. Begründet wird dies – neben der klimatischen Veränderung – durch das verbesserte technische Verfahren, den höheren physiografischen Detaillierungsgrad und umfassendere Stationsdaten (Daly et al. 2012). Ende 2023 wurde die USDA PHZM mit einem dichteren Netz an Stationen erneut aufgelegt (USDA-ARS 2023).

In einer Vorstudie (Wulff 2022) konnte eine Verschiebung der Winterhärtezonen auf der Ebene des Makroklimas auch in Europa bestätigt werden. Die Ergebnisse zeigen – ähnlich wie in den USA – eine Verschiebung der Winterhärtezone von 1951–1980 zu 1991–2020 in den meisten Gebieten Europas um eine Halbzone (+2,77 °C). Auf eine Darstellung dieser Abweichungen wird an dieser Stelle verzichtet, da sowohl Gloning et al. (2013) als auch Wulff (2022) z. T. deutliche Abweichungen zwischen der Interpolation mit dem verwendeten E-OBS-Datensatz (s. Kapitel 3) für den Zeitraum 1951–1980 und der Karte von Heinze & Schreiber (1984) feststellen konnten.

Daher sollte eine neue europäische Winterhärtezonenkarte erstellt werden, die im Vergleich zur alten Karte einen höheren Detaillierungsgrad aufweist. Denn neben makroklimatischen Verhältnissen, die die Tiefsttemperaturen in Europa und somit auch das Gedeihen einer Pflanzenart beeinflussen, spielen auch mesoklimatische Verhältnisse bei der Verbreitung von Pflanzen eine Rolle. Das Mesoklima wird von lokalen, aber auch größeren meteorologischen Prozessen beeinflusst. Viele Phänomene des Stadtklimas (z. B. Hitzeinseln), aber auch die Wirkung von Gewässern und Gebirgen können dem Mesoklima zugeordnet werden (DWD 2022). Die Auswirkungen dieser beeinflussenden Paramater auf die Winterhärtezone, sowie die Überprüfung einer Höhenabhängigkeit, sollten in der vorliegenden Arbeit näher untersucht werden. Hierfür war es erforderlich, eine passende Methode zu finden, welche die 30-jährigen Mittelwerte der Jahrestiefsttemperaturen aus 1991–2020 von europäischen Klimastationen unter Einbeziehung von mesoklimatischen Faktoren interpoliert. Die Berechnungen und Interpolation wurden in ArcGIS Pro durchgeführt (Wulff 2023). In Wulff (2022) wurden zudem einige Erkenntnisse gewonnen, wie die Verfahrensweise zur Erstellung der Karte verbessert werden kann: Dazu zählt insbesondere, dass die Anzahl und eine vollständige Datenreihe der Stationen eine erhebliche Auswirkung auf das Interpolationsergebnis haben. Da viele Stationen jedoch eine lückenhafte Datenreihe aufwiesen, sollte eine Verfahrensweise gefunden werden, wie Stationsdatenreihen zeitlich ergänzt werden können.

2 Abgrenzung der Winterhärtezonen

Für die Erstellung einer neuen Winterhärtezonenkarte für Europa wird der Zeitraum Januar 1991 bis Dezember 2020 betrachtet. Die Periode umfasst somit 30 Jahre und stellt die aktuelle Referenzperiode für Klimadaten dar, welche als Grundlage für die Berechnung von Klimaprognosen verwendet wird. Die Klimareferenzperioden ermöglichen es, langfristige Entwicklungen des Klimas zu analysieren wie auch die jüngsten klimatologischen Schwankungen vollständig zu erfassen und ein klareres Bild der Rolle der vergangenen Winter für das Überleben von Pflanzen zu vermitteln.

Für die Erstellung der neuen Winterhärtezonenkarte für Europa ist das 30-jährige Mittel der jährlichen absoluten Tiefsttemperatur der zu interpolierende Parameter. Bei Heinze & Schreiber (1984) wird dieser Parameter benannt als $\overline{t_{minJ}}$. Diese Schreibweise wurde für die vorliegende Arbeit übernommen. Die jährliche Tiefsttemperatur wird als t_{minJ} bezeichnet.

Zur Abgrenzung der Temperaturbereiche der einzelnen Winterhärtezonen gilt Tabelle 1. Die Temperaturbereiche der Winterhärtezonen sind angelehnt an die Einteilung der USDA PHZM, werden allerdings auf zwei Nachkommastellen detailliert.

Tabelle 1: Temperaturbereiche der Winterhärtezonen.

Zone	°C	°F
1a	−51,13 bis −48,36	−60 bis −55
1b	−48,35 bis −45,58	−55 bis −50
2a	−45,57 bis −42,80	−50 bis −45
2b	−42,79 bis −40,02	−45 bis −40
3a	−40,01 bis −37,24	−40 bis −35
3b	−37,23 bis −34,46	−35 bis −30
4a	−34,45 bis −31,68	−30 bis −25
4b	−31,67 bis −28,90	−25 bis −20
5a	−28,89 bis −26,12	−20 bis −15
5b	−26,11 bis −23,34	−15 bis −10
6a	−23,33 bis −20,56	−10 bis −5
6b	−20,55 bis −17,78	−5 bis 0
7a	−17,77 bis −15,01	0 bis +5
7b	−15,00 bis −12,23	+5 bis +10
8a	−12,22 bis −9,45	+10 bis +15
8b	−9,44 bis −6,67	+15 bis +20
9a	−6,66 bis −3,89	+20 bis +25
9b	−3,88 bis −1,12	+25 bis +30
10a	−1,11 bis +1,66	+30 bis +35
10b	+1,67 bis +4,43	+35 bis +40
11a	+ 4,44 bis +7,21	+40 bis +45
11b	+7,22 bis +9,99	+45 bis +50
12a	+10,00 bis +12,77	+50 bis +55
12b	+12,78 bis +15,55	+55 bis +60

3 Stationsdaten

3.1 Bearbeitungsgebiet und Datenquellen

Für die Berechnung der Karte werden Klimadaten von einem möglichst dichten Messnetz benötigt. Die Daten wurden sowohl von nationalen meteorologischen Instituten (NMI) und staatlichen Agenturen als auch vom European Climate Assessment and Dataset (ECA&D) bereitgestellt.

Die Grenzen des Bearbeitungsgebietes im Sinne der mesoklimatischen Betrachtung werden durch das zur Verfügung stehende europäische Digitale Geländemodell (DGM) des Copernicus Land Monitoring Service (CLMS) definiert. Das DGM des CLMS beschränkt sich auf 39 European-Environment-Agency-(EEA)-Länder (Abb. 2, dunkelgrau hinterlegte Länder) und umfasst damit die Kulturräume Mittel-, Nord-, West-, Süd- und Südosteuropa sowie Kleinasien (orientiert am Vorschlag des Ständigen Ausschusses für geografische Namen zur Großgliederung Europas (NordNordWest 2008)).

Zur Erweiterung der neuen Winterhärtezonenkarte wird für Osteuropa sowie Nordafrika und die Levante ein europäischer, gerasterter ENSEMBLES-Datensatz (E-OBS) (Version v23.1e) des ECA&D von Cornes et al. (2018) verwendet (Abb. 2, hellgrau hinterlegte Länder), der bereits bei Gloning et al. (2013) und Wulff (2022) verwendet wurde. Der E-OBS-Datensatz liefert tägliche Klimadaten in einem Zeitraum von 1950 bis 2020 in einem Rasterformat von 0,1°. Die Datenerhebung erfolgt in erster Linie durch das Königlich Niederländische Meteorologische Institut (KNMI) (Haylock et al. 2008).

3.2 Datenaufbereitung und -ergänzung

Wie auch bei Daly et al. (2008) wurden nur Stationen verwendet, die in der zu betrachtenden Periode (hier 1991–2020) mindestens drei Jahre einen Jahrestiefstwert aufweisen. Nach dieser Selektion umfasst das Bearbeitungsgebiet 11 814 Stationsdaten. Die Stationsanzahl pro Land variiert dabei sehr stark in einem Spektrum zwischen 1 und

Abb. 2: Ausdehnung der neuen Winterhärtezonenkarte: Mittel-, Nord, West-, Süd-, Südosteuropa und Kleinasien (Bearbeitungsgebiet, violett) mit mesoklimatischer Betrachtung; Osteuropa, Nordafrika und Levante (grau) mit makroklimatischer Betrachtung.

3 215, was zu einer ungleichmäßigen Verteilung der Datenpunkte führt (Abb. 3). Für das Kosovo, Bulgarien, Monaco und den Vatikan sind keine, für Italien regional sehr wenige Stationsdaten vorhanden. Dennoch werden diese Gebiete im Interpolationsprozess durch die umliegenden Stationen mit einbezogen, sodass sich eine lückenlose Karte ergibt. In diesen Gebieten muss jedoch beachtet werden, dass die Interpolation ungenauere Ergebnisse liefert.

Von insgesamt 11 814 Stationen weisen nur 20 % eine vollständige 30-jährige Datenreihe auf

Abb. 3: Klimastationen und deren Verteilung im Bearbeitungsgebiet. Aus Wulff 2023.

(2369 Stationen). 4127 Stationen (ca. 35 %) liefern Daten zwischen 29 und 15 Jahren. Die restlichen 45 % haben jährliche Daten zwischen drei und 14 Jahren (Abb. 4).

Der Umfang des Datensatzes beeinflusst die Genauigkeit der Interpolation maßgeblich, wobei mehr Daten zu präziseren Ergebnissen führen (Oliver & Webster 2014). Auch die Verteilung der Datenpunkte hat Auswirkungen auf die Interpolationsqualität. Allerdings ist die Anzahl der Klimastationen bereits festgelegt und kann nicht verändert werden. Ein weiterer Faktor ist die zeitliche Konsistenz der Daten, also das Vorhandensein lückenloser Datenreihen (Rauthe et al. 2013).

Um diese Herausforderungen zu bewältigen, wurden drei Methoden entwickelt, um fehlende Daten in zeitlich unterbrochenen Datenreihen von Klimastationen zu ergänzen und so die zeitliche Konsistenz herzustellen. Die Methoden orientieren sich an Verfahren zur Vervollständigung lückenhafter Zeitreihen von Stationsdaten nach Daly et al. (2008). Die Methoden wurden innerhalb eines Bespielgebietes (Deutschland) getestet. Die beste Methode (geringster Mean Absolute Error) wurde anschließend für die Erstellung der neuen Winterhärtezonenkarte verwendet. Diese Methode beruht auf der Schätzung von Temperaturwerten durch Regressionsanalysen und eine anschließende Interpolation von Residuen (Abweichung eines vorhergesagten Wertes vom tatsächlich beobachteten Wert) unter Berücksichtigung der Topografie. Dabei geht die Methode von einer Beziehung zwischen Tiefsttemperaturen und Geländehöhe aus. Zunächst wurde für jedes Jahr im Zeitraum 1991–2020 eine Regressionsgleichung erstellt. Dann wurde der Raum in einem festen Raster mit einem digitalen Geländemodell (DGM) versehen. Für jede Rasterzelle wurde ein Schätzwert basierend auf der Regressionsfunktion und dem Höhenwert des DGMs berechnet. Die Residuen aus der Regressionsfunktion wurden mittels Inverse Distance Weighting (IDW) auf das DGM interpoliert, um für jede Rasterzelle und Station einen Residualwert zu erhalten. Die Werte der Rasterzellen der Regressionsschätzungen und der interpolierten Residualwerte wurden addiert, um den endgültigen Schätzwert zu erhalten. Die Regressionsanalyse zeigte, dass das Verhältnis zwischen Tiefsttemperaturen und Geländehöhe je nach Region variiert. Daher wurde Europa für die Stationsreihenergänzung in verschiedene klimatisch ähnliche Gebiete unterteilt: Island, Nordeuropa, Nordosteuropa, Mitteleuropa, Westeuropa, Südwesteuropa, Süd-/Südosteuropa sowie den Alpenraum.

Die Ergänzung der Datensätze führt dazu, dass für jede Klimastation im Bearbeitungsgebiet Jahrestiefstwerte (t_{minJ}) für die Jahre 1991–2020 zur Verfügung stehen. Auf Grundlage dieser Daten wurden Mittelwerte ($\overline{t_{minJ}}$) für jede Station ermittelt, die später als abhängige Variablen für die

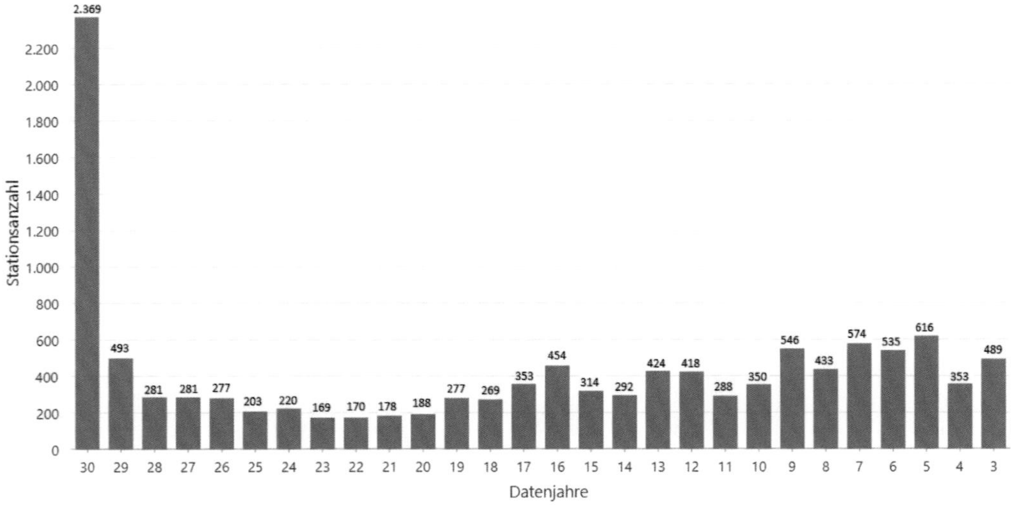

Abb. 4: Verteilung der Datenjahre von 1–30 aller Klimastationsdatenreihen. Aus Wulff 2023.

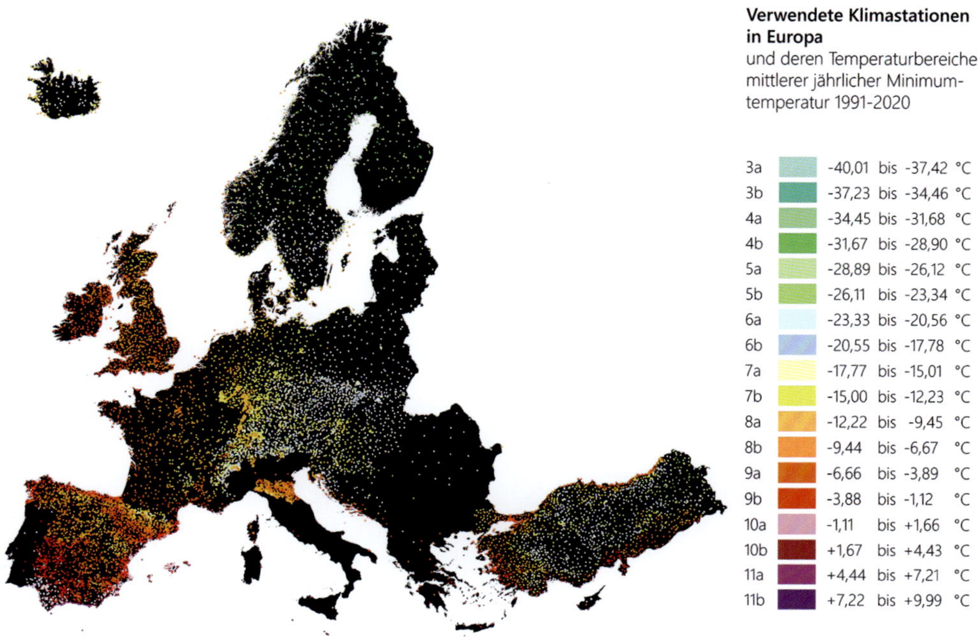

Abb. 5: Verwendete Klimastationen gemäß ihrer Winterhärtezone farblich kodiert. Aus Wulff 2023.

Interpolation der Karte dienen. In Abb. 5 sind alle verwendeten Klimastationen im Bearbeitungsgebiet dargestellt und nach ihrer jeweiligen Winterhärtezone farblich kodiert. Diese Winterhärtezonen erstrecken sich von 3a bis 11b.

3.3 Trend

Aus der Datenanalyse ergibt sich ein sichtbarer Trend der Tiefsttemperaturen in Europa von 1991 bis 2020. Insbesondere in den letzten 10–15 Jah-

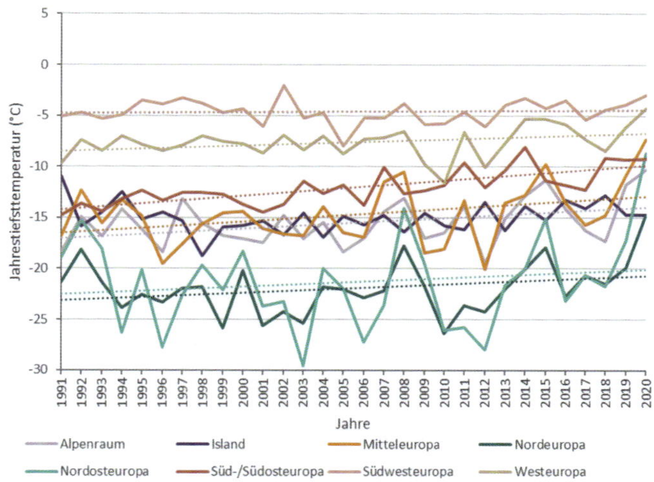

Abb. 6: Entwicklung der Jahrestiefsttemperaturen in klimatischen Großregionen Europas von 1991–2020. Aus Wulff 2023.

ren ist ein Trend zu wärmeren Tiefsttemperaturen festzustellen. Diese Entwicklung zeigt sich unterschiedlich stark in verschiedenen klimatischen Großregionen (Abb. 6). Die geringsten Veränderungen sind in Südwest- und Westeuropa zu beobachten, während die übrigen Gebiete einen recht ähnlich hohen Anstieg der Temperaturverläufe über die Jahre aufweisen.

4 Mesoklimatische Effekte

Für die Erstellung der neuen Winterhärtezonenkarte sollen mesoklimatische Einflüsse berücksichtigt werden. Das Mesoklima beschreibt das Klima in Raumeinheiten wie beispielsweise Tälern, Städten, Küsten und Bergen sowie sowie kulturräumliche Gliederungselemente (Hupfer et al. 2005). Im Mesoklima wirken sich Wechselbeziehungen zwischen Relief, Oberflächenbedeckung, Klima und menschlicher Bebauung besonders aus (Weischet & Endlicher 2018). Die Skalen der mesoklimatischen Phänomene umfassen etwa eine horizontale Ausdehnung von ca. 1 bis 100 km (DWD 2022). Demgegenüber betrachtet das Mikroklima lokalklimatische Gegebenheiten, wie z. B. die Oberflächeneigenschaften, die Geländeform oder den Pflanzenbewuchs (DWD 2022).

Zur Abbildung mesoklimatischer Effekte in der neuen Winterhärtezonenkarte wurden eine Reihe von Klimafaktoren betrachtet. Darunter sind spezifische Merkmale zu verstehen, die die klimatischen Bedingungen an einem Ort beeinflussen. Je nach topografischer Lage dieses Ortes können sie eine sehr kleinräumige Differenzierung des Klimas bestimmen (Glaser et al. 2010). Typische Klimafaktoren sind beispielsweise die Einflüsse durch die geografische Breite, die topografische Lage, Orografie, Meeresströmungen, die Bodenart, Bodenbeschaffenheit und Bodenbedeckung, Wasserverhältnisse an der Oberfläche sowie die Bebauung (Häckel 1990, Kuttler 2009, Heinemann & Helbig 2018). Die Klimafaktoren wirken in unterschiedlichen Maßstäben und können in großräumige und kleinräumige Kategorien eingeteilt werden. Geografische Klimafaktoren korrelieren somit immer mit der zu betrachtenden Größenordnung des Klimas (Schönwiese 2020).

Der Wärmehaushalt des Mesoklimas ist dabei abhängig von der Höhenlage des Geländes, der Exposition und Inklination und dem resultierenden Einfallswinkel der Sonnenstrahlung (Brand 2008). Auf die Tiefsttemperaturen wirken sich laut Daly (2006) hauptsächlich die Höhenlage, Barrieren (geländebedingte Klimaübergänge), Kaltluftseen und Küstenzonen aus (Tabelle 2).

Tabelle 2: Überblick über die Auswirkungen bekannter, räumlicher, klimabeeinflussender Faktoren auf die Minimaltemperatur (Daly 2006).

Faktor	Effekt auf Minimumtemperatur
Höhenlage	Allgemeine Abnahme mit der Höhe (teilweise umgekehrt durch Inversionen und Kaltluftseen)
Geländebedingte Klimaübergänge	Teilen Luftmassen, wie z. B. kontinentale und maritime Luftmassen
Kaltluftseen	Temperaturinversionen in geschützten Tälern; sogar in den Tropen vorzufinden; in höheren Breiten sehr umfangreich
Küstenzonen	Einfluss, wenn Temperaturen am Land und auf dem Meer unterschiedlich sind; große Gradienten zwischen Küsten- und Binnentemperaturen

Klimafaktoren liefern statistische Größen, die in die Berechnung der Winterhärtezonen einfließen können. Eine mesoskalige Berechnung erfordert jedoch eine explorative Geodatenanalyse, um zu verstehen, wie bestimmte Einflussfaktoren die Interpolation beeinflussen können. Diese Analyse nutzt raumbezogene statistische Methoden, um räumliche Zusammenhänge zwischen Umweltereignissen zu untersuchen. Im Gegensatz zur traditionellen Statistik bezieht die räumliche Statistik Eigenschaften wie Standort, Entfernung und Richtung in die Analyse ein, um zu beschreiben, wie Umweltphänomene im geografischen Raum verteilt sind. Ein räumliches Muster wird hierbei durch die Funktion und Beziehung zwischen einer abhängigen Variablen (hier $\overline{t_{minJ}}$) und mehrerer unabhängiger Variablen (hier Klimafaktoren; im Folgenden Prädiktoren) definiert. Die Beziehung der räumlichen Muster zu $\overline{t_{minJ}}$ können mittels Regressionsanalysen untersucht und modelliert werden (Zhu 2016).

Die explorativen Geodatenanalysen in der vorliegenden Arbeit wurden für folgende Klimafaktoren durchgeführt:
- Kontinentalität (Distanz zur Küstenlinie),
- Nähe zu Flüssen und größeren stehenden Gewässern > 500 km²,
- absolute Geländehöhe,
- Potenzial für die Ausbildung von Kaltluftseen (relative Geländehöhe),
- Hangneigung,
- Exposition und
- städtischer Wärmeeffekt.

Die Anwendung von Regressionsanalysen in verschiedenen europäischen Teilgebieten ermöglichte es weiterhin, den Grad der mathematischen Beschreibbarkeit der Beziehung zwischen einem Klimafaktor und den niedrigsten Temperaturen zu ermitteln.

Die Ergebnisse zeigten, dass die Stärke der linearen Beziehung je nach geografischem Teilgebiet unterschiedlich war. In allen Regionen stellten die Geländehöhe und die Nähe zum Meer die signifikantesten Zusammenhänge dar. Die Prädiktoren Hangneigung und relative Geländehöhe wiesen insbesondere in topografisch anspruchsvollen Gebieten wie den Alpen eine deutliche Abhängigkeit auf. Hingegen lieferten die Exposition, die Nähe zu Flüssen und größeren stehenden Gewässern sowie der städtische Wärmeffekt keine zufriedenstellenden Ergebnisse in der Geodatenanalyse.

Im weiteren Verlauf der Arbeit werden daher die Prädiktoren **Distanz zur Küstenlinie, absolute Geländehöhe, Hangneigung** und **relative Geländehöhe** ausgewählt und als unabhängige Variablen in die Interpolation einbezogen. Diese Faktoren spiegeln somit effektiv die mesoklimatischen Effekte wider.

5 Interpolationsmethode

Die Erstellung der Winterhärtezonenkarte erfordert eine räumliche Interpolation, ein Verfahren, bei dem unbekannte Klimadaten anhand bekannter Messungen geschätzt werden. Klima- und meteorologische Daten, in dieser Arbeit als Eingabedaten verwendet, sind üblicherweise Punktstationsdaten. Die Interpolation von diesen Punktdaten auf Flächen erlaubt die Darstellung räumlicher Muster von Klimaphänomenen. Besonders die Interpolation von klimatischen und meteorologischen Daten unter Verwendung digitaler Geländemodelle ermöglicht genaue Schätzungen der klimatischen Bedingungen in einem Gebiet, ohne auf umfangreiche Klimaaufzeichnungen angewiesen zu sein (Chapman & Thornes 2003, Zhu 2016).

Für die Interpolation der neuen Winterhärtezonenkarte im Bearbeitungsgebiet wurde die Methode Empirical Baysian Kriging (EBK) Regression Prediction gewählt (Krivoruchko & Gribov 2019). Die Methode kombiniert Ordinary-Least-Squares-Regression (OLS) und EBK, um Vorhersagen zu erstellen. Das Prinzip beim Kriging wird dadurch bestimmt, dass Werte durch eine generelle Komponente und eine Fehlerkomponente vorhergesagt werden. OLS übernimmt hier die Modellierung der generellen Komponente, während EBK die Fehlerkomponente behandelt (ESRI 2022).

Die EBK-Regressionsvorhersage teilt die Eingabedaten in Teilmengen auf, um lokale Effekte zu berücksichtigen. Für jede Teilmenge wird ein Regressions-Kriging-Modell erstellt und eine Regressionsanalyse durchgeführt, welche dann für die Interpolation verwendet wird. Diese wird dann zusammen mit den Semivariogramm-Modellen aus EBK verwendet, um die Werte an jeder Position vorherzusagen. Dies ermöglicht die Berücksichtigung von regionalen Unterschieden, dargestellt in den Beziehungen zwischen unabhängigen Variablen und der abhängigen Variablen (ESRI 2022).

EBK Regression Prediction kann mehrere unabhängige Variablen in den Prozess einbeziehen. Diese Variablen werden durch eine Principal Component Analyse reduziert, um Multikollinearität zu verhindern. Die Hauptkomponenten dieser Variablen werden im Regressionsmodell verwendet, um die Informationen effizient zusammenzufassen (ESRI 2022).

Für die erweiterte Kartendarstellung in Nordafrika, der Levante und Osteuropa wurde der E-OBS-Datensatz mit dem Index TNn verwendet. Dieser enthält ein multidimensionales Raster mit einer Auflösung von 0,1° (entspricht ungefähr 7 km × 11 km). Da diese TNn-Rasterdatei jährliche Tiefsttemperaturen für den Zeitraum von 1950 bis 2020 enthält, wurde zunächst ein 30-jähriger Mittelwert für den Zeitraum vom 01.01.1991 bis zum 31.12.2020 berechnet. Diese Berechnung erfolgte mithilfe des Aggregationstools in ArcGIS Pro. Für die Darstellung der Winterhärtezonen wurde das aggregierte Raster klassifiziert. Die Klassifizierung basierte auf den definierten Temperaturbereichen der Winterhärtezone (Tabelle 1).

6 Neue Winterhärtezonen für Europa

Durch die Interpolation mit EBK Regression Prediction ergibt sich im Bearbeitungsgebiet ein Raster des $\overline{t}_{minJ}$ in einer Auflösung von 600 m × 600 m unter Berücksichtigung der Mesoklimafaktoren absolute Geländehöhe, relative Geländehöhe, Küstennähe und Hangneigung. Außerhalb des Bearbeitungsgebietes in Nordafrika, der Levante und Osteuropa beläuft sich die Rasterauflösung auf 7 km × 11 km, was nur makroklimatische Aussagen ermöglicht. Die neue Winterhärtezonenkarte wird gemäß den Temperaturschwellenwerten der Winterhärtezonen klassifiziert und mit den punktuellen Stationsdaten überlagert (Abb. 5). Die Winterhärtezonen erstrecken sich nun von 2a bis 11b, was einer Temperaturspanne von –45,57 °C bis +9,99 °C entspricht (Abb. 7).

6.1 Verteilung der Winterhärtezonen in Europa

Nordeuropa liegt in den Zonen 2a bis 8a. Die kältesten Gebiete mit Winterhärtezone 2b sind die nördlichsten Spitzen von Finnland und Norwegen im „Kevo Strict Nature Reserve" und der „Kaldoaivi Wilderness Area". Die Winterhärtezone 2a findet sich dort ausschließlich auf den höchsten Lagen (745 m bis 1066 m NHN) nordwestlich von Utsjoki. Die Küsten Südnorwegens und Islands sind dagegen verhältnismäßig mild (8a). In Osteuropa kommen die Zonen 3a bis 6b vor. In Mitteleuropa finden sich die Zonen 6b bis 8b, mit Ausnahme des Baltikums mit den Zonen 5b bis 7a und dem Alpenraum. Dort reichen die Winterhärtezonen von 4b bis 7b.

Westeuropa zeigt mildere Zonen von 7b bis 9b, Südeuropa liegt in den Zonen von 7b bis 11b und Südosteuropa in den Zonen 4a (in den Karpaten) bis 10b. Die wärmsten Winterhärtezonen erstrecken sich von Portugal über Südspanien, Sizilien, die Balearischen Inseln, Malta, Zypern und die griechischen Inseln sowie Nordafrika mit Zonen von 10a bis 11b. Die Zone 11a ist an der südspanischen Küste zwischen Almeria und Malaga und die Zone 11b ausschließlich in Lissabon und Faro zu finden.

6.2 Darstellung mesoklimatischer Effekte

Das Hauptziel der vorliegenden Arbeit bestand darin, mesoklimatische Effekte in ganz Europa bei der Interpolation der Winterhärtezonen zu berücksichtigen, um eine erkennbare Staffelung und Gliederung basierend auf lokalen Gegebenheiten zu erzeugen. Die Höhenstaffelung ist besonders in komplexem Gelände deutlich sichtbar. Die Einbeziehung von absoluter Geländehöhe, relativer Geländehöhe und Hangneigung führt zu detaillierteren Darstellungen der gestuften Zonierung in Gebirgsregionen wie den Alpen (Abb. 8), Pyrenäen, Karpaten und Skanden.

Die Auswirkungen von **Ozeanität und Kontinentalität** werden durch die Einbeziehung der Küstennähe in ganz Europa deutlich. In Regionen entlang der Küstenlinie sind wärmere Winterhärtezonen im Vergleich zum Landesinneren erkennbar, wobei die Ausprägung des Küsteneffekts von Region zu Region variiert. Insbesondere auf Inseln ist eine ausgeprägte warme Zonierung zu erwarten. So ist die Insel Helgoland mit Zone 9a der wintermildeste Ort Deutschlands, wo es ansonsten eine klare Nordwest-Südost-Abfolge von Zone 8b bis Zone 7a gibt, die nur durch kühlere Mittelgebirgslagen und den Alpenrand modifiziert wird. In Norwegen ist die Ozeanität ebenfalls durch klare Zonenänderungen gekennzeichnet, oft auf kurzen Entfernungen von Zone 8b bis 3b. Auch hier werden diese Effekte jedoch stark durch die Geländehöhe modifiziert. Ähnliche Abfolgen sind in den Baltischen Staaten aufgrund der Küstennähe zu beobachten.

Kaltluftseen werden durch die Interpolation unter Verwendung von absoluter und relativer Geländehöhe in einigen Fällen gut dargestellt. Beispiele sind La Chaux-d'Abel in der Schweiz und die Senke Combe des Amburnex im Waadtländer Jura. Dagegen ist der Kaltluftsee von La Brévine im Neuenburger Jura in seiner Ausdehnung, die nur 1 km × 2 km betragen sollte (Vogt o. J.), zu groß dargestellt. Dies kann mehrere Gründe haben, u. a. zu geringe Stationsanzahl, fehlerhaftes DGM, nicht passende Einstellungen im Interpolationsprozess oder zu großer Unterschied der Station La Brévine (Zone 4b) im Vergleich zu den umliegenden Stationen (Zone 6b).

Wärmere Südhänge in hügeligem Gelände werden auch nicht ausreichend in der Winterhärtezonenkarte berücksichtigt. Dies betrifft beispielsweise den Südhang des Leithagebirges am

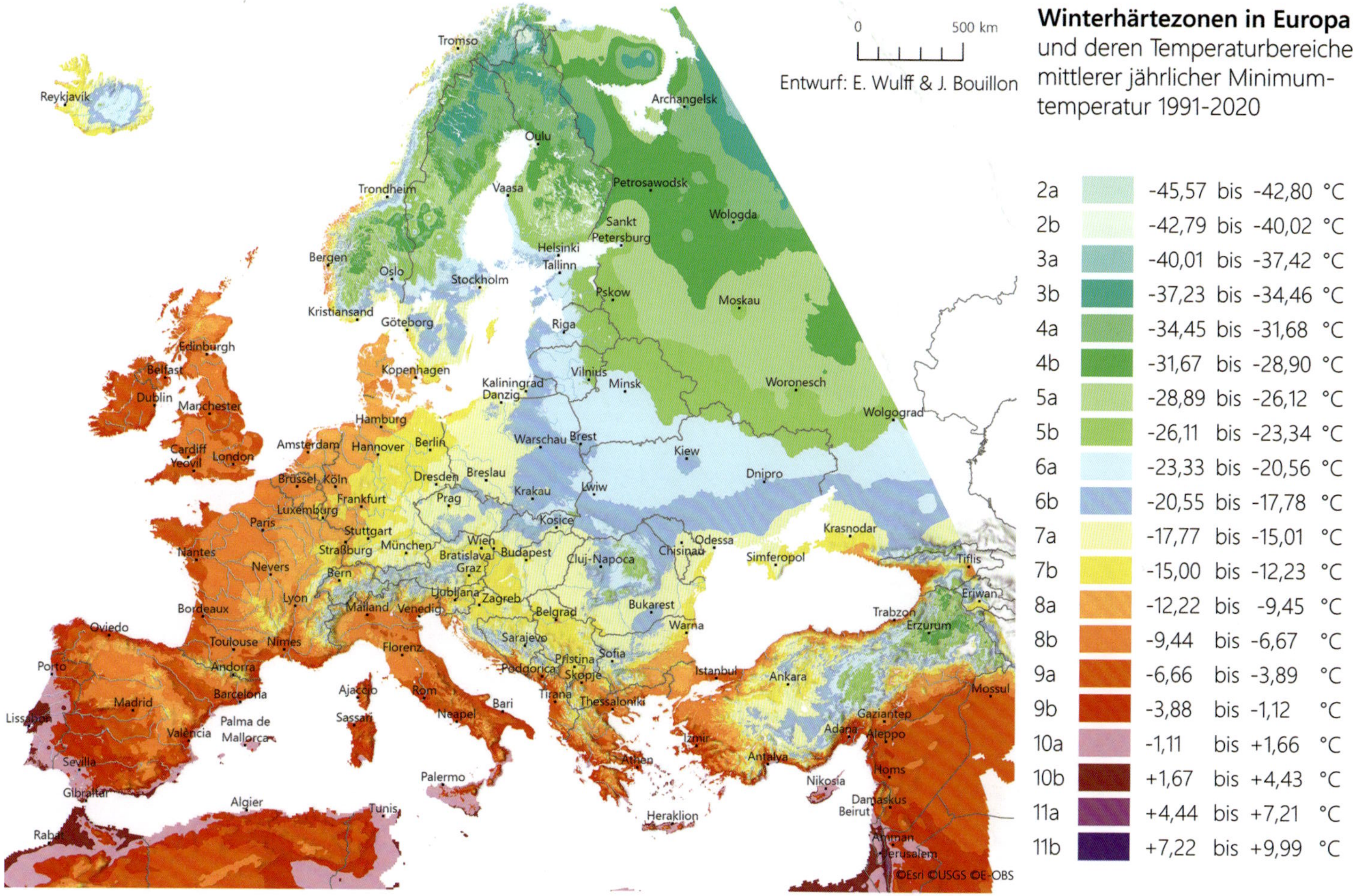

Abb. 7: Neue Winterhärtezonen für Europa für den Zeitraum 1991–2020.

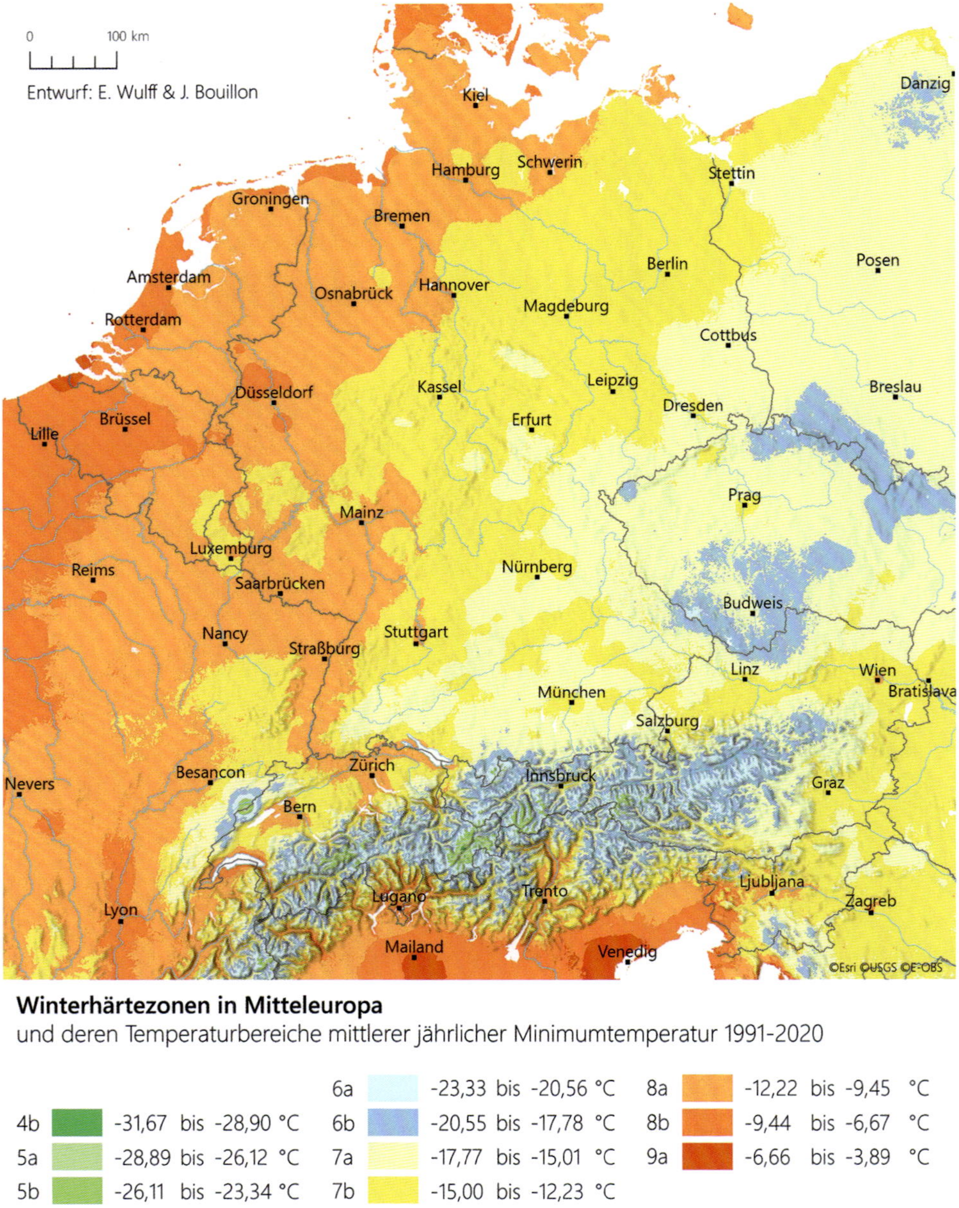

Abb. 8: Neue Winterhärtezonen für das westliche Mitteleuropa im Zeitraum 1991–2020.

Neusiedler See in Österreich. Hier befinden sich aufgrund des pannonischen Klimas und der windgeschützten Lagen reich strukturierte Weingärten, Trockenrasen, und Streuobstkulturen (Würflinger et al. 2022). Der Südhang des Leithagebirges ist zum größten Teil mit wärmeliebenden Eichenwäldern (*Quercion pubescenti-petraeae*) und Eichen-Hainbuchenwäldern (*Carpinion betuli*) bedeckt (Fally & Fischer 2015). Trotz höherer Stationsdichte und Einbeziehung der Hangneigung innerhalb der Interpolation wird das Gebiet südlich des Leithagebirges der Zone 7b zugeordnet und stellt im Vergleich zur Umgebung keine warme Exklave dar, obwohl die Stationen selbst Werte der Zone 8a aufweisen.

Flüsse können die Temperatur eines Gebiets beeinflussen. Große, nicht zugefrorene Flüsse erzeugen bei kaltem Winterwetter durch ihr wärmeres Wasser Luftwärme, aber auch Seerauch und Talnebel. Dies trägt dazu bei, die weitere Abkühlung durch Ausstrahlung zu reduzieren. Darüber hinaus können enge Täler stadtbedingte Erwärmung und Luftverschmutzung länger speichern. Trotzdem können Täler auch Kaltluftseen beherbergen, was bedeutet, dass es innerhalb eines Flusssystems kalte und warme Talabschnitte geben kann (Heinze & Schreiber 1984). Beispiele für wärmere Zonen im Vergleich zur Umgebung sind am Neckar zu erkennen, wo der Flussverlauf die Zone 8a deutlich zeigt, aber kein durchgehender Verlauf bis zum Rhein vorhanden ist. Ähnliche wärmere Talverläufe sind an der Donau zwischen Passau und Linz (Zone 7b), an der Elbe bei Dresden, am Main zwischen Miltenberg und Aschaffenburg, in Norditalien an der Etsch zwischen Bozen und Meran sowie in Frankreich an der Garonne zwischen Langon und Montauban zu erkennen. Die bei Heinze & Schreiber (1984) dargestellten Wärmeinseln an Mittel- und Oberrhein bei Koblenz, Mainz, Worms und Ludwigshafen zeichnen sich mit dem aktuellen Modell (noch) nicht wieder ab.

Ebenfalls nur unzureichend lassen sich **städtische Wärmeinseln** identifizieren. Nur durch die Überlagerung mit den echten Stationsdaten treten bei einzelnen städtischen Stationen wärmere Verhältnisse als im Umland zutage. In Zone 7b sind

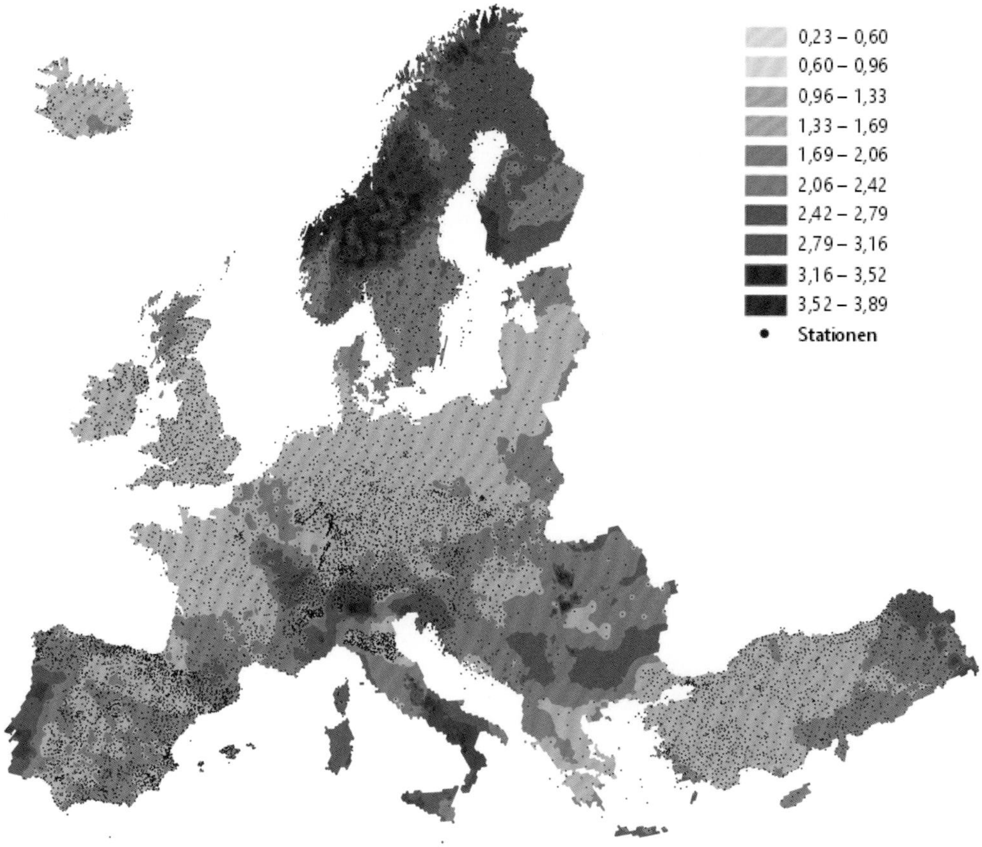

Abb. 9: Standardfehler des Interpolationsmodells. Aus Wulff 2023.

es im deutschsprachigen Raum die 8a-Exklaven Berlin, Braunschweig, Hildesheim und München sowie Innsbruck, in der Zone 8a die 8b-Exklaven Frankfurt am Main und Konstanz. Lediglich Wien stellt eine größere Wärmeinsel dar (Zone 8a).

6.3 Statistische Ungenauigkeiten

Jede Interpolationsmethode ist mit inhärenten Unsicherheiten verbunden, da sie auf einer mathematischen Annäherung an die Verteilung einer Variablen in einem geografischen Gebiet basiert und auf diskreten Punktinformationen beruht. Die Kreuzvalidierung der erstellten europäischen Karte ergab durchschnittliche Mean Absolute Errors (MAE) von 0,93 °C und Root-Mean-Square Errors (RMSE) von 1,399 °C, was im Allgemeinen als ein gutes Ergebnis betrachtet wird. Zum Vergleich: Die USDA PHZM von 2012 wies durchschnittliche MAE-Werte von 1,1 °C auf.

Die höchsten MAE-Werte, im Bereich von 2,2 °C bis 3,1 °C wurden in Regionen wie Skandinavien, dem Nordosten der Türkei und den Alpenregionen von Italien und der Schweiz festgestellt. Dies ist auf die topografische Komplexität und die vielfältigen klimatischen Bedingungen in diesen Gebieten zurückzuführen. Die niedrigsten MAE-Werte, im Bereich von 0,2 °C bis 0,4 °C, traten hingegen in Regionen wie Nordwestdeutschland, Großbritannien, Irland und Norditalien auf.

Die Gesamtverzerrungen des Modells, gemessen durch den Mean Error und den Mean Standardized Error, lagen nahe Null, was darauf hindeutet, dass keine systematische Über- oder Unterschätzung der Vorhersagen vorlag. Weitere statistische Kennzahlen näherten sich ebenfalls den optimalen Gütekriterien an.

Der Standardfehler, der die Unsicherheit des Modells im EBK Regression Prediction-Verfahren darstellt, zeigt eine beträchtliche Variation (Abb. 9). Hohe Standardfehler traten in Nordeuropa, der Türkei, Süditalien, Portugal und den Alpenregionen auf, was hauptsächlich auf komplexe Geländemuster und eine geringe Stationsdichte in diesen Regionen zurückzuführen ist. Im Gegensatz dazu wiesen Mitteleuropa, Großbritannien, Island, Nordwestfrankreich und der Westen der Türkei die geringsten Standardfehler auf.

7 Diskussion

Durch die Datenaufbereitung konnten fehlende Stationsdaten mit hoher Genauigkeit ergänzt werden. Das Manko in dem Modell ist die in einigen Regionen vorhandene geringe Stationsdichte oder sogar vollständig fehlende Stationsdaten in einigen Bereichen Europas. Gerade Portugal, Italien und Südosteuropa sollten noch weiter erschlossen werden. Möglicherweise existieren dort regionale, institutionelle Wetterstationen, z. B. in Anlehnung an die Agrarmeteorologie, die im Rahmen der Arbeit nicht erschlossen werden konnten.

Es konnten nur wenige städtische Wärmeinseln identifiziert werden. Das bedeutet allerdings nicht, dass (Innen-)Städte nicht wärmer sind als ihr Umland. Gründe hierfür könnten sein, dass einerseits die Temperaturspanne einer Halbzone (bis zu +2,8 °C) nicht übersprungen wird und andererseits die Mehrzahl der Klimastationen in (Groß-)Städten nicht in den Innenstädten, sondern eher in den Randbereichen liegen. Durch die Einbeziehung institutioneller und privater Wetterstationen könnten hier genauere Aussagen möglich sein.

Die methodisch nicht nachweisbaren Einflüsse der Exposition widersprechen gärtnerischen Erfahrungswerten. Warme Südhänge gelten generell als milder als Kuppen oder Tallagen, weil die Kaltluft abfließen und sie sich schneller erwärmen können. Möglicherweise handelt es sich aber hierbei doch nur um mikroklimatische Effekte, die mit dem Modell im 600 m × 600 m Raster nicht erfasst werden konnten. Eine Wechselwirkung mit der Landnutzung (Wald, Hecken, Grünland, Acker, Bebauung) würde zudem zu lokal sehr unterschiedlichen Ergebnissen führen. Eine Verfeinerung des Rasters könnte hier vielleicht zu detaillierteren Ergebnissen führen. Es besteht allerdings die Gefahr eines „Flickenteppichs", der den Begriff der Winterhärte-„Zone" ad absurdum führt und eine Scheingenauigkeit suggeriert, die weder räumlich noch zeitlich garantiert werden kann. Lokal werden daher gärtnerische Erfahrungen weiter wichtig sein, um den rechten Platz für die rechte Pflanze zu finden.

Mit der neuen Winterhärtezonenkarte von Europa ergibt sich die Chance für eine Revidierung der Zuordnung der Gehölze zu den Winterhärtezonen. Diese Zuordnung wurde v. a. in den 1980er- und 1990er-Jahren v. a. durch Andreas Bärtels vorgenommen. Seitdem haben sich die Klimaverhältnisse geändert, Gehölze wurden bewusst oder unbewusst ihrer Winterhärtezonenzuordnung verwendet und haben sich möglicherweise an Standorten bewährt, die nach der bisherigen WHZ-Karte nicht geeignet wären. Zudem ist die neue Winterhärtezonenkarte deutlich genauer als die alte von Heinze & Schreiber (1984).

Eine Übertragung auf Stauden hat sich in den vergangenen vier Jahrzehnten in der gärtnerischen Literatur eingebürgert. Aufgrund der komplexen Einflüsse des Winters auf die Pflanzen (Bouillon 2001) und die ebenso komplexen Reaktionen der Pflanzen – z. T. bedingt durch ihre Herkünfte – auf diese Einflüsse kann nicht garantiert werden, dass die Methode auf alle Stauden übertragbar ist. Aber da die Zuordnung der Gehölze ebenfalls nur mit einer 80%igen Überlebenswahrscheinlichkeit einhergeht, sollte dies für Stauden auch ausreichend sein.

Ob grundsätzlich mehrere Klimafaktoren in die Abgrenzung von Winterhärtezonen einbezogen werden sollten, wie es bereits Drude (1900) vorgeschlagen hat, kann für künftige Arbeiten in Erwägung gezogen werden. In der vorliegenden Arbeit sollte die vorhandene Winterhärtezonenkarte aktualisiert und detailliert, aber nicht deren Methode infrage gestellt werden. Eine ausführliche Diskussion, ob der mehrjährige Mittelwert der absoluten Jahrestiefsttemperatur ($\overline{t_{minJ}}$) ein geeigneter Kennwert ist, führen bereits Heinze & Schreiber (1984: 32ff.). In Europa und den USA hat sich dieser Parameter in Verbindung mit der 80%igen Überlebenswahrscheinlichkeit der Gehölze bewährt. Zwar ist zu erwarten, dass in Europa die Spätfrostgefahr im Zuge des Klimawandels zunimmt. Ob in diesem Zusammenhang und bei den sehr unterschiedlichen Reaktionen der Pflanzen auf die Einflüsse des Winters eine multifaktorielle Betrachtung wirklich zu verlässlicheren Ergebnissen führt, bleibt zweifelhaft. Wichtiger erscheint es, das Stationsnetz zu verdichten.

Die vorliegende Arbeit stellt eine neue Winterhärtezonenkarte für Europa mit der aktuellen Referenzperiode 1991–2020 vor, die erstmals ganz Europa in Halbzonen unterteilt und im Bearbeitungsgebiet mesoklimatische Effekte berücksichtigt und nur wenige Unsicherheiten enthält. Aufgrund des Trends steigender Jahrestiefsttemperaturen (Abb. 6) empfiehlt sich eine Aktualisierung der neuen Winterhärtezonenkarte nach 10, spätestens jedoch nach 20 Jahren. Sie stellt zudem keinen Ersatz für gute Pflanzen- und Standortkenntnisse dar.

Danksagung

Ohne die breite Unterstützung und Hilfsbereitschaft zahlreicher Personen und Institute hätte die vorliegende Arbeit nicht erstellt werden können. Wir danken insbesondere Lothar Ulferts und Dr. Hans-Georg Schön, Hochschule Osnabrück, Prof. Dr. Dirk Schindler, Albert-Ludwigs-Universität Freiburg, und zahlreichen Mitarbeiterinnen und Mitarbeitern der Esri Deutschland GmbH, Esri Schweiz AG und Esri USA. Wir danken ebenso für den E-OBS-Datensatz des Copernicus Climate Change Service (C3S, https://surfobs.climate.copernicus.eu) und den Datenlieferanten im ECA&D-Projekt (https://www.ecad.eu) (Cornes et al. 2018).

Außerdem danken wir den folgenden Nationalen Meteorologischen Instituten und staatlichen Agenturen für die Bereitstellung der Klimastationsdaten: Agencia Estatal de Meteorología, Bundesamt für Meteorologie und Klimatologie MeteoSchweiz, Centro Funzionale Regionale Regione, Autonoma Valle D'aosta, Czech Hydrometeorological Institut, Danmarks Meteorologiske Institut, Deutscher Wetterdienst, Dienstleistungszentrum Ländlicher Raum Rheinhessen-Nahe-Hunsrück, Estonian Environment Agency, ECA&D (Royal Netherlands Meteorological Institute), Federal Hydrometeorological Institute, Finnish Meteorological Institute, Icelandic Meteorological Office, Instituto di Scienze dell'Atmosfera e del Clima, Instituto Português do Mar e da Atmosfera, Hellenic National Meteorological Service, Höhere Bundeslehr- und Forschungsanstalt für Landwirtschaft Raumberg-Gumpenstein, Hungarian Meteorological Service, Hydrometeorological Service of Montenegro, Königliches Meteorologisches Institut, Landesbetrieb Landwirtschaft Hessen, Landwirtschaftliches Technologiezentrum Augustenberg, Latvian Environment, Geology and Meteorology Centre, Le Gouvernement Du Grand-Duché De Luxembourg, Malta Airport Meteo Office, National Meteorological Administration Romania, National Institute of Meteorology and Hydrology, Met Éireann, Météo-France, Meteorology Office – Slovenian Environment Agency, Meteorological and Hydrological Service Croatia, Norwegian Meteorological Institute, Royal Netherlands Meteorological Institute, Sächsisches Landesamt für Umwelt Landwirtschaft und Geologie, Slovak Hydrometeorological Institute, State Hydrological and Meteorological Service Poland, Swedish Meteorological and Hydrological Institute, Thüringer Landesamt für Landwirtschaft und Ländlichen Raum, Turkish State Meteorological Service, Zentralanstalt für Meteorologie und Geodynamik.

Literatur

Bärtels, A. (1991): Gartengehölze. Bäume und Sträucher für mitteleuropäische und mediterrane Gärten. Ulmer, Stuttgart.

Bednar-Friedl, B.; Biesbroek, R.; Schmidt, D. N.; Alexander, P.; Børsheim, K. Y.; Carnicer, J.; Georgopoulou, E.; Haasnoot, M.; Le Cozannet, G.; Lionello, P.; Lipka, O.; Möllmann, C.; Muccione, V.; Mustonen, T.; Piepenburg, D.; Whitmarsh, L. (2022): Europe. In: Pörtner, H.-O. et al. (Hrsg.): Climate Change 2022: Impacts, Adaptation and Vulnerability. Contribution of Working Group II to the Sixth Assessment Report of the Intergovernmental Panel on Climate Change: 1817–1927. Cambridge University Press, Cambridge, UK and New York, NY, USA.

Bouillon, J. (2001): Dendrologische Betrachtungen zu Sempervirenz, Winterhärte und Verwendbarkeit wintergrüner und immergrüner Laubgehölze. Mitt. Deutsch. Dendrol. Ges. 86: 27–46.

Brand, S. (2008): Das Meso- und Mikroklima. Eberhard-Karls-Universität Tübingen, Geographisches Institut. https://homepages.uni-tuebingen.de/stefan.klotz/seiten/Klimawandel/S.Brand.pdf, Zugriff 10.10.2023.

Chapman, L.; Thornes, J. E. (2003): The use of geographical information systems in climatology and meteorology. Progress in Physical Geography 27 (3): 313–330.

Daly, C. (2006): Guidelines for assessing the suitability of spatial climate data sets. International Journal of Climatology 26 (6): 707–721.

Daly, C.; Halbleib, M.; Smith, J. I.; Gibson, W. P.; Doggett, M. K.; Taylor, G. H.; Curtis, J.; Pasteris, P. (2008): Physiographically sensitive mapping of climatological temperature and precipitation across the conterminous United States. International Journal of Climatology 28 (15): 2031–2064.

Daly, C., Widrlechner, M. P., Halbleib, M. D., Smith, J. I. & Gibson, W. P. (2012): Development of a New USDA Plant Hardiness Zone Map for the United States. Journal of Applied Meteorology and Climatology 51 (2): 242–264.

Dottle, R.; Koerth, M. (2017): Two Government Agencies. Two Different Climate Maps. FiveThirtyEight. ABC News. https://fivethirtyeight.com/features/two-government-agencies-two-different-climate-maps/, Zugriff 18.10.2023.

Drude, O. (1900): Untersuchungen über klimatische Grenzen exotischer Bäume in Deutschland. Mitt. Deutsch. Dendrol. Ges. 9: 48–56.

DWD [Deutscher Wetterdienst] (2022): Wetter- und Klimalexikon. https://www.dwd.de/DE/service/lexikon/Functions/glossar.html?lv2=101640&lv3=101726, Zugriff 10.10.2023.

Esri (2022): ArcGIS Pro Hilfe. https://pro.arcgis.com/de/pro-app/2.8/help/main/welcome-to-the-arcgis-pro-app-help.htm, Zugriff 13.12.2022.

Fally, J.; Fischer, M. A. (2015): Nordöstliches Leithagebirge. http://burgenlandflora.at/schutzgebiet/nordoestliches-leithagebirge/, Zugriff 10.12.2022.

Glaser, R.; Hauter, C.; Faust, D.; Glawion, R.; Saurer, H.; Schulte, A.; Sudhaus, D. (2010): Physische Geographie kompakt. Spektrum Akad. Verl., Heidelberg.

Gloning, P.; Estrella, N.; Menzel, A. (2013): The impacts of climate change on the winter hardiness zones of woody plants in Europe. Theor Appl Climatol 113 (3–4): 683–695. DOI: 10.1007/s00704-012-0817-5.

Häckel, H. (1990): Meteorologie. UTB 1338. Ulmer, Stuttgart.

Haylock, M. R.; Hofstra, N.; Klein Tank, A. M. G.; Klok, E. J.; Jones, P. D.; New, M. (2008): A European daily high-resolution gridded data set of surface temperature and precipitation for 1950–2006. J. Geophys. Res. 113 (D20). DOI:10.1029/2008JD010201.

Heinemann, G.; Helbig, A. (2018): Klimatologie des Naturparks Saar – Hunsrück. Umweltmeteorologie Universität Trier.

Heinze, W.; Schreiber, D. (1984): Eine neue Kartierung der Winterhärtezonen für Gehölze in Mitteleuropa. Mitt. Deutsch. Dendrol. Ges. 75: 11–56.

Hupfer, P.; Kuttler, W.; Chmielewski, F.-M.; Pethe, H. (2005): Witterung und Klima. Eine Einführung in die Meteorologie und Klimatologie. Vieweg+Teubner Verlag, Wiesbaden.

Krivoruchko, K.; Gribov, A. (2019): Evaluation of empirical Bayesian kriging. Spatial Statistics 32: 100368.

Kuttler, W. (2009): Klimatologie. UTB 3099, Ferdinand Schöningh, Paderborn.

NordNordWest (2008): File:Grossgliederung Europas.png. https://commons.wikimedia.org/wiki/File:Grossgliederung_Europas.png, Zugriff 19.10.2023.

Oliver, M. A.; Webster, R. (2014): A tutorial guide to geostatistics: Computing and modelling variograms and kriging. CATENA 113: 56–69.

Ouellet, C. E.; Sherk, L. C. (1967a): Woody Ornamental Plant Zonation: I. Indices of Winterhardiness. Canadian Journal of Plant Science 47 (3): 231–238. https://cdnsciencepub.com/doi/pdf/10.4141/cjps67-044, Zugriff 20.10.2023.

Ouellet, C. E.; Sherk, L. C. (1967b): Woody Ornamental Plant Zonation: II. Suitability Indices of Localities. Canadian Journal of Plant Science 47 (4): 339–349. https://cdnsciencepub.com/doi/pdf/10.4141/cjps67-064, Zugriff 20.10.2023.

Ouellet, C. E.; Sherk, L. C. (1967c). Woody Ornamental Plant Zonation: III. Suitability Map for the Probable Winter Survival of Ornamental Trees and Shrubs. https://cdnsciencepub.com/doi/pdf/10.4141/cjps67-065, Zugriff 20.10.2023.

Rauthe, M.; Steiner, H.; Riediger, U.; Mazurkiewicz, A.; Gratzki, A. (2013): A Central European precipitation climatology – Part I: Generation and validation of a high-resolution gridded daily data set (HYRAS). Meteorologische Zeitschrift 22 (3): 235–256.

Schönwiese, C.-D. (2020): Klimatologie. Grundlagen, Entwicklungen und Perspektiven. UTB 1793. Ulmer, Stuttgart.

USDA [United States Department of Agriculture] (1960): Plant Hardiness Zone Map for the United States. USDA Misc. Publ. 814.

USDA-ARS [United States Department of Agriculture - Agricultural Research Service] (2023): 2023 USDA Plant Hardiness Zone Map. https://planthardiness.ars.usda.gov/. Zugriff 20.11.2023.

Vogt, S. (o. J.): Kaltluftseen in der Schweiz – La Brévine. https://kaltluftseen.ch/la-brevine/, Zugriff 19.10.2023.

Weischet, W.; Endlicher, W. (2018): Einführung in die allgemeine Klimatologie. Gebr. Borntraeger Verlagsbuchhandlung, Berlin, Stuttgart.

Wulff, E. (2022): Eine neue Winterhärtezonenkarte für Europa. Forschungsbericht. Hochschule Osnabrück (unveröffentlicht).

Wulff, E. (2023): Erstellung einer neuen Winterhärtezonenkarte für Europa unter Berücksichtigung mesoklimatischer Effekte. Masterarbeit. Hochschule Osnabrück (unveröffentlicht).

Würflinger, R.; Bergant, S.; Lemberger, I. (2022): Naturpark Neusiedler See – Leithagebirge. https://www.bluehendesoesterreich.at/partner/naturpark-neusiedler-see-leithagebirge, Zugriff 10.10.2023.

Zhu, X. (2016): GIS for Environmental Applications. A practical approach. Taylor and Francis, Abingdon.

Kartenmaterial und Datensätze

BEV [Bundesamt für Eich- und Vermessungswesen] (2021): DGM-Rasterweite_100 m_15.04.2021. https://www.bev.gv.at/portal/page?_pageid=713,2601273&_dad=portal&_schema=PORTAL, Zugriff 10.12.2022.

BKG [Bundesamt für Kartographie und Geodäsie] (2022): Digitales Geländemodell Gitterweite 200 m (DGM200). https://gdz.bkg.bund.de/index.php/default/digitales-gelandemodell-gitterweite-200-m-dgm200.html, Zugriff 10.12.2022.

Bundesamt für Landestopografie swisstopo (2022): DHM25/200m. https://www.swisstopo.admin.ch/de/geodata/height/dhm25200.html#links, Zugriff 10.12.2022.

CLMS (Copernicus Land Monitoring Service) (2022): EU-DEM v1.0. https://land.copernicus.eu/imagery-in-situ/eu-dem/eu-dem-v1-0-and-derived-products/eu-dem-v1.0, Zugriff 10.12.2022.

CLMS (Copernicus Land Monitoring Service) (2022): Aspect. https://land.copernicus.eu/imagery-in-situ/eu-dem/eu-dem-v1-0-and-derived-products/aspect, Zugriff 10.12.2022.

CLMS (Copernicus Land Monitoring Service) (2022): Slope. https://land.copernicus.eu/imagery-in-situ/eu-dem/eu-dem-v1-0-and-derived-products/slope, Zugriff 10.12.2022.

CMLS (Copernicus Land Monitoring Service) & EEA (European Environment Agency) (2019): EU-Hydro – River Network Database, Version 1.3. https://land.copernicus.eu/imagery-in-situ/eu-hydro/eu-hydro-river-network-database?tab=download, Zugriff 10.12.2022.

Cornes, R.; van der Schrier, G.; van den Besselaar, E. J. M.; Jones, P. D. (2018): An Ensemble Version of the E-OBS Temperature and Precipitation Datasets, J. Geophys. Res. Atmos. 123. DOI: 10.1029/2017JD028200

EEA [European Environment Agency] (2022): WISE Large rivers and large lakes. https://www.eea.europa.eu/data-and-maps/data/wise-large-rivers-and-large-lakes, Zugriff 10.12.2022.

EuroGeographics (2020): Countries 2020. https://ec.europa.eu/eurostat/web/gisco/geodata/reference-data/administrative-units-statistical-units/countries, Zugriff 10.12.2022.

Earthstar Geographics (2022): Bilddaten. https://www.arcgis.com/apps/View/index.html?appid=504e3ff67457481e839bb941a709350f, Zugriff 13.12.2022.

L'Administration de la Navigation Aérienne du Luxembourg (2022): Digital Terrain Model (Standard ICAO). Le Gouvernement du Grand-Duché de Luxembourg. https://data.public.lu/en/datasets/digital-terrain-model-standard-icao-2/#, Zugriff 10.12.2022.

Autoren:
Elena Wulff
Drususstraße 28
40549 Düsseldorf
E-Mail: elena.wulff@web.de

Prof. Dr. Jürgen Bouillon
Hochschule Osnabrück
Am Krümpel 31
49090 Osnabrück
E-Mail: j.bouillon@hs-osnabrueck.de

Mitt. Deutsch. Dendrol. Ges. (MDDG)	109	99–105	2024	ISBN 978-3-494-01982-6

Die beiden „Olympia-Ölbaume“ der Insel Kreta

Friedrich Ernst Beyhl

Abstract

Two “Olympia olive trees” on the island of Crete

Two more than 3000 years old olive trees (*Olea europaea* L.) growing on the island of Crete are described which still bear olives. Their twigs were used for olive wreaths of the winners in the Athenean Olympic Games of 2004.

Zusammenfassung

Zwei über 3000 Jahre alte Ölbäume (*Olea europaea* L.) der Insel Kreta werden beschrieben, die noch heute Oliven tragen und die wegen ihres Alters bei den modernen Olympischen Spielen von 2004 in Athen Zweige für die Siegeskränze der Spielgewinner und -gewinnerinnen lieferten.

Ölbäume (*Olea europaea* L.) werden seit alters her kultiviert (Boardman 1976, Galili et al. 1989, Salavert 2008, Besnard et al. 2018). Sie können, wie man weiß, recht alt werden und trotzdem immer noch reichlich Früchte tragen. Solche uralten Bäume sind über das ganze Mittelmeergebiet verbreitet (Arnan et al. 2012, Anestiadou et al. 2017, Ninot et al. 2018, Beyhl 2019, Konodotsiotis 2020). Ölbäume werden durch Stecklinge oder durch Pfropfung vermehrt. Als Pfropfunterlage angepflanzter Ölbäume dient meist der **Wilde Ölbaum** (*O. europaea* var. *silvestris* = *O. europaea* var. *oleaster* Hoffmanns. & Link), der dann in vielen Jahren, zusammen mit dem aufgepfropften Reis, den dicken Stamm bildet. Die Stämme dieser Methusalems haben mit der Zeit sehr eigenartige Formen angenommen, können verdreht sein oder Wülste tragen und sind zumeist hohl. Man schneidet die Kronenäste häufig zurück, um fertilen Jungaustrieb zu erhalten und somit höhere Erträge zu erwirtschaften, und pfropft oft auch jüngere Reiser auf, sogar solche von anderen, ertragreicheren Sorten. Die Kronen haben daher nicht unbedingt mehr ihre „natürliche“ Größe und Gestalt.

Exakte Altersbestimmungen von sehr alten Ölbäumen stoßen auf zwei Probleme: Zum einen sind die Jahresringe häufig infolge unregelmäßigen Wachstums nicht sehr deutlich ausgeprägt oder fehlen sogar oft (Cherubini et al. 2013). Das geht einerseits auf verschieden lange oder ganz ausfallende Wachstumsphasen während eines oder mehrerer Jahre infolge jahreszeitlicher Wetterunterschiede zurück, andererseits auch auf die vollkommen unregelmäßigen Stammquerschnitte („*complex physiognomy*“ bei Maravelakis et al. 2012). Zum anderen sind, wie erwähnt, diese Stämme zudem meist hohl, so dass die zum Zählen nötigen Jahresringe einfach fehlen und daher auch C14-Datierungen des alleráltesten, innersten Stammteils unmöglich sind.

Kreta trägt etwa auf einem Viertel der Inselfläche Ölbaumkulturen, und das daraus erzielte Olivenöl gilt als das „flüssige Gold Kretas“. Dort kann man an vielen Stellen solche Ölbaum-Veteranen antreffen. Zwei davon, die aus mehreren Gründen besonders bemerkenswert sind, seien hier näher beschrieben.

Der erste dieser beiden Bäume ist der **Ölbaum von Kavúsi** (Καβουσι), der auch als **Ölbaum von Azoriás** („Μνημιακη Ελια Αζορια“) bekannt ist, in der Region Hierapetra (O-Kreta). Seine geographischen Daten sind 35° 06’ 54.68” N 25° 52’ 01.2” O. Seine durchschnittliche Kronenbreite wurde aus der Google-World-Karte ermittelt, und zwar zu 11,8 ± 1,5 m (Mittelwert aus 6 Einzelwerten), und daraus aus von im Internet publizierten Fotos seine Höhe zu 8,2 ± 1,8 m (Mittelwert aus 2 Einzelwerten), die durchschnittliche Stammdicke zu 3,8 ± 0,2 m (Mittelwert aus 4 Einzelwerten)

Abb. 1: Ölbaum von Kavusi.

Abb. 2: Ölbaum von Kavusi. Der auf einer Seite mit Steinen abgestützte hohle Stamm.

Abb. 3: Hinweisschild auf den Ölbaum von Kavusi (Urheber: Die Kretische Ölbaumgesellschaft).

und die durchschnittliche Breite des Stammfußes zu 6,2 ± 1,2 m (Mittelwert aus 4 Einzelwerten) errechnet. Die eigenen Messungen dieser Werte vor Ort ergaben folgendes: Kronenbreite: 13,2 ± 5,5 m (Mittelwert aus 6 Einzelwerten), Gesamthöhe: 7,3 ± 1,8 m (Mittelwert aus 5 Einzelwerten), Stammdicke (an der schmalsten Stelle des Stammes gemessen): 1,7 ± 0,6 m (Mittelwert aus 12 Einzelwerten) und Stammfußbreite: 4,3 ± 0,7 m (Mittelwert aus 5 Einzelwerten). Die gemessenen Werte zeigen sowohl große Streuungen und als auch Abweichungen von den aus den Internet-Fotos ermittelten Werten. Allerdings ist der Baum auch nicht symmetrisch aufgebaut (Abb. 1), denn der Stamm ist auf seiner Außenseite durch Einbuchtungen, Wülste und Rillen äußerst unregelmäßig geformt und Krone, Stamm und Stammfuß haben keine auch nur annähernd kreisförmigen Querschnitte,

Das Alter dieses Baumes, auf den ein großes Schild hinweist (Abb. 3) und der von einem niedrigen Zaun umgeben ist, wird auf 3200–3300 Jahre geschätzt. Er trägt immer noch Oliven, wenn auch nicht unbedingt jedes Jahr, was übrigens bei allen Ölbäumen der Fall ist. Der mächtige Stamm ist hohl, an einer Seite offen und innen zum Teil mit einer Art Steinmauer gestützt (Abb. 2); zudem ist er nur 1,9 ± 1,0 m hoch (Mittelwert aus 5 Einzelwerten), so als wäre er vor sehr langer Zeit einmal gekappt worden oder abgebrochen und hätte danach um die Schnitt- bzw. Bruchfläche herum neue Triebe ausgebildet, welche die heutigen Verzweigungen darstellen. Diese Zweige könnten allerdings auch auf damals aufgepfropfte Reiser zurückgehen.

Der Ort **Azoriás**, nach dem dieser Baum einen seiner zwei Namen trägt, ist ein naheliegendes minoisches Ruinenfeld (Boyd 1910), das viel weniger bekannt ist als die Ruinenstätten von Knossós, Phaestós, Mallia und Hagía Triáda. Die Ortsnamen **Azoriás** und **Kavúsi** entstammen dem kretischen Dialekt; der erste bedeutet „**Stinkstrauch**" (*Anagyris foetida* L., auf Neugriechisch αζογυρας und αζογερας, in Kreta αζοριας) und der zweite „Wasserquelle".

Der zweite uralte Baum ist der **Ölbaum von Áno Vúves** (Ανω Βουβες) in der an Ölbäumen überreichen Region Kolymbari (W-Kreta). Seine geographischen Daten sind 35° 29' 12.7" N 23° 47' 12.7" O. Auch bei ihm wurde aus der Google-World-Karte seine durchschnittliche Kronenbreite ermittelt, und zwar zu 8,7 ± 1,2 m (Mittelwert aus 4 Einzelwerten), und daraus an im Internet publizierten Fotos seine Höhe zu 6,7 ± 0,9 m (Mittelwert aus 6 Einzelwerten), die durchschnittliche Stammdicke zu 2,8 ± 0,6 m (Mittelwert aus 6 Einzelwerten) und die durchschnittliche Breite des Stammfußes zu 4,4 ± 0,7 m (Mittelwert aus 4 Einzelwerten) bestimmt. Eigene Messungen aller dieser Werte direkt am Baum ergaben eine durchschnittliche Kronenbreite von 5,7 ± 0,1 m (Mittelwert aus 3 Einzelwerten), eine Höhe von 7,4 ± 0,5 m (Mittelwert aus 4 Einzelwerten), die durchschnittliche Stammdicke von 2,9 ± 0,7 m (Mittelwert aus 6 Einzelwerten) und die durchschnittliche Stammfußbreite von 3,8 ± 0,5 m (Mittelwert aus 4 Einzelwerten). Die Stammdicke wurde an der engsten Stelle des Stammes gemessen.

Der Baum ist von einem kleinen, niedrigen Mäuerchen umgeben (Abb. 4). Der ebenfalls auf der Außenseite total unregelmäßig geformte (Abb. 5a) und hohle Stamm ist oben und an einer Seite offen und steht teilweise auf ca. 10 cm hohen Wurzeln wie auf Stelzen (Abb. 5b); somit ist das Stamminnere sowohl von unten als auch von der Seite als auch von oben für Luft und für Tiere

Abb. 4: Ölbaum von Ano Vouves.

Abb. 5a: Ölbaum von Ano Vouves. Das obere Ende des hohlen Stammes.

Abb. 5b: Ölbaum von Ano Vouves. Blick von oben in das hohle Stamminnere mit den Lücken am Stammfuß.

zugänglich. Einer der Hauptäste wurde schon vor längerer Zeit zurückgeschnitten, ohne dass sich rund um diese Schnittfläche neue Triebe gebildet hätten, wie es an sich bei Ölbäumen üblich ist.

Der Stamm ist in etwa 3 m Höhe gepfropft, wie man deutlich erkennen kann. Der untere Teil des Stamms konnte durch Genanalyse als ein Wild-Ölbaum identifiziert werden (Bombarely et al. 2021). Durch 3-D-Laser-Scanning konnte man ein dreidimensionales Modell des Stammes herstellen (Maravelakis et al. 2012). Wegen der im hohlen Stamminneren fehlenden Jahresringe ist das Alter des Baums nur zu schätzen. Man nimmt ein Alter von 3000–5000 Jahren an. Er könnte also bereits in minoischer Zeit existiert und die vielen seitdem verflossenen Jahrhunderte und Kulturen erfolgreich überdauert haben!

Trotz seines hohen Alters trägt der Baum, der sich übrigens in Privatbesitz befindet, immer noch reichlich Früchte, und seine Oliven liefern immer noch ein vorzügliches Öl. Diesen Baum hat man 1990 zum Naturdokument erklärt.

Abb. 6a: Ölbaummuseum. Hof und Museumseingang.

Abb. 6b: Ölbaummuseum. Sammelkörbe und verschiedene Metallgeräte.

In direkter Nähe zu diesem Baum ist in einem traditionellen kretischen Haus (Abb. 6a), zu dem ein Hinweisschild führt, seit 2009 ein sehr sehenswertes Museum, das „**Olive Tree Museum of Vouves**“, welches die historisch-traditionellen Methoden und Gerätschaften der Olivenernte und der Gewinnung und Lagerung von Olivenöl zeigt (Abb. 6b). Außerdem stehen in der direkten Nähe des Hauses noch die Überreste einer alten Ölfabrik, auf die das Schild ebenfalls hinweist.

Diese beiden Bäume, der von Kavousi und der von Ano Vouves, gelten als die ältesten Exemplare der Insel Kreta und nehmen somit dort eine besondere, herausragende Stellung ein:

Bei der Olympiade von 2004 in Athen bekamen die Sieger und Siegerinnen des Marathonlaufs nach altgriechischer Tradition je einen Kranz aus Ölzweigen auf den Kopf, wobei man hierzu vorher die Zweige in je einer feierlichen Zeremonie an gerade diesen beiden besonderen Bäumen abgeschnitten hatte. Und zwar erhielten die Siegerinnen den Kranz aus Zweigen des Baums von Kavúsi und die Sieger den aus Zweigen des Baums aus Ano Vouvés. Dies geht auf den Brauch der antiken Olympiaden, bei dem die Sieger einen Kranz von Zweigen des wilden Ölbaums erhielten, und auf den des athenischen Marathonlaufs zurück, bei dem die Sieger einen Kranz aus einem Zweig des heiligen Ölbaums bekamen, den Athene ehemals selbst auf die Akropolis von Athen gepflanzt hatte (Kalogeraki o. J.). Schon immer ist der Kranz das Symbol für Sieger und für Herrscher oder für andere herausgehobene Personen, aber auch für bestimmte Anlässe. Man kennt Sieges-, Maien-, Braut- und Grabkränze, und Jesus wurde bei seiner Hinrichtung mit dem aus Dorngezweig hergestellten „Dornenkranz“ (der „Dornenkrone“), als „König“ verhöhnt. Das lateinische Wort für Kranz ist übrigens *corona* (aus dem Griechischen koróne (κορωνη) „Ring, Kranz, Reif, gebogener Gegenstand“, außerdem auch „Krähe“), woraus später das Wort Krone (sozusagen: „Metallkranz“) entstanden ist. Bekanntlich wird das Wort „Krone“ auch für den Teil des Baumes benutzt, der oben auf dem Stamm „thront“ und das Laub des Baumes trägt. Der altgriechische Siegeskranz aus Ölzweigen, der eigentlich nur aus einem einzigen im Kreis geflochtenen Zweig bestand, hieß auf Griechisch *kótinos* (κοτινος). Dieses Wort beziehungsweise die Variante *kotinás* (κοτινας) ist auch der griechische Name für den **Wilden Ölbaum** (Bailly 1935, Liddell & Scott 1940), der in der Neuzeit für den botanischen Namen *Cotinus coccygria* Scop. (= *Rhus cotinus* L.), des **Perückenstrauches**, verwendet wurde.

Auf der Insel Kreta gibt es noch mehr ansehnliche alte Ölbäume. So steht nahe bei dem Methusalem von Ano Kavousi ein zweiter sehenswerter, wenn auch viel jüngerer Ölbaum. Und es sei hier nur kurz angemerkt, dass noch ein sehr bemerkenswerter uralter Ölbaum, der sogenannte **Erhabene Ölbaum** (*Elevated Olive Tree*, υψωμενη ελια), unweit des Ortes **Vatolakkos**, in ca. 10 km Entfernung vom Ölbaum von Ano Vouves, wächst und dass es im äußersten Westen Kretas den wohl größten Ölbaum der Insel, nämlich den **Ölbaum von Aerinós**, gibt. Aber darüber soll an dieser Stelle nicht berichtet werden, zumal diese beiden Bäume keine Rolle für den Sport spielen.

Olivenöl ist ein Hauptbestandteil der bekannten „mediterranen Diät” und mit ein Grund dafür, dass diese so wertvoll und gesund ist. Vor allem hat das „extra native Öl“ („*extra vergin* oil“, EVOO) diesen Effekt. Das ist auf zwei biologisch aktive Inhaltsstoffe des Ölbaums zurückzuführen, nämlich **Oleocanthal** in Oliven und Öl (Cicerale & Keast 2010, Parkinson & Keast 2014) und **Oleuropein** in Ölbaumblättern (Sudjana et al. 2009, Omar 2010). Diese beiden Naturstoffe haben äußerst positive Wirkungen auf den menschlichen Stoffwechsel (Beauchamp et al. 2005, El & Karakaya 2009, Lucas et al. 2011, LeGendre et al. 2016, George et al. 2019, El Haouari et al. 2020, Lozano-Castellón et al. 2020, Basdeki et al. 2020). Neuerdings wird Olivenöl auch als Futtermittelbestandteil für die Geflügelhaltung (engl. „poultry production“) propagiert (Bilal et al. 2021) – diese Bezeichnung von „Tierhaltung“ als „Produktion” spricht übrigens Bände!

Alle Anbildungen vom Verfasser (2022).

Literatur

Anestiadou, K.; Nikoloudakis, N.; Hagidimitriou, M.; Katsiotis, A. (2017): Monumental olive trees of Cyprus contributed to the establishment of the contemporary olive germplasma. PloS ONE 12 (11) e01 87697. https://doi.org/10.1371/journal.pone.0187697.

Arnan, X.; López, C.; Martínez-Vilalta, J.; Estorach, M.; Poyatos, R. (2012): The age of monumental olive trees (Olea europea) in northeastern Spain. Dendrochronologia 30: 11–14.

Bailly, A. (1935): Dictionnaire Grec Français. 11. Aufl., redigiert v. É. Egger. Hachette, Paris.

Basdeki, E.; Salis, C.; Hgidimitriou, M. (2020): The effects of Mediterranean diet and EVOO consumption in relation to human health. Notulae Scientia Biologicae 12 (3): 466–485. DOI:10.15835/nsb12310748.

Beauchamp, G. K.; Keast, R. S. J.; Morel, D.; Lin, J.; Pika, J.; Han, Q.; Lee, C. H.; Smith, A. B.; Breslin, P. A. (2005): Ibuprofen-like activity in extra-virgin olive oil. Nature 437: 45–46.

Besnard, G.; Terral, J.-F.; Cornille, A. (2018): On the origins and domestication of the olive: a review and perspective. Annals of Botany 121: 385–403.

Beyhl, F. E. (2019): Der uralte Ölbaum von Exochora auf der Insel Zakynthos. Ginkgoblätter 158: 21–24.

Bilal, R. M.; Liu, Ch.; Zhao, H.; Wang, Y.; Farag, M. R.; Alagawany, M.; Faiz-ul-Hassan; Elnesr, S. S.; Elwan, H. A. M.; Qiu, H.; Lin, Q. (2021): Olive Oil: Nutritional Applications, Beneficial Health Aspects and its Prospective Application in Poultry Production. Front. Pharmacol. 12: 723040. Doi: 10.3389/fphar.2021.723040.

Boardman, J. (1976): The olive in the Mediterranean: its culture and use. Phil. Trans. R. Soc. Lond., Biol. Sci., 275: 187–196.

Bombarely, A.; Doulis, A. G.; Lambrou, K. K.; Zioutis, C.; Margaritis, E.; Koubouris, G. (2021): Elucidation of the Origin of the Monumental Olive Tree of Vouves in Crete, Greece. Plants 2021, 10: 2374. https://doi.org/10.3390/plants10112374.

Boyd, H. A. (1901): Excavations at Kavousi, Crete, in 1900. Amer. J. Archaeol. 5 (2): 125–157.

Cherubini, P.; Humbel, T.; Beeckmann, H.; Gärtner, H.; Mannes, D.; Pearson, C.; Schoch, W.; Tognetti, R.; Lev-Yadun, S. (2013): Olive Tree-Ring Problematic Dating: A Comparative Analysis on Santorini (Greece). PloS ONE, 8: e54730. http://dx.doi.org/10.1371/journal.pone.0054730

Cicerale, S.; Keast, R. S. J. (2010): Oleocanthal, a Naturally Anti-Inflammatory Compound in Extra Virgin Olive Oil. Anti-Inflammatory & Anti-Allergy Agents in Medicinal Chemistry 9 (2): 94–100. DOI:10.2174/187152310791110607.

El, S. N.; Karakaya, S. (2009): Olive tree (*Olea europaea*) leaves: potential beneficial effects on human health. Nutrition Reviews 67 (11): 632–638. doi: 10.1111/j.1753-4887.2009.00248.x.

El Haouari, M.; Quintero, J. E.; Rodado, J. A. (2020): Anticancer molecular mechanisms of oleocanthal. Phytotherapy Research 34 (11): 2820–2834.

Galili, E.; Weinstein-Evron, M.; Zohary, D. (1989): Appearance of olives in submerged Neolithic sites along the Carmel coast. Mitekufat Haeven: J. Israel Prehist. Soc. 22: 95–97.

George, E. S.; Marshall, S.; Mayr, H. L.; Trakman, G. L.; Tatucu-Babet, O. A.; Lassemillante, A. C. M.; Bramley, A.; Reddy, A. J.; Forsyth; A.; Tierney, A. C.; Thomas, C. J.; Itsiopoulos, C.; Marx, W. (2019): The effect of extra virgin olive oil on cardiovascular risk factors: A systematic review and meta-analysis. Critical Reviews in Food Science and Nutrition 59 (17): 2772–2795.

Kalogeraki, S. (o. J.): Olive Oil – way of long life. Mediterraneo Editions, Rethymnon.

Konodotsiotis, S. (2020): Registration and Promotion of Monumental Olive Trees in Greece. Advances in Social Sciences Res. J. 7 (4): 107–121. DOI: 10.14738/assrj.74.7977.

LeGendre, O.; Breslin, P. A. S.; Foster, D. A. (2016): Oleocanthal rapidly and selectively induces cancer cell death via lysosomal membrane permeabilization. Molecular & Cellular Oncology 2: 4 e 1006077. DOI: 10.1080/23723556.2015.1006077.

Liddell, H. G; Scott, R. (1940): A Greek-English Lexicon, revised and augmented throughout by, Sir Henry Stuart Jones, with the assistance of, Roderick McKenzie). Clarendon Press, Oxford.

Lozano-Castellón, J.; López-Yerena, A.; Rinaldi di Alvarenga, J. F.; Romero del Castillo-Alba, J.; Vallverdú-Queralt, A.; Escribano-Ferrer, E.; Lamuela-Raventós, R. M. (2020): Health-promoting properties of oleocanthal and oleacein: Two secoiridoids from extra-virgin olive oil. Critical Reviews in Food Science and Nutrition 60 (15): 2532 –2548.

Lucas, L.; Russell, A.; Keast, R. (2011): Molecular Mechanism of Inflammation. Anti-Inflammatory Benefits of Virgin Olive Oil and the Phenolic Compound Oleocanthal. Current Pharmaceutical Design. 17 (8): 754–768. doi: 10.214/138161211795428911.

Maravelakis, E.; Bilalis, N.; Mantzorou, I.; Konstantaras, A.; Antoniadis, A. (2012): 3D modelling of the oldest olive tree of the world. IJCER (Internatl. J. of Computational Engineering Res.) 2 (2): 340–347.

Ninot, A.; Howad, W.; Aranzana, M. J.; Senar, R.; Romero, A. Í; Mariotti, R.; Baldoni, L.; Belaj,

A. (2018): Survey of over 4,500 monumental olive trees preserved on-farm in the northeast Iberian Peninsula, their genotyping and characterization. Scientia Horticulturae 231: 253–264. https://doi.org/10.1016/j.Scienta.2017.11.025.

OMAR, S.H. (2010): Oleuropein in Olive and its Pharmacological Effects. Sci. Pharm. 78: 133–154. http://dx.doi.org/10.3797/scipharm.0912-18

PARKINSON, L.; KEAST, R. (2014): Oleocanthal, a Phenolic Derived from Virgin Olive Oil: A Review of the Beneficial Effects on Inflammatory Disease. Int. J. Mol. Sci. 2014, 15: 12323–12334.

SALAVERT, A. (2008): Olive cultivation and oil production in Palestine during the early Bronze Age /3500 – 2000 B.C.): the case of Tel Yarmouth, Israel. Veget. Hist. Archaeobot. 17: 53–61. DOI 10.1007/s00334-008-0185-3.

SUDJANA, A.N.; D'ORAZIO, C.; RYAN, V.; RASOOL, N.; NG, J.; ISLAM, N.; RILEY, T.V.; HAMMER, K. H. (2009): Antimicrobial activity of commercial *Olea europaea* (olive) leaf extract. Int. J. Antimicrob. Agents 33 (5): 461–463. https://doi.org/10.1016/j.ijantimicag.2008.10.026

Autor:
Dr. FRIEDRICH ERNST BEYHL
Pfingstweidstraße 9
60316 Frankfurt am Main

Mitt. Deutsch. Dendrol. Ges. (MDDG)	109	106–121	2024	ISBN 978-3-494-01982-6

Ein dendrologischer Spaziergang durch den Kurpark und die Stadt Bad Ems an der Lahn

Volker André Bouffier

Abstract

A dendrological trip through the gardens of Bad Ems

Since July 24, 2021, Bad Ems has been part of the "Great Spa Town of Europe" UNESCO World Heritage Site. The spa town on the Lahn received this highest international award together with ten other spas in Europe, including Bad Kissingen and Baden-Baden in Germany. The special flair of the town is characterized by sophisticated spa architecture and attractive scenery and the well-tended gardens with old and sometimes rare trees and lush floral decorations.

The trees and shrubs of Bad Ems are described in this account.

Zusammenfassung

Seit dem 24. Juli 2021 ist Bad Ems als „Great Spa Town of Europe" Teil des UNESCO-Welterbes. Diese höchste internationale Auszeichnung erhielt der Kurort an der Lahn zusammen mit zehn weiteren Kurbädern in Europa, darunter Bad Kissingen und Baden-Baden in Deutschland. Zum besonderen Flair der von mondäner Bäderarchitektur geprägten, landschaftlich sehr reizvoll gelegenen Kurstädte tragen auch die gepflegten Gärten mit sehr altem und teils seltenem Baumbestand sowie üppigem Blumenschmuck bei.

Im Folgenden werden auf einem Rundgang insbesondere die Gehölze der Kurstadt Bad Ems beschrieben.

Der Kurpark von Bad Ems erstreckt sich überwiegend in einer Höhenlage von ca. 82 m unmittelbar an der Lahn entlang im Unteren Lahntal (Abb. 6 und 8), nach Norden durch den Westerwald und im Süden vom Taunus begrenzt (Abb. 1). Gegenüber den Hochlagen der umgebenden Mittelgebirge (ca. 300–500 m) ist die Vegetation in Bad Ems im Frühjahr schon meist zwei bis drei Wochen voraus. Früher baute man selbst Wein und Edel-Kastanien (*Castanea sativa*) im klimatisch begünstigten Lahntal an. So berichtete der um 1867 in der Kurstadt praktizierende Arzt Dr. Panthel: *„Ein üppiges Pflanzenleben tritt uns überall im Lahntale entgegen. Die höheren und steilen Bergpartien sind von Eichen-, Buchen- und Nadelholzwaldungen eingenommen; an den tieferen Gehängen finden wir Trauben, Aprikosen, Kastanien und andere edle Obstsorten in Fülle und vortrefflicher Qualität.*"

Die Anlage der Kurgärten französischer Art gehen bis ins späte 17. Jh. zurück und enthalten vor allem im später entstandenen englischen Gartenteil bis heute einige „edle" Gehölze und Alleen, die den Typus gepflegter „Kurpark" mit ausmachen.

Wir beginnen den Rundgang im Westen der Stadt, wo mehrere Parkplätze und Parkhäuser vorhanden sind. Im Kur- und Stadtmuseum Bad Ems (Römerstraße 97, Nr. 1 in Abb. 1) wird auf die Geschichte des Welt- und Kaiserbades gebührend eingestimmt.

Von der Kirche St. Martin (Viktoriaallee 28, Nr. 1 in Abb. 1) führt der Weg lahnaufwärts Richtung Südosten. Dabei werden im Folgenden (Parkpartien und) Gehölze beschrieben, von denen teils das Alter und der Stammumfang (im Folgenden StU) ermittelt wurden. Die Vermessungen von Bernd Plenz in 1 m Höhe sind im Text gekennzeichnet, alle anderen wurden vom Autor in 1,30 m im Februar 2022 (wenn nicht anders vermerkt) vorgenommen.

Nach den sehr trockenen und warmen Jahren 2018–2020 und 2022 konnte im ganzen Lahntal, oft in SW-Exposition und mit zunehmender Flachgründigkeit der Böden, insbesondere ein Ab-

Abb. 1: Blick von der Bäderlei nach Westen über die mondäne Bäderarchitektur (Nr. 9, 11–13), Alleen und Promenaden (Nr. 4, 5) zum Kurpark (Nr. 3) in Bad Ems. © Touristinformation Bad Ems (21.9.2004).

Abb. 2: Eine von zwei Baumreihen mit fünf *Acer saccharinum* an der Kirche St. Martin, dahinter ein „schütterer" Bergmammutbaum (23.02.2022).

Abb. 3: Doppelstämmige *Metasequoia glyptostroboides*, im Hintergrund *Cedrus deodara* ganz in der Nähe des Badhauses (23.02.2022).

Abb. 4: Ca. 25-jährige *Sequoia sempervirens* in der Nähe des Badhauses im Morgenlicht. Foto: B. Plenz, 03.03.2022.

sterben der Waldparzellen aus Fichte (*Picea abies*) (Abb. 20) und Buche (*Fagus sylvatica*) beobachtet werden, während sich Eichen, wahrscheinlich auch die seltene submediterrane Flaum-Eiche (*Quercus pubescens*) (Nr. 2 in Abb. 1, Abb. 19), Elsbeeren (*Sorbus torminalis*) und der hier vereinzelt vorkommende Burgen-Ahorn (*Acer monspessulanum*) an den Trockenhängen gut behaupteten.

Im Kurpark stell(t)en ein Gärtnermeister (Fachbereich Baumschule) und fünf Gärtner die Pflege und Bewässerung der Gehölze sicher und verhinderten Trockenschäden.

Intensiver Pflege bedürfen zwei um 1950 gepflanzte, jeweils fünf Bäume umfassende Baumreihen (die stärksten mit bis 2,85 m StU) des sehr schnellwüchsigen Silber-Ahorns (*Acer saccharinum*, Abb. 2), der bereits Ende Februar im Saft und initialer Blüte steht, neben der Kirche St. Martin (s. Nr. 1 in Abb. 1). Zwei Silber-Ahorne mussten 2021 gefällt werden, da holzzersetzende Pilze die Standsicherheit gefährdeten. Sie werden durch langlebigere Trauben-Eichen (*Quercus petraea*) ersetzt, die zu den bevorzugten „Klimawandelgehölzen" zählen.

Den westlichen Eingang des Kurparks passierend (s. Nr. 3 in Abb. 1), fällt eine eher selten zu sehende Himalaja-Zeder (*Cedrus deodara*) ins Auge,

Abb. 5: Der alte/stärkste *Ginkgo biloba* im Kurpark, 3,66 m StU im August 2020 (23.02.2022).

Abb. 6: Der alte Tulpenbaum (3,54 m StU im Februar 2022) überragt den übrigen Baumbestand deutlich, im Hintergrund das barocke Haus Vier Türme und Badhaus im Kurpark (23.02.2022).

Abb. 7: Silber-Linde am Lahnufer mit Blick zum Concordiaturm (23.02.2022).

die im Jahre 1978 als ca. 10-jähriger Hochstamm gepflanzt wurde. Sie hat sich prächtig entwickelt (2,91 m StU, Abb. 3, hinter der *Metasequoia*); daneben stehen ein Mammutbaum (*Sequoiadendron giganteum*, 1,61 m StU), eine Blaue Atlas-Zeder (*Cedrus atlantica* 'Glauca', 1,31 m StU), ein tief zwieselnder Tulpenbaum (*Liriodendron tulipifera*, 2,04 m StU) und eine gerade (Mitte Februar) blühende Baum-Hasel (*Corylus colurna*, 1,29 m StU).

Auffällig ist ein vom Boden an zweistämmiger Urweltmammutbaum (*Metasequoia glyptostroboides*, 3,10 und 3,12 m StU in einer Höhe von 1,30 m, Messung Plenz, Abb. 3). Nördlich vom 1845 errichteten Badhaus mit ursprünglich 30 von der Neuquelle gespeisten Bädern (Römerstraße 41, Nr. 1 in Abb. 1) entfaltet sich eine starke Rosskastanie.

Entlang der Südseite des Badhauses notierte ich einen Berg-Ahorn (*Acer pseudoplatanus*, 2,62 m StU), einen in der Krone stark zurückgenommenen Spitz-Ahorn (*A. platanoides*, 3,24 m StU), eine durch ihre vielen „Beulen" am Stamm auffallende Rosskastanie (*Aesculus hippocastanum*, 2,34 m StU) sowie einen Amberbaum (*Liquidambar styraciflua*, 1,57 m StU).

Abb. 8: Ahornblättrige Platane und Blut-Buche mit Pfropfwulst (StU von 4,13 m) vor dem Haus Vier Türme (23.02.2022).

Dann fiel mir das seltenste Nadelgehölz des Gartens auf, ein Küstenmammutbaum (*Sequoia sempervirens*) (Abb. 4), den ein Reisender im Jahre 2000 als gerade einmal 0,70 m hohes Bäumchen aus Kalifornien mitbrachte und den Gärtnern anvertraute. Im September 2009 hatte er bereits einen StU von 1,09 m, am 4. Februar 2022 waren es dann unglaubliche 2,08 m, d. h., er hat in den letzten 12 bzw. 13 Jahren fast 1 m an StU zugelegt, das sind ca. 7,6 cm/a. In einer Höhe von ca. 10 m teilt sich sein Stamm in drei etwa gleich starke Teilstämme auf.

Den stärksten und ältesten Ginkgobaum (*Ginkgo biloba*) des Kurparks (Abb. 5) habe ich 2010 mit 3,37 m StU vermessen, 3,62 m waren es im April 2018 und 3,66 m im August 2020. Ein kleineres Exemplar am Lahnufer misst 0,75 m StU. Aufgrund des StU müsste der Altbaum noch aus der Zeit Ende des 19. Jh. stammen.

Nicht weniger prachtvoll ist ein alle anderen Bäume überragender Tulpenbaum (Abb. 6, Bildmitte) mit 3,35 m StU im September 2009 und 3,48 m StU im August 2020. Im Februar 2022 habe ich ihn nochmals mit nunmehr 3,54 m StU vermessen. Er hat wohl schon einige Gärtnergenerationen beeindruckt, denn in unmittelbarer Nähe, dicht an dem historischen, mit zwei Lampen bestückten, heute elektrifizierten Kandelaber, befindet sich ein weiteres Exemplar mit 2,05 m StU. Rechter Hand am Weg entlang Richtung Haus Vier Türme steht dann ein besonders wüchsiges Exemplar mit 2,63 m StU. Alle Exemplare haben in den letzten Jahren gut geblüht, doch fallen ihre Blüten im üppigen Laub nicht sonderlich auf, das besonders im „goldenen Oktober" zur Geltung kommt.

Der dem stärksten Tulpenbaum benachbarte Sämling einer Blut-Buche (*Fagus sylvatica* Atropurpurea-Gruppe) hat 3,82 m StU erreicht.

Eine weitere Blut-Buche mit deutlichem Pfropfwulst (Abb. 8) in der Nähe der bronzenen Skulptur „Daphne" weist hingegen einen StU von 4,13 m auf und ist besonders im Frühjahr im hellrot leuchtenden Laub eine Augenweide.

Der alte Baumbestand ist außerdem geprägt durch mehrere Rosskastanien, auch in der seltenen gefüllten Sorte 'Baumannii', deren Selektion auf die berühmte historische Baumschule BAUMANN in Bollwiller/Elsass zurückgeht (s. Beitrag MODANESE ab S. 157 in diesem Band).

Ein junger Baum der Roten Rosskastanie (*Aesculus ×carnea* 'Briotii', 0,63 m StU) ist nicht so anfällig gegenüber der Miniermotte und kann durch die schwach klebenden Knospen im Winter gut bestimmt werden. Das Laub der vielen alten, meist um 4 m starken, den Park dominierenden Rosskastanien wird hier gesondert eingesammelt und entsorgt.

Den Blick Richtung Badhaus zurückwerfend, sei noch auf einen 2009 neu gepflanzten, zu dieser Zeit 5-jährigen Blauen Mammutbaum (*Sequoiadendron giganteum* 'Glaucum') hingewiesen, der im Februar 2022 0,40 m StU und eine Höhe von 6 m erreicht hat. Im Alter entwickelt diese Sorte gegenüber der Art einen mehr schmal-säulenförmigen und schwächeren Wuchs.

Nur wenige Meter entfernt am Ufer der Lahn gedeiht eine Amerikanische Rot-Eiche (*Quercus rubra*, 3,18 m StU), deren Laub im Alter nicht mehr so gut färbt.

Die 1895 zum 100. Geburtstag von JOHANN CHRISTOPH FRIEDRICH VON SCHILLER gepflanzte Sommer-Linde (*Tilia platyphyllos*) hat einen StU von 2,50 m (Messung PLENZ), die in Deutschland weitaus seltenere Silber-Linde (*Tilia tomentosa*, 3,85 m StU, Abb. 7) ist stark nach Süden (zur Lahn hin) geneigt.

Eine Edel-Kastanie mit 1,78 m StU ist aktuell 47 Jahre (Pflanzung 1985 plus Pflanzalter) alt.

Hier steht eine zweite Baum-Hasel mit 1,63 m StU und eine vom Boden an dreistämmige Tulpen-Magnolie (*Magnolia ×soulangeana*) mit StU von 0,87, 0,95 und 0,96 m, die meist Ende März/Anfang April je nach Witterung ihre weiß-rosa Blüten entfaltet.

An der Ahornblättrigen Platane (*Platanus ×hispanica*) am Lahnufer (3,76 m StU, Abb. 8, höchster Baum) wurde bislang noch kein Befall von „Massaria" festgestellt.

Den englischen Garten verlassend, erreicht man das 1892 von PAUL OTTO erstellte Denkmal für Kaiser WILHELM I., das von einer solitären und weit ausladenden Tulpen-Magnolie mit 1,31 m StU in 0,90 m Höhe geschmückt wird (Abb. 9). Es zeigt ihn nicht in Uniform, sondern zivil gekleidet, die linke Hand auf einem stilisierten Eichenstamm mit langgestieltem Laub einer Trauben-Eiche ruhend (Abb. 9a und 9b). Er war zwischen 1839 und 1887 ein häufiger Gast in Bad Ems.

Der kaiserliche Blick leitet über eine von 5 Rosenbeeten (7 × 7 m mit Sorten 'Sarabande', 'Fanal', 'La Sevillana', 'Jos. Goui', 'Alain' und 'Montana') unterteilte Rasenfläche in Richtung Kursaalgebäude bzw. Spielbank (Abb. 10). Von Lorbeerkirschen in Formschnitt eingefasste Sitznischen mit weißen

Abb. 9: Am Denkmal Kaiser Wilhelm I. entfaltet sich eine weit ausladende Tulpen-Magnolie (23.02.2022).

Abb. 9a: Denkmal Kaiser Wilhelm I. (1797–1888) aus weißem Marmor ...

Abb. 9b: ... mit Detail Laub der Trauben-Eiche (23.02.2022).

Bänken laden zum Verweilen mit Blick zur Lahn ein.

Linker Hand flankiert eine bis 170-jährige Allee aus 47 Linden (*Tilia cordata* und *T. platyphyllos,* Nr. 4 in Abb. 1) auf ca. 250 m Länge den Rasen, rechter Hand ist es eine bis 170-jährige Allee aus 80 Platanen (Nr. 5 in Abb. 1, die stärksten mit ca. 2,30 m StU). Sie werden in preußischer Akkuratesse ebenfalls im Formschnitt in einer Höhe von ca. 6–8 m gehalten, sind im Winter durch ihren Habitus sehr reizvoll anzuschauen und bieten im Sommer wohltuenden Schatten in der Kurpromenade.

Wenn die Tage Anfang Februar (Lichtmess) wieder spürbar länger werden, erfolgt mittels Hubsteiger der jährliche Schnitt der Linden und Platanen. Dabei festgestellte abgestorbene Kronenpartien werden entfernt.

Wandelt man den Promenadenweg entlang, so bieten sich reizvolle Blicke zum linken Lahnufer auf die Russisch-Orthodoxe Kirche in der Wilhelmsallee mit ihren fünf Kuppeln (Nr. 6 in Abb. 1). Sie entstand als Badekirche für die zahlreichen russischen Kurgäste in den Jahren 1874 bis 1876.

Auffällig ist ebenfalls das Künstlerhaus Schloss Ballmoral (Villenpromenade 11), 1868 als Landhaus eines russischen „Gutsbesitzers" errichtet (s. Nr. 7 in Abb. 1) und der unter Denkmalschutz stehende Quellenturm (Wilhelmsallee 12), der einst das benachbarte Badehaus mit Thermalwasser versorgte (s. Nr. 8 in Abb. 1 und Abb. 11).

Am Ende der beiden Alleen ist ein prachtvolles Schmuckbeet mit Wechselbepflanzungen vor der Spielbank eine Augenweide (Abb. 10, Nr. 9 in Abb. 1).

Abb. 10: Spielbank Bad Ems mit Schmuckbeet von Westen (19.08.2020).

Abb. 11: Blick auf den Heilquellenturm mit Araukarie und Gold-Esche, hinter der Brücke die Amberbaum-Reihe und der in einer Höhenlage von 265 m thronende Concordiaturm (19.08.2020).

Abb. 12: Gruppe aus drei 33-jährigen (2022) *Sequoiadendron giganteum*, v. l. mit 4,50, 4,00 und 4,34 m StU auf der Bismarckhöhe (Messung Plenz) (23.02.2022) mit Baumschild.

Von hier aus (Römerstr. 18) bietet sich die Möglichkeit, mit der Kurwaldbahn im Pendelverkehr vom Zentrum der Kurstadt zum **Kurgebiet auf der Bismarckhöhe** (Nr. 10 in Abb. 1) zu gelangen an. Sie verkehrt im Zehn-Minuten-Takt. Auf einer Streckenlänge von 220 m überwindet die Standseilbahn dabei einen Höhenunterschied von 132 m bei 78%er Steigung. Oben angekommen locken die Bismarckpromenaden mit dem ab 1976 angelegten neuen Kurpark. Oberhalb der auf Pneumologie spezialisierten Hufeland-Klinik (in einer Höhenlage von ca. 214 m) sind es v. a. die prächtigen Baumgruppen aus Koniferen, die diesen Parkteil ausmachen.

Die besondere Vorliebe für „Mammutbäume" fällt dabei direkt ins Auge. Dabei stammen drei (von sieben) der Bergmammutbäume (Abb. 12) Aussaaten vom 30. Januar 1989, die Karl Heinz Knebel, ein passionierter Pflanzenfreund, von einer Reise mitbrachte und am 4. Januar 1992 bereits im zarten Alter von 3 Jahren auspflanzte (Abb. 12 unten). Sie sind jetzt (2022) genau 33 Jahre alt, bis zum Boden beastet und zeigen noch ihren typisch breit-kegelförmig-zugespitzt-jugendlichen Habitus. Weit seltener sind die ebenfalls in einer Baumgruppe gepflanzten drei *Sequoia sempervirens* (Abb. 13). Das 1997 zweijährig gepflanzte Exemplar hat einen StU von 1,79 m, die beiden anderen wurden 2006

Abb. 13: Gruppe aus drei *Sequoia sempervirens*, v. l. mit 1,22, 1,04 und 1,79 m StU auf der Bismarckhöhe, s. Nr. 10 in Abb. 1 (23.02.2022).

Abb. 14: V. l. *Quercus robur* 'Fastigiata' (1,72 m StU), *Cedrus deodara* (2,70 m StU) und *Picea omorika* (1,72 m StU) auf der Bismarckhöhe (Messung Plenz) (23.02.2022).

im Alter von zwei Jahren hinzugepflanzt und haben StU von 1,04 und 1,22 m erreicht.

Weiterhin fiel mir eine einstämmige prächtige *Cedrus deodara* (2,65 m StU) auf, die von einer Säulen-Eiche (*Quercus robur* 'Fastigiata', 1,72 m StU, Messung Plenz) und einer Serbischen Fichte (*Picea omorika*, 1,72 m StU) flankiert wird (Abb. 14). Mehrere Urweltmammutbäume (Abb. 15) sind dort ebenfalls vorhanden. Am Kurhaus (Nr. 11 in Abb. 1) entlang flaniert man zum Konzertgarten. Die nach Jacques Offenbach (1819–1880) benannte Promenade wird dort vor den Kolonnaden von 61 in Formschnitt gehaltenen, bis ca. 170-jährigen Rosskastanien (dabei auch nachgepflanzte Bäume) (Abb. 16) gesäumt, die im zweijährigen Turnus geschnitten werden.

Den Weg zur Brunnenhalle (Römerstraße 1) (Nr. 12 in Abb. 1) beleben einige schöne Kübelpflanzen, darunter Chinesische Hanfpalmen (*Trachycarpus fortunei*), die gruppiert stehen. Hier treten drei Quellen zutage. Die Bäderarchitektur mit dem barocken Badeschloss erreicht hier ihren glanzvollen Höhepunkt.

Ein kurzes Stück weiter gelangt man zum einstigen Nobelhotel, dem Darmstädter Hof (Nr. 13 in Abb. 1). Die „Emser Depesche“, die als Auslöser des Deutsch-Französischen Krieges von 1870/71 gilt, wird ebenfalls mit Bad Ems zusammengebracht.

Heute stehen am „Darmstädter Hof“ eine Baum-Hasel (0,90 m StU) und ein Tulpenbaum (1,53 m) (Abb. 17) am Eingang, und auf der linken Lahnseite (am Kanu-Charter bzw. entlang der Parkplätze) eine Baumreihe aus zehn älteren Amberbäumen (der stärkste, Baum 495, mit 1,39 m StU) (Nr. 15 in Abb. 1 und Abb. 11), die sich im bunten Herbstlaub wunderschön in der Lahn spiegeln und Richtung Osten (ab der Ottmar-Canz-Brücke in der Mainzer Straße) von einer jüngeren Baumreihe mit 6 Amberbäumen (bis 0,60 m StU) fortgeführt werden. Lahnabwärts werden sie in der Wilhelms-Allee durch überwiegend Säulen-Eichen abgelöst (Nr. 16 in Abb. 1).

Um zu ihnen zu gelangen, geht man ein kurzes Stück zurück und quert die mit Blumenflor geschmückte Ottmar-Canz-Brücke (s. Nr. 14 in Abb. 1).

Am linken Lahnufer erreichen wir lahnabwärts schließlich den 1907/08 errichteten Quellenturm (Nr. 8 in Abb. 1 und Abb. 11), das Wahrzeichen der Stadt Bad Ems. In seinem Umfeld gedeihen

Abb. 15: V. l. *Sequoiadendron giganteum* aus Abb. 12, *Metasequoia glyptostroboides* mit 2,30 m StU, *Liriodendron tulipifera* vorne mit 1,97 m StU, *M. g.* mit 2,82 und 2,33 m StU (Messung Plenz) auf der Bismarckhöhe (23.02.2022).

Abb. 16: Die Jacques-Offenbach-Promenade wird vor den Kolonnaden von 61 in Formschnitt gehaltenen, bis ca. 170-jährigen Rosskastanien beschattet (23.02.2022).

z. B. eine männliche Araukarie (*Araucaria araucana*, 1,17 m), ein Chinesischer Blauglockenbaum (*Paulownia tomentosa*, 0,79 m), zwei alte, nicht näher bestimmte Ulmen, ein Ginkgobaum (1,41 m StU), eine Rote Rosskastanie (*Aesculus ×carnea* 'Briotii', 1,44 m StU) und etwas mehr abseits eine als Gold-Esche bestimmte Sorte. Wir sind uns allerdings immer noch nicht ganz sicher, ob es *Fraxinus excelsior* 'Aurea' oder 'Jaspidea' ist (s. SCHELLER 1977). Sollte es 'Aurea' sein, was bei einem Besuch im Frühjahr abgeklärt werden kann, so wäre es der mit 2,61 m StU im August 2020 vermessene bundesweite Rekordbaum (Abb. 18, 18a). Der letzte Jahrestrieb ist allerdings nur sehr kurz (4 cm) im Vergleich zum Vorjahr (8 cm), die Vitalität hat insgesamt deutlich nachgelassen.

Auf dem von der Bäderlei aus am 21. September 2004 entstandenen Foto (Abb. 1) hat man einen wunderbaren Blick auf die Kurstadt Bad Ems, und noch imposanter ist die Aussicht vom 1861 erbauten Concordiaturm (mit Restaurant-Café, s. Nr. 17 in Abb. 11) in einer Höhenlage von 265 m, der sich bequem mit dem Auto über die Concordiastraße erreichen lässt. Der Felsenpfad, vom Turm zum Kurviertel auf ca. 1,2 km bergab führend, ist besonders für Wanderer und Naturfreunde ein echtes Erlebnis, denn er bietet in unterschiedlichen Höhen über die Mooshütte und Bäderlei sehr reizvolle Aussichten auf die Stadt und ins Lahntal. Dabei windet er sich in Serpentinen durch schwachwüchsige, malerische, von Trockenheit und Hitze geformte „Bonsai"-Eichen (Abb. 19) auf den SW-exponierten Sei-

Abb. 17: *Liriodendron tulipifera* (1,53 m StU) am ehemaligen Darmstädter Hof (19.08.2022).

Abb. 18: *Araucaria araucana* und *Fraxinus excelsior* 'Jaspidea' am 38 m hohen Quellenturm (19.08.2020).

Abb. 18a: Laub der Gold-Esche (19.08.2020).

ten (s. Nr. 17 in Abb. 11) und stärkeren Eichen und Buchen an den Nordhängen ins Tal hinab.

Ende des 19. Jh. fand bereits ein Blumenkorso in Bad Ems statt. Es ist heute die drittgrößte „rollende Blumenschau" der Welt und findet traditionell am letzten Augustwochenende statt. Ca. 1,5 Millionen Dahlien schmücken dann zahlreiche Motivwagen. Von Bad Ems aus lassen sich lahnaufwärts viele weitere dendrologisch interessante Schlösser, Burgen, Gärten und Parks erkunden. Besuchenswert sind der Freiherr-vom-Stein-Park in Nassau, das Schloss Oranienstein in Diez, der Schlossgarten in Weilburg (siehe Baumzeitung 06/2021), der Herrengarten in Braunfels (s. Baumzeitung 05/2021) sowie die Botanischen Gärten in Gießen und Marburg.

Im Rhein-Lahn-Kreis sind außerdem noch einige sehr alte monumentale Eichen vorhanden, darunter die Toreiche in Dausenau (Abb. 20, s. Abb. 55, S. 243 in Bouffier 2013) nur ca. 2 km von Bad Ems entfernt.

Die Knauth-Eiche in Misselberg bei Nassau (Pater 2017, Bausch-Weis & Nick 2023), mit 7,23 m StU aktuell die zweitstärkste auf der Rekordbaumseite von DDG und GDA gemeldete *Quercus petraea* und die das Titelbild von „Wege

Abb. 19: Bizarr geformte Eichen auf flachgründigem sw-exponiertem Steilhang (18.02.2022).

Abb. 20: „Toreiche" in Dausenau, ca. 2 km von Bad Ems entfernt, abgestorbene Fichten am Hang (19.08.2020).

Abb. 21: „Schöne Eiche“ bei Endlichhofen, 7,64 m StU (Foto und Messung: 10.03.2022).

Abb. 22: Solitäre Stiel-Eiche am Friedhof in Lollschied, 6,40 m StU (Foto und Messung: 10.03.2022).

zu alten Bäumen, Band 3 Rheinland-Pfalz/Saarland" (von HANS JOACHIM FRÖHLICH) zierende, heute noch malerische „Schöne Eiche von Endlichhofen", im Jahre 2010 mit 7,58 m StU vermessen (Abb. 21) sind ebenfalls einen Abstecher wert. Eine noch sehr vitale, mehrstämmige Stiel-Eiche (StU von 6,40 m im 3/22) schmückt in Lollschied den Vorplatz zum Friedhof (Abb. 22).

All das macht den Besuch von Bad Ems und der Region nicht nur für Dendrologinnen und Dendrologen zu einem Erlebnis!

Dank

Ich bedanke mich bei BERND PLENZ, dem Leiter/Gärtnermeister des Kurparks/Staatsbades Bad Ems, für den regen Austausch zum Baumbestand und insbesondere zur Pflege der Anlagen.

Dank gilt auch der Touristinformation Bad Ems und Dr. HANS-JÜRGEN SARHOLZ für die Abb. 1.

Fotos, sofern nicht anders angegeben, vom Autor.

Literatur

ALLROGGEN-BEDEL, A.; RHEINGANS, E.; RUPPERT, W.; SEIBERT, H. (Redaktion, 1987): Der Rhein-Lahn-Kreis. Landschaft – Geschichte – Kultur unserer Heimat. Herausgegeben von der Kreisverwaltung des Rhein-Lahn-Kreises. Verlag Loreley-Galerie, Oberwesel.

BAUSCH-WEIS, W.; NICK, A. (2023): Die Knautheiche von Misselberg. Beiträge zur Gehölzkunde 25: 108–109.

BOUFFIER, V. A. (2013): Dendrologische Reisenotizen – unter Berücksichtigung einiger potenzieller Champion Trees auf Bundes-, Länder- und Kreisebene – in Deutschland (II). Beiträge zur Gehölzkunde 20: 211–261.

BOUFFIER, V. A. (2023): Seltene Bäume in Bad Ems. TASPO BAUMZEITUNG 01: 23–27.

CUSTODIS, P.-G. (2015): Preußen an Rhein und Mosel. Rheinische Kunststätten Heft 561, hrsg. vom Rheinischen Verein für Denkmalpflege und Landschaftsschutz (RVDL), Köln.

ESCHENAUER, S. (2019): Der Naturpark Nassau. In: Kreisverwaltung des Westerwaldkreises (Hrsg.): Wäller Heimat. Jahrbuch des Westerwaldkreises, 205–228. Linus Wittich, Höhr-Grenzhausen.

FRÖHLICH, H. J. (1991): Wege zu alten Bäumen. Band 3 Rheinland-Pfalz, Saarland. WDV Wirtschaftsdienst, Frankfurt.

KREMER, B. P.; ROTH, H. J. (2004): Das Untere Lahntal zwischen Limburger und Mittelrheinischem Becken. Rheinische Landschaften, Heft 53. Hrsg. vom Rheinischen Verein für Denkmalpflege und Landschaftsschutz (RVDL), Köln.

MODANESE, C. (2017): Les pépinières Baumann de Bollwiller. Saisons d'Alsace 72: 54–59.

MODANESE, C. (2022): La métamorphose des jardins européens. Les Baumann de Bollwiller. XVIII-XX siècle. Presses universitaires François-Rabelais.

MODANESE, C. (2024): Die Baumschulen BAUMANN in Bollwiller. Mitt. Deutsch. Dendrol. Ges. 109: 157–171.

PANTHEL, C. (1867): Bad Ems und seine Heilmittel. In gedrängter Darstellung geschildert. Verlag von Hermann Fahdt, Bad Ems.

PATER, J. (2017): Riesige Eichen. Baumpersönlichkeiten und ihre Geschichten. Kosmos, Stuttgart.

ROTH, H. J. et al. (2022): Der Westerwald – Naturgeschichte eines rheinischen Mittelgebirges. Schweizerbart, Stuttgart.

SARHOLZ, H.-J. (2023): Geschichte des unteren Lahntals und seiner Region. Hrsg. vom Verein für Geschichte, Denkmal- und Landschaftspflege e.V. Bad Ems. Rhein-Mosel-Verlag, Zell.

SCHELLER, H. (1977): Kritische Studien über die kultivierten *Fraxinus*-Arten. Mitt. Deutsch. Dendrol. Ges. 69: 49–162.

SCHNEIDER, A.; ZÖLLER, M. (2020): Bad Ems im Wandel. Veränderungen des Stadtbildes im Vergleich. Geiger Verlag, Herbstein.

VOGT, B. (2020): Anlage, Pflege und Verschönerung von Kurparks im Werk der Gartenkünstler Siesmayer. In: EIDLOTH, V. et al. (Hrsg.): Zwischen Heilung und Zerstreuung – Kurgärten und Kurparks in Europa. Arbeitshefte Landesdenkmalamt Baden-Württemberg Band 39: 55–68.

Internetadressen

Emser Therme, www.emser-therme.de

Kur- und Stadtmuseum Bad Ems, www.museum-bad-ems.de

Staatsbad Bad Ems GmbH, www.staatsbad-badems.de

Touristik Bad Ems-Nassau e.V., www.badems-nassau.info

Autor:
VOLKER ANDRÉ BOUFFIER
Büdinger Str. 47
57647 Nistertal
E-Mail: v.a.bouffier@web.de

Mitt. Deutsch. Dendrol. Ges. (MDDG)	109	122–130	2024	ISBN 978-3-494-01982-6

Pathogene der heimischen Flatter-Ulme (*Ulmus laevis* PALL.) – ein Überblick

ANNE-MAREEN E. EISOLD

Abstract
Pathogens of the native European white elm (*Ulmus laevis* PALL.) – a review
The European white elm (*Ulmus laevis* PALL.) is one out of three elm species native to central Europe and due to decreasing population counts it is considered as endangered species. Despite the ascomycetes *Ophiostoma ulmi* and *O. novo-ulmi* which cause the pandemic Dutch elm disease (DED), the European white elm also suffers from bacterial and viral plant pathogens. One of the most severe bacterial pathogens for elm species is '*Candidatus* Phytoplasma ulmi', which is associated with elm yellows, a disease characterized by leaf yellowing, stunting, witche's broom and dieback of infected trees. Elm populations in Germany are widely infected with '*Ca.* P. ulmi' and the phytoplasmas show a high genetic heterogeneity, which may correlate with geographic distribution patterns of the elm populations. Furthermore, elms are affected by phytopathogenic viruses. Recent analyses revealed diverse viruses infecting elms in Germany, in particular a so far unknown Carlavirus and a new isolate of the *Elm mottle virus* (EMoV). The elm trees show characteristic symptoms on leaves, such as chloroses, ringspots and mosaic, caused by single or in some cases mixed viruses. Data of viral infections and distributions of viral pathogens within elm populations are rare and have to be examined due to future investigations

Zusammenfassung
Die Flatter-Ulme (*Ulmus laevis* PALL.) ist eine der drei in Mitteleuropa heimischen Ulmenarten und gilt aufgrund sinkender Bestandszahlen als gefährdete Art. Neben den Ascomyceten *Ophiostoma ulmi* und *O. novo-ulmi*, die die pandemische Ulmenkrankheit (DED) verursachen, leidet die Flatter-Ulme auch unter bakteriellen und viralen Pflanzenpathogenen. Einer der schwerwiegendsten bakteriellen Krankheitserreger für Ulmenarten ist '*Candidatus* Phytoplasma ulmi', der mit der Ulmenvergilbung in Verbindung gebracht wird, einer Krankheit, die sich durch Blattvergilbung, Verblendung, Hexenbesen und Absterben der infizierten Bäume auszeichnet. Ulmenpopulationen in Deutschland sind in großem Umfang mit '*Ca.* P. ulmi' befallen, und die Phytoplasmen weisen eine hohe genetische Heterogenität auf, die möglicherweise mit den geografischen Verteilungsmustern der Ulmenpopulationen korreliert. Außerdem werden Ulmen von phytopathogenen Viren befallen. Jüngste Analysen ergaben, dass verschiedene Viren Ulmen in Deutschland befallen, insbesondere ein bisher unbekanntes Carlavirus und ein neues Isolat des *Elm mottle virus* (EMoV). Die Ulmen zeigen charakteristische Symptome auf den Blättern, wie Chlorosen, Ringflecken und Mosaik, die durch einzelne oder in einigen Fällen gemischte Viren verursacht werden. Daten über Virusinfektionen und die Verteilung von viralen Krankheitserregern in Ulmenpopulationen sind selten und müssen im Rahmen künftiger Untersuchungen analysiert werden.

Die Flatter-Ulme in Deutschland

Die Gattung der Ulmen (*Ulmus* L.) umfasst ca. 40 holzige, sommergrüne Arten mit zum Teil imposantem Habitus, die in der gemäßigten Zone der Nordhalbkugel ihre natürlichen Verbreitungsgebiete mit einem Diversitätsschwerpunkt in Ostasien haben. In Deutschland sind die Berg-Ulme (*Ulmus glabra* HUDS.), die Feld-Ulme (*U. minor*

Mill.) und die Flatter-Ulme (*U. laevis* Pall.) beheimatet. Letztere bevorzugt feuchte Standorte und ist an Flussufern, Seen und in Feuchtgebieten zu finden. In Europa reichen ihre Vorkommen von Ost-Frankreich im Westen bis zu den Ausläufern des Urals im Osten, von Süd-Finnland bis nach Bulgarien und der Krim. In Spanien finden sich noch kleine isolierte Reliktpopulationen (Fuentes-Utrilla et al. 2014), außerdem seltene Einzelvorkommen in Nord-Italien und im Süden von Großbritannien, welche jedoch nicht als natürliche Vorkommen klassifiziert werden.

Anhand genetischer Analysen der Chloroplasten-DNA wurden auffällige Unterschiede von Flatter-Ulmen unterschiedlicher Herkünfte festgestellt und als Ergebnis genetischer Drift gewertet. Ein solcher Evolutionsfaktor wurde wahrscheinlich durch Fragmentation aufgrund schwindender Lebensräume, oder auch durch geografische Isolierung von Populationen, bspw. bei Vorkommen an unterschiedlichen Flussläufen, ausgelöst (Cremer et al. 2019). Der Verlust der natürlichen Lebensräume ist ein wesentlicher Grund für das Verschwinden der Flatter-Ulmen. Des Weiteren spielen Änderungen der Klima- und Umweltbedingungen sowie zunehmender Druck durch Pathogene eine bedeutende Rolle, so dass diese Art mittlerweile als selten eingestuft wird (Mackenthun 2004).

In Deutschland liegt der Verbreitungsschwerpunkt der Flatter-Ulme in den nordostdeutschen Gebieten, insbesondere im Nordbrandenburger und Mittelbrandenburger Jungmoränenland, und in Südwestdeutschland mit einem Schwerpunkt der Vorkommen von Flatter-Ulme im Oberrheinischen Tiefland und der Rhein-Main-Ebene (Reichling & Tröber 2007). Diese Gebiete sind aufgrund ihres geografischen Reliefs durch Staunässe gekennzeichnet und bieten für die Bodenfeuchte liebenden Flatter-Ulmen optimale

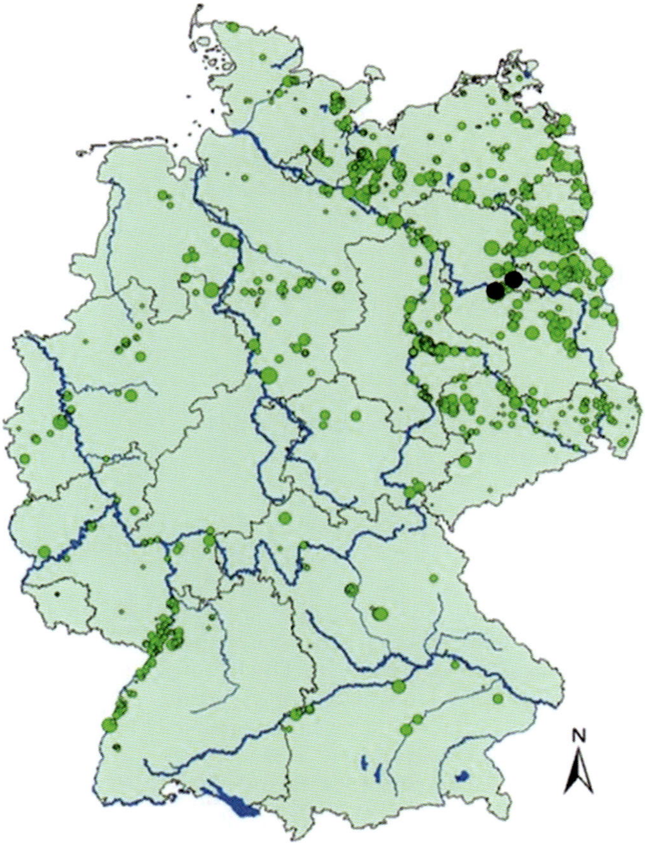

Abb. 1: Verbreitungsgebiet von Flatter-Ulme (*Ulmus laevis*) in Deutschland (nach Reichling & Tröber 2007, modifiziert). Dargestellt sind: (grüne Punkte) Ulmenpopulationen, (schwarze Punkte) Standorte von Flatter-Ulmen mit molekularbiologisch nachgewiesenen Virusinfektionen.

Standortbedingungen (Abb. 1). Mittlerweile sind 41 % der natürlichen *U. laevis*-Vorkommen auf FFH-Gebiete und weitere 30 % auf Gebiete mit hohem Schutzstatus beschränkt und damit dem forstwirtschaftlichen Zugriff weitgehend entzogen. Die abseits dieser Biotope feststellbaren Vorkommen gelten als Relikte ehemaliger Auwälder (MÜLLER-KROEHLING 2019a). Obwohl Flatter-Ulmen feuchte Standorte bevorzugen und auch Überflutungen problemlos tolerieren, sind sie in der Lage, moderate Trockenheit und Bodenverdichtung zu überstehen, so dass sie auch an urbanen Standorten gute Wachstumsbedingungen finden (COLLIN 2003). So sind in städtischen Gebieten Flatter-Ulmen aufgrund ihres monumentalen Erscheinungsbildes beliebte Alleebäume oder auch in Landschaftsparks und Gärten zu finden. Insgesamt ist die Anzahl der natürlichen Flatterulmen-Vorkommen in Deutschland stark rückläufig, so dass die Notwendigkeit von Erhaltungsprogrammen und Züchtungsmaßnahmen diskutiert wird (CREMER et al. 2019, MÜLLER-KROEHLING 2019a).

Die Flatter-Ulme wird seit langer Zeit sowohl als Holzlieferant wie auch als ornamentales Gestaltungselement geschätzt. Ihre ökologische und kulturhistorische Bedeutung wurde mit der Wahl zum Baum des Jahres 2019 gewürdigt. Im Baumregister, der Datenbank für alte Bäume, Naturdenkmäler und bemerkenswerte Bäume (www.baumkunde.de/baumregister) sind insgesamt 164 Flatter-Ulmen gelistet. Als stärkste Ulme in Deutschland ist die „Alte Ulme" in Gülitz, Nationalerbe-Baum Nr. 15, mit einem Alter von 400–700 Jahren und einem Stammumfang von 10,05 m registriert.

Ein Schlauchpilz – Verursacher des Ulmensterbens

In den Zwanzigerjahren des vergangenen Jahrhunderts kam es in Europa zu einem dramatischen Schwund der natürlichen Ulmenpopulationen, insbesondere solcher der Berg- und Feld-Ulmen. Verursacht wurde das weltweite pandemische Ulmensterben (*Dutch elm disease*, DED) durch Schlauchpilze der Gattung *Ophiostoma* (Familie Ascomycota), die in mehreren Infektionswellen auftraten und als *O. ulmi* bzw. *O. novo-ulmi* charakterisiert wurden (BRASIER 1991, BRASIER 2000). Infektionen mit *Ophiostoma* spp., insbesondere mit dem aggressiven Stamm *O. novo-ulmi*, der während der zweiten Pandemie *O. ulmi* sehr schnell verdrängt hatte, führen bereits im frühen Stadium der Infektion zu plötzlichen Welkeerscheinungen der Zweige, Verfärbungen und Einrollen der Blätter verbunden mit vorzeitiger Seneszenz bzw. Blattfall. An der Stammbasis befallener Bäume können sich Wasserreiser bilden. Infolge der Schädigungen des Gefäßsystems durch den Pilz sterben die befallenen Bäume letztlich ab (MITTEMPERGHER 2000). Die zuverlässige Ausbreitung dieser Pilzgattung erfolgt mittels Insekten (Vektoren), vor allem durch Rüsselkäfer der Gattung *Scolytus*, die zur Familie der Borkenkäfer zählen. Von den etwa zehn an Ulmen vorkommenden Arten spielen vor allem der Große (*Scolytus scolytus*) und der Kleine Ulmensplintkäfer (*S. multistriatus*) eine wichtige Rolle bei der weltweiten Verbreitung von *Ophiostoma* spp. Die eigentlichen Vektoren sind nach neueren Analysen jedoch nicht die Käfer selbst, sondern wahrscheinlich die mit ihnen assoziierten Nematoden. Auch Milben werden als Überträger diskutiert (MOSER et al. 2005, MÜLLER-KROEHLING 2019b). Von der Pandemie sind vor allem Berg- und Feld-Ulmen stark betroffen, die im Gegensatz zur Flatter-Ulme von den Rüsselkäfern bevorzugt angeflogen werden (MITTEMPERGHER & SANTINI 2004). Aufgrund ihrer spezifischen Signatur an volatilen und nichtvolatilen Sekundärmetaboliten scheinen sie deutlich weniger attraktiv für die Käfer zu sein und sind so einem geringeren Befallsdruck ausgesetzt (COLLIN et al. 2000). Insgesamt ist der wissenschaftliche Aufwand zur Untersuchung der Beziehungsstrukturen zwischen Wirt, Pathogen und Vektoren der DED enorm, nicht zuletzt aufgrund des bedeutenden ökologischen und wirtschaftlichen Schadpotentials, welches mit der DED einhergeht.

Zellwandlose Bakterien – Verursacher der Ulmenbleiche

Ein weiteres an *Ulmus* spp. beschriebenes Krankheitsbild ist die sog. Ulmenbleiche (*elm yellows*), hervorgerufen durch obligat parasitische, im Phloem der Wirtspflanzen siedelnde zellwandlose Bakterien aus der Klasse der *Mollicutes* (Phytoplasmen). Diese werden unter das monophyletische Taxon 'Candidatus Phytoplasma' zusammengefasst. Aufgrund ihres obligat phloemassoziierten Vorkommens werden sie natürlicherweise durch saugende Insekten übertragen und breiten sich aus, wobei der Wechsel der Vektoren und damit auch des Pathogens von krautigen auf holzige Wirte belegt ist (Arismendi et al. 2013).

Die Gattungen *Ulmus* und *Zelkova*, beide der Familie Ulmaceae zugehörig, sind potentielle Wirtspflanzen für *'Ca.* Phytoplasma ulmi' (Murolo & Romanazzi 2008). *Zelkova serrata* (Japanische Zelkove) entwickelt bei Befall mit *'Ca.* P. ulmi' Rotfärbungen der Blätter, Hexenbesen und Wachstumsdepressionen. Die in Nordamerika wie auch die in Europa heimischen Ulmenspezies weisen Symptome wie Phloemnekrosen, Blattvergilbung, Epinastie, Hexenbesen und Absterbeerscheinungen auf. Die an den anfälligen nordamerikanischen Arten *Ulmus americana* (Amerikanische oder Weiß-Ulme), *U. alata* (Geflügelte Ulme), *U. crassifolia* (Dickblättrige Ulme), *U. rubra* (Rot-Ulme), *U. serotina* (Späte Ulme) und der Hybride *U. pumila × rubra* beschriebenen Symptome treten an den europäischen Arten ebenso auf wie an den aus Asien eingeführten Arten *U. japonica* (Japan-Ulme), *U. parvifolia* (Chinesische oder Kleinblatt-Ulme), *U. pumila* (Sibirische Ulme) und *U. chenmoui* bzw. deren Hybriden. An diesen sind die Symptome jedoch deutlich geringer ausgeprägt. Eine hohe Befallsdichte korreliert nicht zwingend mit einer intensiven Symptomausprägung (Mittempergher 2000). Einige Ulmenarten wie *U. pumila*, *U. glabra* und *U. laevis* können stark durch Phytoplasmen kolonisiert sein, während der Wirtsbaum selbst nur geringe Symptome aufweist. Der Grund dafür wird in einem langen koevolutionären Prozess der Ulmen mit '*Ca.* P. ulmi' vermutet, in dessen Folge eine physiologische Anpassung der Ulmen an das Pathogen stattfinden konnte (Schneider et al. 2020a). Dadurch unterscheidet sich dieses Phytoplasma von vielen anderen, die große ökonomische Schäden verursachen. Das Auftreten von '*Ca.* P. ulmi' in Flatter-Ulmen wurde zuerst für Bäume in serbischen Beständen (Jović et al. 2008) und später auch in Deutschland nachgewiesen (Eisold et al. 2015). In einem deutschlandweiten Survey wurde daraufhin an allen drei heimischen Ulmenarten eine große Verbreitung von '*Ca.* P. ulmi' festgestellt und eine Genotypisierung der verschiedenen, von den Ulmen isolierten Bakterien-Stämme durchgeführt (Schneider et al. 2020b). Die Daten weisen auf eine größere genetische Heterogenität hin als ursprünglich erwartet, korrelierend mit den geografischen Verteilungsmustern der Ulmenpopulationen und den jeweils auftretenden Arten der Phytoplasmen übertragenden Insekten. An Ulmen sind bislang 68 monophage Arten bekannt, darunter acht Vertreter der Zikaden (Cicadellidae) (Müller-Kroehling 2019a). Die Feld-Ulme ist bspw. der Lebensraum von *Macropsis glandacea*, einer Maskenzikade, die als stark gefährdet eingestuft wird. Der Ulmen-Zipfelfalter (*Satyrium w-album*) wiederum hat seinen Lebenszyklus auf den Rhythmus der Knospen- und Blütenbildung der drei heimischen Ulmenarten abgestimmt und ist auf das Verbreitungsgebiet blühfähiger Ulmen beschränkt. Polyphage Vertreter der Zikaden sind ebenfalls an Ulmen zu finden, wie bspw. die Ulmenbaumzirpe (*Allygidius atomarius*) oder die Grüne Rebzikade (*Empoasca vitis*), die als potentielle Überträger von Phytoplasmen in Betracht kommen. Erkenntnisse zum Auftreten und Fraßverhalten der Insekten, insbesondere der Zikaden, können helfen, das Auftreten und die Ätiologie der Ulmenbleiche zu verstehen.

Phytopathogene Viren – Eingriff in den Zellmetabolismus

Zusammen mit Pilzen und Bakterien sind phytopathogene Viren maßgeblich für neu auftretende Infektionskrankheiten in Pflanzen verantwortlich. Sie kommen weltweit in nahezu allen Ökosystemen vor und sind auch in holzigen Arten des Forsts, des urbanen Grüns und auch in ornamentalen und Obstgehölzen nachgewiesen. Sie sind dabei Teil eines Komplexes aus Schadfaktoren und verursachen an holzigen Pflanzen schwerwiegende ökonomische Schäden (Büttner et al. 2013).

Viren induzieren charakteristische Symptome wie Ringspots, Chlorosen, Nekrosen, Blatt- und Fruchtdeformationen sowie Wachstumsdepression und leisten damit einen signifikanten Beitrag zur physiologischen Verfallsspirale, der Gehölze unter Einwirkung ungünstiger biotischer und abiotischer Faktoren unterliegen (Abb. 2). Neben den sichtbaren morphologischen Aberrationen treten auch physiologische Beeinträchtigungen an der Wirtspflanze auf. So wurden für virale Proteine multiple Funktionsspektren nachgewiesen, bspw. indem sie im Wirt den für die Pathogenabwehr wichtigen RNA-*silencing*-Mechanismus supprimieren oder auch die Expression von Proteinen der Wirtspflanze regulieren und damit in die Regulation von Zellwachstum und -entwicklung eingreifen (SENSHU et al. 2011).

Viren bestehen aus einzel- bzw. doppelsträngiger Nukleinsäure, die meist von einer Proteinhülle ummantelt ist. Sie reproduzieren sich mithilfe der in ihrem Genom kodierten Enzyme, wie der Methylase, Helicase und der RNA-abhängigen RNA-Polymerase (*RNA dependend RNA polymerase*). Als obligate Zellparasiten sind sie für die Herstellung der erforderlichen Replikations-, Struktur- und Hüllproteine allein auf den Biosyntheseapparat der Wirtspflanze angewiesen und gelten deshalb nicht als lebende Organismen. Die virale Umprogrammierung der zelleigenen metabolischen Prozesse führt zu Veränderungen im Ablauf der pflanzlichen Biosynthesewege. Dies ist mit einer Remodellierung der plastidären Membranstrukturen in der Pflanzenzelle verbunden, was zu einer Beeinträchtigung der für die Photosynthese benötigten Proteinkomplexe führt (ZHAO et al. 2016). So kann es bspw. in den infizierten Wirtszellen durch Aktivierung des Phenylpropanoid-Syntheseweges zu einer erhöhten Konzentration freier Zimtsäuren kommen. Phenylpropanoide sind typische Bestandteile ätherischer Öle und fungieren als Sekundärmetabolite in Anpassungsreaktionen der Pflanzen an Umweltstress. Sie sind im Pflanzenreich weit verbreitet und liegen meist an Zucker gebunden in den Pflanzenzellen vor. In nicht-konjugierter Form wirken sie antiviral und sind Teil der Abwehrreaktion der Pflanze (BELLÉS et al. 2008). Die virusbedingten bzw. -induzierten Modifikationen in Struktur und Syntheseleistung der Wirtszelle führen zu einer Reduktion der Photosyntheseleistung und beeinträchtigen die Vitalität der Wirtspflanze. Bei der Beurteilung der Symptomatik ist zu berücksichtigen, dass abiotische Einflüsse, wie Nährstoffmangel oder Hitzestress, ebenfalls Schäden an Blättern hervorrufen können. Durch koinzident wirkende biotische oder abiotische Stressfaktoren wie Klimaextrema, Luftverschmutzung, Nährstoffmangel, Schädlingsbefall oder Befall mit pilzlichen bzw. bakteriellen Pathogenen kann die Wirtspflanze so stark geschädigt werden, dass sie abstirbt.

Die Übertragungswege von Viren sind vielfältig. Einige Viren können mechanisch übertragen werden, z. B. durch Pfropfung oder Blattinokulation. Andere verbreiten sich mit den Pollen der Wirtpflanzen oder über Wasser. Und schließlich ist auch die Übertragung über Vektoren möglich.

Virusinfektionen an Ulmen sind seit der Mitte des 20. Jh. dokumentiert. An Berg- und Feld-Ulmen deutscher Standorte wurden in den 1960er-Jahren erstmalig Symptome bemerkt, die heute allgemein mit Viren in Zusammenhang gebracht werden. So wurden an Blättern chlorotische Flecken, Ringspots, Bänderung und auch Linien- und Mosaikmuster sowie Chlorosen beschrieben und befallene Zweige wiesen Wuchsdeformationen auf. Diese Krankheitsbilder, in den Arbeiten von SCHMELZER et al. (1966) als Ulmenstreifung, Ulmenringfleckung und Ulmenscheckung bezeichnet, wurden schon damals mit infektiösen Pathogenen assoziiert. Mechanische Übertragungsversuche waren bei dem die Ulmenscheckung hervorrufenden Agens erfolgreich. In aufgereinigtem Blattmaterial erkrankter Bäume unterschiedlicher Standorte wurden sowohl ca. 750 nm lange, filamentöse Partikel wie auch polyedrische Partikel mit einem Durchmesser von ca. 33 nm entdeckt. Untersuchungen mit einem Isolat der isometrischen Partikel aus symptomtragenden Ulmenblättern zeigten, dass mechanische Übertragungen auf eine Vielzahl an krautigen Biotestpflanzen (z. B. *Chenopodium quinoa*) experimentell erfolgreich durchgeführt werden konnten (SCHMELZER 1969). Die infizierten krautigen Pflanzen zeigten dann Chlorosen, Scheckungen und Nekrosen. Der Nachweis der Übertragbarkeit auf holzige Wirte wurde durch Pfropfung an Flieder (*Syringa vulgaris*) und Blattinokulation bei Forsythie (*Forsythia intermedia*) erbracht.

Erst Anfang der 2000er-Jahre wurden die Arbeiten an Ulmen wieder aufgegriffen mit dem Ziel, die vermuteten Viren zu identifizieren und charakterisieren. Mittels elektronenmikroskopischer und serologischer Methoden wurden in Flatter-Ulmen in Brandenburg ca. 750 nm lange fadenförmige Partikel nachgewiesen, was aufgrund der Partikelmorphologie auf eine Infektion mit Poty- oder Carlaviren schließen ließ (BANDTE et al. 2004). Entsprechende molekularbiologische Analysen mit Potyvirus-spezischen Primern ergaben jedoch keine positiven Resultate. Eine Infektion mit dem in Ulme bereits beschriebenen *Elm mottle virus* (EMoV) wurde ebenfalls in Betracht gezogen, wobei auch hier kein Virusnachweis mit serologischen Testungen durch ein sensitives, antikörperbasiertes Verfahren (ELISA – *enzyme linked immunosorbant assay*) erbracht wurde.

In neueren Untersuchungen wurde mithilfe einer neuen Generation der Sequenzierungstechnologie, im konkreten Fall mit dem Illumina HiSeq2500system, aus Blattproben einer infizierten

Abb. 2: Flatter-Ulme (*Ulmus laevis*) in Müncheberg/Brandenburg. (**A**) Gesamtansicht des Baumes mit virustypischen Symptomen an den Blättern und abgestorbenen Kronenbereichen, (**B**) Blätter mit Ringflecken, (**C**) Blätter mit Chlorosen. Der Baum wurde mittlerweile gefällt.

Flatter-Ulme Daten zu viralen RNA-Sequenzen generiert, auf deren Grundlage Tools für die molekularbiologische Identifizierung und Charakterisierung der Viren entwickelt werden konnten (Büttner et al. 2015). Die zur Routinedetektion von Viren etablierten, PCR (Polymerase-Kettenreaktion)-basierten Methoden ermöglichen die spezifische Amplifikation definierter Bereiche des viralen Genoms, bspw. in dem Bereich, der für das Hüllprotein kodiert. Die Sequenzanalyse dieses Bereiches kann dann mit Daten aus einer internationalen Datenbank abgeglichen werden und gibt Aufschluss über die Identität des Virus und ggf. auch über die Variabilität der unterschiedlichen gegeneinander abgeglichenen Virus-Isolate. In den untersuchten Blattproben von Flatter-Ulmen aus einem Park in Brandenburg wurden Sequenzen eines noch nicht charakterisierten Carlavirus (*Betaflexiviridae*) und des EMoV (*Bromoviridae*) gefunden (Tabelle 1).

Eine Infektion mit Carlaviren ist oft nicht mit gravierenden Symptomen der Wirtspflanzen assoziiert, so dass sie lange unbemerkt bleiben kann. Im Zuge der Verfeinerung der Detektionsmethoden erweitert sich der Kreis der neu beschriebenen Vertreter dieses Virusgenus permanent. Interessanterweise ist das Genom von Carlaviren in spezifischen Bereichen durch eine recht hohe Variabilität gekennzeichnet, was die Entwicklung spezifischer Primer erschwert. Das an Flatter-Ulme gefundene Carlavirus weist in dem Sequenzbereich, der für das Enzym Replikase kodiert, die höchsten Sequenzidentitäten mit anderen Carlaviren auf. Damit eignet sich diese Region als Zielsequenz für die Ableitung entsprechender Primer zur Detektion von Carlaviren (Eisold 2017). Dies würde ein großflächiges Screening deutscher Ulmenbestände bezüglich Verbreitung und Abundanz des Virus in *Ulmus* spp. ermöglichen. Auch die Feststellung putativer Vektoren wäre mit diesem Diagnosetool zuverlässig möglich. Dadurch können ganz neue Erkenntnisse über die Epidemiologie der Carlaviren gewonnen und mögliche phytosanitäre Konsequenzen abgeleitet werden.

Der Nachweis des EMoV war angesichts der morphologischen Partikelbeschreibungen in der Literatur keine Überraschung, stand jedoch im Widerspruch zu den Ergebnissen der serologischen Analysen. Die Auflösung ergab sich nach der molekularbiologischen Charakterisierung der viralen RNA-Sequenzen. So zeigten sich in den Bereichen, die für das *movement protein* und das Hüllprotein kodieren, Sequenzunterschiede von bis zu 11,1 % auf Proteinebene. Die spezifische und sensitive Methode des ELISA konnte aufgrund der Abweichungen beim Hüllprotein, die bei diesem Isolat vorliegt, mangels Spezifität kein positives Resultat erbringen. Das interessante Detail dabei ist, dass die bislang beschriebenen EMoV-Isolate aus infizierten Berg-Ulmen bzw. Hortensien in Großbritannien stammen. Das in Flatter-Ulme nachgewiesene Isolat des EMoV unterscheidet sich von allen anderen bislang dokumentierten Isolaten sowohl auf DNA- als auch auf Proteinebene (Eisold 2019). Dies könnte möglicherweise Manifestation der geografisch sehr unterschiedlichen Verbreitungsgebiete oder auch Folge einer Spezialisierung der verschiedenen Isolate auf den jeweils verfügbaren Wirt sein. Es ist wahrscheinlich, dass auch die Verwandtschaftsverhältnisse der Ulmen-Arten für das Infektionsgeschehen und die Ätiologie der EMoV-Isolate ausschlaggebend sind. Während Feld- und Berg-Ulme eng miteinander verwandt sind, durchaus miteinander hybridisieren und der-

Tabelle 1: Übersicht über bisher in *Ulmus* spp. nachgewiesene Viren. Der Virusnachweis erfolgte durch: (e) Elektronenmikroskopie, (s) serologische bzw. (m) molekularbiologische Methoden.

Virus	Wirt	Vorkommen	Nachweis	Referenz
Carlavirus	Flatter-Ulme (*U. laevis*)	Deutschland	m	Eisold 2017
Cherry laef roll virus CLRV	Amerikanische Ulme (*U. americana*)	USA	s, e	Ford et al. 1972
Elm mottle virus EMoV	Berg-Ulme (*U. glabra*)	Großbritannien	m	Scott et al. 2003
		Deutschland	s, e	Schmelzer 1972
	Flatter-Ulme (*U. laevis*)	Deutschland	m	Eisold 2019, Büttner et al. 2015
	Feld-Ulme (*U. minor*)	Deutschland	s, e	Schmelzer 1972
		Kroatien	e	Pleše & Juretić 1999

selben Sektion angehören (sect. *Ulmus*), ist die Flatter-Ulme von diesen reproduktiv isoliert und wird mit der Amerikanischen Ulme zusammengefasst (sect. *Blepharocarpus*) (Aas 2019).

Als natürliche Bestandteile der Ökosysteme sind Viren nicht isoliert zu betrachten, sondern sie treten ubiquitär und in großer Vielfalt auf. Für die potentielle Wirtspflanze ergibt sich daraus ein Befallsdruck durch verschiedene Pathogene, die sich auch als virale Mischinfektion darstellen kann. Mischinfektionen mit verschiedenen Pathogenen treten häufig auf und sind eher Regel-, denn Ausnahmefall. Die Möglichkeit einer Mischinfektion von Flatter-Ulme mit verschiedenen Viren wurde bereits in einer Studie von 1969 in Betracht gezogen (Schmelzer 1969). In Flatter-Ulmen des brandenburgischen Standortes wurden durchaus EMoV und Carlaviren im selben Wirt detektiert.

Insgesamt sind die verfügbaren Daten zu Virusinfektionen in Flatter-Ulmen, aber auch in anderen Ulmenarten noch sehr lückenhaft und die tatsächliche Kenntnis über Verbreitung, Wirtspflanzenkreis und genomische Variabilität der Viren bestenfalls rudimentär. Erst intensive Studien, verbunden mit großflächigen Screenings der noch vorhandenen Ulmenbestände können Aufschluss darüber geben, in welcher Vielfalt und Abundanz Viren in Ulmen vorkommen und welches Risiko damit für die Bäume verbunden ist.

Die Flatter-Ulme ist an natürlichen Standorten selten geworden. Die Bedrohung der Bestände durch Pathogene kann derzeit noch nicht solide und datenbasiert abgeschätzt werden. Erste Untersuchungen zeigen, dass es auch bei der Ulme zukünftig von großer Bedeutung ist, umfassende Kenntnisse zu den Wirkzusammenhängen zwischen Baum, Pathogen und Umwelt zu sammeln. Diese können für Züchtungs- und Erhaltungsprogramme von entscheidender Bedeutung sein.

Alle Abbildungen von der Autorin.

Literatur

Aas, G. (2019): Die Flatterulme: Verwandtschaft, Morphologie und Ökologie. LWF Wissen 83: 7–12.

Arismendi, N. L.; Riegel, R.; Carillo, R. (2013): In vivo transmission of '*Candidatus* Phytoplasma ulmi' by *Amplicephalus curtulus* (Hemiptera: Cicadellidae) and its effect on ryegrass (*Lolium multiflorum* cv. Tama). Journal of Economic Entomology 107: 83–91.

Bandte, M.; Essing, M.; Obermeier, C.; Büttner, C. (2004): Virus-diseased *Ulmus laevis* in Eastern Germany. Forest Systems 13: 65–69.

Bellés, J. M.; López-Gresa, M. P.; Fayos, J.; Pallás, V.; Rodrigo, I.; Conejero, V. (2008). Induction of cinnamate 4-hydroxylase and phenylpropanoids in virus-infected cucumber and melon plants. Plant Science 174: 524–533.

Brasier, C. M. (1991): *Ophiostoma novo-ulmi* sp. nov., causative agent of the current Dutch elm disease pandemics. Mycopathologia 115: 151–161.

Brasier, C. M. (2000): Intercontinental spread and continuing evolution of the Dutch elm research pathogens. In: Dunn, C. P. (ed.): The Elms: Breeding, Conservation, and Disease Management: 61–72. Kluwer Academic Publishers, Boston.

Büttner, C.; von Bargen, S.; Bandte, M.; Mühlbach, H. P. (2013): Forest diseases caused by viruses. In: Gonthier, P.; Nicolotti, G. (eds.): Infectious Forest Diseases: 50–75. CABI, Wallingford, UK, Boston, USA.

Büttner, C.; von Bargen, S.; Eisold, A. M.; Bandte, M.; Rott, M. (2015): Eine Fallstudie zum *Elm mottle virus* (EMoV) an Ulme (*Ulmus* sp.). In: Dujesiefken, D. (Hrsg.): Jahrbuch der Baumpflege: 245–250. Haymarket Media, Braunschweig.

Collin, E.; Bilger, I.; Eriksson, G.; Turok, J. (2000): The conservation of elm genetic resources in Europe. In: Dunn, C. P. (ed): The elms: breeding, conservation & disease management: 281–293. Kluwer Academic Publishers, Boston.

Collin, E. (2003): EUFORGEN Technical guidelines for genetic conservation and use for European white elm. Internal Plant Genetic Ressources Institute Rome, Italy.

Cremer, E.; Luckas, M.; Rau, B.; Janssen, A. (2019): Aspekte zur Genetik und zum Vermehrungsgut der Flatterulme. LWF Wissen 83: 13–18.

Eisold, A. M.; Kube, M.; Holz, S.; Büttner, C. (2015): First report of '*Candidatus* Phytoplasma ulmi' in *Ulmus laevis* in Germany. Communications in Agricultural and Applied Biological Sciences 80: 575–579.

Eisold, A. M. (2017): Molecular characterization of a new *Carlavirus* detected in German *Ulmus laevis* (Pall.) by Illumina high throughput sequencing. Communications in Agricultural and Applied Biological Sciences 82: 337–346.

Eisold, A. M. (2019): Molecular characterization of the movement and coat proteins of a new *Elm mottle virus* isolate infecting European white elm (*Ulmus laevis* Pall.). International Journal of Phytopathology 08 (01): 1–7.

Ford, R. E.; Moline, H. E.; McDaniel, G. L.; Mayhew, D. E.; Epstein, A. H. (1972): Discovery and characterization of elm mosaic virus in Iowa. Phytopathology 62: 987–992.

Fuentes-Utrilla, P.; Ventiras, M.; Hollingsworth, P. M.; Squirrel, J.; Collada, C.; Stone, G. N.; Gil, L. (2014): Extending glacial refugia for a European tree: genetic markers show that Iberian populations of white elm are native relicts and not introductions. Heredity 112: 105–113.

Jović, J.; Cvrković, T.; Mitrović, M.; Petrović, A.; Krnjajić, S.; Toševski, I. (2008). New strain of '*Candidatus* Phytoplasma ulmi' infecting *Ulmus minor* and *Ulmus laevis* in Serbia. New Disease Report 17: 24.

Mackenthun, G. L. (2004): The role of *Ulmus laevis* in German floodplain landscapes. Agricultural research. Forest systems and resources 13: 55–63.

Mittempergher, L. (2000). Elm Yellows in Europe. In: Dunn C. P. (ed): The Elms, Conservation and Disease Management: 103–119. Kluwer Academic Press Publishers, Boston.

Mittempergher, L.; Santini, A. (2004): The history of elm breeding. Forest Systems 13: 161–177.

Moser, J. C.; Konrad, H.; Kirisits, T.; Carta, L. K. (2005): Phoretic mites and nematode associates of *Scolytus multistriatus* and *Scolytus pygmaeus* (Coleoptera: Scolytidae) in Austria. Agricultural and Forest Entomology 7: 169–177.

Müller-Kroehling, S. (2019a): Biodiversität an Ulmen, unter besonderer Berücksichtigung der Flatterulme. LWF Wissen 83: 49–64.

Müller-Kroehling, S. (2019b): Krankheiten, Schädlinge und Schäden an der Flatterulme. LWF Wissen 83: 65–75.

Murolo, S.; Romanazzi, G. (2008): Infections of '*Candidatus* Phytoplasma ulmi' in *Ulmus parvifolia, Ulmus* sp. and *Zelkova serrata* trained as bonsais. Journal of Plant Pathology 90: 345–349.

Pleše, N.; Juretić, N. (1999): Virusna bolest poljskog brijesta (*Ulmus minor* Mill.) u Hrvatskoj [Virus disease of field elm (*Ulmus minor* Mill.) in Croatia]. Šumarski List 3–4: 95–100.

Reichling, A.; Tröber, U. (2007): Erfassung der genetischen Ressourcen der Ulmen-Arten in Deutschland. Schlussbericht des Auftrages „Erfassung und Dokumentation genetischer Ressourcen der Schwarzpappel und der Ulmenarten in Deutschland". Teillos 2: Erfassung und Dokumentation genetischer Ressourcen der Ulmenarten (*Ulmus* spec.) in der Bundesrepublik Deutschland. Landesforstanstalt Eberswalde.

Schmelzer, K. (1969): Das Ulmenscheckungs-Virus. Journal of Phytopathology 64 (1): 39–67.

Schmelzer, K. (1972): Nachweis der Verwandtschaft zwischen Herkünften des Kirschenblattroll-Virus (cherry leaf-roll virus) und dem Ulmenmosaik-Virus (elm mosaic virus). Zentralblatt für Bakteriologie Abteilung II 127: 140–144.

Schmelzer, K.; Schmidt, H. E.; Schmidt, H. B. (1966): Viruskrankheiten und virusverdächtige Erscheinungen an Forstgehölzen. Archiv für Forstwesen 15: 107–120.

Schneider, B.; Kätzel, R.; Kube, M. (2020a): Widespread occurrence of '*Candidatus* Phytoplasma ulmi' in elm species in Germany. BMC Microbiology 20: 74.

Schneider, B.; Hüttelt, B.; Zübert, C.; Kube, M. (2020b): Genetic variation, phylogenetic relationship and spatial distribution of '*Candidatus* Phytoplasma ulmi' strains in Germany. Scientific Report 10: 21864.

Scott, S. W.; Zimmerman, M. T.; Ge, X. (2003): Viruses in subgroup 2 of the genus Ilarvirus share both serological relationships and characteristics at the molecular level. Archives of Virology 148: 2063–2075.

Senshu, H.; Yamaji, Y.; Minato, N.; Shiraishi, T.; Maejima, K.; Hashimoto, M.; Miura, C.; Neriya, Y.; Namba, S. (2011): A dual strategy for the suppression of host antiviral silencing: two distinct suppressors for viral replication and viral movement encoded by Potato virus M. Journal of Virology 85: 10269–10278.

Zhao, J.; Zhang, X.; Hong, Y.; Liu, Y. (2016): Chloroplast in plant-virus interaction. Frontiers in Microbiology 7: 1565.

Autorin:
Dr. Anne-Mareen E. Eisold
Thünen-Institut für Forstgenetik
Eberswalder Chaussee 3a
15377 Waldsieversdorf
E-Mail: anne-mareen.eisold@thuenen.de

Mitt. Deutsch. Dendrol. Ges. (MDDG)	109	131–135	2024	ISBN 978-3-494-01982-6

Die „Dicke Eiche“ von Heidenburg – Aus der Vergangenheit eines beeindruckenden Baumes

JULIAN GRÖBER

Vorbemerkung

Alte Bäume faszinieren uns immer wieder, können sie mit mehreren hundert Jahren doch um ein Vielfaches älter werden als wir. In seltenen Fällen erreichen manche sogar ein Alter von über 1 000 Jahren! Verglichen mit der Lebensspanne von uns Menschen ist das nur schwer zu fassen. Unseren keltischen und germanischen Vorfahren galten alte und mächtige Bäume daher als heilig, unter ihnen führte man rituelle Handlungen durch und traf sich zu politischen Versammlungen, den Things. Der Überlieferung nach konnte der christliche Missionar BONIFATIUS einen Großteil der germanischen Stämme erst dann zum Christentum „bekehren“, als er konsequent die mächtigen Donar-Eichen fällen ließ, die dem germanischen Donnergott DONAR (THOR) geweiht waren, und diese „Gotteslästerung“ offenbar ungestraft blieb. Mächtige Eichen wurden auch nach der Christianisierung weiter verehrt, denn unter unseren heimischen Baumarten kann gerade die Eiche ein besonders hohes Alter erreichen, was sie u. a. ihrer dicken Rinde, ihrem dauerhaften Holz und der eingelagerten Gerbsäure zu verdanken hat, die sie widerstandsfähiger gegenüber Pilzen, Bakterien und Insekten machen. Wird die Eiche nicht gefällt oder von einem Blitz getroffen, kann sie in seltenen Fällen durchaus ein Alter von über 1 000 Jahren erreichen und wird dadurch zur Begleiterin von über 30 Menschen-Generationen! Nach der letzten Eiszeit waren Eichen zudem die häufigste Baumart unserer Wälder. In den Mooren im Hoch- und Idarwald im westlichen Hunsrück haben sich unter Ausschluss von Sauerstoff die Pollen der hier vorkommenden Pflanzen gut erhalten, die man bis zur Entstehung der Moore vor ca. 9 000 Jahren durch Pollenanalysen bestimmen kann. Demnach war die Eiche die vorherrschende Baumart in unseren Wäldern, als damals die Moore allmählich entstanden. Auch als sich zur intensiveren Waldnutzung der keltischen Eisenzeit ab ca. 500 v. Chr. die Buche immer stärker ausbreitete, gehörte die Eiche fest zu dem damaligen Waldbild und ist es mit einigen Flächeneinbußen bis heute geblieben. Als durch die Ausweitung unserer Siedlungen zur Zeit der Römer und später im hohen Mittelalter immer mehr Wald in Ackerland umgewandelt wurde, konnte es vorkommen, dass besonders alte und markante Bäume in der Feldflur stehen gelassen wurden, die durch ihr Erscheinungsbild oft auch als Grenzbäume fungierten und die Grenze über viele Generationen hinweg unverrückbar markierten. Einer dieser beeindruckenden Grenzbäume war die dicke Eiche von Heidenburg.

Ein markanter Grenzbaum

Wenn man früher auf der K 77 von Berglicht nach Heidenburg unterwegs war, konnte man rechter Hand am Heidenburger Hof eine ausgesprochen mächtige Eiche bestaunen, die hier seit vielen Generationen ein bestimmendes Element der Landschaft war. Da sie auf der Gemarkung Heidenburg stand, wurde sie allgemein die „dicke Eiche von Heidenburg“ genannt. Aber das war nicht ihr einziger Name.

Am 3. Juli 1315 wurde für das Hochgericht Bernkastel ein Weistum verfasst, in dem alle damaligen Rechte des Erzbischofs von Trier, des Grafen VON SALM und der Vögte VON HUNOLSTEIN beschrieben wurden, denn im Jahr 1281 hatte der Erzbischof die Hoheitsrechte über Bernkastel Graf Heinrich von Salm abgekauft. Daher wurde es notwendig, die neue rechtliche Lage in einem Weistum festzuhalten. Darin wird auch die Grenze des Hochgerichts erstmals beschrieben, die in Wederath begann, über Hinzerath „an dem Heister" zum sogenannten „Wagengleis", einer uralten Straße, führte und von hier bis zur Idarhöhe reichte. Der Gebirgskamm des Idarwaldes bildete eine natürliche Grenze, die sich hier bis zur „Hangenden Byrck" nahe dem Erbeskopf erstreckte. Von dort verlief sie gegen die Mark Thalfang zur „Lychter Eych". Damit tritt erstmals unsere Eiche in Erscheinung, die damals als Westgrenze des Hochgerichts Bernkastel fungierte. Zur Zeit des Weistums gehörte Licht, als noch eigenständiger Ort, zum Hochgericht Bernkastel. Heidenburg dagegen geriet durch die Schenkung des Leiwener Adligen Anshelm, eines Untergebenen der Trierer Erzbischöfe Poppo (1016–1047) und Eberhard (1047–1066), bereits im Jahr 1053 an das Trierer Stift des hl. Simeon. Dem Verfasser des Bernkasteler Weistums war es allerdings wichtig zu erwähnen, dass die Lychter Eych damals, 1315, auch „die rode ryser", also die roten Reiser, genannt wurde, wohl ein älterer Name der Grenz-Eiche. Die Farbe Rot steht bezogen auf Grenzmarkierungen in dieser Gegend mit dem Erzbistum Trier in Verbindung, da das Trierer Wappen ein rotes Kreuz auf weißem Grund zeigt. So wurde auch die Grenze des Erzbistums zur Grafschaft Veldenz im Haardtwald als Rotmark bezeichnet. Die Reiser der Eiche – also ihre dünnen Äste – als Synonym für die Eiche an sich wurden demnach als rot bezeichnet, was sie als Trierer Grenzbaum auswies. Da Heidenburg damals bereits seit über 250 Jahren dem Stift des hl. Simeon gehörte und damit im Einflussbereich des Erzbischofs lag, kann diese Bezeichnung der Eiche nur als frühere Trierer Grenze gegen das Hochgericht Bernkastel gegolten haben, das vor dem Erwerb durch den Erzbischof 1281 Territorium des Grafen von Salm war. Der Verfasser des Weistums hatte damals großen Wert darauf gelegt, auch den zweiten, mutmaßlich älteren Namen der Lychter Eich zu erwähnen. Die unterschiedlichen Namen ermöglichen so auch eine Interpretation der damaligen politischen Einflüsse.

Im Jahr 1400 wird die Grenze des Hochgerichts Bernkastel in einem weiteren Weistum festgehalten. Hier wird die Lychter Eych schlicht als *„die groß eiche"* bezeichnet, die nahe dem Moseltsbach stand, der heute als Mieselerbach bekannt ist, zwischen Licht und Heidenburg in die Dhron fließt und damals ab dem Standort der Eiche die Grenze bis zum Lichterbach gebildet hat.

Eine treue Begleiterin

Auch wenn die Heidenburger Eiche als Grenzbaum wohl lange frei sichtbar in der Landschaft stand und dadurch stärker gewachsen ist als im geschlossenen Wald, kann man doch davon ausgehen, dass sie 1315, als das Weistum verfasst wurde, ca. 200–300 Jahre alt gewesen ist. Vielleicht war sie auch etwas älter, was schon damals ein stolzes Alter bedeutete. In jüngerer Zeit wurde ihr nicht selten ein Alter von 2 000 Jahren nachgesagt, was allerdings mehr als unwahrscheinlich ist und eher ins Reich der Sagen gehört. Sie galt demnach gemeinhin als „Rheinlands ältester Eich Baum". Neben ihrer Funktion als Grenzbaum sei sie auch Gerichtsbaum gewesen, unter der man sich zum Thing versammelte, was zwar nicht schriftlich belegt, aber durchaus möglich ist.

Zum Ursprung der Dicken Eiche existiert auch eine Sage. Demnach seien an der Kreuzwiese, der Straßenkreuzung zwischen Heidenburg und Berglicht, im Mittelalter Pilger von einem Raubritter, dem „Räuber vom Habelstein", und seinen Schergen überfallen und schwer misshandelt worden, die in den nahen Ruinen der Heidenburger Wüstung Zawischt hausten. Als kurz darauf drei Ritter vorbeigeritten kamen, die auf dem Weg ins Heilige Land waren, berichteten die überfallenen Pilger von ihrem Schicksal, worauf die Kreuzritter die Verfolgung der „Räuber" aufnahmen und sie auf Höhe des heutigen Heidenburger Hofs stellten. Im Kampfgetümmel wurde einer der Kreuzritter tödlich verwundet, die Habelsteiner konnten fliehen. Die beiden Ritter errichteten ihrem Gefährten ein hölzernes Kreuz und schworen, ihm ein steinernes Denkmal zu errichten, sollten sie unbeschadet aus dem Heiligen Land zurückkehren. Als sie weitergezogen waren, entdeckte der Raubritter vom Habelstein das Kreuz und geriet darüber so sehr in Wut, dass er es zerschlug. Daraufhin setzte ein Blitzen und Donnern ein, was ihn dazu verleitete, unter einer Eiche Schutz zu suchen. In eben diesen Baum schlug ein Blitz ein und tötete den Raubritter. Ein Rabe, der alles mit ansah, flog daraufhin zu ihm und kratzte ihm *post mortem* die Augen aus. Er verscharrte sie zusammen mit einer Eichel an der Stelle, an der das Kreuz gestanden hatte. Und aus eben dieser Eichel wuchs die dicke Eiche von Heidenburg als lebendiges Denkmal für den getöteten Kreuzritter.

Jenseits der Sage kann man den Ursprung der Heidenburger Eiche grob um das Jahr 1000 vermuten. Seitdem war sie eine standfeste Zeitzeugin und Begleiterin vieler Generationen. Sie erlebte, wie 1487 auf der nahegelegenen Burg Hunolstein das Geschlecht der Vögte im Mannesstamm ausstarb. Sie bekam auch mit, als Franz von Sickingen 1522 Burg Hunolstein mit Kanonen beschoss und das benachbarte Dorf Lampersberg zur Wüstung machte, dessen Überlebende schließlich das heutige Dorf Hunolstein gründeten. Die Schrecken des 30-jährigen Krieges zogen an ihr ebenso vorüber wie die folgenden Kabinettskriege. Selbst als in den darauffolgenden Jahrzehnten eine massive Wald- und Holzkrise eintrat, wagte niemand, die Axt an die dicke Eiche zu legen.

Für die Viehherden der Ortsansässigen waren Eichen allgemein wegen ihrer Eichelmast besonders wichtig. Gerade Schweine wurden durch die Aufnahme der heruntergefallenen Eicheln ausgesprochen schmackhaft. Durch ihre mächtige Krone wird die Heidenburger Eiche im Laufe der Zeit eine Vielzahl von Schweinen gemästet und damit vielen ortsansässigen Bewohnern das Überleben gesichert haben, gerade in Zeiten von Hungersnöten (Abb. 1).

Im Jahr 1827 bekam die Heidenburger Eiche Gesellschaft, als Mathias Sauer im „Streitchen" 48 Morgen Ödland kaufte, die damals noch der Gemeinde Köwerich gehörten. Hier gründete er den Sauerhof, der heute als der Heidenburger Hof bekannt ist. 1888 baute Sohn Johann hier eine Marienkapelle. 1909/10 errichteten die Eheleute

Abb. 1: Die Eichelmast war ein begehrtes Gut. Nach der hochmittelalterlichen Auffassung gehörte alles dem Grundherrn: die Fische im Bach, das Wild im Wald, die Vögel am Himmel und auch die Eicheln am Baum. Fielen die Eicheln jedoch herunter auf den Boden, gehörten sie den Ortsansässigen. Daher warfen die Schweinehirten nicht selten Knüppel in die Eichenkronen, was als Possen bezeichnet wird, damit die Eicheln herunterfielen und ihnen damit zustanden, wie es im Monatsbild November des *Breviarium Grimani* dargestellt ist. Novemberbild aus dem Breviarium Grimani, um 1510.

Abb. 2: Auch während des Zweiten Weltkrieges war die Eiche ein beliebtes Ausflugsziel. Aus Bach & Schömer (1996).

Peter und Rosa Thösen ein zweites Anwesen, dem 1938 ein drittes Haus folgte, das von Hubert Nickolaus Thomas erbaut wurde, einem Urenkel Mathias Sauers.

Die Kräfte schwinden allmählich

Viele besuchten seither die mächtige Eiche – Einheimische wie Reisende (Abb. 2, 3a, 3b). Sie war auch ein beliebtes Ziel für Schulausflüge. Im Jahr 1925 maß sie einen Umfang von neun Metern, wobei sich ihr Stamm in vier Metern Höhe gabelte. Insgesamt war die Eiche damals 25 Meter hoch. Inzwischen war der Stamm aber hohl geworden. Ein Waldarbeiter berichtete, dass damals zehn Kinder in dem Hohlraum Platz gefunden hätten. Im Jahr 1925 wurde durch die Gemeinde Heidenburg die Höhle mit Zement ausgekleidet, um ihr Stabilität zu verleihen, was damals als gängiges Verfahren zum Erhalt alter Bäume galt. Heute nimmt man davon Abstand, da man weiß, dass sich durch das Ausfüllen Fäulnispilze im angrenzenden Holz stärker ausbilden können. Die Eiche hatte den Pflegeeingriff allerdings gut vertragen und den Zement an den Rändern mit Rinde überwallt. Anfang der 1950er-Jahre fing der rechte der drei Äste an, einzureißen. Der Maurermeister Römer aus Heidenburg legte daraufhin einen Eisenanker so geschickt um die drei Stämme, dass der fast einen Meter tiefe Riss vernarbte und sich wieder schloss.

Mit dem Ende des Zweiten Weltkrieges folgte die Zeit des Kalten Krieges und amerikanische Kampfjets zogen immer öfter durch die Lüfte. So kam es, dass 1964 durch die Druckwelle eines Düsenflugzeuges beim Durchbrechen der Schallmauer einer der starken Kronenäste herunterbrach. Zum Glück wurde dabei keines der acht Kinder getroffen, die sich zu dem Zeitpunkt in der unmittelbaren Umgebung aufhielten. Die Besitzer des Heidenburger Hofes verständigten daraufhin den Revierförster Schramm aus Heidenburg, da die dicke Eiche schon seit 1946 immer weiter verdorrte. Fast jedes Wochenende fanden sich Besucher bei ihr ein, daher war es unumgänglich, sie zu sichern, damit auch künftig niemand zu Schaden kam. Förster Schramm rief dazu seine Waldarbeiter und Sprengmeister Peter Schneider aus Heidenburg. Die dreigablige morsche Krone sollte mit Dynamit gesprengt werden, allerdings sollte dabei der mittlerweile gespaltene Stamm erhalten bleiben. Man

Der Stamm weist in 1 m Höhe einen Umfang von 7,15 m auf

Die Eiche beim Heidenburger Hof ist mit einem Alter von 1000 Jahren der älteste Baum des Trierer Landes

Abb. 3a, b: Die Ausmaße der Eiche werden deutlich, wenn eine Person zum Größenvergleich vor ihr steht. Aus Busch (1953).

Abb. 4: Nach der Sprengung 1964 brach die Krone nicht wie geplant ab, allerdings zerfiel die Eiche immer mehr. Der gespaltene Stamm blieb dagegen noch lange als Ruine stehen. Aus ANONYM (2010).

maß der Eiche aber ohnehin keine allzu große Widerstandskraft mehr zu. So bohrte man oberhalb des Stammes Löcher, in die man Dynamitpatronen steckte. Aus sicherer Entfernung wurde die Ladung gezündet. Der Vorgang der Sprengung wurde auch von einem Kamerateam der Landesschau begleitet und im Fernsehen ausgestrahlt. Nach der Zündung knallte es gewaltig, es rauchte und die Eiche schüttelte sich. Man hatte aber ihre Widerstandskraft unterschätzt. Die Sprengladung war nicht groß genug, um die Äste wie gewünscht zu Fall zu bringen. Zudem boten die morschen Äste der Sprengladung nicht genug Widerstand. Die Stabilität der Eiche wurde durch die Sprengung allerdings zusätzlich geschwächt. Daher wurde eindringlich dazu aufgerufen, sich aus Sicherheitsgründen nicht mehr in ihrem Umfeld aufzuhalten. Mit der Zeit zerfiel sie immer mehr, bis schließlich nur noch die Ruine ihres massiven Stamms übrigblieb (Abb. 4).

Im Jahr 2007 wurde am Heidenburger Hof eine neue Eiche gepflanzt. In Gedenken der dicken Eiche von Heidenburg – einer einzigartigen Zeitzeugin.

Literatur

ANONYM (2010): „Der Baumriese wollte nicht sterben. 2000jährige Eiche trotzte Dynamit". In: ORTSGEMEINDE HEIDENBURG (Hrsg.): „Die Dicke Eiche" von Heidenburg. Hermeskeil.

BACH, K.; SCHÖMER, E. (1996): Die Verbandsgemeinde Thalfang am Erbeskopf – Eine Dokumentation in Bild und Schrift. Hermeskeil.

BLASIUS, R. (2003): Aus der Geschichte des Dorfes Heidenburg – Anshelm schenkt die Ansiedlung auf dem Heidenberg dem Stift St. Simeon zu Trier. In: ORTSGEMEINDE HEIDENBURG (Hrsg.): Heidenburg – Ortsgeschichte des Dorfes zwischen Mosel und Hunsrück. Hermeskeil.

BLASIUS, R. (2010): Der „Heidenburger Hof". In: ORTSGEMEINDE HEIDENBURG (Hrsg.):„Die Dicke Eiche" von Heidenburg. Hermeskeil.

BUSCH, P. J. (1953): Naturdenkmale – Ein Heimatbuch des Trierer Raumes. Verlag Aurel Bongers, Recklinghausen.

HAGEN, M. (2010): Die Sage von dem Raben. In: ORTSGEMEINDE HEIDENBURG (Hrsg.): „Die Dicke Eiche" von Heidenburg. Hermeskeil.

MERGENER, P. (2010): Was Rheinlands ältester Eichbaum erzählt. In: ORTSGEMEINDE HEIDENBURG (Hrsg.): „Die Dicke Eiche" von Heidenburg. Hermeskeil.

REUSCH, R. (2003): Naturdenkmäler – Die dicke Eiche in Heidenburg. In: ORTSGEMEINDE HEIDENBURG (Hrsg.): Heidenburg – Ortsgeschichte des Dorfes zwischen Mosel und Hunsrück. Hermeskeil.

ROLOFF, A./DDG (2022): Nationalerbe-Bäume – Konzeption und Ziele, Umsetzung und Realisierung – zum Schutz alter Bäume in Deutschland: die ersten 16 Kandidaten in allen Bundesländern. Selbstverlag TU Dresden.

SABA, E. (2010): Die „Dicke Eiche" und die Nibelungen. In: ORTSGEMEINDE HEIDENBURG (Hrsg.): „Die Dicke Eiche" von Heidenburg. Hermeskeil.

STAUDT, B. (2004): Die Veldenzer Straße – Eine mittelalterliche Transitstrecke quer über den Hunsrück. Die Hott – Hunsrücker Hefte zur Geschichte und Gegenwart, Jg. 21 (4).

TOEPFER, F. (1866): Urkundenbuch für die Geschichte des gräflichen und freiherrlichen Hauses der Vögte von Hunolstein, Bd. 1. Nürnberg.

Autor

JULIAN GRÖBER
Hinter der Kirch 8
54497 Morbach-Gutenthal
E-Mail: groeber.julian@web.de

Mitt. Deutsch. Dendrol. Ges. (MDDG)	109	136–147	2024	ISBN 978-3-494-01982-6

Zeitzeugen der Anfänge der Forstlichen Lehre in Thüringen

KARINA KAHLERT, JAKOB WERNICKE und ANKA NICKE

Abstract

Contemporary witnesses of the beginnings of forestry education in Thuringia

Forest science and forestry education have a centuries-old tradition in Thuringia. One of the most important "forestry scholars" was HEINRICH COTTA (1763–1844), who had a forestry school in Zillbach/Thuringia, before he moved and taught at the Royal Forest Academy of Saxony in Tharandt. In 1792, H. COTTA founded a forest botanical garden in Zillbach/Thuringia. Recent dendrochronological investigations confirmed that the (old) larches in COTTA's forest botanical garden were planted during the tenure of HEINRICH COTTA in Zillbach.

Zusammenfassung

Forstwissenschaften und Forstliche Lehre haben in Thüringen eine jahrhundertelange Tradition. Einer der bedeutendsten „forstlichen Klassiker" war HEINRICH COTTA (1763–1844), der vor seinem Umzug nach Tharandt und seiner Tätigkeit an der Königlich-Sächsischen Forstakademie bereits in Zillbach/Thüringen eine Forstschule aufgebaut hatte. Dazu gehörte ab 1792 auch die Anlage eines Forstbotanischen Gartens. Aktuelle dendrochronologische Untersuchungen bestätigen, dass die (Alt-)Lärchen im COTTA-Wäldchen definitiv in der Wirkungszeit von HEINRICH COTTA in Zillbach gepflanzt worden sind.

Einleitung

HEINRICH COTTA ist als ein sog. forstlicher Klassiker über Deutschlands Grenzen hinaus bekannt. Er gilt als Begründer der geregelten Forstwirtschaft und Forstwissenschaft. Die Anfänge seiner Lehre liegen im südthüringischen Zillbach, wo COTTA zunächst eine private Forstlehranstalt begründete, die im Jahr 1795 durch den Herzog VON SACHSEN-WEIMAR genehmigt wurde. Im Jahr 1811 siedelte er mit seiner Forstlehranstalt, die 1816 als Königlich Sächsische Forstakademie anerkannt wurde, nach Tharandt bei Dresden um. Die Königlich-Sächsische Forstakademie war die erste staatliche Lehranstalt aller heutiger Universitätsfakultäten und Hochschulen mit forstlichen Studiengängen in Deutschland. Heute in die Technische Universität Dresden integriert, ist Tharandt nun seit mehr als 200 Jahren ein Ort der forstlichen Ausbildung und Lehre (KAISER 2022) und eine der ältesten forstlichen Fakultäten der Welt.

HEINRICH COTTA war ein bedeutender Lehrer, Forscher und Schriftsteller. In seinen Werken wid-

Tabelle 1: Auswahl an Werken von HEINRICH COTTA.

Jahr	Titel
1804	Systematische Anleitung zur Taxation der Waldungen
1814	Vorschriften zur künstlichen Holzzucht
1815	Abriss einer Anweisung zur Vermessung, Beschreibung, Schätzung und forstwirtschaftlichen Einteilung der Waldungen etc.
1816	Tafeln zur Bestimmung des Inhaltes und Wertes unverarbeiteter Hölzer
1817	Anweisung zum Waldbau
1818	Entwurf einer Anweisung zur Waldwertrechnung
1819–1822	Die Verbindung des Feldbaues mit dem Waldbau
1820	Anweisung zur Forsteinrichtung und Abschätzung
1832	Grundriss der Forstwissenschaft

Abb. 1: Zentraler Platz Zillbach mit Kirche und Schloss (weiße Fachwerkgebäude) und ehemaliger Forstanstalt Cottas (hellgelbes Gebäude) (Aufnahme 2021).

met sich Cotta fast allen Gebieten der Forstwissenschaft, vor allem jedoch Waldbau und Forsteinrichtung (Tabelle 1).

Schon 1792 begründete Heinrich Cotta am Rand des kleinen Örtchens Zillbach (heute zur Gemeinde Schwallungen in Thüringen gehörend) zur Unterstützung der forstlichen Ausbildung ein Arboretum. Noch heute ist der alte Baumbestand der insgesamt 1,27 ha großen Cotta-Plantage erkennbar. Die Absolutalter der Bäume sind jedoch bisher unbekannt. Die folgende Abhandlung beschäftigt sich mit dem der forstlichen Lehre verpflichtetem Wirken Heinrich Cottas in Zillbach und stellt Ergebnisse der Altersdatierung einiger Bäume vor.

Zillbach – eine Wirkungsstätte Nicolaus und Heinrich Cottas in Thüringen

In der Zeit der Wende vom 18. zum 19. Jh.war das kleine Zillbach (Abb. 1) im heutigen Thüringen einer der bedeutendsten Orte in Mitteleuropa, an dem fortschrittliches, der Nachhaltigkeit verpflichtetes Denken der modernen Forstwirtschaft und Forstwissenschaft den Weg bereitete. So lautet ein Zitat von Heinrich Cotta: *„Der Beruf des Forstmannes ist halb Kunst halb Wissenschaft und nur die Ausführung macht hierbei den Meister.“* (Abb. 2).

Nicolaus Cotta wirkte im Herzogtum Sachsen-Weimar-Eisenach in der sog. Kleinen Zillbach bei Wasungen als herzoglicher Unterförster. Im Forsthaus zu Zillbach wurde 1763 sein Sohn Heinrich Johann geboren. *„Ich bin ein Kind des Waldes, kein schirmendes Dach überdeckt die Stelle, wo ich geboren wurde. Alte Eichen und hohe Buchen umschatten die Öde, und Gras wächst auf derselben. Den ersten Gesang hörte ich von Vögeln des Waldes, und meine erste Umgebung waren Bäume.“* So erinnerte sich Heinrich Cotta 1819 (in Richter 2011) an seine Geburtsstätte, das Forsthaus in der

Abb. 2: Tafel mit Cotta-Zitat in der Mauer der Grotte in der Cotta-Plantage (Aufnahme 2021).

Kleinen Zillbach, das in der Zwischenzeit abgerissen wurde.

NICOLAUS COTTA war bewusst, dass sich aufgrund der Devastierung der Wälder und der bestehenden Holznot die Zeit der ausschließlich „hirschgerechten Jäger“ überlebt hatte und dass die nun notwendigen „holzgerechten Jäger“ eine solide natur- und wirtschaftswissenschaftliche Ausbildung benötigten.

Tabelle 2: HEINRICH COTTA – Lebensdaten.

Jahr	Lebensstationen
1763	Als Sohn des herzoglich weimarischen Unterförsters NICOLAUS COTTA im Forsthaus in der Kleinen Zillbach am 30.10.1763 geboren
1778	Beginn der forstlichen Ausbildung bei seinem Vater
1780	Als Jägerbursche freigesprochen
1784–1785	Studium an der Universität in Jena (Naturwissenschaften, Mathematik; hört auch erste forstwirtschaftliche Vorlesungen)
1786	Mit Flurvermessungen der Fischbacher Flur beschäftigt; gibt Unterricht in Forstvermessung in Zillbach
1789	Herzoglich weimarischer Forstläufer
1792	Antrag an den Herzog von Weimar-Eisenach betreffs der Anlage eines Pflanzgartens oder einer Forstbaumschule in Zillbach
1794	Legt dem Herzog den Plan zu einer staatlichen Forstschule vor, der 1795 genehmigt wird
1795	Erhält die Stelle seines Vaters in Zillbach sowie die Erlaubnis zur Einrichtung einer Forstschule im Schloss Zillbach, Ernennung zum „Wildmeister“
1801	Forstmeister und Mitglied des neuen Forstkollegiums in Eisenach
1810	Ruf nach Tharandt als Direktor der Forstvermessungsanstalt
1811	Übersiedlung mitsamt der Zillbacher Forstlehranstalt nach Tharandt
1816	Die Forstlehranstalt wird Königlich-Sächsische Forstakademie; Ernennung zum „Oberforstrat“
1844	Wirkt als Direktor der Königlich-Sächsischen Forstakademie in Tharandt bis zu seinem Tode am 25.10.1844

Seinem Sohn HEINRICH (Tabelle 2), der ab 1778 seine forstliche Lehrzeit bei NICOLAUS COTTA absolviert hatte, ermöglichte er folgerichtig ab 1784 ein Studium an der Universität in Jena. Dort beschäftigte er sich schwerpunktmäßig mit Kameralwissenschaften und Mathematik. Wie THOMASIUS (1997) bemerkte, war diese akademische Ausbildung für seine weitere Entwicklung entscheidend, *„weil er durch sie in die Lage versetzt wurde, die bisherige Kluft zwischen Theorie und Praxis zu überwinden“*. Förster wirkten damals meist empirisch, aus dem Gefühl heraus, ohne fundierte wissenschaftliche Grundlagen. Das sollte sich in der folgenden Zeit ändern.

Auch der herzogliche Kammerrat APPELIUS wusste die Ausbildung HEINRICH COTTAS zu schätzen. So wurde HEINRICH 1786 bis 1788 mit der Vermessung der Fischbacher Fluren bei Kaltennordheim beauftragt. Bereits in dieser Zeit zeigte sich sein Talent zur Vermittlung von Wissen. Junge forstinteressierte Männer fanden sich bei ihm ein und er gab ihnen ersten wald- und forstbezogenen Unterricht. In ihm reifte die Idee, eine forstliche Lehranstalt zu gründen, die zweckmäßigerweise unter herzoglichen Schutz gestellt werden sollte.

Im Jahr 1794 beantragte HEINRICH COTTA im Alter von 31 Jahren beim Herzog CARL-AUGUST VON SACHSEN-WEIMAR-EISENACH die Gründung einer privaten Forstlehranstalt. Am 27. März 1795 erhielt er die Bestätigung seines Anliegens. HEINRICH COTTA brach mit der einseitigen jagdlichen Ausbildung und lehrte auf Grundlage fundierter naturwissenschaftlicher Erkenntnisse Forst- und Jagdwirtschaft. Darüber hinaus verband er den theoretischen Unterricht mit der praktischen Tätigkeit im Zillbacher Revier.

Die Begründung der Cotta-Plantage bei Zillbach

Für HEINRICH COTTA war es wichtig, seinen „Lehrlingen“ Kenntnisse in Holzartenkunde zu vermitteln. Bereits 1792 stellte er einen Antrag an den Herzog betreffs der Anlage eines Pflanzgartens oder einer Forstbaumschule in Zillbach. Die her-

Abb. 3: Ansicht der Cotta-Plantage von der Straße nach Eckards (Aufnahme 2021).

zogliche Genehmigung erfolgte im gleichen Jahr, am 9. November 1792. Insgesamt 50 Taler wurden bewilligt, um den Hügel am sog. Backofensgebrunn urbar zu machen. Für die Anpflanzung wurden 80 Taler zur Verfügung gestellt, die Kosten für die Unterhaltung durften jährlich 50 Taler betragen. Diese Fläche wird heute noch als Cotta-Plantage oder Cotta-Wäldchen bezeichnet (Abb. 3). 50 Taler entsprechen nach heutigen Maßstäben ca. 2 100 €. Man muss jedoch berücksichtigen, dass damals Stundenlöhne und Kosten nur einen geringen Bruchteil der heutigen Löhne und Kosten betragen haben.

Die Cotta-Plantage war bei Heinrich Cotta Bestandteil der praktischen forstlichen Lehre. Cotta (1795) bemerkt dazu: „*Zur Kunde exotischer Hölzer dient eine kleine Plantage, in welcher gleich jedem Lehrling ein Plätzchen zu eigenen Versuchen eingegeben wird, wozu er die Sämereien unentgeltlich empfängt.*" Schon zu Beginn des 19. Jh. versprach man sich vom „Fremdländeranbau" eine deutliche Ertragssteigerung des Waldes. Cotta hatte bereits vor der Anlage der Plantage mit Erlaubnis des Herzogs Probepflanzungen mit verschiedenen Arten angelegt (Hase 1995). Für weitere Pflanzversuche wurden an Heinrich Cotta 1801 weitere ca. 5,6 ha verpachtet; jedoch sollten die Pflanzen im Jungwuchsstadium verbleiben, also nur über einen kurzen Zeitraum untersucht werden.

Für die Cotta-Plantage wurde ein eigenes Rechnungsheft angelegt, die sog. Zillbacher Plantagenrechnungen (ThStAW), die noch heute erhalten sind. Bis Herbst 1794 wurden 166 meist fremdländische Baumarten gepflanzt. Nach Richter (2011) waren im Jahr 1810 Gewächse von 437 Arten auf dem Hügel vertreten. Er nennt folgende Gattungen (in Klammern Individuenzahl): *Lonicera* (13), *Ulmus* (6), *Crataegus* (13), *Tilia* (8), *Betula* (11), *Quercus* (8), *Pinus* (14), *Salix* (20), *Populus* (11), *Fraxinus* (10) etc.

Nach Hase (1995) wurden bis zu Cottas Ruf an die Königlich-Sächsische Forstakademie in Tharandt im Cotta-Wäldchen 420 zur Verholzung neigende Pflanzenarten angebaut. In der Regel wurden jeweils zwei Exemplare jeder Art gepflanzt oder gesät. Bei den Laubgehölzen dominierten die Weiden-, bei den Nadelbaumarten die Fichtenarten (bei Richter 2011 nicht genannt). Eine vollständige pflanzensystematische Auflistung und das zugehörige Pflanzjahr der Arten befindet sich im Anhang der Arbeit von Hase (1995).

Bei der Inventarisierung der Cotta-Plantage wurden im Jahr 1995 insgesamt 30 Baumarten, drei Straucharten, eine Blutbuche sowie eine Lianenart beschrieben (Hase 1995). Von diesen 35 Pflanzenarten finden zehn Arten keine Entsprechung in den historischen Pflanzbüchern. Es ist anzunehmen, dass diese in der Zeit nach Cottas Wirken eingebracht und nicht dokumentiert worden sind. Die Inventarisierung durch Hase (1995) der herrschenden und mitherrschenden Baumarten ergab insgesamt 14 Arten, wobei die Mehrheit dieser Bäume wahrscheinlich der nächsten Generation nach der Pflanzung zuzuordnen sind. Auffallend im heutigen Bestandsbild sind die Altlärchen. Diese Lärchen, die Eichen und die Douglasie sollen nachfolgend weiter betrachtet werden.

Baumartencharakteristik und dendrochronologische Untersuchungen

Lärche

Nach HASE (1995) wurden nach Auswertung der sog. Zillbacher Plantagenrechnungen (ThStAW) in den Jahren 1792/94 sowie 1795/96 *Larix americana*, 1795/96 *L. americana* var. *rubra*, 1806/07 *L. americana* var. *pumila*, 1792/94, 1802/03 sowie 1807/08 *L. laricina* (alles Synonyme für die Amerikanische Lärche) und 1804/05 *L. sibirica* (heimisch in Sibirien und der Mongolei) in die entstehende Plantage eingebracht. *Larix decidua* (Europäische Lärche) wurde entsprechend der Dokumentation nicht verwendet.

Arten der Gattung *Larix* kommen in Bereichen des gemäßigten Klimas auf der gesamten Nordhalbkugel vor. Je nach Autor werden zwischen 10 und 20 *Larix*-Arten unterschieden. Sie wachsen bestandsbildend in Europa, Sibirien, Korea, China, in der Mongolei sowie in Nordamerika. Dabei ist auch die Europäische Lärche aus Thüringer Sicht i. e. S. keine einheimische Baumart, da sie lediglich in den Alpen, den Sudeten, der Tatra, den Karpaten sowie in der Weichselniederung in geografisch getrennten Teilarealen natürlich vorkommt.

Die Lärche ist eine klassische Lichtbaumart. Als Pionierbaumart ist sie durch ein rasches Jugendwachstum gekennzeichnet. Ihre Eignung als Waldbaumart unter den Bedingungen des Klimawandels wird widersprüchlich diskutiert (FALK et al. 2012).

Der Anbau der Lärche außerhalb ihres Verbreitungsgebietes hat eine fast 300-jährige Tradition. Erste Anbauversuche werden um 1730, eine erste Anbauwelle ca. 1760 bis 1800 z. B. im Raum Eisenach angenommen (SCHRETZEMMAYR 1964). Es fehlen meist exakte Angaben über die verwendeten Herkünfte. Für den süddeutschen Raum wird angenommen, dass hier die (Tiroler) Alpenlärche in Frage gekommen ist. Die Alpenlärche fand jedoch auch den Weg nach Mitteldeutschland. Ab 1780 erfolgte die Einführung größerer Mengen an Lärchensaatgut aus Tirol (SCHRETZENMAYR 1964), das seine Verwendung in Thüringen in den Wäldern um Wilhelmsthal, Gerstungen, Tiefenort, Ruhla und Eisenach fand.

Es ist erstaunlich, dass HEINRICH COTTA um 1800 Saatgut sibirischer und ostamerikanischer Arten für die Anlage von Versuchen zur Verfügung gestanden hat. Es ist zu vermuten, dass dies entweder direkt von Entdeckungsreisenden eingeführt wurde oder von etablierten Einzelbäumen aus herrschaftlichen Parkanlagen stammte.

Bisher konnte nicht geklärt werden, welcher Art bzw. Herkunft die im COTTA-Wäldchens vorgefundenen Altlärchen (Abb. 4) zuzuordnen sind. Unabhängig von dieser ungeklärten Frage stand die Altersbestimmung der Altlärchen im Mittelpunkt der Untersuchungen.

Abb. 4: Eine der Altlärchen in der COTTA-Plantage im Herbst 2021.

Eiche

HASE (1995) nennt in Auswertung der im Thüringer Staatsarchiv Weimar vorhandenen sog. Plantagenrechnungen die in Tabelle 3 genannte Eichenarten bzw. Varietäten, die während der Wirkungszeit HEINRICH COTTAS in Zillbach in der COTTA-Plantage etabliert wurden.

Bei seiner Bestandsaufnahme im Februar 1995 findet HASE in der Plantage Exemplare von *Quercus rubra* (Rot-Eiche) und *Q. petraea* (Trauben-Eiche). Diese Individuen waren damals größer als 4 m und wurden nicht näher charakterisiert. Entsprechend der Forsteinrichtung zum Stichtag 01.01.1992 war die in der Plantage vorkommende *Q. petraea* 181 Jahre alt. Dies würde bedeuten, dass im letzten Jahr der Forstschule Zillbach auch *Q. petraea* in die Plantage eingebracht worden ist. Es findet sich jedoch kein entsprechender Eintrag von HEINRICH COTTA in seinen Plantagenrechnungen (ThStAW).

Die Eichen sind eine Gattung der Familie der Buchengewächse. Die Gattung ist auf der Nordhalbkugel verbreitet und umfasst weltweit etwa 600 Arten. Eichenarten hybridisieren.

Der deutsche Name leitet sich angeblich aus dem lateinischen *esca* (Speise) ab. Die Früchte des Baumes hatten in der Vergangenheit große Bedeutung insbesondere für die Schweinehaltung. Dem römischen Dichter QUINTUS ENNIUS (239–169 v. Chr.) wird die erste aktenkundliche Nennung des lateinischen Namens des Baumes, *„quercus"*, zugeschrieben.

In Thüringen sind vor allem *Q. robur* (Stiel-Eiche) und *Q. petraea* (Trauben-Eiche) als prägende heimische Eichenarten vorhanden. Beide Eichenarten sind Lichtbaumarten. Während der Vegetationszeit haben sie hohe Wärmeansprüche. Sie sind spätfrostgefährdet, gegen Windeinwirkungen jedoch relativ unempfindlich. Die im südlichen Europa verbreitete *Q. pubescens* (Flaum-Eiche) kommt in Thüringen nur in meist hybridisierten Kleinvorkommen vor. Seit Beginn des 20. Jh. wird auch *Q. rubra* (Rot-Eiche) vermehrt als Ersatz für heimische Eichenarten angebaut.

Tabelle 3: In der COTTA-Plantage gepflanzten *Quercus*-Arten lt. Angaben der von COTTA geführten sog. Plantagenrechnungen (ThStAW in HASE 1995).

Lat. Name entspr. Plantagenrechnungen	Begründungsjahre (vermutlich Vegetationsruhe) der Jahre 18XX	Deutscher Name	Herkunft
Q. coccinea	07/08, 09/10	Scharlach-Eiche	Östl. Nordamerika
Q. ×heterophylla	07/08	Bartrams-Eiche (natürliche Hybride von *Q. phellos* und *Q. rubra*)	Östl. Nordamerika
Q. marilandica	04/05	Schwarz-Eiche	Südöstl. u. zentrales Nordamerika
Q. phellos	09/10	Weidenblättrige Eiche	Südöstl. Nordamerika
Q. prinus	07/08	Kastanien-Eiche	Östl. Nordamerika
Q. robur	06/07	Stiel-Eiche	Europa
Q. rubra	06/07	Rot-Eiche	Östl. Nordamerika
Q. rubra f. *major*	06/07		Östl. Nordamerika
Q. rubra f. *minor*	06/07		Östl. Nordamerika
Q. rubra f. *variegata*	05/06; 06/07		Östl. Nordamerika
Q. ×turneri	07/08	Wintergrüne Eiche (Hybride von *Q. ilex* und *Q. robur*)	Südl. Europa

Eichenarten nehmen heute einen Anteil von ca. 7 % am Thüringer Gesamtwald ein. Die für ihren Anbau geeignete Fläche ist weitaus höher. Im Rahmen der sich vollziehenden Klimaänderung wird den Eichen eine hohe Bedeutung beigemessen.

Die beprobten Eichen wurden aufgrund ihrer morphologischen Merkmale als *Q. petraea* angesprochen.

Douglasie

Entsprechend den Ergebnissen seiner Bestandsaufnahme im Februar 1995 nennt Hase auch *Pseudotsuga menziesii* (Gewöhnliche Douglasie) als eine in der Plantage vorhandene Baumart. Die gefundenen Exemplare werden jedoch nicht näher beschrieben. Heute bieten vor allem die Douglasien entlang der Heinrich-Cotta-Straße (Ortsausgang Zillbach, Abb. 5) gemeinsam mit abwechselnd stehenden Altlärchen ein eindrucksvolles Bild.

Das natürliche Verbreitungsgebiet der Douglasie ist der Westen Nordamerikas, wo sie in den Rocky Mountains, in der Kaskadenkette von British Columbia und entlang der kalifornischen Sierra Nevada bis nach Mexiko weite Flächen einnimmt.

Abb. 5: Douglasien-Lärchen-Straßenrandbepflanzung (Heinrich-Cotta-Straße) bei Zillbach (Aufnahme: 2023).

Pseudotsuga menziesii ist ein schattenfester, schnellwüchsiger, immergrüner Nadelbaum, der bis etwa 400 Jahre alt werden kann. Grob werden eine Küsten- und eine Inlandsvarietät unterschieden. Aufgrund der extremen Größe des natürlichen Verbreitungsgebietes gibt es innerhalb der genannten Varietäten eine Vielzahl von Herkünften mit unterschiedlichen Wuchseigenschaften und Dispositionen gegenüber biotischen und abiotischen Schadfaktoren.

Da der schottische Botaniker David Douglas den nach ihm benannten Baum erst 1827 von einer nordamerikanischen Expedition mit nach London brachte, konnte Heinrich Cotta in Zillbach noch nicht die Douglasie in die Konzeption seines Forstgartens einbezogen haben.

Erst im Jahr 1831 erreichte die Douglasie Deutschland, vorerst als Baum der Parks und Gärten. Ein gezielter Anbau fremdländischer Baumarten erfolgte in Preußen und damit auch in den in Thüringen liegenden preußischen Landesteilen erst ab 1880. Die Anbauversuche basierten auf einem Erlass des Preußischen Landwirtschaftsministeriums und dem Arbeitsplan der Hauptstation für forstliches Versuchswesen. Nach Hartig (1970) wurden damals Douglasien in insgesamt 45 preußischen Oberförstereien (und damit auch in den Oberförstereien der in Thüringen liegenden preußischen Landesteile) gepflanzt. Im Jahr 1911 werden für die Oberförsterei Erfurt 1,4 ha und in der Oberförsterei Schleusingen 2,8 ha Douglasienanbauversuche angegeben. Die damaligen Versuchsflächen wurden teils als Freisaaten begründet, teils in der Nähe ihrer späteren Standorte ausgesät und danach verpflanzt (Hartig 1985).

Pseudotsuga menziesii ist die mit Abstand wichtigste fremdländische Baumart in Mitteleuropa und auch in Deutschland. In Thüringen nimmt sie heute 0,2 % der Waldfläche ein, wird jedoch an Bedeutung gewinnen. Naturschutzfachlich wird sie teilweise kontrovers diskutiert.

Ziel der Altersbestimmung der Douglasien ist die Feststellung des evtl. Zeitpunkts ihrer Etablierung. Der Nachweis der Pflanzung vor der Zeit der preußischen Anbauwelle würde ein neues Licht auf die Arbeit mit Gastbaumarten in Thüringen im 19. Jh. werfen.

Die Altersbestimmung – Zuwachsbohrungen im Cotta-Wäldchen

Neben dem Cotta-Wäldchen gibt es in südlicher Richtung von Zillbach, entlang der Heinrich-Cotta-Straße, eine auffallend alt erscheinende und großdimensionierte Douglasien-Lärchen-Straßenrandbepflanzung (Abb. 5). Diese mündet in den sogenannten Festplatz, auf dem vornehmlichen Eichen vorzufinden sind (Hase 1995). Die Fragestellung, die sich aus der Arbeit von Hase (1995) ergibt, ist, ob einige der vorzufindenden Altbäume noch *„aus der Zeit des beruflichen Wirkens von Cotta stammen* […], *also mindestens 184 Jahre alt sind*". Heute, 26 Jahre nach der Inventarisierung durch Hase (1995), müssen die Altbäume also mindestens 210 Jahrringe aufweisen (1811–2021, letzte Pflanzungen laut Pflanzplan 1809/1810).

Methodik

Die Beprobung wurde mittels Zuwachsbohrer der Firma Haglöf (Mora-Coretax: 3N, Länge: 60 cm und 40 cm, Durchmesser: 5,15 mm) durchgeführt. Pro Baum wurde ein Kern entnommen und die entstandene Bohrstelle mit Wundharz versiegelt. Im April 2021 wurden im Cotta-Wäldchen an einer Eiche und einer Lärche Bohrspanproben genommen. Dabei wurde die Lärche ausnahmsweise doppelt beprobt. In einer zweiten Beprobung wurden im November 2021 die Douglasien, Lärchen und Eichen entlang der Cotta-Straße bis hin zum Festplatz untersucht.

Zur Bestimmung des Absolutalters wurden die Bohrkernentnahmen, wenn möglich, am Stammfuß durchgeführt (in ca. 80 cm Höhe, Abb. 6). Durch die Baumdimensionen (BHD-Spannbreite Cotta-Allee: 91–139 cm) war es nötig, einen 60-cm-Bohrer zu nutzen. Dieser war (vermutlich schon vor der Beprobung im April 2021) defekt, sodass lediglich vier Bäumen beprobt werden konnten. Alle anderen Proben wurden mit dem kürzeren 40-cm-Bohrer entnommen, sodass ein Marktreffer und damit die Absolutaltersdatierung nicht möglich war.

Für einige der beprobten Bäume wurden jedoch die BHD gemessen, um so eine grobe Schätzung der fehlenden Ringzahl abgeben zu können. Dazu wurde der BHD ohne Rinde berechnet (Fichtenformel) und ins Verhältnis zum aus den Jahrringbreiten berechneten BHD gesetzt. Anschließend

Abb. 6: Bohrkernnahme an einer Lärche im Cotta-Wäldchen.

Abb. 7: Lärche („LA_I") im Cotta-Wäldchen, die aus der Zeit der initialen Bestockung durch Heinrich Cotta stammt.

Tabelle 4: Jahrringzeitreihen im Überblick mit Probenbezeichnung (ID), datierte Periode, Gesamtzahl an gemessenen Jahrringen, Marknähe: ja/– (ja, wenn Krümmung des Radius der letzten Jahrringe eines Kernes zu erkennen war), Brusthöhendurchmesser des Baums (BHD), aus den mittleren Jahrringbreiten der letzten 10 Jahre ermittelte Anzahl an fehlenden Ringen abgeleitet aus der Differenz des gemessenen BHD zum aus den Jahrringbreiten gemessenen BHD.

ID	Periode	Anzahl Jahrringe	Marknähe	BHD	Geschätzte Anzahl fehlender Jahrringe
DGL_1	1951–2021	71	ja	92,9	~15
DGL_2	1943–2021	79	ja	96,6	~2
DGL_3	1930–2021	92	ja	74,4	~0
EI_1	1915–2021	107	–	–	–
EI_2	1935–2021	87	–	–	–
EI_3	1897–2015	119	–	–	–
EI_4	1919–2021	103	–	103	~40
EI_I	1847–2019	173	ja	–	~3
LA_2	1841–2018	178	–	–	–
LA_3	1831–2020	190	ja	96,8	~9
LA_4_1	1869–2021	153	–	–	–
LA_4_2a	1969–2021	53	–	–	–
LA_4_2b	1853–2021	169	–	–	–
LA_I	1807–2020	214	–	–	–
LA_II	1810–2020	211	ja	–	–

wurden die mittleren Jahrringbreiten der letzten messbaren 10 Jahrringe pro Bohrkern ins Verhältnis zum errechneten fehlenden Radius bis zum Mark gesetzt. Damit konnte eine grobe Abschätzung der fehlenden Jahre bis zum Mark und dem absoluten Alter der Bäume angegeben werden (Tabelle 4).

Alle Bohrkerne wurden getrocknet, angeschliffen und mit einer Rasierklinge an schwer messbaren Stellen nachpräpariert. Zur Kontrasterhöhung wurden sie eingekreidet. Anschließend wurden die Proben mit einer LinTAB 6-Messstation der Firma Rinntech und dem Programm TSAPwin digitalisiert.

Ergebnisse

Es zeigte sich, dass die beprobte Lärche (Abb. 7) im Cotta-Wäldchen aus der Zeit der initialen Bestockung durch Heinrich Cotta stammt. Die Kerne „LA_I" und „LA_II" entstammen demselben Baum und zeigen jeweils in Marknähe die typische Krümmung der Jahrringe, sodass davon auszugehen ist, dass die gemessenen Alter annähernd den Absolutaltern der Bäume entsprechen. Gutachterlich geschätzt fehlen auf dem Kern „LA_II" ca. sieben Jahrringe. Entsprechend ist das Pflanzdatum von „LA_I" (= „LA_II") auf 1802/1803, eventuell auch ein Jahr später (1804/1805) zu datieren. Demnach müsste es sich laut Pflanzplan bei LA_I (= LA_II) um die Art *Larix laricina* (Richter 2011) handeln. Genaueres ist nur über die Zapfen- und Nadelform oder holzanatomische Untersuchungen herausfinden.

Zusätzlich wurde eine Eichenprobe („EI_I") vom hinteren Teil der Cotta-Plantage gezogen. Nach mehrmaligem Nachmessen kann davon ausgegangen werden, dass „EI_I" nicht zur Originalbepflanzung des Cotta-Wäldchen gehört, sondern es sich um eine Nachpflanzung aus der Mitte des 19. Jh. handelt. Auch „EI_I" zeigt die typische Ra-

Abb. 8: Douglasien-Lärchen-Straßenrandbepflanzung (Aufnahme 2023).

diuskrümmung in Marknähe mit einer geschätzten Anzahl fehlender Jahrringe von drei und damit einem gutachterlich geschätzten Pflanzdatum um das Jahr 1844.

Die entlang der Douglasien-Lärchen-Straßenrandbepflanzung beprobten Douglasien sind zwar sehr wüchsig, wurden jedoch in den 1930er-Jahren zwischen die Lärchen gepflanzt (Abb. 8). Die äl-

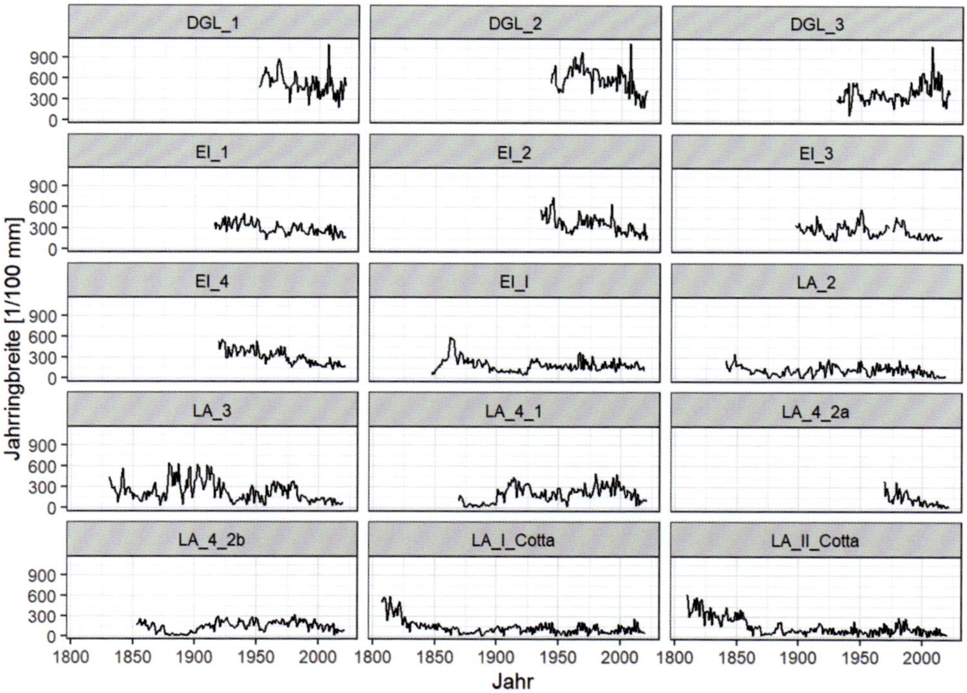

Abb. 9: Digitalisierte Jahrringbreitenzeitreihen der 2021 untersuchten Bäume des COTTA-Wäldchens und der Straßenrandbepflanzung.

teste Lärche entlang der Straße wurde auf das Jahr 1831 datiert und über den BHD neun fehlende Jahre rechnerisch bestimmt. Demnach könnte das Datum der Pflanzung 1822 oder etwas früher gewesen sein. Die Holzqualität der mehrfach kronengebrochenen Lärchen war allerdings so schlecht (erste Lärche entlang der Straße hohl), dass der 60-cm-Bohrer während der Beprobung verstopfte. Weiterer Bohrungen mit dem 40-cm-Ersatzbohrer hatten aufgrund der Stammumfänge keinen Sinn, sodass die Beprobung abgebrochen werden musste. Allerdings ist über die BHD-Berechnungen für „LA_3" (Tabelle 3) erkennbar, dass nur wenige Jahre bis zum Mark fehlen und damit die Lärchen entlang der Douglasien-Lärchen-Straßenrandbepflanzung vermutliche gegen Ende der Pflanzkampagne im Cotta-Wäldchen oder kurze Zeit später gepflanzt wurden.

Die Eichen am sogenannten Festplatz sind insgesamt älter als die Douglasien, aber jünger als die Lärchen. Auch hier konnte das Mark nicht getroffen werden und die typische Krümmung der Jahrringgrenzen in Marknähe waren nicht zu erkennen. Die digitalisierten Jahrringbreitenzeitreihen sind in Abb. 9 (S. 145) zusammengefasst. Die Zeitreihen zeigen insbesondere in ihrer Jahr-zu-Jahr-Variabilität hohe Übereinstimmungen auf, während die langfristigen Wachstumstrends weniger synchron laufen.

Schlussbemerkungen

Bei den dendrochronologischen Untersuchungen (*cross dating*) traten eine Reihe von Schwierigkeiten auf. Es gibt keine Referenzchronologie aus dem Untersuchungsgebiet, die Baumstämme sind z. T. hohl bzw. kernfaul. Das Spätholz der Lärchen-Bohrkerne war sehr harzig, das Frühholz mehlig, so dass die Aufbereitung der Bohrkerne sehr schwierig war. Sie waren teilweise gebrochen. Für eine wirkliche Cotta-Chronologie sind die untersuchten Proben im Umfang nicht ausreichend.

Dennoch ist festzustellen:

- Die (Alt-)Lärchen im Cotta-Wäldchen (Abb. 10) wurden definitiv in der Wirkungszeit von Heinrich Cotta in Zillbach gepflanzt. Die (Alt-)Eiche „EI_I" gehört nicht zur Originalbepflanzung von Cotta, sondern datiert etwa auf sein Sterbejahr 1844.
- Die Lärchen entlang der Douglasien-Lärchen-Straßenrandbepflanzung wurden wahrscheinlich kurz nach Cottas Ruf nach Tharandt gepflanzt.
- Die Douglasien entlang der Douglasien-Lärchen-Straßenrandbepflanzung wurden zu Beginn des vergangenen Jahrhunderts gepflanzt.
- Die Eichen auf dem Festplatz wurden wahrscheinlich gegen Ende des 19. Jh. gepflanzt.
- Um eine Jahrringbreitenchronologie der Eiche und Lärche in der Region anzulegen, bedarf es weiterer Beprobungen beider Baumarten in und um Zillbach.

Abb. 10: Die Cotta-Plantage (-Wäldchen) in den Herbstfarben des Jahres 2021.

Es ist in jedem Fall besonders, Bäumen gegenüberzustehen, die aus der Wirkungszeit HEINRICH COTTAS und damit aus der Zeit der Anfänge der forstlichen Lehre in Thüringen stammen!

Alle Fotos von KARINA KAHLERT.

Literatur

COTTA, H. (1795): Ankündigung der öffentlichen Lehranstalt, Kaiserlich privilegierter Reichsanzeiger Nr. 146.

FALK, W.; BACHMANN-GIGL, U.; KÖLLING, C. (2012): Die Europäische Lärche im Klimawandel. LWF-Wissen 69: 19–27.

HASE, M. (1995): Das Wirken von Heinrich Cotta im Gebietsraum des heutigen Forstamtes Breitungen in forstgeschichtlicher sowie forstpolitischer Hinsicht und die Möglichkeiten der Weiterentwicklung dieses forstlichen Kulturerbes. Referendararbeit, Forstamt Breitungen (unveröffentlicht).

HARTIG, M. (1970): Untersuchung der von der ehemaligen Preußischen Forstlichen Versuchsanstalt zu Eberswalde in den Jahren 1881–1890 in Thüringen angelegten Versuchsflächen mit fremdländischen Baumarten. Ingenieurarbeit, Fachschule für Forstwirtschaft Schwarzburg (unveröffentlicht).

HARTIG, M. (1985): Hundertjährige Douglasien in Thüringen. Beiträge zur Gehölzkunde 19: 52–57.

KAISER, B. (2022): Bin im Wald! Mit einem Forstexperten durchs grüne Dickicht. Hirzel-Verlag GmbH, Stuttgart.

RICHTER, A. (2011): Heinrich Cotta. Leben und Werk des deutschen Forstmannes. Verlag Neumann-Neudamm, Melsungen, 3. Auflage.

SCHRETZENMAYR, M. (1964): Beitrag zur Einführungsgeschichte von *Larix decidua* in die Eisenacher Forsten. Archiv für Forstwesen 13 (2): 211–214.

THOMASIUS, H. (1997): Heinrich Cotta, Klassiker der Forstwirtschaft und menschliches Vorbild, Mitteilungen des Thüringer Forstvereins e. V., Sonderdruck 1007.

ThStAW (Thüringer Staatsarchiv Weimar): Zillbacher Plantagenrechnungen 1792 – 1810.

Autoren:

KARINA KAHLERT
Dornsengasse 26
99842 Ruhla
E-Mail: karina.kahlert@outlook.com

Dr. JAKOB WERNICKE
ThüringenForst AöR – Forstliches Forschungs- und Kompetenzzentrum Gotha
Jägerstraße 1
99867 Gotha
E-Mail: jakob.wernicke@forst.thueringen.de

Prof. Dr. ANKA NICKE
FH Erfurt – Fakultät Landschaftsarchitektur, Gartenbau & Forst
Leipziger Str. 77
99085 Erfurt
E-Mail: anka.nicke@fh-erfurt.de

Mitt. Deutsch. Dendrol. Ges. (MDDG)	109	148–156	2024	ISBN 978-3-494-01982-6

Spechtschläge – Spechtringelung

Frieder Kötz

Abstract
Woodpecker strikes – Woodpecker ringbarking
Inspired by very different bark injuries on lime trees, a literature search was carried out and dendrologists were asked for their experiences with woodpecker ringing. These are mostly caused by the Great Spotted Woodpecker in the form of holes hacked horizontally around the trunk into the bark down to the xylem. Other animals which harm trees in the described manner, and the variety of woody plants which are damaged, the type of damage and possibilities of confusion are reported, also the special hacking techniques of the North American Sapsucker's Woodpeckers. Despite several new observations and findings, the question of the reason for bark chipping ultimately remains open.

Zusammenfassung
Durch sehr unterschiedliche Rindenverletzungen an Linden angeregt, erfolgte eine Literatur-Recherche und eine Nachfrage bei Dendrologen nach Erfahrungen über Spechtringelungen. Diese verursacht meist der Große Buntspecht in Form von horizontal um den Stamm herum gehackten Löchern in die Rinde bis ins Xylem. Über weitere Hacker und die Vielzahl der bearbeiteten Gehölze, die Art der Schäden und Verwechslungsmöglichkeiten wird berichtet, auch über die besonderen Hacktechniken der nordamerikanischen Saftschlucker-Spechte. Trotz etlicher neuer Beobachtungen und Erkenntnisse bleibt letztlich die Frage nach dem Grund für das Anhacken der Rinde offen.

Vor einigen Jahren fielen mir neben erheblichen Frostschäden an nicht geweißten jungen Ahornen und Buchen in dem wenige Jahre zuvor eingerichteten Friedwald meiner Heimatstadt Siegen an mehreren jungen Linden – wahrscheinlich Europäische Linden (*Tilia ×europaea*) – eigenartige Löcher in ihrer glatten Rinde auf. Diese waren in einigen waagerechten Linien mehr oder weniger rings um den Stamm angeordnet, etliche Millimeter im Durchmesser und borkig vernarbt (Abb. 1). Waren das mechanische Schäden z. B. vom Bindematerial, Folgen von Wind und Wetter, Reste eines Schädlingsbefalls oder was sonst? Jahre zuvor war ich in die DDG eingetreten und wollte nun das Wissen der Profis nutzen. Der Phyto-Pathologe Rolf Kehr von der HAWK in Göttingen löste das Rätsel (Kehr 2020). Meine Löcher waren das klassische Bild der Spechtschläge. Erstmals in meinem Leben hörte ich von diesem Phänomen

Abb. 1: Junge Linde mit einzelnen Spechtringen. Foto: F. Kötz.

und machte mir nun Gedanken über die Ursache dafür. Ich hatte erfahren, dass laut Lehrmeinung die Spechte im Frühjahr durch Anpicken der Rinde die Bäume „anzapfen“ und durch den Saft ihr zu der Zeit noch geringes Nahrungsangebot aufbessern, evtl. noch ergänzt durch ebenfalls den Saft saugende Insekten.

Monate gingen dahin, bei regelmäßigen Besuchen der Linden blieb das Bild der Spechtschläge gleich und das Interesse daran ließ nach. Das änderte sich aber plötzlich, als meine Frau und ich auf einem der häufigen Spaziergänge auf dem alten Teil des Friedhofs an etlichen älteren Linden – wahrscheinlich auch Europäische Linden – ein ganz auffälliges dekoratives Muster auf deren Rinde entdeckten (Abb. 2). Vom Stammfuß direkt oberhalb des Bodens bis zu einer Höhe von mehreren Metern waren die Stämme übersät mit Löchern in einer feinen schachbrettartigen Anordnung senkrecht übereinander liegender horizontaler Ringe mit Löchern in regelmäßigen Abständen von etwa 1,5 cm. Da aufgrund des Alters der Bäume die Rinde nicht mehr glatt, sondern borkig war, war hier ein recht grobes Relief entstanden.

Nun tauchten natürlich die gleichen Fragen auf wie Monate zuvor bei den einzelnen Ringen der jungen Linden. Diesmal suchte ich Rat und Aufklärung bei gleich fünf erfahrenen Dendrologen, neben Rolf Kehr waren das Eike Jablonski, Andreas Roloff, Peter A. Schmidt und Bernd Schulz (Kehr, Jablonski, Roloff, Schmidt und Schulz 2021). Die Wissenschaftler waren sich aufgrund meiner Bilder nicht einig, z. T. ratlos, z. T. wurden Vermutungen geäußert und z. T. war man sich sicher; Jablonski konnte sogar eigene Beobachtungen vom amerikanischen Sapsucker-Woodpecker (Saftschlucker-Specht) beitragen. Nur ungläubig und widerwillig konnte ich mich mit der Vorstellung von Spechtringelungen auch in diesem massiven Ausmaß anfreunden. Zu Hilfe dabei kam mir ein guter Bekannter; Hartmut Müller ist innovativer und ökologisch stark interessierter Vorsteher einer hiesigen Waldgenossenschaft und ausgewiesener Ornithologe, er hatte im soeben erschienenen und sehr lesenswerten Buch über die Vögel im Siegerland (Sartor et al. 2020) u. a. das Kapitel über Spechte geschrieben und darin auch die Ringelungen erwähnt. Er konnte von

Abb. 2: Ältere Linde mit massiven Spechtringelungen. Foto: S. Kötz.

Abb. 3: Spechtschläge an einer Rot-Eiche. Foto: F. Kötz.

zahlreichen Spechtschlägen auch in seinem Revier berichten und zeigte mir vor Ort eindrucksvolle Beispiele an Rot-Eichen (*Quercus rubra*) (Abb. 3), Edel-Kastanien (*Castanea sativa*) und Fichten (*Picea abies*). Dafür konnte ich ihm meine neuen Funde auf dem Friedhof zeigen, deren Ausmaße allerdings auch ihn verwunderten. Zudem fand ich in meiner Baumsammlung im Rothaargebirge auch noch typische Ringelungen an einer Silber-Linde (*Tilia tomentosa* 'Brabant') (Abb. 4). Nun war ich langsam überzeugt, dass auch „meine alten" Linden Beute von Spechten geworden waren und die Neugier nach weiteren Informationen und Erklärungen war wieder geweckt.

Bei der Suche nach Literatur fand ich einige deutsche und amerikanische Arbeiten, darunter auch das sehr umfangreiche, auf jahrzehntelanger Beschäftigung mit Spechtringelung beruhende, sehr kenntnisreiche und auch streitbare dreibändige Werk von Klaus Dengler (Dengler 2012 und 2020), dem ich eine Vielzahl der hier weiter gegebenen Informationen verdanke. Doch zunächst noch eine Bemerkung zur Wortwahl. In der mir vorliegenden Literatur – ganz überwiegend aus

Abb. 4: Ringelung an einer Silber-Linde. Foto: F. Kötz.

dem Forstbereich – wird bei der hier betrachteten Hacktätigkeit der Spechte fast ausschließlich von „Ringelung" und nur selten von „Spechtschlägen" gesprochen. Da letzterer Begriff in meiner bisherigen Korrespondenz und im gängigen Sprachgebrauch aber oft benutzt wurde, verwende ich hier weiterhin beide Beschreibungen gleichwertig.

Bis zur Mitte des 19. Jh. waren Spechtringelungen unbekannt, bzw. wurden nicht beachtet und es wurde nicht darüber berichtet. 1849 machte sich König (1849) Gedanken darüber, zu welchem Zweck die als Verursacher der Ringelungen vermuteten Spechte die Rinde verschiedener Bäume anhacken. Die erste glaubwürdig berichtete Beobachtung eines Spechtes beim Ringeln, eines Großen Buntspechtes (*Dendrocopos major*), stammt aus den Jahren 1873 und 1876 vom Förster Riedmüller (Werneberg 1876). In der Folgezeit wurden zahlreiche systematische und Einzelbeobachtungen und Teilerkenntnisse gesammelt und und etliche Hypothesen über den Zweck des Ringelns aufgestellt und regelmäßig widerlegt. Somit können bis heute manche Befunde nicht erklärt oder nachvollziehbar gedeutet werden. Volker A. Bouffier verdanke ich z. B. einen Hinweis auf einen Bericht des uns gut bekannten Fritz Kneiff (1936) aus Nordhausen, dessen Park in den letzten Jahren sowohl von der GDA als auch von der DDG besucht worden ist. Kneiff beschreibt zwei Amerikanische Linden (*Tilia americana*) – er nennt sie Schwarzlinden –, welche „*vom Erdboden ansteigend spiralig angehackt*" wurden, vermutet einen „*balzenden Specht*" als Urheber, schreibt aber nur über den „*Tanz*", nicht über Hacken oder Trinken. Das Bild stammt aus späterer Zeit von der Zentralen Dendrologen-Tagung 1962 in Nordhausen (Kellner 1963, Abb.5).

Die Ringelungen beginnen meist Anfang März, selten schon Anfang Februar und dauern je nach Baumart bis Ende August, selten bis Anfang September. Der Zeitraum ist abhängig davon, ob es sich um sogenannte „Bluter- oder Nichtbluterbäume" handelt; die „Bluter" in der zeitlichen Reihenfolge Ahorn (*Acer* spp.), Hainbuche (*Carpinus betulus*), Birke (*Betula* spp.) in ihrem jeweiligen Blutungszeitraum von Januar bis April, die „Nichtbluter" Rot-Eiche (*Quercus rubra*), Linde (*Tilia* spp.), Rot-Buche (*Fagus sylvatica*) und Nadelbäume Ende April bis Ende August. Offensichtlich unter visueller Kontrolle hacken die Spechte ihre Löcher in exakten Abständen horizontal in Teilstücken um den Stamm, um nach einem „Sprung" zur Seite den

Abb. 5: Historische Aufnahme von Spechtschlägen an einer Amerikanischen Linde. Foto: K. Kellner.

Ring fortzusetzen, z.T. als vollständigen Ring um den ganzen Stamm herum. Dabei werden Bäume mit einer Stammdicke von (2–)6–15(–100)cm angenommen, was einem vermuteten Alter von zwei bis zweihundert Jahren entspricht. Die Ringelung geschieht in sehr unterschiedlichen Höhen vom Stammfuß bis in mittlere Höhen, dabei wird in der Regel die wärmere, also die südliche Seite (wegen des lebhafteren Saftflusses?) leicht bevorzugt. Die Tiefe des Hiebs reicht fast immer soeben bis ins Holz, d.h. ins Xylem, bzw. ins Splintholz. Nur bei Linden wird das Xylem nicht erreicht, Gründe für diese Besonderheit sind nicht bekannt. Die sehr geringfügigen Verletzungen des Splintholzes haben für die Stabilität und die Gesundheit des Baumes keine Bedeutung, führen aber zu charakteristischen kleinen ringförmig angeordneten dunklen Fleckchen, die auf Querschnitten gut zu erkennen sind und gelegentlich dekorativ genutzt werden. Bei Linden lassen sich aus o.a. Gründen keine dieser auch „Pseudonekrosen" genannten Flecken finden. Die Form der gehackten Löcher kann sehr unterschiedlich sein, z.B. exakt schlitzförmig ausgestanzt, fransig-trichterförmig, längs oder quer und unterschiedlich lang. Dengler unterscheidet fünf „Wundtypen", die u.a. von der Rindenbeschaffenheit und damit von der Stammhöhe der Hiebe, der Anzahl der Hiebe pro Loch und der Richtung der Hiebe abhängig sind. Die Vernarbung der Schläge erfolgt über mehrere Stadien in zwei Haupttypen: entweder hin zu einer warzenartigen, borkigen, erbsgroßen und nur langsam verstreichenden Erhebung oder zu einer napfartigen, sich langsam zu einer waagerechten Rinne ausweitenden Vertiefung. Die Narben werden von den Spechten nicht wieder aufgehackt, wie mehrfach angenommen wurde, aber oft setzen Spechte exakt in deren Zwischenräume oder als waagerechte Fortsetzung einer Hiebreihe neue Löcher. Für die Anzahl und die jeweiligen waagerechten und senkrechten Abstände sind keine erkennbaren Gründe bekannt. Aber immer eindrucksvoll und bezeichnend ist die regelmäßige serielle horizontale und evtl. vertikale Anordnung der Hiebe, sei die Hiebreihe – wie meist – nun streng in der Waage oder selten mal wellenförmig oder schräg angelegt. Die Anzahl der Hiebe und damit der späteren Narben pro Baum ist extrem unterschiedlich und reicht von ganz wenigen bis zu – geschätzt – 80 000!

Im Vergleich zum gesamten Baumbestand sind Ringelungen durch Spechte selten. Als „Ringelbäume" sind etwa 130 Gehölzarten bekannt, viele aber nur als Einzelbefunde. Exotische eingebürgerte Gehölzarten sind genauso attraktiv wie einheimische. Die Häufigkeit der beringelten Baumarten ist regional sehr unterschiedlich, sodass allgemeine Angaben darüber zurückhaltend zu bewerten sind. So berichtet Rainer Gerber (2022) über bevorzugt beringelte Linden in Franken. Egbert Günther (2020) sah im Tierpark Hannover Ringelungen oft an jungen Linden, Hainbuchen, Spitz-Ahornen (*Acer platanoides*) und Rot-Eichen, selten an Stiel-Eichen (*Quercus robur*). Zahner und Wimmer (2021) betrachten die Linde als die in Mitteleuropa am häufigsten geringelte Baumart. Mit entsprechender Vorsicht legen nach Dengler die meisten bisherigen Beobachtungen nahe, dass Eichen, hier besonders die Rot-Eichen, in Europa führend sind, gefolgt von Ulmen (*Ulmus* spp.), Ahorn und Linden, letztere sind aufgrund ihrer deutlichen Narben besonders gut als „Ringelbäume" zu erkennen. Sonderbar sind Beobachtungen, dass in einem Bestand stark und gar nicht bearbeitete Bäume derselben Art dicht beieinanderstehen, d.h., die Auswahl des einzelnen Baumes muss für den Specht eine besondere Bewandtnis haben bzw. ist bis heute rätselhaft.

Die uns hier beschäftigende Form der Ringelung finden wir in weiten Teilen Eurasiens, begrenzt aber auf das Vorkommen des Hauptakteurs, des Großen Buntspechtes (Abb. 6). Allein aufgrund seines im Vergleich zu den anderen Spechten häufigeren Vorkommens verwundert das nicht. In höheren Lagen, besonders bei überwiegendem Nadelholzvorkommen kommt eher der „Gebirgsspecht", der Dreizehenspecht (*Picoides tridactylus*) (Abb. 7) beim Ringeln zum Zuge. Der Mittelspecht (*Dendrocopos medius*), der Grau- (*Picus canus*), Grün- (*Picus viridis*) oder Schwarzspecht (*Dryocopos martius*) sind jeweils nur spärlich als „Ringelspecht" nachgewiesen worden.

Räumliche oder bzgl. der Baumauswahl zu vermutende Beziehungen zwischen Spechtringelung und Höhlenbau sind nicht bekannt.

Bei den von Spechten verursachten eigentlichen Schäden ist zu unterscheiden zwischen den „Punktnekrosen", dem „Eichenkrebs" und anderweitigen Schäden wie „Hacken", „Abschuppen" und „Hackuntaten". Wie erwähnt, sind die kleinen hellrötlichen bis schwärzlichen Flecken der Punktnekrosen die regelmäßige Folge der üblichen Schläge bis soeben ins Splintholz und beeinträchtigen weder die Gesundheit noch die Stabilität oder die Verwendbarkeit des Holzes, sie sind lediglich die inneren „Markenzeichen" der äußeren Hiebnarben. Anders sieht es beim „Eichenkrebs" aus, besser zu benennen als T-Krankheit, da dieser Schaden auch an den meisten anderen beringelten Bäumen vorkommen kann, außer der von der Ringelung so oft betroffenen Rot-Eiche. Nach Dengler geschieht die den Eichenkrebs verursachende Infektion des durch den Spechthieb entstandenen Loches durch ein kambiophages Kleininsekt, die Gallmücke (*Resseliella quercivora*), nur in den ersten Tagen nach dem Schlag. Im Sinne einer sogenannten Metabiose entwickeln sich die Larven in einer Brutkammer im Kambium, welches ihnen auch als Nahrung dient. Diese führt zu Nekrosen, die je nach Menge der Larven große Flächen der Rinde absterben und sich ablösen lassen, z.T. unterstützt durch einen Pilzbefall der ehemaligen Brutkammern. Vom Rande der Nekrosen her kommt es zur Überwallung der freien Holzfläche, die nach Jahren auf dem Querschnitt einer Baumscheibe eine T-förmige Zeichnung bildet, die der Krankheit ihren Namen gegeben hat. Auch bei dieser Krankheit ist der letztendliche

Abb. 6: Großer Buntspecht. Foto: R. Winchenbach.

Abb. 7: Dreizehenspecht. Foto: R. Simonis.

Schaden meist nicht sehr groß, außer bei großflächigem zirkulärem Befall. Sinnvollerweise nutzt der Specht manchmal den Inhalt der Brutkammer der Gallmücke als willkommene Ergänzung seines Nahrungsangebots.

Beim „Hacken" handelt es sich um ein bisher nicht geklärtes Verhalten mit „mutwilliger" Zerstörung mehr oder weniger großer Rindenflächen durch Abreißen, Zerfetzen und Abhacken z.T. bis ins Holz hinein. Das „Abschuppen" besteht im Wesentlichen im Ablösen und Absprengen abgestorbener Rindenanteile von älteren Bäumen, z.T. als Vorbereitung für die Nahrungssuche. Unter „Untaten" werden Hiebschäden an hölzernen Fassadenverkleidungen, Holzgebäuden, Telegrafenmasten etc. verstanden, was durch die materiellen Schäden zu dem regional schlechten Ruf der Spechte geführt hat. Kürzlich wurde in einem großen Neubaugebiet in Würzburg an einem ruhigen Sonntagmorgen sogar beobachtet, wie ein Buntspecht mit großem Getöse auf die Blechabdeckung einer Mauerkrone einhämmerte (Frey 2023).

Verwechslungen mit Ringelungen sind möglich bei verschiedenen Bäumen mit ausgeprägter Lentizellenbildung, wie z. B. Sal-Weiden (*Salix caprea*) oder Pappeln, besonders der Silber-Pappel (*Populus alba*), mit ihren waagerecht angeordneten rauen Korkwarzen. Bei den von Siebenschläfern zur Baumsaftgewinnung vorgenommenen Rindenverletzungen finden sich ausnahmsweise auch mit Spechtschlägen zu verwechselnde diskrete „Anbisse" besonders an jungen Bäumen.

Als Ursache für die Spechtschläge wird seit dem 19. Jh. die sogenannte „Saftgenuss-Theorie" als gültig angesehen. Diese besagt, dass unsere Spechte die Ringelungen gezielt zur Gewinnung und dem Genuss der Baumsäfte durchführen, um damit einen Teil bis zu einem Großteil ihrer Ernährung zu sichern. Dengler widerspricht dieser These und versucht, sie mehrfach und sehr ausführlich in seinen Arbeiten zu widerlegen. Mit Hinweisen aus den Bereichen Dendrologie sowie Ornithologie auf die Art der Schläge, die „Bluter- und Nichtbluterbäume", auf die beiden Arten von Baumsäften – dem fast energiefreien Xylemsaft und dem nährstoffreichen Phloemsaft – , auf die Fähigkeiten der Bäume, diese Säfte zu schützen, die mangelhafte Eignung der Spechtschnäbel und -zungen und eine Reihe weiterer Argumente findet er Beweise genug, seine Ablehnung der auch weiterhin vertretenen „Saftgenuss-Theorie" zu begründen. Dass für die amerikanischen Saftschlucker-Spechte andere Lebens- und Arbeitsbedingungen bestehen, unterstützt ihn in seiner Beweisführung und wird daher später noch kurz erläutert. Zahner et al. (2021) halten die Saftgenuss-Hypothese in ihrem kürzlich erschienenen Buch über Spechte zwar auch nur für eine Vermutung, halten aber u.a. im Hinblick auf finnische Studien am Dreizehenspecht daran fest und Zahner verweist im persönlichen Gespräch auf neuere Filmaufnahmen, die deutliche Trink- und Schluckvorgänge zeigen. Auch in der populärwissenschaftlichen Literatur ist seit jeher in dieser Weise zu lesen, so schreibt „Brehms Neue Tierenzyklopädie" (Jahn 1957) bei der Beschreibung des Buntspechte „*…er schlägt, ringförmig um den Stamm angeordnet, kleine Löcher in den Baum, um den heraustretenden Baumsaft zu trinken*". Neben der Saftgenuss-Theorie wurden mindestens zwanzig weitere Theorien für eine Erklärung der Spechtschläge diskutiert, aber regelmäßig verworfen. Der Kuriosität wegen sei über zwei Theorien berichtet, die Kneiff 1936 in seinem Beitrag für die MDDG erwähnt: Zum einen, dass nach Hegi die Spechte fetthaltige Stoffe in der Rinde der Schwarzlinde lecken, zum anderen hält er selbst das Verhalten des Spechts für einen Tanz um einen Balzbaum, um das nahe anwesende Weibchen von seinen Fähigkeiten für den Höhlenbau und den Larvenfang zu überzeugen.

Wenn man der heute noch vorherrschenden Lehrmeinung, dass die Spechte durch die Ringelung nach nahrhaftem Baumsaft suchen – wobei Dengler nachgewiesen zu haben glaubt, dass sie keine oder fast keine Tropfen Saft „erwirtschaften" können, – nicht folgt, bleibt die Frage, warum unsere Spechte trotzdem dieser zeit- und energieraubenden Tätigkeit nachgehen. Denn die gesamte Biologie frönt doch der sehr menschlichen Ansicht, dass die „Natur nichts umsonst tut" und nicht „einfach nur spielt". Dengler bemühte sich intensiv um eine Erklärung und ging zunächst von einem Verhaltensatavismus aus, also von individuellen Rückschlägen auf phylogenetisch alte Verhaltensmuster. In Folge der einsetzenden wissenschaftlichen Diskussion entwickelte er seine Theorie unter Einbeziehung der Kenntnisse der Lebensweise der amerikanischen Saftschlucker-Spechte weiter. Er stellt nun die Deutung in den Raum, dass die Ringelung der europäischen Spechte eine evolutionäre Vorstufe zum Verhalten ihrer amerikanischen Kollegen sein könnte, die schon erfolgreiche Methoden zur ausreichenden Saftgewinnung für ihre Ernährung gefunden haben. Eine weitere, durchaus interessante, aber sicher auch gewagte These, die im Diskurs nicht nur mit Ornithologen und Dendrologen, sondern auch mit Paläontologen und Evolutionsbiologen auf den Prüfstand gestellt werden sollte.

Allerdings hat DENGLER kürzlich seine Meinung zur Ursache der Ringelungen nochmals geändert (DENGLER 2022). In zwei finnischen Studien von PAKKALA et. al. (2017 und 2018), die die Anpassung von Dreizehenspechten an Veränderungen durch kontrollierten Waldbrand in ihrem Siedlungsbereich beschreiben, berichten die Autoren auch über ihre Beobachtungen zu den Ringelungen und der Saftgewinnung der Spechte. 2020 hatte DENGLER diese Arbeiten in dem dritten Band seiner großen Übersicht *„Thesen und Fakten rund um die Spechtringelung"* in einer 18-seitigen *„Würdigung"* heftig angegriffen und aus seiner damaligen Sicht für ihn eindeutig für widerlegt gehalten. Nicht schlüssig nachvollziehbar und unter Beharrung auf allen bisher für ihn gültigen gegenteiligen Argumenten hält er nun die „Saftgenuss-Theorie" zumindest für den Dreizehenspecht als *„vorhersehbare und unverzichtbare Nahrungsquelle"* nicht nur für plausibel, sondern für *„bewiesen"*. Als Beweis für diesen Sinneswandel dient ihm die Erkenntnis der finnischen Studien *„ ... die Tatsache ..., dass die beiden Spechte infolge des saisonal bedingten Mangels an anderweitigen Ressourcen (Sämereien, wie bspw. Zapfen, Holz bewohnende Insekten) ohne die Ernährung mit Phloemsaft nicht überlebt hätten"*. Warum in dieser Zeit vor und zu Brutbeginn keine weiteren Nahrungsquellen vorhanden sein sollen, hinterfragt er nicht. Und nach dieser für ihn neuen Bewertung der Saftgewinnung durch den Dreizehenspecht fragt DENGLER nun weiter: Warum sollte diese Bedeutung des Ringelns nicht auch auf den Großen Buntspecht, *„unseren Ringelspecht Nr. 1"* übertragen werden können oder gar müssen; obwohl er bei seiner Annahme bleibt, der Saftgewinn sei beim Buntspecht noch nicht eindeutig belegt. Er argumentiert nun: *„Eine elementare ernährungsbiologische Bedeutung ist aber – anders als beim Dreizehenspecht – ... wenig wahrscheinlich"*, *„Phloemsaft wäre demnach eher eine wertvolle Ergänzungsnahrung"* und somit *„gehört die Nutzung der Baumsäfte*

Abb. 8: Gelbbauchiger Saftschlucker-Specht, unten Weibchen, oben Männchen. Foto: L. MASTER, www.masterimages.org.

Abb. 9: Hiebreihen an einer Pekannuss (*Carya illinoinensis*) durch den Gelbbauchigen Saftschlucker-Specht. Foto: G. STERNBERG.

zum Leben unsrer Ringelspechte". Schließlich findet er folgende Lösung für sein Deutungsdilemma: Der Buntspecht ringelt offensichtlich, um Saft zu gewinnen und zu verspeisen, ist aufgrund eines immer reichhaltigen Nahrungsangebotes nicht, wie es beim Dreizehenspecht zu sein scheint, auf die Nahrungsquelle zum Überleben angewiesen. Dengler fasst seine Schlussfolgerung aus dieser neuerlichen Diskussion über die Bedeutung der Spechtschläge mit den folgenden Worten zusammen: „*Es bleibt der Zukunft vorbehalten, noch mit genauen Erhebungen Phloemsaft-Verzehr seitens des Buntspechtes eindeutig zu klären, dies ganz im Sinne der Maxime von* Gibbs *(1983): It seems likely, that further information on this problem can be obtained only by detailed observations of woodpecker at work*".

Als Anhang und zum Verständnis der These des evolutionären Entwicklungsstadiums der Ringelung der eurasischen Spechte sei hier noch kurz die Saftgewinnung ihrer nordamerikanischen Vettern anhand ihres Hauptvertreters, des Yellow Bellied Sapsucker, dem Gelbbauchigen Saftschlucker (*Sphyrapicus varius*), beschrieben (Robbins o. J.). Um die physiologisch so wichtigen Schutzmechanismen des Baums zur Verhinderung des Saftverlustes zu umgehen, benutzt der Saftschlucker eine ganz andere Methode als das Ringeln der hiesigen Spechte. Er reißt von unten nach oben säulenförmig übereinander liegende etwa fingernagelgroße Rindenstücke – besonders bei den dünnrindigen und zuckerhaltigen Saft führenden Ahornen und Birken – bis aufs Splintholz ab, wobei er dabei schon einen Teil des Kambiums als Nahrung verwendet. Selten wird auch eine horizontale Anordnung der Rindendefekte oder eine Ringelung ähnlich der der europäischen Spechte beobachtet (Abb. 8, Abb. 9).

Aus den Rändern der angerissenen Rinde treten geringe Mengen von Saft aus, der nun daran entlang aufgesaugt werden kann. Zu diesem Zweck besitzt der Saftsauger-Specht eine spezielle Bürstenzunge, mit deren Spitze er kleine Mengen des nährstoffreichen Phloemsaftes aufnehmen kann. Zusätzlich frisst er gerne Insekten, die von dem austretenden Saft angezogen werden. Dabei schädigen diese Spechte ihre Nahrungsbäume u. U. so schwer, dass diese eingehen bzw. zuvor von ihren Besitzern aufwändig geschützt werden müssen. So zeigten z. B. Aufschnitte eines umgefallenen Bitternuss-Baumes (*Carya cordiformis*) alte Wunden, die von späterem Wachstum bedeckt waren und von aufeinander folgenden Spechtgenerationen stammten. Diese hatten denselben Baum immer wieder angegriffen, so als ob diese Vogelfamilie und ihre Vorfahren den Baum viele Jahre besessen hätten (Sternberg 2023).

Auch wenn die Frage nach dem Grund für die Spechtschläge letztlich offenbleiben muss, kann allein schon die Beschäftigung mit den Ringelspechten und ihrem auffälligen Tun dem Naturfreund die Augen öffnen für den Wert und die Schönheit unserer belebten Umwelt.

Dank

Dank an Larry Master, Keene, New York (www.masterimages.org), für die freundliche Erlaubnis, sein Foto des Yellow Bellied Sapsucker verwenden zu dürfen, ebenso an Guy Sternberg, St. Petersburg, Illinois, für sein Bild der Spechtschläge, Rainer Wunderlich aus Kreuztal und Rainer Simonis aus Mauth für ihre Aufnahmen des Großen Buntspechts und des Dreizehenspechts. Ein besonderer Dank gilt Hartmut Müller aus Kredenbach für seine Hilfe bei der Literatursuche und seine fachkundigen Hinweise vor Ort. Ein weiterer Dank gebührt den DDG-Mitgliedern Eike Jablonski, Rolf Kehr, Andreas Roloff, Peter A. Schmidt und Bernd Schulz für ihre weiterführenden Anregungen.

Literatur

Dengler, K. (2012, 2020): Thesen und Fakten rund um die Spechtringelung, Band 1–3. Schriftenreihe der Hochschule für Forstwissenschaft Rottenburg.

Dengler, K. (2022): Phloemsaft als Spechtnahrung – Stellungnahme zu zwei finnischen Publikationen. Ornithologische Mitteilungen Jahrgang 74 – 2022 – Nr. 1/2: 32–42.

Frey, K.: Persönliche Mitteilung, März 2023.

Gerber, R.: Persönliche Mitteilung vom 7. August 2022.

Gibbs, J. N. (1983): Sap-sucking by woodpeckers in Britain. British Birds 76: 109–117.

Günther, E. (2020): Zum Ringeln der Spechte *Dendrocopos* im Tiergarten Hannover. Ornithologische Mitteilungen Jahrgang 72 – 2020 – Nr.3/4: 59–66.

Jablonski, E., Kehr, R., Roloff, A., Schmidt, P. A., Schulz, B.: Persönliche Mitteilungen von Januar bis März 2021

Jahn, T. (1975): Brehms Neue Tierenzyklopädie, Band 6. Herder, Freiburg.

Kehr, R.: Persönliche Mitteilung vom 6. August 2020

Kellner, K. (1963): Park Hohenrode in Nordhausen. In: Deutscher Kulturbund (Hrsg.): Angewandte Dendrologie im Thüringer Becken: 83–96.

Kneiff, F. (1936): Spechtlöcher an *Tilia americana*. Mitt. Deutsch. Dendrol. Ges. 48: 269–270.

König (1849): Waldpflege, 2. Aufl. Becker'sche Verlagsbuchhandlung, Gotha

Pakkala, T.; Kouki, J.; Pija, M.; Tiainen, J. (2017): Phloem sap in fire-damaged Scots pine trees provide instant foraging opportunities for Three-toed Woodpeckers *Picoides tridactylus*. Ornis svevica 27: 144–149.

Pakkala, T.; Pilroinen, J.; Lakka, J.; Tiainen, J.; Piha, M.; Kouki, J. (2018): Tree sap as an important seasonal food resource for woodpeckers: The case of the Eurasian three-toed woodpecker (*Picoides tridactylus*) in Southern Finland. Annales Zoologici Fennici 55: 79–92.

Robbins, J. A.: (o. J.): Sapsucker Damage on Woody Plants. Agricultural and Natural Resources FSA7561. University of Arkansas System.

Sartor, J. et al. (2020): Die Vögel des Siegerlandes. Verlag Vorländer, Siegen.

Sternberg, G.: Persönliche Mitteilung an E. Jablonski, Februar 2023

Werneburg (1876): Noch etwas über das Ringeln der Spechte. Zeitschrift für Forst- und Jagdwesen 8: 274–279.

Zahner, V.; Wimmer, N. (2021): Spechte & Co. Aula-Verlag, Wiebelsheim.

Autor

Dr. Frieder Kötz
Goldener Spiegel 11
57074 Siegen
E-Mail: dr.koetz@siegen-nrw.de

Mitt. Deutsch. Dendrol. Ges. (MDDG)	109	157–171	2024	ISBN 978-3-494-01982-6

Die Baumschulen BAUMANN in Bollwiller

CÉCILE MODANESE

Abstract
The BAUMANN tree nursery in Bollwiller
The BAUMANN tree nursery in Alsace was one of the most important tree nurseries in Europe for 200 years. The history of the BAUMANN nursery is presented in detail. Beyond the family history, the company developed a regular company strategy during the 19th century, which is closely linked to the development of horticultural fashions in society. The company contributed significantly to the emergence of a new modern horticultural activity in Europe.

Zusammenfassung
Die Baumschule BAUMANN im Elsass war über 200 Jahre eine der bedeutendsten Baumschulen Europas. Die Geschichte der Baumschule Baumann wird ausführlich dargestellt. Jenseits der Familiengeschichte hat der Betrieb während des 19. Jh. eine regelrechte Firmenstrategie entwickelt, die eng verbunden ist mit der Entwicklung gartenbaulicher Moden in der Gesellschaft. Die Baumschule BAUMANN hat maßgeblich zur Entstehung eines modernen gartenbauwirtschaftlichen Handelns in Europa beigetragen.

Die Anfänge eines berühmten Baumschulbetriebs

Alles fing an mit der Ankunft von JEAN BAUMANN, einem Gärtner aus der Schweiz, im elsässischen Bollwiller, wo er in die Dienste des Grafen VON ROSEN trat (ANONYM 1731). Diese große und reiche Familie besaß dort ein Schloss, das von einem berühmten Park umgeben war.

Auf einigen Parzellen Pachtland gründete JEAN BAUMANN bald eine Baumschule, wobei das Dienstverhältnis beim Grafen VON ROSEN bestehen blieb. Zunächst wurden Obstbäumen kultiviert, von denen einige bereits um 1740 aus dem Kartäuser-Garten in Paris stammten (BAUMANN 1788), der damals in diesem Bereich führend war. Wie es zu jener Zeit in Mode war, wurden viele Obstbäume als Spalier gezogen. Die Nachfrage war groß und blieb es bis zur Französischen Revolution, da die Baumschule bis dahin die großen Besitztümer der Aristokraten und Kirchenfürsten belieferte. Birnen, denen im Versailler Obstgarten besondere Ehre zuteilwurde, waren auch auf dem Land geschätzt, und die Baumschule BAUMANN konnte den Bedarf befriedigen. Die Begeisterung gerade für diese Obstart schlug sich u. a. in der Vielzahl der zeitgenössischen Rezepte nieder, in der diese Frucht verwendet wurde.

Bestimmte Obstsorten wurden im Laufe der Jahre mit der Baumschule BAUMANN in Verbindung gebracht, am häufigsten der Apfel 'Baumanns Reinette'. Allerdings stammt dieser Apfel, anders als der Name vermuten lässt, nicht von den BAUMANNS. In Wirklichkeit handelt es sich um eine Selektion des Belgiers VAN MONS, eines Gärtners aus Brüssel (später Löwen), der diese Sorte im Jahr 1800 erwarb und sie seinen Freunden, den Gebrüdern BAUMANN aus Bollwiller, widmete. Diese verbreiten die Sorte weithin. Früchte wie der Reinette-Apfel 'Grise Royale' ('Königlicher Russet'), die Birne 'Rousselet de Reims Panachée', die Aprikose 'Gloire de Pourtalès' und die Hasel 'Merveille de Bollwiller' ('Wunder von Bollweiler'), die Süßkirsche 'Bigarreau Baumann' ('Mai-Herzkirsche') wurden ebenfalls von der Gärtnerei BAUMANN vertrieben.

Der seinerzeit berühmte Apfel 'Gelber Bellefleur', der 1817 in den USA entstand, wurde von BAUMANN 1834 eingeführt. Die Birne 'Beurré de Bollwiller' ('Bollweiler Butterbirne'), der Pfirsich 'Favorite de Bollwiller' ('Bollweilers Liebling') waren weitere Selektionen BAUMANNS. (Abb. 1).

Abb. 1: Von den Baumschulen Baumann eingeführte oder gezüchtete Obstsorten. **1a:** Apfel 'Baumanns Reinette' (*Pomme Reinette Baumann*, Aquarell von Adolphe Lefevre, aus dem Album *Le Verger : pommes* (Médiathèque Vailland de Bourg-en-Bresse N ILL 02017); **1b:** Birne 'Rostiezer' et 'Belle de Flushing' (*Poires Rostiezer et Belle de Flushing,* Aquarell von Adolphe Lefevre, aus dem Album *Le Verger: poires* (Médiathèque Vailland de Bourg-en-Bresse N ILL 02014); **1c:** Birne 'Beurré de Bollwiller' (*Poire Beurré de Bollwiller,* unsigniertes Aquarell, aus dem Album *Le Verger: poires* (Médiathèque Vailland de Bourg-en-Bresse N ILL 02014);**1d:** Pfirsich 'Favorite de Bollwiller' (*Pêche Favorite de Bollwiller*, unsigniertes Aquarell , aus dem Album *Le Verger: pêches, abricots, cerises* (Médiathèque Vailland de Bourg-en-Bresse N ILL 02012).

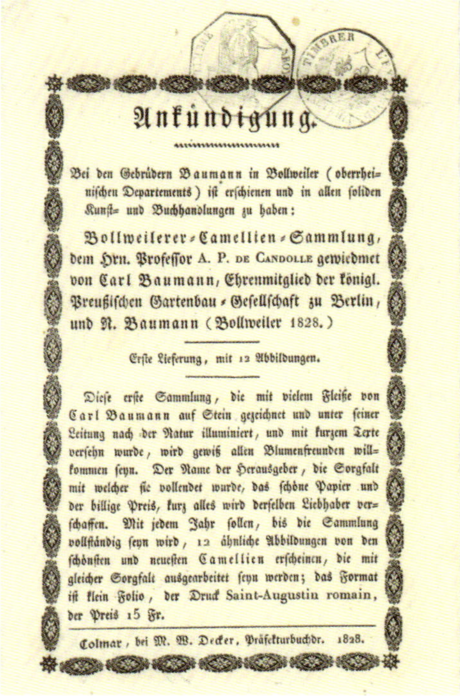

Ankündigung.

Bei den Gebrüdern Baumann in Bollweiler (oberrheinischen Departements) ist erschienen und in allen soliden Kunst- und Buchhandlungen zu haben:

Bollweilerer-Camellien-Sammlung, dem Hrn. Professor A. P. de Candolle gewiedmet von Carl Baumann, Ehrenmitglied der königl. Preußischen Gartenbau-Gesellschaft zu Berlin, und N. Baumann (Bollweiler 1828.)

Erste Lieferung, mit 12 Abbildungen.

Diese erste Sammlung, die mit vielem Fleiße von Carl Baumann auf Stein gezeichnet und unter seiner Leitung nach der Natur illuminiert, und mit kurzem Texte versehn wurde, wird gewiß allen Blumenfreunden willkommen seyn. Der Name der Herausgeber, die Sorgfalt mit welcher sie vollendet wurde, das schöne Papier und der billige Preis, kurz alles wird derselben Liebhaber verschaffen. Mit jedem Jahr sollen, bis die Sammlung vollständig seyn wird, 12 ähnliche Abbildungen von den schönsten und neuesten Camellien erscheinen, die mit gleicher Sorgfalt ausgearbeitet seyn werden; das Format ist klein Folio, der Druck Saint-Augustin romain, der Preis 15 Fr.

Colmar, bei M. W. Decker, Präfekturbuchdr. 1828.

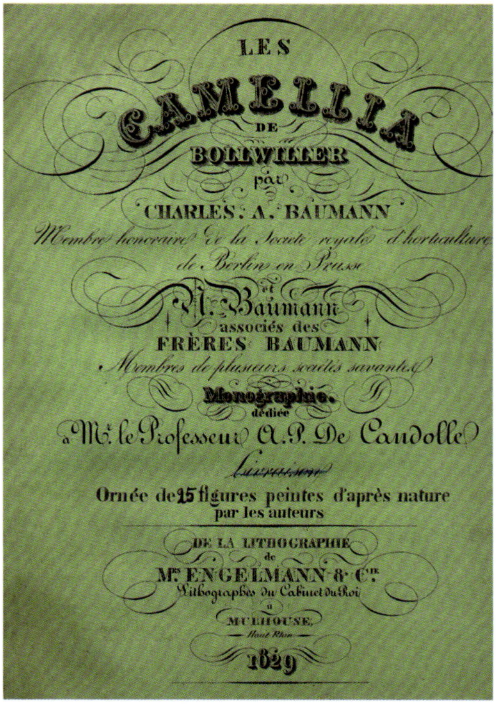

LES
CAMELLIA
DE
BOLLWILLER
par
CHARLES. A. BAUMANN
Membre honoraire de la Société royale d'horticulture de Berlin en Prusse
et
N. Baumann
associés des
FRÈRES BAUMANN
Membres de plusieurs sociétés savantes
Monographie.
dédiée
à Mr. le Professeur A. P. De Candolle
~~Livraison~~
Ornée de 15 figures peintes d'après nature
par les auteurs
DE LA LITHOGRAPHIE
de
Mrs ENGELMANN & Cie
Lithographes du Cabinet du Roi
à
MULHOUSE,
Haut Rhin
1829

Abb. 2: 2a: Werbeanzeige (Stadtarchiv Wertheim); **2b:** Titelblatt und zwei Beispiele von Kamelien-Illustrationen aus BAUMANN 1829; **2c:** *Camellia sesanqua alba*, **2d:** *Camellia j. variegata* (aus Privatsammlung).

In der zweiten Hälfte des 18. Jh. übernahmen zunächst die Witwe JEAN BAUMANNS, dann der Sohn FRANÇOIS JOSEPH den Betrieb der Baumschule. Visionär wie dieser war, entwickelte er das Sortiment und den Vertrieb seiner Produkte beträchtlich weiter. Durch seinen finanziellen Erfolg erwarb er eine Position, die ihm einen gewissen sozialen Stand in der Gemeinde verschaffte. Er bestimmte seine Söhne dazu, den Betrieb zu übernehmen, und bildete sie auf dieses Ziel hin aus.

JOSEPH, der älteste Sohn, ging zur Ausbildung nach Karlsruhe, nachdem er im Collège in Monbéliard eine Ausbildung erhalten hatte (BAUMANN 1865). Er begegnete dort der elsässischen Bourgeoisie und legte den Grundstock für spätere wertvolle Kontakte. Von Karlsruhe aus reiste er durch Europa. Er arbeitete insbesondere als Chefgärtner für die Fürstin von Kurland auf ihrem Schloss in Loebichau. Dort begegnete er einer (protestantischen) Engländerin, die ebenfalls im Dienst der Fürstin stand. Es folgte eine Heirat fern der Familie und die Geburt zweier Kinder. Sein Leben schien dort in Loebichau genau jenes zu sein, welches er sich wünschte. Er hatte regen botanischen Austausch mit Kollegen und nahm zudem eine beachtenswerte gesellschaftliche Stellung ein.

Während dieser Zeit entwickelt sich die Baumschule im Elsass weiter. FRANÇOIS JOSEPH BAUMANN besaß bedeutende Pflanzenkenntnisse. Finanzieller Wohlstand und umfangreiche Pflanzenkulturen erlaubten ihn, 1788 einen *Katalog der am meisten gesuchten und geschätzten Obstbäume, die sich in unserem Klima kultivieren lassen* herauszugeben. Er verfolgte die sich ändernden Vorlieben der Gärtner für Pflanzen und ergänzte seine Kulturen um Ziergehölze und Sträucher.

Dieser Elan wurde von den Gebrüdern BAUMANN weiterverfolgt und ausgebaut. 1801 gründeten AUGUSTIN und sein älterer Bruder JOSEPH die Baumschulen der Gebrüder BAUMANN. Dazu kauften sie von ihrem Vater und ihren Geschwistern den Betrieb auf. Durch große Anstrengungen wie dem Zukauf von Flächen, Investitionen in die Gewächshäuser, in die Weinberge und in weiteren Besitz zählte das Unternehmen bald zu den größten Baumschulen Frankreichs, wie auch z. B. CELS in Montrouge oder AUDIBERT in Tarascon.

Die Brüder waren ununterbrochen darum bemüht, dem Sortiment neue Pflanzen aus fernen Ländern beizufügen. Kamelien (*Camellia* sp.) spielten dabei u. a. eine herausragende Rolle. Sie wurden ab 1820 erfolgreich kultiviert, vermehrt und auch neue Sorten gezüchtet. Die Kamelien waren erst vor Kurzem nach Frankreich gekommen und stellten eine große und begehrte Seltenheit dar – und sie waren teuer! Ihre Leidenschaft für diese Gehölze bewegte zwei Söhne von JOSEPH, zwischen 1829 und 1837 ein vollständiges Werk mit handkolorierten Lithographien über die Sammlung der in Bollwiller gezüchteten Kamelien herauszugeben (Abb. 2). Diese besondere und zugleich lukrative Baumschulkultur erlaubte es den Gebrüdern BAUMANN, neue Investitionen u. a. in Neueinführungen zu tätigen, um damit an die Spitze von Ausstellungen, Artikeln in Zeitschriften und Beiträgen von Gartengesellschaften zu gelangen. Der Betrieb kultivierte seltene und von Sammlern gesuchte Pflanzen und bediente damit den damaligen gartenbaulichen Trend der Zeit.

Erkennen gartenbaulicher Bedürfnisse

Die Baumschule BAUMANN produzierte seit dem 18. Jh. zunächst vor allem Obstbäume. Diese Produktionssparte wurde bis zur Schließung im 20. Jh. fortgeführt. Die Baumschule verbreitete unzählige Obstgehölze und züchtete auch zahlreiche Sorten. Die unterschiedlichen Gärtnergenerationen der Familie BAUMANN erwarben sich in dieser langen Zeit wichtige Spezialkenntnisse auf dem Gebiet der Gehölzvermehrung. Während des gesamten Bestehens des Betriebes haben ihnen diese Kenntnisse ein gutes Einkommen gesichert.

Die hinzugekommenen Gehölze, die nun mehr und mehr kultiviert wurden, waren zunehmend dekorativ und variierten je nach Geschmack der Kunden im Laufe des 19. Jh. Die Baumschulen BAUMANN haben an dieser Entwicklung einen großen Anteil gehabt, da sie regelmäßig Neuheiten für elsässische Güter, Parks und Gärten anboten. Die unterschiedlichen Mitglieder der Dynastie BAUMANN achteten während des 19. Jh. stets darauf, Pflanzenneuheiten zu beschaffen, die sie vermehren und in großem Maßstab vermarkten konnten.

Ginkgo biloba kommt in Mode

Die Farbe einer Blüte, der Wuchs oder und die Form und Farbe des Laubes ließen bestimmte Pflanzen zu gesuchten Kuriositäten werden. Gartengestalter nutzten dies, um ihren Kunden Be-

Abb. 3: *Ginkgo biloba* im Park von Schoppenwihr, Elsass. Foto: C. MODANESE.

sonderheiten anbieten zu können. Der Ginkgo (*Ginkgo biloba*) war so ein Star der Gärten des 19. Jh. Sogar GOETHE widmete ihm ein Gedicht. Die Ästhetik des Baumes und seine Symbolik wurden besonders geschätzt. Die Form seiner Blätter in Form eines kleinen Herzens stellten ein erstklassiges Zierelement dar. Aber der Höhepunkt des Jahres war zweifellos, wenn das Laub goldgelb färbte, bevor es fiel und den Lustgarten mit einem Teppich aus „Goldtalern" bedeckte. Die erste Pflanze gelangte 1727 nach Europa, in den botanischen Garten von Utrecht, nachdem der Baum von ENGELBERT KAEMPFER beschrieben worden war. Der Ginkgo verbreitete sich schnell in ganz Europa: zunächst in England im botanischen Garten von Kew, dann 1780 in Montpellier, im Haus eines privaten Liebhabers der Botanik, CHARLES PÉTIGNY (BLANCHARD 2015). Die Gebrüder BAUMANN müssen seine Vorzüge schnell erkannt haben, da sie ihn schon 1803 anboten. Seitdem ist er in elsässischen Gutsparks nachzuweisen. In Mulhouse steht im Park der Villa MANTZ, deren Grundriss aus den 1840er-Jahren stammt, ein sehr schönes Exemplar, das wahrscheinlich aus der Mulhousener Filiale der Baumschule BAUMANN stammt. Der Ginkgo von Schoppenwihr (Abb. 3), ebenfalls aus dieser Periode, ist auch heute noch besonders majestätisch.

Nadelbäume

In Bezug auf Nadelbäume mussten sich die Gartengestalter lange Zeit mit Tannen (*Abies* spp.), Kiefern (*Pinus* spp.), „Zypressen" (*Chamaecyparis* spp., *Thuja* spp.; *Cupressus* spp.) und Wacholder (*Juniperus* spp.) begnügen, da ihnen im 18. Jh. nur 45 Nadelbaum-Taxa zur Verfügung standen (BALTET 1892). Ende des 19. Jh. hatte sich dies grundlegend geändert. Die Landschaftsarchitekten konnten nun aus einer Vielzahl von Nadelgehölzen auswählen, von denen einige schnell wuchsen, wie z. B. der Riesenmammutbaum (*Sequioadendron*

Abb. 4: Der stärkste Riesenmammutbaum auf der Mainau (StU 8,94 m 2021). Dorthin lieferten die Baumschulen Baumann schon vor 1864 viele Gehölze, darunter 100 „Wellingtonien" (*Sequoiadendron giganteum*). Foto: V. A. Bouffier.

giganteum), und die es ihnen ermöglichten, dank schlanker Silhouette mit perspektivischen Effekten zu spielen oder mit dunklen Farben Hintergründe zu schaffen (Abb. 4 und 5). Der Landschaft konnte dadurch z. B. eine „Bergatmosphäre" verliehen werden, mit einer Ästhetik, die von den Chalets bzw. Hütten der Alpen inspiriert war, in Kombination mit der Verwendung von Nadelbäumen und Steingärten, die diesen Bezug betonten.

Eine besondere Konifere, die Sumpfzypresse (*Taxodium distichum*), wird von der Baumschule Baumann schnell vermarktet. Zunächst nur in botanischen Gärten bekannt, verbreiteten die Gebrüder Baumann diesen Baum sehr schnell und nahmen ihn schon ab 1805 in das kommerzielle Angebot auf (Abb. 6). Sumpfzypressen benötigen das Vorhandensein von Wasser und waren damit hervorragend für die Ausstattung von Teichufern geeignet. Nicht nur ihre Wuchskraft wurde geschätzt (schnell wird eine Höhe von 30 Metern erreicht), sondern auch die sonderbare botanische Kuriosität, Atemknie (Pneumatophoren) zu entwickeln. Man nimmt an, dass diese Atemknie den Baum bei der Wurzelatmung unterstützen. Charakteristisch ist zudem, dass die Sumpfzypresse laubabwerfend ist. Zartes Grün im Frühling, dann orangefarben vor dem Laubfall im Herbst. Auf ihrem Gut in Hartmannswiller pflanzten die Baumanns gleich mehrere Sumpfzypressen.

Abb. 5: Der stärkste *Sequoiadendron giganteum* im Kurpark von Badenweiler (StU 6,62 m 2019). Die Baumschulen Baumann lieferten viele Hundert Gehölze nach Badenweiler. Foto: V. A. Bouffier.

Abb. 6: *Taxodium distichum*, ein von der Baumschule BAUMANN geliefertes Exemplar im Park von Schoppenwihr, Elsass. Foto: C. MODANESE.

Buchen mit abweichender Laubfarbe und Wuchs

Abweichende Wuchsformen oder Laubfarben von Gehölzen wurden zu begehrten dekorativen Elementen für romantische Parks und Gärten. Die Gärtner erkannten schnell das Besondere und vermehrten die in der Natur gefundenen „Spielarten". Auch die Gebrüder BAUMANN beschrieben bereits 1810 in ihrem Katalog die rotblättrige Varietät der heimischen Buche. Die Blut-Buche (*Fagus sylvatica* 'Atropurpurea') wurde und wird auf Buchenunterlagen veredelt. Der Baum wurde in der Gestaltung von Parkanlagen geschätzt, da sein Laub einen willkommenen Kontrast zu den bestehenden (grünen) Farben bildete. Die ältesten Exemplare der Blut-Buchen verschwinden langsam aus den Anlagen, da sie ihr Höchstalter erreicht haben.

Auch die hängenden (Trauer-)Formen von Bäumen entsprachen der Romantik der Zeit. Sie luden zum Träumen ein oder bestärkten das Gefühl der (damals durchaus modischen) Melancholie und schmückten ein idyllisches Fluss- oder Teichufer genauso wie einen Rastplatz mit einer Bank. Neben den Trauerweiden aus China (*Salix sepulcralis* 'Chrysocoma' und andere) gab es auch hängende Sorten z.B. der Buche (*Fagus sylvatica* 'Pendula'), für deren Vermehrung das Wissen erfahrener Gärtner notwendig war.

Blütengehölze

Durch Pflanzenexpeditionen, die seit dem 18. Jh. unternommen wurden, wurden Ziergehölze auf den europäischen Kontinent eingeführt, die von Landschaftsgestaltern sehr geschätzt wurden. In einer Zeit, in der klassische Blumenbeete („Teppichbeete") keinen Platz mehr hatten, ergänzten blühende Bäume und Sträucher „natürlich" malerische Gärten. Die Blütenfarbe oder die Form des Laubes machten sie zu begehrten Ausstattungselementen, die von Gärtnern vermehrt und vermarktet wurden.

Ab dem frühen 19. Jh. wurde der **Tulpenbaum** (*Liriodendron tulipifera*), der im Osten der Vereinigten Staaten beheimatet ist, zu einem unverzichtbaren Ziergehölz großer Parks. Es stellte sich heraus, dass er sich besonders für das elsässische Klima eignete, zudem war er widerstandsfähig und schnellwachsend. Der Tulpenbaum wurde schnell zu einem großen Erfolg, auch dank seiner erstaunlichen und langen Frühjahrsblüte, und wegen des goldgelben Farbtons seiner ungewöhnlich gelappten Blätter im Herbst. Diese Farbexplosion war ein zweites Highlight im Kalender des Landschaftsgartens. Die Gebrüder BAUMANN erkannten früh die kommerzielle Chance, die dieser Baum bot; sie produzierten viele Jungpflanzen, denn sie beherrschten die Vermehrung des Tulpenbaums bis zur Perfektion. So verbreiteten sie ihn sehr schnell nicht nur im Elsass, sondern weit darüber hinaus.

Kompakt und langsam wachsend, fügten sich die **Magnolien** harmonisch in die nähere Umgebung einer Villa ein. Ihre auffällige und frühe Blüte im Frühjahr machte diese Gehölze zu begehrten Zierpflanzen. Sehr schnell boten die Gebrüder BAUMANN 1803 eine erste Magnolie an. Das Sortiment wurde im 19. Jh. kontinuierlich erweitert. Die sehr beliebte Tulpen-Magnolie (*Magnolia ×soulangeana*) wurde nicht aus fremden Ländern eingeführt, sondern ist eine Hybride (*M. denudata × M. liliiflora*), die 1820 als Sämling im Garten des

Gärtners Étienne Soulange-Bodin in Fromont entstand (Fischer 1982). Die neue Pflanze wurde zunächst von Soulange-Bodin selbst vermehrt. Sie verbreitete sich schnell und sehr erfolgreich in ganz Europa. Die Gebrüder Baumann, immer auf der Suche nach Neuheiten, kultivierten und vermarkteten diese Magnolie ab 1834, gefolgt von der Yulan-Magnolie (*M. denudata*) im Jahr 1838. So lieferte z. B. Napoléon Baumann 1850 dem Königlich-Botanisch-Zoologischen Garten in Stuttgart (der heutigen Wilhelma) anlässlich einer umfangreichen Bestellung auch die Yulan-Magnolie sowie die Immergrüne Magnolia (*M. grandiflora*). Es entstand der größte und älteste Magnolienhain in Deutschland (Bouffier 2013). Der Erfolg dieses Blütengehölzes hielt bis zum Ende des Jahrhunderts an, da es die Vorliebe für Pflanzen aus dem Fernen Osten bzw. Japan befriedigte. Muster von blühenden Magnolienzweigen erschienen auch z. B. auf Stoffen (Anonymus 2019).

Der **Blauglockenbaum** (*Paulownia tomentosa*), die «Kiri» der Japaner, war dank seiner blauen Blüten eine weitere beliebte Art des Sortiments der Blütenbäume. Seine großen, atypischen herzförmigen Blätter ähneln denen des Trompetenbaumes (*Catalpa*), aber die Früchte unterscheiden sich in ihrer Form: Sie sehen aus wie herzförmige Muscheln, die die Samen enthalten. Erstmals wurde der Blauglockenbaum 1834 an das Museum von Paris geschickt, wo er im *Jardin des Plantes* 1842 zum ersten Mal blühte. Schon 1844 wurde er von Augustin und Napoléon Baumann zum Verkauf angeboten. Im Katalog heißt es: „*Paulownia impériales. Arbre magnifique, qui est destiné à un rôle de premier ordre dans la décoration de nos jardins*" [übersetzt: „*Ein prächtiger Baum, der für eine Hauptrolle bei der Ausstattung unserer Gärten bestimmt ist*"]. Er erfuhr sehr schnell große Wertschätzung. So wurden beispielsweise zwei Exemplare im Garten der Präfektur in Colmar gepflanzt (Beissner 1908). Die Mode, einen Blauglockenbaum zu pflanzen, verbreitete sich in der Umgebung schnell.

Eine bis heute viel gepflanzte Sorte kam um 1820 in die Baumschule Baumann: die **Gefülltblühende Rosskastanie** (*Aesculus hippocastanum* 'Baumannii'). Die Sorte ist für Straßenbepflanzungen wertvoll, da sie keine Früchte produziert. A. N. Baumann fand sie um 1819 als Mutation an einem Baum im Garten eines Herrn Duval in der Nähe von Genf. Er schickte Edelreiser an die Baumschule seines Vaters, von wo aus sie erfolgreich verbreitet wurde.

Im späten 19. und frühen 20. Jh. räumten Gartengestalter dann **Rosen** einen Ehrenplatz ein. Sehr viele Sorten waren bereits bekannt. Rosen, als Hochstamm oder als Strauch gezogen, wurden in Rabatten gepflanzt. Auch die Gründung von Rosensammlungen (auch in privaten Gärten), die die Rückkehr zu geometrischen oder symmetrischen Beeten insbesondere in der Nähe der Wohnhäuser erlaubten, fällt in diese Periode.

Exotische Pflanzen in bürgerlichen Wohnungen

Exotischen Pflanzen waren im 19. Jh. vom Bürgertum sehr geschätzt. Begüterte Familien ließen sich auf ihren Besitztümern Gewächshäuser errichten, um exotische Pflanzensammlungen zu kultivieren. Man konnte sich dort zumindest träumerisch in weit entfernte Regionen begeben. Kamelien erlebten in den Jahren 1840–1850 eine massive Verbreitung. Sie wurden zu dieser Zeit in unbeheizten Räumen gehalten.

Frédéric Zuber, ein Tapetenfabrikant, ließ sich beispielsweise von der Firma Baumann 1852 zahlreiche Gewächshauspflanzen liefern, darunter die kostspieligen *Padanus utilis* (Schraubenbaum, 1804 eingeführt), *Cycas revoluta* (Japanischer Sagopalmfarn, erstmals 1782 beschrieben) und *Strelizia humilis*, heute als Paradiesvogel-Pflanze bekannt (1773 von Sir Joseph Banks in London benannt nach der englischen Königin Sophie Charlotte geb. Prinzessin von Mecklenburg-Strelitz).

Farne gehörten zu einer weiteren Pflanzengruppe, die einen regelrechten Boom erlebten, einer periodischen Mode vergleichbar. Während diese so untypischen Pflanzen jahrhundertelang fast mysteriös erschienen, erfuhren sie nach der Entdeckung ihrer Fortpflanzungsweise im Jahr 1848 eine bemerkenswerte Verbreitung in der zweiten Hälfte des 19. Jh. Heimische Farne, die von Natur aus in Wäldern vorkommen, wurden durch die Einführung neuer Arten aus entfernten Regionen der Welt in großer Zahl ergänzt. Die Einführung von Farnen war dank eines beträchtlichen Fortschritts möglich: der Erfindung des tragbaren Gewächshauses von Ward (dem sogenannten Wardschen Käfig). Die eingeführten Sorten gelangten auch in die Sammlungen großer Gärten. Dort wurden spezielle Gewächshäuser errichtet, die Farnen gewidmet waren. Unter Liebhabern führte dieses Phänomen zur Schaffung von Privatsammlungen. Napoléon Baumann (1804–1884) spezialisierte sich wie seine englischen Kollegen Conrad Loddiges & Sons oder James Veitch & Son auf dieser Sonderkultur. Baumann erwarb sich ein umfangreiches Spezialwissen zu Farnen, was ihn zu einem unverzichtbaren Lieferanten dieser Pflanzengruppe machte. Damals besonders beliebt war der heimische Königsfarn (*Osmunda regalis*), der von Baumann in großen Stückzahlen vermehrt wurde.

Familienfotos, die in diesen privaten Gewächshäusern aufgenommen wurden, zeigen den Stolz der Besitzerinnen und Besitzer auf ihre Einrichtungen und die darin enthaltenen Sammlungen, die mit Palmen, Kakteen und weiteren Pflanzen angereichert werden konnten.

Die Baumschulen Baumann in Bollwiller ermöglichten die frühzeitige Ausbreitung dieser Zierpflanzenarten im Rheineinzugsgebiet. Allerdings ist der Erwerb bestimmter Arten aufgrund ihres Preises und ihrer monumentalen Erscheinung zunächst den wohlhabendsten Bevölkerungsschichten oder öffentlichen Räumen wie Thermalbädern oder öffentlichen Parks vorbehalten.

Ein renommiertes Unternehmen

Das Renommee des Unternehmens Baumann war nicht auf die Region begrenzt, sondern weit darüber hinaus. Die Baumschule Baumann empfing Jahr für Jahr berühmte Besucher aus der Botanik und Gartenwelt. So Etienne Clavel, Botaniker und Leiter des Pariser Kartäuser-Gartens im Jahr 1805, und Professor de Candolle aus Genf im Jahr 1810. Beide beschrieben in ihren Schriften begeistert die Kulturen der Gebrüder Baumann (Calvel 1805, de Candolle 1810). Diese Publikationen gehörten zur Kommunikationsstrategie des Unternehmens, die zu einem positiven Kreislauf führten. 1822 wurde die Firma mit der Goldmedaille der „Königlichen Zentral-Gesellschaft für Gartenbau" ausgezeichnet, als Folge des Besuches von Herrn Bosc (Bosc 1822). Ein Besuch, der von der „Königlichen Gartenbaugesellschaft" 1839 beauftragt wurde, pries die Einrichtung und hob insbesondere die exotischen Pflanzen hervor. Die Baumschulen, die sich bis dahin vor allem an den deutschsprachigen Markt orientierten, nahmen mehr und mehr einen Platz an der Seite der großen französischen Betriebe wie Vilmorin in Verrières-Le-Buisson, Leroy in Angers oder Cels in Montrouge ein. Sie wurden in mehreren deutschen Zeitschriften, wie z. B. den *Verhandlungen des Vereins für Beförderung des Gartenbaues in den Königlich Preußischen Staaten,* den *Neuen Jahrbücher der Forstkunde,* der *Allgemeine Gartenzeitung, eine Zeitschrift für Gärtnerei und alle Damit in Beziehung Stehende Wissenschaften* oder der *Monatsschrift für*

Abb. 7: Versandetikett, 1837–1838. Lithographie, die den unteren Teil des Produktionsstandorts Bollwiller und den oberen Teil des Produktionsstandorts Hartmannswiller darstellt (Archiv Baumann).

Pomologie & praktische Obstbau zitiert und pflegten zudem eine reiche und lange Korrespondenz mit vielen Akteuren des Gartenbaus.

Um bei der Kundschaft bekannter zu werden, widmete sich das Unternehmen ab 1803 der Herausgabe von Katalogen. Der Umfang entwickelte sich im Lauf der Jahre: von sechs Seiten 1803 auf 118 Seiten im Jahr 1861 (BAUMANN 1861, Abb. 7). Die Herausgabe der Kataloge war für das Unternehmen eine echte Herausforderung. Vor dem herbstlichen Höhepunkt der Arbeit musste der Jahreskatalog redigiert und gedruckt werden, nach zahlreichem Hin und Her bis zur Bestätigung der Druckvorlagen. Diese Kataloge waren wirkliche Marketing-Innovationen. Sie wurden herausgegeben durch elsässische Druckereien, im Schnitt alle zwei Jahre am Anfang des Unternehmensjahres, dann jährlich und schließlich sogar jahreszeitlich in der zweiten Hälfte des 19. Jh., wobei die Zwiebelgewächse, die Ziergehölze und die Obstbäume separat aufgeführt wurden. Es waren wahrhaftige Kommunikations-Werkzeuge, die die Breite der Kulturen in den Vordergrund stellten. Die Kataloge waren vollständig zweisprachig, war die Kundschaft doch sowohl lokal ansässig als auch weiter entfernt, vor allem in den deutschsprachigen Ländern. Einige Kataloge wurden zweisprachig in zwei verschiedenen Faszikeln veröffentlicht.

Das gesellschaftliche Netzwerk von JOSEPH BAUMANN erstreckte sich über ganz Europa und war daher sehr wahrscheinlich einer der bestimmenden Erfolgsfaktoren. Seine Verbindung zum Präfekten des Hoch-Rheins, FELIX DESPORTES, und seine ehemaligen Reisen durch Europa öffneten ihm die überall die Türen.

Die Ausbildung der Nachfolger

Während des 19. Jh. wurden Baumschuler in der Regel durch eine Lehre oder ein Praktikum bei einem renommierten Gärtner ausgebildet. Die Auswahl des Lehrbetriebs war ein wichtiges Thema. BAUMANNS Ausbildungsmethode ähnelte der des Handwerks und sogar der industriellen Welt vor der großen Ära der Ingenieursschulen. „[...] *dans cet établissement on parle toutes les langues d'Europe;* [...] *les élèves jardiniers qui y sont admis ont toutes les facilités de s'instruire dans la botanique, d'apprendre à dessiner le paysage et de peindre les fleurs* (NAEGELY 1839)" – übersetzt: „[...] *in diesem Unternehmen werden alle Sprachen Europas gesprochen;* [...] *Die zugelassenen Gärtnerschüler haben alle Möglichkeiten, Botanik zu lernen, Landschaften zu zeichnen oder Blumen malen zu lernen.*" Dieser Satz, der 1838 von der Royal Horticultural Society in einer dem BAUMANN-Betrieb gewidmeten Mitteilung veröffentlicht wurde, sagt viel über das Engagement des Unternehmens bei der Ausbildung junger Gärtner oder Baumschuler aus. Noch bevor die ältesten Söhne von JOSEPH BAUMANN alt genug waren, um ausgebildet zu werden, beteiligte sich die Institution an einem „dualen" (Zwei-Wege-) Prinzip, junge Menschen aufzunehmen und in die Lehre zu schicken. Die Einrichtung in Bollwiller vermittelte ihre „Schützlinge" und zögerte nicht, sie auf lange Reisen zu schicken, um später von einer qualitativ hochwertigen Ausbildung zu profitieren. In den Jahren 1810–1830 nahmen die BAUMANNS regelmäßig junge Leute als Lehrlinge auf, die von DE CANDOLLE eingeführt wurden. Um den Unterricht zu optimieren, verpflichtete sich JOSEPH BAUMANN, dass seine Lehrlinge in den gärtnerischen Betrieben eingesetzt wurden *„die sie am meisten lehren"*. JOSEPH unterrichtete u. a. den jungen CHARLES SCHWEYCKERT. ÉMILE SELLO (1816–1893) hielt sich unterdessen im August 1839 für mehr als einen Monat in Bollwiller auf. Später, im Jahr 1847, wird der Sohn der Familie HOCHSTETTER NAPOLÉON BAUMANN anvertraut, der von den Botanikern BUCHINGER und KIRSCHLEGER empfohlen wurde. Viele weitere Gärtner haben ihre Lehre in Bollwiller abgeschlossen, aber der bekannteste unter ihnen ist zweifellos VICTOR LEMOINE (1823–1911). Nachdem er am Collége von Delme (Moselle) unterrichtet wurde, verbrachte er ab 1840 drei Jahre bei EUGÈNE BAUMANN. Auch später blieben die Baumschulen von Bollwiller ein renommierter Lernort. So entsandte die aus Erfurt stammende Familie HAAG ihren Nachfolger GUSTAVE FERDINAND (1830–1921) dorthin. Man kann hier durchaus von einem europäischen Gartenbau-Ausbildungsnetzwerk sprechen.

Die Gebrüder BAUMANN beteiligten nach und nach die Söhne der Familie am Betrieb und dabei insbesondere NAPOLÉON BAUMANN, für den sie eine strategische Ausbildung nach Maß schneiderten, und dies zu einer Zeit, wo es noch gar keine allgemeine Ausbildung für den Gartenbau gab. Während einiger Jahre arbeitete und bildete er sich als „Gartenbau-Gehilfe" in den großen Parks und Gärten Europas weiter. München und Nymphenburg 1823, Schloss Schönbrunn in Wien 1824,

Berlin und Köln 1825, gefolgt von den Niederlanden mit seiner Zwiebelproduktion. Er arbeitete fast zwei Jahre lang im berühmten Garten des englischen Königs in Kew und kam schließlich 1827 in den „Jardin des Plantes" in Paris. Diese Ausbildungstournee verschaffte ihm eine beträchtliche Erfahrung und Kenntnis der botanischen und gartenbaulichen Welt. Ganz wie sein Vater baute er dadurch ein Netzwerk zu professionellen Kollegen auf, mit denen er sein ganzes Leben hindurch in Kontakt blieb.

Baumschul-Unternehmer, aber auch „Garten-Designer"

Ohne jemals daraus einen Hauptgeschäftszweig zu machen, bot das BAUMANNsche Unternehmen seine Dienste auch im Bereich Gartenplanung an. Zuerst noch sporadisch, als JOSEPH zunächst einige Umgestaltungen zeichnete, zweifellos für seine besonderen Bekannten, wie 1814 im Park des Schlosses Elfenau in der Schweiz oder für die Villa RIGOT in der Nähe von Genf. Er arbeitete auch für Industrielle und komponierte den Bourcart-Park in Guebwiller, der heute noch in seiner ursprünglichen Planung existiert. Später fügte NAPOLÉON, sein Sohn, diese Kompetenz den Visitenkarten und Katalogen des Unternehmens hinzu. Neu in den Betrieb kam JULIUS NIEPRASCHK (1825–1890), der insbesondere für diesen Geschäftsbereich zuständig war, und einige Pläne wie den des DIETSCHEN Gartens in Liepvre zeichnete. Dieser Landschaftsgärtner führte auch die Entwicklung von Schoppenwihr um 1860 (ANONYMUS 1890) oder der Villa LOYSEAU in Wissembourg durch (ANDRÉ 1879). NIEPRASCHKS Vater war Gärtner unter Obergärtner FINTELMANN auf der Pfaueninsel bei Berlin. Er besuchte die Königliche Gärtner-Lehranstalt in Potsdam und absolvierte vom 1. Oktober 1847 bis zum 1. Mai 1852 eine Ausbildung im Botanischen Garten Schönenberg bei C. BOUCHÉ, dem Inspektor des Botanischen Gartens, wo er nicht nur eine Gärtnerlehre machte, sondern sich auch wissenschaftliche Kenntnisse durch regelmäßigen Besuch von Universitätsvorlesungen aneignete. Es folgten mehrere Reisen nach England und Frankreich. Er studierte zudem bei dem Direktor des Botanischen Gartens Bonn, PETER JOSEF LENNÉ. Sein Hintergrund ermöglichte es, Verbindungen in viele europäische Länder zu knüpfen. Er arbeitete für HEINRICH BÖCKMANN in Hamburg und ließ sich dann von 1853 bis 1862 in Bollwiller nieder, wo er von NAPOLÉON BAUMANN angeworben wurde, um seine Tätigkeit als Landschaftsarchitekt auszubauen. Nach 1862 war er technischer Direktor der Kölner Flora und später deren Direktor, ein Amt, welches er 28 Jahre lang bis zu seinem Tod 1890 innehatte. Er war zudem aktives Mitglied verschiedener Fachgesellschaften wie der Royal Horticultural Society of London und der Societe Royale d'Horticulture & d'Agricultre d'Anvers.

Leider gibt es zu den Gartenplänen keine Unterlagen im Archiv des Unternehmens. Daher sind

Abb. 8: Die um 1860 gepflanzten Rosskastanien bei den Stallgebäuden der Villa Merian in Basel gehen nach mündlichen Quellen auf die Baumschule BAUMANN zurück. Foto: R. ZUMBRUNN.

diese Quellen rar und stellen Zufallsfunde für den Historiker dar. Einige bekannte Bespiele sind: der Grundbesitz des Herrn MERIAN in Basel (Abb. 8) und der Garten des Industriellen BAUMGARTNER in Saint-Marie-aux-Mines, der Park des Schlosses von Vaufrey im Doubs oder der Thermalpark von Luxeuil. Es besteht aber Hoffnung, weitere Funde dieser Art zu machen. Die landschaftliche Anlage des Gartens der Besitzung BAUMGARTNERS ist vollständig erhalten. Sie verbindet die Topografie der Hanglage, die Wünsche des Auftraggebers und die Schaffung einer Anlage nach dem Geschmack der Zeit. Verstreut unter Blumenbeeten und großen Solitär-Bäumen sind alle Zierelemente der Mode der Zeit in der Anlage präsent. Ein kleiner Fluss und seine kleine Brücke, ein Gewächshaus, eine Gloriette und ein Kiosk finden sich auf dem Gelände, um einen bukolischen Ausdruck zu verleihen. Der Gemüsegarten wurde diskret im hinteren Teil der Parzelle angelegt. Der Plan der Fabrik von 1880 zeigt, dass das Projekt realisiert worden ist. Der Grad an Details ist aber nicht ausreichend, um sicher zu sein, dass die Gesamtheit der vorgesehenen Zierelemente auch ausgeführt wurde oder finanzierbar war.

NAPOLÉON BAUMANN: eine Persönlichkeit des elsässischen Gartenbaus

1840 zerbrach die langjährige Verbindung der beiden Brüder AUGUSTIN und JOSEPH, nach 40 Jahren gemeinsamer Arbeit. Die Familie teilt sich in zwei Zweige: der eine um den älteren Bruder, JOSEPH BAUMANN, der sich mit seinen Söhnen CHARLES und EUGÈNE zusammenschloss, der andere um AUGUSTIN und seinen Neffen NAPOLÉON BAUMANN. Dieser Bruch schwächte das Unternehmen finanziell und jede Seite musste Kapital von außen beschaffen. AUGUSTIN und sein Neffe setzten auf den Markt in Mulhouse und schafften einen Zweigbetrieb in dieser vom industriellen Aufschwung geprägten Stadt. Sie schlossen sich mit EDUARD VAUCHER und dem Arzt und Botaniker HENRI-GUSTAVE MÜHLENBECK zusammen. Dieser neue Kapitalzustrom erlaubte es NAPOLÉON, für das Unternehmen großzügig zu planen: neue Gewächshäuser, dreisprachige Kataloge und die Einfuhr neuer exotischer Pflanzen, die zum Anbau und zur Vermarktung bestimmt waren. Durch diese Investitionen brachte er das Renommee, das mit dem Betrieb BAUMANN verbunden war, wieder in Schwung.

Seine Leidenschaft für die Botanik führte ihn dazu, sich an dem Wetteifer für diese Wissenschaft, die ein regelrechter Modetrend war, zu beteiligen. Er war u. a. 1855 Gründungsmitglied der Gesellschaft für Gartenbau in Muhlhouse und 1856 in Basel. Mit den Botanikern FRÉDÉRIC KIRSCHLEGER, DANIEL BUCHINGER und JEAN-BAPTISTE MOUGEOT nahm er an der Pflanzentauschbörse teil. Der Ruf des Unternehmens war so groß, dass AUGUSTE BAUMANN sogar Jurymitglied einer Gartenbauausstellung in St. Petersburg wurde.

Diese botanische Passion brachte ihn auch dazu, eigene Züchtungsversuche zu starten. In seinen Gewächshäusern entstanden beispielsweise neue Rosen. Die bekannteste unter ihnen ist die Rose 'Marie Baumann' (Abb. 9). Sie wurde 1863 gezüchtet (BALTET 1892). Mit einer leuchtend karminroten Farbe, zudem remontierend, und einer gefüllten Blüte wies sie Eigenschaften auf, die ihr viele Auszeichnungen einbrachten. Internationale Rosen-Wertungen in verschiedenen Ländern klas-

Abb. 9: *Rosa* 'Marie Baumann' gehört zu den bekanntesten Rosenzüchtungen der Baumschule BAUMANN. Aus Nestel´s Rosengarten 1899.

sifizierten die Rosenvarietäten nach dem Votum der Rosen-Liebhaber: die Bollwillersche Sorte erreichte u.a. den dritten Platz im portugiesischen Wettbewerb und sogar die Spitze in der englischen Wertung von 1878 (Société d'horticulture et de viticulture de Bourgogne 1878). Die Züchtungserfolge gingen zweifellos auf Napoléon Baumann zurück, und das nicht nur bei Rosen, sondern auch bei Kamelien und Strauchpfingstrosen. Die Vorliebe für Rosen breitete sich ab den 1860er-Jahren aus. In der Folge wurden Rosengärten geschaffen, in denen die Sammlerinnen und Sammler berühmte Sorten zeigen konnten. 370 verschiedene Rosen wurden im Katalog von 1838 angeboten. Bei Baumann entstandene Rosensorten sind u.a. 'Triomphe de Bollwiller', 'Baronne Amélie', 'Comtesse d'Oettingen', 'Madame Favier', 'Petite Agathe', 'Nicolas Koechlin' und 'Madame Nicolas Koechlin', 'Abbé Berlèse', 'Agathe Bécourt', 'Hoffmannsegg', 'Camaldoli', 'Comte de Munster', 'Judith Lischy', 'Koechlin', 'Isabelle' (Regina Isabella), 'Princesse Stéphanie', 'Thérèse de Nassau', 'Duchesse de Dino', 'Mathieu Hofer', 'Comtesse de Fresnel', 'Hélène Festetics de Tolna Nova', 'Mademoiselle Kennedi', 'James Gros' oder 'Prince de Butera'.

Ein Baumann in New York

Eugène Baumann ist ein untypisches Mitglied der Baumschul-Dynastie in Bollwiller. Als Sohn eines der berühmten Gebrüder Baumann wurde er im Gartenbau ausgebildet und dazu bestimmt, im Umfeld des Familienunternehmens zu wirken. Noch dazu war er ab 1840 eng mit seinem Vater Joseph Baumann verbunden. Dennoch verließ er im November 1853 Bollwiller, um der finanziellen Not des Unternehmens zu entkommen. Er reiste zunächst durch Europa und schiffte sich dann im August 1854 in Antwerpen Richtung USA ein. So begann er in New York, an der großen Baustelle mitzuarbeiten, die 1857 in Angriff genommen wurde: dem Central Park. Es ging darum, einen grünen Raum mitten in der Stadt zu schaffen, wie der Bois de Boulogne in Paris oder der Hyde Park in London. Eugène wurde im Central Park angestellt. Seine Aufgabe bestand darin, die Pläne für die Anpflanzung auszuführen. Während er parallel seine eigenen Aktivitäten als Landschaftsgärtner und Baumschulbetrieb noch einige Zeit weiterentwickelte, widmete er sich schließlich exklusiv dem berühmten Central Park.

Solitärbäume in den Parks der Landgüter

Das Ende des Jahrhunderts war für den Betrieb Baumann dominiert durch den Handel mit großen Bäumen. Die Baumschule, die auf Solitärgehölze spezialisiert war, belieferte Privatkunden, aber auch elsässische, deutsche und schweizerische Gartenbaubetriebe. Sie exportierte in dieser Zeit in einem großen geographischen Raum, da sie das neu entstandene Schienennetz nutzen konnte. Napoléon Baumann lieferte seit 1849 mehr als 200 Pflanzen für das Schloss Seyfriedsberg im bayerischen Ziemetshausen zur Anlage eines botanischen Gartens. Diese Bestellung, die 300 km entfernt von den Baumschulen Baumann geliefert werden musste und in der Hauptsache aus Bäumen bestand, illustriert das Sortiment der angebotenen Arten und Sorten. Friedrich I. von Baden ließ die Pflanzungen der Insel Mainau im Bodensee erweitern, auf der 1865 die Gärtner 100 *Sequoiadendron giganteum*, 4 Zypressen (*Cupressus sempervirens*) und 6 Magnolien pflanzten (Nohl 1905), die aus dem Betrieb von Napoléon Baumann stammten. In Badenweiler gab der Gärtner bereits 1853 verschiedene Bäume und Sträucher bei den Baumschulen von Napoléon Baumann in Auftrag. Geleitet wurde die Sanierung des Kurparks von Ernst Krautinger, einem ehemaligen Lehrling der Baumann-Baumschule. 1866 wurden 2280 Bäume aus Bollwiller nach Schwetzingen geliefert, die in den neuen Landschaftspark kamen. Die großen Solitärs, die dazu bestimmt waren, insbesondere in den großen Gütern der Industriellen zur Schau beizutragen, prägen durch ihren hohen Wuchs bis heute das Bild der Parks der Zeit.

Von dieser prunkvollen Tätigkeit sind nur noch wenige Spuren in der Landschaft erhalten: zahlreiche hohe Bäume, die manchmal mit den Kirchtürmen der städtischen Bebauung konkurrieren. Auch in Bollwiller prägen einige ungewöhnliche Bäume die Erinnerung an diese prestigereiche Zeit der Gebrüder Baumann. Ein Hänge-Schnurbaum (*Styphnolobium japonicum* 'Pendula') wuchs einst vor dem Haus der Baumanns (Abb. 10), wie noch heute ein solcher Baum über dem Grab des Augustin Baumann und seiner Frau wacht (Abb. 11).

Abb. 10: Das Wohnhaus der Familie BAUMANN in Bolwiller, heutige Engel-Apotheke, vor dem Ersten Weltkrieg; im Vorgarten steht ein Hänge-Schnurbaum. Foto: Archiv BAUMANN.

Nach dem Deutsch-Französischen Krieg und dem damit einhergehenden Staatsbürgerwechsel im Jahr 1871 verlor die BAUMANNsche Baumschule ihre Stabilität. Während die geografische Lage nahe der Grenze jahrzehntelang ein von der Familie ausgenutzter Vorteil war, kämpfte der Betrieb nun darum, seine Tätigkeit vollumfänglich aufrechtzuerhalten. Die Söhne „entschieden" sich für Frankreich, was hieß, das Elsass und die Baumschule zu verlassen, um die französische Staatsbürgerschaft zu behalten. NAPOLÉON BAUMANN blieb alt und allein zurück und musste die alleinige Leitung des Gartenbaubetriebs übernehmen. Schließlich kehrte EMILE-NAPOLÉON nach Bollwiller heim. Allerdings war er fachlich nicht so gut ausgebildet wie seine Brüder. Das Unternehmen stellte den Anbau von Gewächshauskulturen ein und konzentrierte sich wieder auf die Produktion von Obstbäumen. Der Besuch der Deutschen Dendrologischen Gesellschaft im Jahre 1908 anlässlich der Jahrestagung in Colmar galt dann auch schon eher dem Andenken an diese einst dendrologischen so wichtige Baumschule denn dem damals vorhandenen Sortiment. So schreibt LUDWIG BEISSNER (1908): „... *ging es nun in die Gärtnerei des Herrn* NAPOLEON BAUMANN. *Der alte 74jährige Herr empfing die Dendrologen sitzend in der Veranda und ließ sich einige Herren von seinem Sohne vorstellen. Ein lan-*

Abb. 11: Ein alter Hänge-Schnurbaum überragt das Grab von AUGUSTIN BAUMANN und seiner Frau JEANNE auf dem Friedhof in Bollwiller. Foto: C. MODANESE.

ges, arbeitsreiches Leben liegt hinter ihm; der Name Napoleon Baumann *ist allen Dendrologen bekannt und hatte stets einen guten Klang. Viele seltene Gehölze wurden durch die Firma verbreitet und auch Züchtungen auf dem Obstbaugebiete sind zu verzeichnen.* [...]. *Es wurde nun ein Rundgang durch die Gärtnerei gemacht, vorwiegend Blumengärtnerei in sehr schönen Beständen aller Arten, während die ausgedehnten Baumschulen, außerhalb der Stadt,* [...] *leider nicht mehr besucht werden konnten.*"

1969 wurde die Firma Baumann an den Konkurrenten Ferdinand Herrisé verkauft. Letzterer erwarb aber eigentlich nur einen Hektar Land, das Haus und vor allem den Firmennamen. Der Name Herrisé-Baumann wurde bis Februar 1992 verwendet, als das Unternehmen in die Liquidation ging. Die Strategie, den Namen zu kaufen und ihn quasi zu einer Marke zu machen, war dennoch ein Erfolg. Im kollektiven Gedächtnis schlossen die Baumann-Baumschulen erst in den 1990er-Jahren ihre Türen.

Literatur

André É. (1879): L'art des jardins, traité général de la composition des parcs et jardin : 754–756. Masson, Paris.

Anonymus (1731); Pfarrregister, Feldkirch.

Anonymus (1890): Julius Niepraschk, Nachruf. Gartenflora 39: 632–636.

Anonymus (2019): Quand les fleurs font l'étoffe », Ausstellung (28. Oct. 2018–30. Sept. 2019), Musée de l'Impression sur Étoffes, Mulhouse.

Baltet, C. (1892): L'horticulture française, ses progrès et ses conquêtes depuis 1789. Masson, Paris.

Baumann, C. A. (1829): Les Camellia de Bollwiller. Bollwiller

Baumann, E. (1865): Réminiscences. Privatarchiv.

Baumann, F. J. (1788) : Catalogue des arbres fruitiers les plus recherchés et les plus estimés qui peuvent se cultiver dans notre climat, avec leur description. Neukirch, Colmar.

Baumann, N. (1861): Generalkatalog zu Obstbäumen, Bäumen, Büschen und Pflanzen für Freiland, Warmhaus und Orangerien verfügbar zum Herbst 1861 und Frühjahr1862 im Gartenbaubetrieb von August Napoléon Baumann in Bollwiller. 89. Typographie G. Silbermann, Strasbourg.

Beissner, L. (1908): Jahres-Versammlung zu Colmar i. Els. und Ausflüge vom 8.-13. August 1908. Mitt. Deutsch. Dendrolog. Ges. 17: 15–42.

Blanchard, L. M. (2015) : L'aventure des chasseurs de plantes. Paulsen, Paris.

Bosc, L. A. (1822): Notiz über die bestehenden Baumschulen in Bollwiller, bei Colmar, der Gebrüder Baumann «Memoiren über Agrikultur, Land- und Hauswirtschaft», Königl. Zentralgesellschaft für Agrikultur.

Bouffier, V. A. (2013): Dendrologische Reisenotizen – unter Berücksichtigung einiger potenzieller Champion Trees auf Bundes-, Länder- und Kreisebene – in Deutschland (II). Beiträge zur Gehölzkunde 20: 211–261.

Candolle, A. P. (1810): Voyage botanique et agronomique dans les départements du Nord-Est. Mémoires d'agriculture, d'économie rurale et domestique ; publiés par la Société d'Agriculture du département de la Seine XIV: 213–287. Impr. de Madame Huzard, Paris.

Calvel, E (1805): Traité complet sur les pépinières: avec des instructions, Dritter Band. Paris.

Campbell-Culver, M. (2004): The Origin of Plants. Eden project books, London.

Fischer, J. (1982): The origins of garden plants. Constable, Londres.

Modanese, C. (2022): La métamorphose des jardins européens, les Baumann de Bollwiller, XVIIIe-XXe siècle. PUFR, Tours.

Nohl, V. (1905): Geschichte der Anpflanzungen auf der Insel Mainau und Beobachtungen an den dortigen Exoten. Mitt. Deutsch. Dendrolog. Ges. 14: 64–68.

Naegely (1839): Notice sur les cultures de MM. les Frères Baumann de Bollwiller. Annales de la société royale d'horticulture de Paris 24: 134.

Société d'horticulture et de viticulture de Bourgogne (1878): Les plus belles variétés de roses. Bulletin de la Société d'horticulture et d'arboriculture de la Côte-d'Or. Dijon, Veuve Paul Berthier.

Autorin:
Dr. Cécile Modanese
1, rue des Jardins
F-68700 Uffholtz, Frankreich
E-Mail: cecile.modanese@gmail.com

Übersetzungshilfe: Claus Uwe Rieth

Mitt. Deutsch. Dendrol. Ges. (MDDG)	109	172–175	2024	ISBN 978-3-494-01982-6

Handelt es sich bei *Tilia platyphyllos* Scop. 'Laciniata' um eine Sorte?

Andreas Plietzsch

Abstract
Is *Tilia platyphyllos* Scop. 'Laciniata' a valid cultivar name?
In historical parks and gardens, we find several lime trees with cut leaves under the name *Tilia platyphyllos* 'Laciniata'. However, their leaves can be shaped quite differently. For this reason, here is a short discussion if Laciniata is a valid cultivar name or not.

Zusammenfassung
Die Blätter von Bäumen mit der Bezeichnung *Tilia platyphyllos* 'Laciniata' (Geschlitztblättrige Sommer-Linde) können sehr verschieden ausgeformt sein. Daraus ergab sich die Frage, ob es sich dabei um eine Sorte im botanischen Sinne handelt.

Sorte oder Sortengruppe?

In der einschlägigen dendrologischen Literatur und in den Verkaufskatalogen der Baumschulen wird *Tilia platyphyllos* 'Laciniata' (Geschlitztblättrige Sommer-Linde) als eine eigenständige Sorte behandelt. Auch die Kennzeichnung derartiger Bäume in Parks und Gärten erfolgt meist unter diesem Namen. Bei der Aufsammlung von Blättern dieser Bäume in verschiedenen Regionen kamen jedoch Zweifel daran auf, weil die Blätter sehr unterschiedlich ausgebildet sein können. Es gibt einerseits Bäume mit stark geschlitzten und fast fadenförmig zerteilten Blättern und andererseits Bäume mit eher gelappten Blättern, die ungleichmäßige größere Blattflächen aufweisen und die zusätzlich gekräuselt und gedreht sein können. Jablonski & Plietzsch (2013) haben deshalb vorgeschlagen, eine Laciniata-Gruppe bei *Tilia platyphyllos* zu bilden, weil offenbar verschiedene Klone unter diesem Namen im Umlauf sind. Ist das gerechtfertigt?

Was ist eine Sorte? Nach dem Internationalen Code der Nomenklatur der Kulturpflanzen gibt es zwei mögliche Rangstufen zur Benennung von ausgelesenen Kulturpflanzen: den Cultivar (Sorte) und die Cultivargruppe (Sortengruppe). Eine Sorte beinhaltet demnach jene ausgelesenen Individuen oder in Gartenkultur entstandenen Einzelexemplare, die merkmalsstabil und untereinander einheitlich sind. Sie werden generativ oder vegetativ vermehrt und müssen dabei stabil und einheitlich bleiben. Außerdem haben sie einen eindeutigen Namen zugeordnet bekommen. Eine Sortengruppe beinhaltet mehrere Klone oder Sorten, die untereinander ähnlich sind und in mindestens einem gemeinsamen Merkmal von der Art abweichen, aber nicht vollkommen einheitlich sein müssen. Ein Klon umfasst dagegen alle (identischen) Pflanzen, die in der Regel durch vegetative Vermehrung von einer Mutterpflanze hervorgegangen sind.

Bei *Tilia platyphyllos* 'Laciniata' handelt es sich um Bäume, die im Vergleich zur reinen Art Sommer-Linde deutlich langsamer wachsen und kleiner bleiben. Die Bäume bilden eine breite, kegelförmige Baumkrone aus und erreichen eine Endhöhe von max. 12–15(–20) m. Sie werden gegenwärtig relativ selten gepflanzt und sind meist in historischen Gärten und Parks zu finden. Die Form wurde erstmals durch J. C. Loudon (1844) in seinem Werk „Arboretum et Fruticetum Britannicum" unter dem Namen *Tilia platyphylla laciniata* Hort. erwähnt. Er beschreibt die Blätter als kleiner verglichen mit der Art und als tief und unregelmäßig eingeschnitten sowie teilweise verdreht.

Bei eigenen Aufsammlungen von Blättern in Gärten und Parks in Berlin und Potsdam wurden nur Bäume mit Blättern gefunden, die ungleichmäßige größere Blattflächen aufweisen und zusätzlich gekräuselt und gedreht sind (siehe Abb. 1 und 2). Es ist zu vermuten, dass diese Bäume alle aus der gleichen Baumschulherkunft stammen, wahrscheinlich aus der ehemaligen Baumschule SPÄTH, Berlin. Dagegen zeigen die Blätter aus anderen Regionen Deutschlands, Westeuropas und Skandinaviens auch stärker geschlitzte Strukturen (siehe Abb. 3 bis 5). Sie stammen offenbar aus anderen Baumschulherkünften. Weil *Tilia platyphyllos* 'Laciniata' in der Regel als veredeltes Gehölz angeboten wird, greifen die Baumschulen dabei offensichtlich auf unterschiedliche Mutterpflanzen zurück.

Wie kommt nun die Zerschlitzung der Blätter zustande? Geschlitztblättrige Formen existieren bei zahlreichen Baumarten. WHITEHEAD (1978) gibt dazu einen Überblick und führt Beispiele von *Acer platanoides* (Spitz-Ahorn), *Acer palmatum* (Fächer-Ahorn) und *Aesculus hippocastanum* (Rosskastanie) bis zu *Tilia platyphyllos* (Sommer-Linde) und *Ulmus glabra* (Berg-Ulme) an. In einer wissenschaftlichen Studie sind Pflanzenteile von *Tilia platyphyllos* 'Laciniata' aus dem Botanischen Garten Kaunas und aus Parkanlagen in Vilnius (Litauen) mithilfe molekulargenetischer Methoden näher untersucht worden (JOMANTIENE, STANIULIS & DAVIS 2013). Als Ursache der Blattdeformationen hat sich eine Infektion der untersuchten Proben mit Phytoplasmen herausgestellt. Bei Phytoplasmen handelt es sich um Bakterien, die keine Zellwand besitzen und obligat parasitär leben. Sie sind ohne ihren Wirt nicht lebensfähig, da ihnen wichtige Gene zur Aufrechterhaltung ihres Stoffwechsels fehlen. Sie können nach einer Infektion im pflanzlichen Phloem wachsen und die normale Entwicklung von Pflanzenorganen erheblich stören (www.pflanzenforschung.de).

Daraus ergeben sich nun die folgenden Fragen: Wie würden die Blätter von *Tilia platyphyllos* 'Laciniata' aussehen, wenn es gelänge, die Phytoplasmen vollständig aus ihnen zu eliminieren? Sind verschiedene Phytoplasmen die Ursache für die unterschiedliche morphologische Ausprägung der Blätter? Wie stabil sind die nachgewiesenen Infektionen?

Abb. 1: Geschlitztblättrige Sommer-Linde (bezeichnet als: *Tilia platyphyllos* 'Laciniata') im Späth-Arboretum, Berlin-Baumschulenweg. Foto: A. PLIETZSCH.

Abb. 2: Geschlitztblättrige Sommer-Linde (bezeichnet als: *Tilia platyphyllos* 'Laciniata') im Schlosspark Sanssouci, Potsdam. Foto: A. PLIETZSCH.

Abb. 3: Geschlitztblättrige Sommer-Linde (bezeichnet als: *Tilia platyphyllos* 'Laciniata') im Botanischen Garten von Alnarp, Schweden. Foto: H.-R. Müller.

Abb. 4: Geschlitztblättrige Sommer-Linde (bezeichnet als: *Tilia platyphyllos* 'Laciniata') aus dem Arboretum Wespelaar, Belgien. Foto: ©Jan De Langhe - Arboretum Wespelaar / Ghent University Botanical Garden.

Bis zur Klärung dieser Fragen kann man jedoch Folgendes festhalten: Bei *Tilia platyphyllos* 'Laciniata' handelt es sich nicht um eine Sorte im botanischen Sinne, sondern um eine Sortengruppe. Weil die Sämlinge von geschlitztblättrigen Sommer-Linden nach Aussaat häufig „echt" fallen, existieren neben 'Laciniata' noch weitere geschlitztblättrige Formen, z. B. im Arboretum Hemelrijk in Belgien ein Typ mit breiter und dichter Krone, der als „Laciniata Belgischer Typ" bezeichnet wird (Jablonski & Plietzsch 2013). Außerdem ist mehrfach beobachtet worden, dass die geschlitzten Blätter an Sommer-Linden mit der Bezeichnung 'Laciniata' je nach Vermehrungsherkunft sehr unterschiedlich aussehen. Weil es sich jedoch bei den unterschiedlich geformten und verschieden stark geschlitzten Blättern um jenes Merkmal handelt, das hier von der reinen Art Sommer-Linde deutlich abweicht und zugleich als besonderer Zierwert angesehen wird, kann von einer Einheitlichkeit der Individuen unter dem Namen 'Laciniata' nicht die Rede sein. Die korrekte Bezeichnung für Sommer-Linden mit geschlitzten Blättern sollte demnach wie folgt lauten: *Tilia platyphyllos* Laciniata-Gruppe.

Diese Empfehlung ist inzwischen auch international akzeptiert worden. In einem Artikel zur Registrierung von Lindensorten (Lobdell, Jablonski & Worcester 2023) wird die Laciniata-Gruppe bei Sommer-Linden unter Verweis auf Jablonski & Plietzsch (2013) bestätigt und es

Abb. 5: Geschlitztblättrige Sommer-Linde (bezeichnet als: *Tilia platyphyllos* Laciniata-Group) aus Common Farm, Semer, Suffolk, UK. Foto: ©Owen Johnson, www.treesandshrubsonline.org.

werden dort die folgenden Sorten zugeordnet: 'Asplenifolia', 'Asplenifolia Nova', 'Barocco', 'Capricio', 'Erkegem', 'Eniapseth', 'Fastigiata Laciniata', 'Filicifolia Nova', 'Kavkaiana', 'Laciniata Krca', 'Mercedes', 'Parade', 'Pepi', 'Stephanie' und 'Tiltstone Filigree'. Auch die Online-Datenbank www.treesandshrubsonline.org hat diese Empfehlung bereits akzeptiert.

Quellen

Jomantiene, R.; Staniulis, J.; Davis, R. E. (2013): Phytoplasma infection in Prized Linden *Tilia platyphyllos* var. *Laciniata*: Is Laciniata a valid botanical name? Journal of Plant Pathology 95 (2): 395–399.

Jablonski, E.; Plietzsch, A. (2013): Kultivierte Linden II: Sorten von *Tilia cordata* Mill., *T. platyphyllos* Scop. und *T. ×europaea* L. Mitt. Deutsch. Dendrolog. Ges. 98: 892110.

Lobdell, M. S.; Jablonski, E. J.; Worcester, L. B. (2023): Register of *Tilia* Cultivars. HortScience 58 (3): 341–363.

Whitehead, M. J. (1978): Cut-leaf trees. Arboricultural Journal 3 (5): 102–107.

www.pflanzenforschung.de/

www.treesandshrubsonline.org/

Autor

Dr. Andreas Plietzsch
Pitschener Straße 4
12526 Berlin
E-Mail: a.plietzsch@baumwert.de

Mitt. Deutsch. Dendrol. Ges. (MDDG)	109	176–185	2024	ISBN 978-3-494-01982-6

Baumpark Thedinghausen: Arboretum im Wachstum – Generationenprojekt Kulturwildnis

Sina-Katharina Schröder

Abstract

"Tree park" Thedinghausen: developing arboretum – an intergenerational cultural wilderness project

The "tree park" (Baumpark) in Thedinghausen, a young deciduous tree species arboretum, currently covers an area of 11 hectares. The municipality of Thedinghausen is planning to extend the area by a further 11 hectares. The arboretum is to be enlarged, a space for nature and landscape is to be created and the proportion of community forest is to be increased.

This presentation deals with the existing tree park, the site-specific potential and the deficits and aims to create a sustainable, future-orientated design. A comprehensive site analysis forms the basis for the concept development of a generational project that will grow over decades. At the end of this work is a specific park design that combines natural aspects, forest development and monument protection to create an open space for tourism, residents, fauna, and flora. Special attention is paid to the development of the Wesermarsch landscape over the past centuries when the natural landscape gave way to the cultural landscape. The design is divided into the following three areas: the changing forest (Wandelwald), the floodplain arboretum (Auen-Arboretum) and the floodplain laboratory (Auenlabor). In general, all sections work with the image of growing trees and changing structures. In addition, specific information is provided on the future planting concept for the arboretum.

Zusammenfassung

Der Baumpark in Thedinghausen, ein junges Laubbaum-Arboretum, umfasst heute 11 ha Grundfläche. Die Gemeinde Thedinghausen plant zukünftig eine Erweiterung der Fläche um weitere 11 ha. Dabei soll das Arboretum ausgeweitet werden, ein Raum für Natur und Landschaft entstehen sowie der Waldanteil der Gemeinde erhöht werden.

Die Arbeit befasst sich mit dem Bestand des Baumparks, ortsspezifischen Potenzialen und Defiziten und zielt dabei auf einen nachhaltigen, zukunftsorientierten Entwurf ab. Eine umfangreiche Ortsanalyse legt das Fundament für die Konzeptentwicklung eines Generationenprojektes, das über Jahrzehnte hinweg heranwächst. Das Ergebnis der Arbeit ist ein konkreter Parkentwurf, der natürliche Aspekte, Gehölzentwicklungen und Denkmalschutz zu einem Freiraum für Tourismus, Anwohnende sowie Fauna und Flora verknüpft. Im Zentrum der Betrachtung steht der Landschaftswandel der Wesermarsch in den vergangenen Jahrhunderten, als die Natur- der Kulturlandschaft wich. Der Entwurf gliedert sich in folgende drei Teilabschnitte: Wandelwald, Arboretum der Aue und Auenlabor. Alle Abschnitte arbeiten mit dem Bild heranwachsender Bäume und sich wandelnder Strukturen. Zudem werden konkrete Hin-

Abb. 1: Baumpark Thedinghausen – Bestand.

Abb. 2: Bestandspark und Erweiterungsflächen.

weise zum zukünftigen Pflanzkonzept des Arboretums gegeben.

Vorbemerkung

Der Baumpark in Thedinghausen ist ein Laubbaumarboretum, das 11 ha groß ist und 2005 auf Initiative von Hans Schröder, dem ehemaligen Samtgemeindebürgermeister, angelegt wurde (Abb. 1). Heute zielt die Gemeinde Thedinghausen auf eine Erweiterung der Bestandsfläche um weitere 11 ha Parkfläche und zusätzliche 8 ha Aufforstungs- bzw. Waldfläche ab (insgesamt vier Flurstücke). Dabei solle ein Raum für Natur und Landschaft entstehen und der aktuelle Waldanteil von 2,4 % den anzustrebenden 10 % nähergebracht werden.

Bestandsanalyse

Ein **Arboretum** ist eine Gehölzsammlung, die Sträucher und Bäume umfassen kann und dem Lehr- und Forschungszweck dienen soll. Dabei ist das Wachstumsstadium des Arboretums nicht unbeachtlich, denn der Baumpark stellt ein vergleichsweise junges Arboretum dar (Abb. 2).

Die **Gemeinde Thedinghausen** liegt rund 25 km südöstlich von Bremen. Ein Nebenarm der Weser, die „Eyter", grenzt unmittelbar an das Untersuchungsgebiet. Der Baumpark ist das einzig öffentlich nutzbare Grün im Gemeindegebiet und ist stark geprägt durch Gley-Boden. Gley-Boden ist ein grundwassergeprägter Boden, der nur durch Entwässerung landwirtschaftlich nutzbar wird. Im Norden ist das Entwurfsgebiet gut angebunden an die Braunschweiger Straße, die Hauptverkehrsader Thedinghausens. Auch viele regional und überregional bedeutsame Rad- und Wanderwege, Nordic-Walking-Strecken sowie das Paddelprogramm „Paddel und Pedale" führen durch den Baumpark hindurch. Somit stellt das Thedinghauser Arboretum zusammen mit dem Erbhof, einem Schloss der Weserrenaissance, das größte touristische Anlaufziel dar.

Ein wichtiges Ereignis in der **Geschichte** Thedinghausens war um 1620 der Bau des Erbhof-Schlosses. Dieses war damals noch eine Wasserburg und es gab einen eindrucksvollen Renaissance- und Baumgarten auf dem heutigen Baumparkgelände. Ein weiteres einschneidendes Ereignis war der Beginn der Melioration des südlich anschließenden Bruchlandes um 1886. Dabei wurde die Landschaft großflächig entwässert, um sie landwirtschaftlich nutzen zu können. Es wurden Gräben gebaut, Mühlen errichtet und auch die Eyter wurde umfassend „korrigiert". Im Jahr 2005 folgte die Auftaktpflanzung des Baumparks, der bis heute auf ein Sortiment von rund 470 Arten und Sorten erweitert wurde.

Der **Bestandspark** ist zu allen Rändern gerahmt von Feldhecken sowie im Süden von einem alten Sommerdeich. Westlich grenzt der Park an die Eyter und die Landwehr, einen ehemaligen Entwässerungskanal. Im Baumpark selbst existieren bereits zwei Lindenalleen, ein Rundweg, ein Spielplatz und ein Heckenkreis. Im Norden liegt der Erbhof, der wiederum räumlich durch einen weitläufigen Parkplatz vom Arboretum getrennt wird.

Abb. 3: Gehölzvielfalt im jungem Entwicklungsstadium.

Nördlich an der Braunschweiger-Straße befinden sich außerdem ein Wohnmobilstellplatz, eine alte Streuobstwiese, eine Weidefläche und ein kleiner Privatgarten. Auf der gegenüberliegenden Flussseite liegen Sportplätze und im Norden das 20 ha große Renaturierungsprojekt der Eyter, das 2013 als großflächige Kompensationsmaßnahme Bremens umgesetzt wurde. Die zukünftigen Erweiterungsflächen werden heute als Intensiv-Grünland und Ackerland genutzt.

Gepflanzt ist der Baumpark nach Gattungen und umfasst ausschließlich Bäume im Solitärstand. Es befinden sich bereits 80 % der GALK-Klimabaumliste im Park. Optisch prägend ist der Heckenkreis (Abb. 7) , der als eine Art Gehölzkompass dient.

Abb. 4: „Hans-Schröder-Allee" und Heckenkreis.

Abb. 5: Staffelung der Gehölze.

Abb. 6: Parkgrenze mit Blühstreifen.

Abb. 7: Heckenkreis mit Narzissensaum als „Gehölzkompass".

Abb. 8: Entwässerungsgraben Landwehr, Mündung in die Eyter.

Die **Wahrnehmung** des Parks lässt sich unterteilen in Wohlfühlbereiche entlang des Wassers, der Alleen und nahe des Heckenkreises. Der Grund dafür ist, dass die Alleen und der Heckenkreis dem Park Struktur verleihen, wohingegen andere Bereiche flach und weitläufig erscheinen. Dies ist dem jungen Alter der Bäume geschuldet, da es wirkt, als hätte man einen „Durchblick" durch die Solitärgehölze. Aus diesem Grund verlassen Besuchende nur selten die Wege und wagen einen Abstecher in die Grünfläche hinein (Abb. 3–6).

Konzept

Das **Entwurfskonzept** der Baumparkerweiterung ist in Anlehnung an die lange Zeit der landwirtschaftlichen Nutzung und den tiefen Heimatgedanken der Gemeinde entstanden. Dabei ist der Leitgedanke, dass alle Flächen Überreste der Landwirtschaft sind. Früher war dort Natur: Es gab Mäander, Kiesbänke und Wälder. Dann folgte die Überprägung durch die Kulturlandschaft: Hecken wurden an Felder angepasst, Wälder abgeholzt,

Abb. 9: Eyter-Prallhang entlang neuer Parkflächen.

Abb. 10: Konzeptansatz Baumpark-Erweiterung.

Flüsse begradigt und Gräben gebaut. Heute in Zeiten des Klimawandels, der Strukturarmut, des Artensterbens etc. soll ein Raum für „Natur" und Landschaft mit einer großen ökologischen Vielfalt geschaffen werden. Aus diesem Grund setzt das Konzept auf die eigenständige Entwicklung der Vegetation, um den größtmöglichen ökologischen Wert zu erzielen. Hierzu sollen Kulturlandschaftsstrukturen der Wesermarsch angelegt werden, die sich wiederum frei entfalten, mit dem Ziel der Verwilderung und Entwicklung einer Vielfalt. Dies geschieht als prozesshafte Gestaltung, bei der drei Entwicklungsprozesse zu beobachten sind: Gewässerentwicklung, Waldwachstum und Sukzession/Verwilderung im Auenbereich. Zusammenfassend soll ein Waldgürtel Thedinghausen östlich begrenzen und einen großflächigen Biotopverbund herstellen. Das Landschaftsbild des Renaturierungsprojektes der Eyter soll fortgeschrieben und durch naturnahe Gewässerunterhaltung und den Einbau von Strömungslenkern zur Entwicklung einer Eigendynamik verholfen werden (Abb. 8 und 9). Auch das Arboretum soll erweitert werden durch Zukunftsbäume der Forstwirtschaft, durch Hainpflanzungen von Auengehölzen und Auenlabor-Wäldchen. Die prozesshafte Gestaltung ist in drei Phasen gegliedert (Abb. 10).

Das kurzfristige Entwicklungskonzept für 2023

Auch hierbei ist der Leitgedanke, dass die Kulturlandschaft die Naturlandschaft dauerhaft verändert und ihr ein Gesicht aufgezwängt hat. Nun wird der Prozess umgekehrt, nach dem Prinzip „Kultur zeigt Wildnis". Hierzu werden Getreidesaatstreifen im Bestandspark angelegt, die durch die Gehölze hindurch mäandrieren. Als Inspiration dienen die drei ehemaligen Täler des Weserurstromtals. Die Saatstreifen locken Besuchende von den Wegen in die Fläche und lassen neue Räume entdecken. Jährlich können die Getreidesaatstreifen in ihrer Artenzusammensetzung oder der Lage im Raum verändert werden. Ebenfalls sollen zu diesem Zeitpunkt die Feldhecken zu den Erweiterungsflächen hin geöffnet und durch „Orte des Weitblicks" ergänzt werden. Dies sind Aussichtsorte, die zum Erleben des Landschaftswandels angedacht sind.

Das mittelfristige Konzept bis 2045

Zu diesem Zeitpunkt soll der Park in seinen Grundstrukturen angelegt werden. Der Prozess ist dabei ein wichtiges Gestaltungsmittel. Zu Beginn der Arbeiten wird eine Verbindung zwischen Baumpark und Schloss geschaffen. Dazu weicht der Parkplatz in die Braunschweiger-Straße. Durch die Stärkung der Alleen und die Verlängerung des alten Sommerdeichs in den Süden wird ein Parkgerüst ausgebildet. Den Gegenpart stellt eine Steganlage entlang der Eyter dar. Dazwischen erstreckt sich eine großflächige Absenkung des Parks als Rückhaltebecken für Niederschläge und holt auf diese Weise das Thema „Wasser" in den Park. Es werden Durchstichswege im Bestandspark angelegt, die eine Bewegungsrichtung zur schnellen Erschließung abgelegener Park- und Erweiterungsflächen ermöglichen. Die Landwehr und die Eyter sollen durch den Einbau von Strömungslenkern und Findlingsschüttungen ihre Eigendynamik entfalten. Und auch im Westen und Süden sollen sich der Wald und das Arboretum der Aue entwickeln.

Das langfristige Entwicklungskonzept bis 2100+

In diesem Entwicklungsschritt wachsen die Strukturen heran. Der Waldgürtel wird sich entwickeln und einen großflächigen Biotopverbund herstellen. Auch die Landwehr und die Eyter werden eine Eigendynamik entwickeln. Westlich des Stegs ent-

Abb. 11: Schnittansicht Arboretum der Aue (ohne Maßstab; Stand 2045).

lang der Eyter wächst die Auen-Wildnis zu einem wertvollen Habitat für Flora und Fauna heran. Zusätzlich soll in diesem Schritt im nördlichen Waldabschnitt ein Friedwald eröffnet werden und auch der Renaissance-Garten soll nach altem Vorbild wieder aufleben.

Entwurf

Stand 2045

Der Lageplan (Abb. 13) zeigt den Entwicklungsstand im Jahre 2045. Deutlich ablesbar ist die Bewegungsrichtung im Park. Leitende, gerade Wege und dynamische, freie Strukturen bilden das Gerüst des Arboretums. Ein ebenso wichtiges Gestaltungsmittel ist das Spiel zwischen wilden und dauerhaft gepflegten Bereichen im Park. Der Park-Boulevard und Panorama-Weg auf dem alten, verlängerten Sommerdeich ermöglichen weite Blicke in das neue Rückhaltebecken. Südlich des Parkgerüsts entwickelt sich der Wildnis- oder Bruchwald. Als ergänzendes Gestaltungsmittel im Park wird Cortenstahl verwendet. Dieser findet sich in den Brücken, der Aussichtstreppe und in zwei Abschnitten der Steilböschung wieder. Die Rostfarbe des Stahls stellt eine Verbindung zum grundwassergeprägtem Gleyboden her, der den Boden und das Wasser der Eyter rostbraun färbt.

Im **Arboretum der Aue** (Abb. 11–13) wandeln sich die Durchstichswege des Bestandsparks in lange Gitterstege und lassen weite Blicke in das Retentionsbecken zu. Das Becken dient der verbesserten Infiltration von Niederschlägen sowie der Wasserverfügbarkeit für die Vegetation. Artgleiche Hainpflanzungen heimischer Auengehölze ergänzen das Baumpark-Arboretum durch eine neue bzw. verstärkte Sinneswahrnehmung bekannter Baumarten. Steht der Solitärbaum im Bestandspark im Zentrum, so sind es im Arboretum der Aue die Hainpflanzungen. Sie zeigen, wie vielfältig Ge-

Abb. 12: Wasserrückhalt im Arboretum der Aue – Cortenstahl-Böschung zeigt Horizontabfolge des Gleybodens (Teilentwurf).

Abb. 13: Lageplan Baumpark 2045 (ohne Maßstab).

Abb. 14: Entwicklungsstadien der Labor-Pflanzungen (Schnittansicht ohne Maßstab).

hölze auftreten können. Die Böschung entlang des alten, in den Süden verlängerten Sommerdeichs wird an zwei Stellen durch Cortenstahl-Platten ergänzt. Sie stellen eine Verbindung zum rostfarbenden Gley-Boden her und bilden zudem dessen Horizontabfolge ab.

Im südlich anschließenden **Auenlabor** (Abb. 14–15) bilden der Erlebnissteg entlang der Eyter sowie der Panoramaweg auf der Verlängerung des alten Sommerdeichs ebenfalls das rahmende Gerüst. Entlang des Stegs kann die Auenwildnis der Eyter beobachtet werden, vom Deich aus sind weite Blicke in die Fläche möglich. Zwischen diesen Wegestrukturen erstreckt sich im Rückhaltebecken das Auenlabor. Im Abstand von 15 Jahren werden Labor-Wäldchen verschiedener Auengehölze nach strengen Vorgaben in abgesenkte Mulden gepflanzt. Anschließend verwildert die Form und wächst aus ihrem ehemaligen Raster heraus. Der Prozess erinnert an künstliche Kulturlandschaften, die nach Nutzungsaufgabe ebenfalls zu einem natürlich erscheinenden Bild verwachsen. Um die Kontraste auch für kommende Generationen erlebbar zu machen, folgt nach Jahren ein neues Labor, welches die Entwicklung zur Wildnis wiederholt. Im Zentrum stehen dabei die natürlich auftretende Vegetation und die Vielfalt der Flora und Fauna der Aue.

Westlich an den Bestandspark schließt der **Wandelwald** an (Abb. 16–17). Dieser wächst alle zehn Jahre durch Pflanzung neuer Kulturlandschaftsstrukturen entlang der alten Parkgrenze, wobei der Prozess an das Kambiumwachstum des Holzes erinnert. Dieses Vorgehen dient dem Sameneintrag auf einer strukturarmen Ackerfläche und der bewussten Inszenierung bekannter Kultur-

Abb. 15: Naturerfahrung im Auenlabor (Teilentwurf).

Abb. 16: Entwicklung der Artenzusammensetzung im Wandelwald (ohne Maßstab).

landschaftsstrukturen der Wesermarsch. Bis zum Zeitpunkt der Pflanzung halten Mahdstreifen den Raum für die zukünftige Kulturstruktur frei. Zwischen den Mahdspuren erstrecken sich weite Sukzessionsfelder, die den Samen im Boden Raum zum Wachsen bieten. Vielfältige Sukzessionsstadien und Vegetationsstrukturen werden die Flächen gliedern, bis ein stattlicher Wald gewachsen ist. Auch das Arboretum wird im Wandelwald fortgeführt durch forstwirtschaftlich ausgewiesene Zukunftsbäume. Sie werden in die Sukzessionsfelder gepflanzt und sind von jeglicher Konkurrenz freizuhalten. Nach Jahren erfolgt die Pflanzung einer neuen Kulturlandschaftsstruktur und ein weiter Mahdweg verschwindet, nur der Wandelweg bleibt dauerhaft als Mahdweg erhalten zur Bewirtschaftung des Waldes und Pflege der Zukunftsbäume.

Die Kulturlandschaftsstrukturen der Wesermarsch sind die Feldhecke, Benjeshecke, Baumreihen aus Obstgehölzen und Kopfweiden sowie die Energiehecke aus Kurzumtriebsgehölzen. Sie stellt eine wichtige Verbindung zur Energiewende, nachwachsenden Rohstoffen sowie dem südlich angrenzenden Thedinghauser Windenergiepark her.

Der vorliegende Text basiert auf einer Masterarbeit am Institut für Landschaftsarchitektur, Lehrgebiet der Landschaftsarchitektur und Freiraumplanung der Technischen Universität Dresden.

Autorin:
Sina-Katharina Schröder
E-Mail: sina.k.schroeder@web.de

Abb. 17: Wandel erfahren auf den Spuren zukünftiger Kulturstrukturen (Teilentwurf).

Mitt. Deutsch. Dendrol. Ges. (MDDG)	109	186–189	2024	ISBN 978-3-494-01982-6

Griechischer Ahorn (*Acer heldreichii*) – Kurzporträt einer bei uns bisher wenig bekannten Baumart

Olaf Schmidt

Abstract
Greek maple – portrait of a lesser known species
The Greek maple (*Acer heldreichii*) is largely unknown in Central Europe and is mainly found in botanical gardens and arboretums only. The following article describes occurrences of this species in its natural habitat in the mountain forests of the Rhodope Mountains in northern Greece and briefly characterises the Greek maple. Even though this tree species is unlikely to offer any recognisable advantages over Sycamore (*Acer pseudoplatanus*) in our forests, it can be a useful addition to the range of tree species for urban greenery.

Zusammenfassung
Der Griechische Ahorn (*Acer heldreichii*) ist bei uns in Mitteleuropa weitgehend unbekannt und kommt hauptsächlich in botanischen Gärten und Arboreten vor. Im folgenden Beitrag werden Vorkommen dieser Baumart am Naturstandort in den Bergwäldern der Rhodopen in Nordgriechenland beschrieben und der Griechische Ahorn kurz charakterisiert. Auch wenn diese Baumart in unseren Wäldern kaum erkennbare Vorteile zum Anbau des Berg-Ahorns (*Acer pseudoplatanus*) bringen wird, so kann sie doch die Baumartenpalette für das urbane Grün sinnvoll ergänzen.

Einleitung

Der Griechische Ahorn (*Acer heldreichii* subsp. *heldreichii*), eine europäische Ahornart, ist nach dem deutschen Botaniker Theodor von Heldreich (geb. 1822 Dresden, gest. 1902 Athen) benannt, der seit 1851 als Direktor des Botanischen Gartens Athen viel zur botanischen Erforschung Griechenlands beigetragen hat. Anlässlich einer Exkursion der Arbeitsgemeinschaft Naturgemäße Waldwirtschaft (ANW) nach Nordgriechenland wurde in den dortigen Wäldern der Rhodopen der Griechische Ahorn an seinem Naturstandort angetroffen. Im Folgenden werden diese Bergwälder und der Griechische Ahorn kurz dargestellt und charakterisiert.

Europäische Ahornarten

Der **Spitz-Ahorn** (*A. platanoides*) besitzt in Europa eine größere Verbreitung als der Berg-Ahorn. Er dringt z. B. weiter nach Norden und in den kontinental getönten Osten vor als die anderen Ahornarten. So kommt der Spitz-Ahorn auch als einziger Ahorn natürlich in Süd-Skandinavien (Schweden, Finnland) vor.

Der **Berg-Ahorn** (*A. pseudoplatanus*) kommt v. a. im subatlantisch geprägten Klimabereich Mittel- und Südosteuropas vor. Er fehlt im atlantischen Bereich Westeuropas, in der norddeutschen Tiefebene, auf den Britischen Inseln und in Skandinavien. Er ist eine typische Baumart buchenreicher Laubwälder des Hügel- und Berglandes. Besonders tritt er in feuchten Schlucht- und Steilhangwäldern auf. Der Berg-Ahorn ist die forstlich wichtigste Ahornart unserer Wälder.

Der **Feld-Ahorn** (*A. campestre*) ist in Europa im Bereich submediterranen, subatlantischen und gemäßigt subkontinentalen Klimas weit verbreitet (Aas 2015). Er besitzt höhere Wärmeansprüche als Berg- und Spitz-Ahorn. Er fehlt daher in den höheren Mittelgebirgen.

Der **Italienische Ahorn** (*A. opalus*, Synonym *A. obtusatum*) oder Schneeballblättrige Ahorn er-

Abb. 16: Entwicklung der Artenzusammensetzung im Wandelwald (ohne Maßstab).

landschaftsstrukturen der Wesermarsch. Bis zum Zeitpunkt der Pflanzung halten Mahdstreifen den Raum für die zukünftige Kulturstruktur frei. Zwischen den Mahdspuren erstrecken sich weite Sukzessionsfelder, die den Samen im Boden Raum zum Wachsen bieten. Vielfältige Sukzessionsstadien und Vegetationsstrukturen werden die Flächen gliedern, bis ein stattlicher Wald gewachsen ist. Auch das Arboretum wird im Wandelwald fortgeführt durch forstwirtschaftlich ausgewiesene Zukunftsbäume. Sie werden in die Sukzessionsfelder gepflanzt und sind von jeglicher Konkurrenz freizuhalten. Nach Jahren erfolgt die Pflanzung einer neuen Kulturlandschaftsstruktur und ein weiter Mahdweg verschwindet, nur der Wandelweg bleibt dauerhaft als Mahdweg erhalten zur Bewirtschaftung des Waldes und Pflege der Zukunftsbäume.

Die Kulturlandschaftsstrukturen der Wesermarsch sind die Feldhecke, Benjeshecke, Baumreihen aus Obstgehölzen und Kopfweiden sowie die Energiehecke aus Kurzumtriebsgehölzen. Sie stellt eine wichtige Verbindung zur Energiewende, nachwachsenden Rohstoffen sowie dem südlich angrenzenden Thedinghauser Windenergiepark her.

Der vorliegende Text basiert auf einer Masterarbeit am Institut für Landschaftsarchitektur, Lehrgebiet der Landschaftsarchitektur und Freiraumplanung der Technischen Universität Dresden.

Autorin:
Sina-Katharina Schröder
E-Mail: sina.k.schroeder@web.de

Abb. 17: Wandel erfahren auf den Spuren zukünftiger Kulturstrukturen (Teilentwurf).

Mitt. Deutsch. Dendrol. Ges. (MDDG)	109	186–189	2024	ISBN 978-3-494-01982-6

Griechischer Ahorn (*Acer heldreichii*) – Kurzporträt einer bei uns bisher wenig bekannten Baumart

Olaf Schmidt

Abstract

Greek maple – portrait of a lesser known species

The Greek maple (*Acer heldreichii*) is largely unknown in Central Europe and is mainly found in botanical gardens and arboretums only. The following article describes occurrences of this species in its natural habitat in the mountain forests of the Rhodope Mountains in northern Greece and briefly characterises the Greek maple. Even though this tree species is unlikely to offer any recognisable advantages over Sycamore (*Acer pseudoplatanus*) in our forests, it can be a useful addition to the range of tree species for urban greenery.

Zusammenfassung

Der Griechische Ahorn (*Acer heldreichii*) ist bei uns in Mitteleuropa weitgehend unbekannt und kommt hauptsächlich in botanischen Gärten und Arboreten vor. Im folgenden Beitrag werden Vorkommen dieser Baumart am Naturstandort in den Bergwäldern der Rhodopen in Nordgriechenland beschrieben und der Griechische Ahorn kurz charakterisiert. Auch wenn diese Baumart in unseren Wäldern kaum erkennbare Vorteile zum Anbau des Berg-Ahorns (*Acer pseudoplatanus*) bringen wird, so kann sie doch die Baumartenpalette für das urbane Grün sinnvoll ergänzen.

Einleitung

Der Griechische Ahorn (*Acer heldreichii* subsp. *heldreichii*), eine europäische Ahornart, ist nach dem deutschen Botaniker Theodor von Heldreich (geb. 1822 Dresden, gest. 1902 Athen) benannt, der seit 1851 als Direktor des Botanischen Gartens Athen viel zur botanischen Erforschung Griechenlands beigetragen hat. Anlässlich einer Exkursion der Arbeitsgemeinschaft Naturgemäße Waldwirtschaft (ANW) nach Nordgriechenland wurde in den dortigen Wäldern der Rhodopen der Griechische Ahorn an seinem Naturstandort angetroffen. Im Folgenden werden diese Bergwälder und der Griechische Ahorn kurz dargestellt und charakterisiert.

Europäische Ahornarten

Der **Spitz-Ahorn** (*A. platanoides*) besitzt in Europa eine größere Verbreitung als der Berg-Ahorn. Er dringt z. B. weiter nach Norden und in den kontinental getönten Osten vor als die anderen Ahornarten. So kommt der Spitz-Ahorn auch als einziger Ahorn natürlich in Süd-Skandinavien (Schweden, Finnland) vor.

Der **Berg-Ahorn** (*A. pseudoplatanus*) kommt v. a. im subatlantisch geprägten Klimabereich Mittel- und Südosteuropas vor. Er fehlt im atlantischen Bereich Westeuropas, in der norddeutschen Tiefebene, auf den Britischen Inseln und in Skandinavien. Er ist eine typische Baumart buchenreicher Laubwälder des Hügel- und Berglandes. Besonders tritt er in feuchten Schlucht- und Steilhangwäldern auf. Der Berg-Ahorn ist die forstlich wichtigste Ahornart unserer Wälder.

Der **Feld-Ahorn** (*A. campestre*) ist in Europa im Bereich submediterranen, subatlantischen und gemäßigt subkontinentalen Klimas weit verbreitet (Aas 2015). Er besitzt höhere Wärmeansprüche als Berg- und Spitz-Ahorn. Er fehlt daher in den höheren Mittelgebirgen.

Der **Italienische Ahorn** (*A. opalus*, Synonym *A. obtusatum*) oder Schneeballblättrige Ahorn erreicht als mittelgroße Baumart bis 20 m Höhe, seltener auch darüber. Er wird übereinstimmend als eine wichtige Begleitbaumart der wärmeliebenden Eichenmischwälder auf trockenen Standorten in Süd- und Südosteuropas beschrieben. Er scheint künftig eine interessante Baumart für Laubmischwälder auf den jetzt schon wärmsten mitteleuropäischen Standorten zu sein. Evtl. in Mischung mit Elsbeere (*Sorbus torminalis*), Hainbuche (*Carpinus betulus*), Feld-Ahorn oder auch Trauben-, Zerr-, Stiel- und Balkan-Eiche (*Quercus petraea, Q. cerris, Q. robur, Q. frainetto*).

Der **Burgen-** oder **Französische Ahorn** (*A. monspessulanum*) kommt in Reliktvorkommen im Rhein- und Maintal natürlich vor. Es ist eine wärmeliebende Baumart, die von Südeuropa über Kleinasien bis nach Persien verbreitet ist. Sie gilt als kleinwüchsig, mit höchsten Größen bis 10–11 m. Diese Baumart wächst auch noch auf Felsen und ärmsten Böden. Er wird daher auch Felsen-Ahorn genannt. Auf solchen felsigen, steinigen Standorten ist er häufig mit Flaum-Eiche (*Quercus pubescens*), Hopfenbuche (*Ostrya carpinifolia*) und Steinweichsel (*Prunus mahaleb*) vergesellschaftet.

Der **Balkan-Ahorn** (*A. hyrcanum*) kommt auf dem Balkan, auf der Krim und im Kaukasus vor. Er wächst meist als Großstrauch, selten als kleiner Baum (höchstens bis 15 m Höhe). Im Aussehen steht er zwischen unserem Feld-Ahorn und dem Schneeballblättrigen Ahorn. Diese Ahornart wird bei uns im Klimawandel wohl keine Rolle als alternative Baumart spielen.

Verbreitung und Vorkommen

Der Griechische Ahorn ist hauptsächlich auf dem südlichen Balkan als Mischbaumart in Buchenwäldern in mittleren Berglagen, ab ca. 1400 m, verbreitet. Er kommt aber auch in kühlen Bergwäldern Italiens und Vorderasiens vor. Auf der Balkanhalbinsel tritt der Griechische Ahorn von Bosnien und Herzegowina, Montenegro, Südwestserbien über den Kosovo, Albanien bis nach Griechenland auf. Der sehr ähnliche Kaukasus-Ahorn (*A. heldreichii* subsp. *trautvetteri*) wird unterdessen als eine Unterart des Griechischen Ahorns aufgefasst, die eben im Kaukasus vorkommt (Pirc 1994, Schmidt & Hecker 2020). Mit den weiteren auf dem Balkan endemischen Arten, z. B. Mazedonische Kiefer (*Pinus peuce*), Schlangenhaut-Kiefer (*P. heldreichii*), Rosskastanie (*Aesculus hippocastanum*), Baum-Hasel (*Corylus colurna*), Silber-Linde (*Tilia tomentosa*), ist der Griechische Ahorn eine wichtige Mischbaumart artenreicher Laubmischwälder in den dortigen Gebirgen. Die Struktur und Artenzusammensetzung der südbalkanischen Buchenwälder erinnert an die der Buchenwälder Mitteleuropas. Buchen wachsen hier häufig zusammen mit Tannen in gemeinsamen Beständen. Im Norden Griechenlands kommt in den Gebirgen Varnous, Falakro und in den Rhodopen die Weiß-Tanne (*Abies alba*) als Begleitbaumart vor. Südlich bis Zentralgriechenland bildet die Buche (*Fagus sylvatica*) meist sogar die Waldgrenze. Der Griechische Ahorn und weitere Baumarten, z. B. Balkan-Ahorn (*A. hyrcanum*), Fichte (*Picea abies*), Schwarz-Kiefer (*Pinus nigra*), Wald-Kiefer (*P. sylvestris*), Vogelbeere (*Sorbus aucuparia*) sind als mehr oder weniger seltene Baumarten diesen montanen Buchen-Wälder beigemischt (Bergemeier et al. 2004).

Abb. 1: Blick in den Urwald Frakto in den griechischen Rhodopen, der hauptsächlich aus Weiß-Tanne (*Abies alba*) und Rot-Buche (*Fagus sylvatica*) gebildet wird.

Abb. 2: Im Vordergrund der Stamm eines jungen Griechischen Ahorns, dahinter der Stamm einer Sal-Weide (*Salix caprea*), die hier in den Rhodopen als Art ihre südliche Verbreitungsgrenze findet.

Abb. 3: Laubwerk eines jungen Griechischen Ahorns im Urwald Frakto, Rhodopen.

Der Griechische Ahorn kommt z. B. im Urwald von Frakto im Nationalpark Rhodopen (bis 1950 m ü. NN) an der Grenze zu Bulgarien, zusammen mit Fichten, Weiß-Tannen, Buchen und Sal-Weiden (*Salix caprea*), regelmäßig vor (s. Abb. 1 und 2). Der Nationalpark umfasst ca. 2000 ha, wovon rund 590 ha als echter Urwald angesehen werden mit bis zu 596 Jahre alten Bäumen (Schölch et al. 2020). Die eher mittel- und nordeuropäisch verbreiteten Waldbaumarten Fichte, Sal-Weide, Vogelbeere und Sand-Birke (*Betula pendula*) sowie das Pioniergehölz Roter Holunder (*Sambucus racemosa*) erreichen in den Rhodopen die Südgrenze ihrer natürlichen Verbreitung. Auch die Vogelarten Tannenhäher, Schwarzspecht, Wintergoldhähnchen, Waldlaubsänger und Fichtenkreuzschnabel treten weiter südlich nicht mehr auf (Lienau & Mattes 2018, Schölch et al. 2020).

Botanische Merkmale

Der Griechische Ahorn gilt als wuchskräftiger, mittelgroßer Baum bis 20 m Höhe, es wird aber auch von größeren Exemplaren bis an die 30 m und Durchmesser bis 1,20 m berichtet. Er ist in Mitteleuropa völlig winterhart. Verwandtschaftlich und ökologisch steht er unserem heimischen Berg-Ahorn sehr nahe. Die Blätter des Griechischen Ahorns (s. Abb. 3 und 4) sind aber sehr viel tiefer gelappt und eingeschnitten als die des Berg-Ahorns. Sie sind ähnlich tief geschlitzt wie die Blätter des nordamerikanischen Silber-Ahorns (*A. saccharinum*).

Die gelbgrünen Blüten erscheinen im Mai nach Laubausbruch in endständigen, aufrechten Rispen. Sie werden von Insekten bestäubt. Daher gelten Ahornarten als wichtige Trachtpflanzen für Wild- und Honigbienen und bieten den Insekten Nektar und Pollen an (Grauberger et al. 2021).

Abb. 4: Tiefgelappte Blätter des Griechischen Ahorns am Naturstandort in den griechischen Rhodopen.

Typisch für alle Ahornarten sind die geflügelten Spaltfrüchte, die uns allen aus der Kindheit als „Nasenzwicker" bekannt sind. Sie bestehen immer aus zwei einsamigen Nüsschen, die sich jeweils in einem Flügel fortsetzen (Pirc 1994). Beim Griechischen Ahorn sind die Fruchtflügel stumpfwinklig gestellt und erreichen 4–5 cm Länge, seine Früchte gehören damit sie zu den größten aller Ahornarten. Bei der Sorte *A. heldreichii* 'Red Wing' sind die Fruchtflügel kräftig rot gefärbt, ähnlich wie beim Kaukasus-Ahorn, und fruktifizierende Bäume erreichen damit einen hohen Zierwert, da die roten Früchte gut zum dunkelgrünen Laub kontrastieren und auch lange am Baum hängen bleiben. Besonders kommt dieser Zierwert bei Solitär-Bäumen zur Wirkung.

Typisch für den Griechischen Ahorn sind die rötlich braunen einjährigen Zweige und die oft dunkelroten Knospen. Vom ähnlichen Berg-Ahorn unterscheidet er sich auch durch die im Alter feinrissige und nicht plattenförmige Borke (Pirc 1994).

Fazit

Dendrologisch ist der Griechische Ahorn eine interessante Baumart, die man bisher meist nur in botanischen Gärten und Arboreten findet.

Im Vergleich zum Berg-Ahorn wird diese Art wohl in Wäldern keine zusätzlichen forstlichen Vorteile als klimastabile Art mit sich bringen. In städtischen Grünanlagen aber ist der Griechische Ahorn wegen seiner breiten, dunkelgrünen Blätter, seiner großen Früchte und seines Kronenaufbaus ein interessanter und auffallender Baum, der künftig öfters verwendet werden sollte (Pirc 1994) und die Baumartenpalette für das urbane Grün bereichern könnte.

Alle Fotos von Manfred Schölch.

Literatur

Aas, G. (2015): Der Feldahorn: Verwandtschaft, Morphologie und Ökologie, LWF-Wissen 77: 7–13.

Bergmeier, E.; Dimopoulos, P.; Theodoropoulus, K.; Eleftheriadon, E. (2004): Zonale sommergrüne Laubwälder der südlichen Balkanhalbinsel – eine Übersicht. Tuexenia 24: 89–111.

Grauberger, J.; Loidolt, F.; Illies, I., Körber, K.; Scheiner, R. (2021): Wie bienenfreundlich sind Klimabäume? bienen und natur 7: 18–21.

Lienau, C.; Mattes, H. (2018): Griechenlands Nordosten – Eine geographisch-ökologische Landeskunde. LIT Verlag, Berlin.

Pirc, H. (1994): Ahorne. Ulmer Verlag, Stuttgart.

Schmidt, P. A.; Hecker, U. (2020): Die wildwachsenden und kultivierten Laub- und Nadelgehölze Mitteleuropas, Quelle & Meyer, Wiebelsheim.

Schölch, M.; Schmidt, O.; Rothammer, A.; Kühnel, B.; Danzer, J. (2020): Griechischer Wald – geeignete Arten und Herkünfte für Bayern? Der Dauerwald 61: 20–27.

Autor:
Olaf Schmidt
Praterinsel 1
80538 München
E-Mail: petraundolaf.schmidt@gmx.de

Mitt. Deutsch. Dendrol. Ges. (MDDG)	109	190–206	2024	ISBN 978-3-494-01982-6

Bericht zur Jahrestagung der DDG vom 21. bis 25. Juli 2023 in Saarlouis

Mirko Liesebach und Eike Jablonski

Es ist schon einige Zeit her, seit die DDG das letzte Mal im Saarland eine Jahrestagung abhielt. Zuletzt fanden Jahrestagungen in Saarbrücken in den Jahren 1960 und 1937, letztere mit 208 Teilnehmern, statt. Im Jahr 1916 tagte die DDG in Trier, trotz des Krieges nahmen 73 Personen an der Veranstaltung teil. Eine Exkursion führte auch nach Mettlach ins Saarland. Es gab eine traurige Parallele zu heute: In Europa herrschte damals der Erste Weltkrieg und heute der Angriffskrieg Russlands in der Ukraine. Damals benötigte die DDG eine Sondererlaubnis, um das Gebiet zu bereisen. In Saarbrücken erlebten wir am Sonntag, dass die Ereignisse noch nicht der Vergangenheit angehören, da die Entschärfung einer amerikanischen Fliegerbombe aus dem Zweiten Weltkrieg anstand.

Samstag, 23. Juli 2023

Auf der ordentlichen Mitgliederversammlung wurde der geschäftsführende Vorstand bestehend aus Eike Jablonski (Kruchten) als Präsident, Dr. Mirko Liesebach (Ahrensburg) als Geschäftsführer und Dr. Ulrich Pietzarka (Kurort Hartha) als Schatzmeister für weitere 3 Jahre wiedergewählt (Abb. 1). Bei den Fachreferaten gab es einige Änderungen und auch der Rat wurde verjüngt. Das Protokoll ist in den Ginkgoblättern 175 (Oktober 2023) abgedruckt.

Nach einer Kaffeepause ging es mit dem Fachprogramm weiter. Anders als in den Vorjahren folgte die ursprünglich für den Sonntagnachmittag geplante Vortragsveranstaltung der öffentlichen

Abb. 1: DDG-Vorstandsmitglieder im Saarlouiser Stadtgarten (v. links): Manfred Wessel (Fachreferent), Mirko Liesebach (Geschäftsführer, Vizepräsident), Eike Jablonski (Präsident), Carolin Rother (Fachreferentin), Jürgen Bouillon (Vizepräsident, Fachreferent), Ulrich Pietzarka (Schatzmeister) und Uwe Thomsen (Fachreferent). Foto: H. Liesebach.

Mitgliederversammlung am Samstagmittag, da so nur für einen Tag Raummiete anfiel.

Öffentliche Mitgliederversammlung

Im öffentlichen Teil der Mitgliederversammlung dankte der Präsident, EIKE JABLONSKI, allen, die zur Vorbereitung der Jahrestagung beigetragen haben. Er stellte den Tagungsort Saarlouis kurz vor, da weder der Bürgermeister noch eine Stellvertreterin oder Stellvertreter für ein Grußwort zu gewinnen waren: Saarlouis ist die einzige Stadt Deutschlands, die den Namen eines französischen Königs im Namen trägt. 1680 ließ LUDWIG XIV. (LOUIS XIV.) *Sarre-Louis* zum Schutz der neuen Ostgrenze und der Grenzfestung Metz errichten. Der französische Baumeister SÉBASTIEN LE PRESTRE DE VAUBAN entwarf die Festungsstadt an der Saar symmetrisch in Sternform mit sechs Bastionen. Die Stadt Saarlouis sollte fortan als Hauptstadt der neugeschaffenen Province de la Sarre (Saarprovinz) fungieren. Im Jahr 1683 verlieh LUDWIG XIV. Saarlouis bei einem Besuch das Stadtwappen mit der aufgehenden Sonne und den drei bourbonischen Lilien. Der Wappenspruch lautet *Dissipat Atque Fovet*: Sie (die Sonne) zerstreut (die Wolken) und erwärmt (die Erde). Dieses Stadtwappen (Abb. 2) wird bis heute verwendet, nur von 1937 bis 1945 wurde es durch ein anderes Stadtwappen ersetzt. Die Festungsanlagen VAUBANS sind noch heute im Stadtbild präsent.

Abb. 2: Die Ginkgoblätter 173 (April 2023) mit dem Stadtwappen von Saarlouis auf dem Titelblatt.

Der Präsident verlas ein Geleitwort des verhinderten Staatssekretärs SEBASTIAN THUL (Ministerium für Umwelt, Klimaschutz, Mobilität, Agrar und Verbraucherschutz).

Das Saarland gehört mit 36 % Waldanteil zu den waldreichen Bundesländern, auch wenn die absolute Waldfläche nur 93 500 ha beträgt. Drei Viertel der Fläche sind mit Laubgehölzen und ein Viertel mit Nadelgehölzen bestockt. Dr. THOMAS STEINMETZ, Direktor SaarForst Landesbetrieb, führte mit seinem Vortrag „Wald im Klimawandel – Forstwirtschaft im Krisenmodus“ in das Exkursionsgebiet ein. Die Einführung der naturnahen, kahlschlagfreien Waldwirtschaft im Jahr 1988 sei der bedeutendste Schritt gewesen, um den Stellenwert der Ökologie bei der Bewirtschaftung fest zu etablieren. Die Holzvorräte haben sich seit 1990 von 196 m^3/ha auf 358 m^3/ha (2018) nahezu verdoppelt. Dennoch besteht Anpassungsbedarf, da Absterbeprozesse in den Laubbaumbeständen auftreten und sich durch den Klimawandel die Starkastbruchgefahr bei Altbuchen häuft. Der letzte Punkt seines Fazits lautete, dass Offenheit benötigt wird, dass bisherige Wissen und Handeln zu überprüfen und wo nötig zu korrigieren.

Die Mitgliederversammlung endete mit der Vorstellung des mit 4 000 € dotierten Camillo-Schneider-Preises für hervorragende wissenschaftliche Arbeiten, die in Zusammenhang mit speziellen Gehölzthemen stehen. Der Nachwuchsförderpreis ging im Jahr 2023 zu gleichen Teilen an Herrn Dr. MAX MYLO und Frau ELENA WULFF (Abb. 3). Kurzfassungen der Arbeiten sind in diesen Mitteilungen (MYLO 2024; WULFF & BOUILLON 2024) abgedruckt.

MAX MYLO erhielt die Auszeichnung für seine an der Albert-Ludwigs-Universität Freiburg, Fakultät Biologie, unter der Betreuung von Prof. Dr. THOMAS SPECK und Dr. OLGA SPECK gefertigte Dissertation: „Damage control in the plant kingdom: a case study on the morphology, anatomy, and biomechanics of the European mistletoe (*Viscum album*) and selected cacti species“. Als Modellorganismen seiner kumulativen Dissertation

Abb. 3: Die Verleihung des Camillo-Schneider-Preises an Elena Wulff (links) und Dr. Max Mylo (rechts) mit Eike Jablonski. Foto: M. Liesebach.

dienten Mylo die Europäische Mistel (*Viscum album*) und zwei Arten der Opuntien-Kakteen (*Opuntia ficus-indica*, *Cylindropuntia bigelovii*). Mylo zeigte anhand von morphologischen, anatomischen und biomechanischen Analysen, wie sich die halbparasitäre Mistel in ihrem Wirtsbaum verankert. Die Mistel bildet eine Vielzahl von keilförmigen Strukturen, sogenannte Senker, die in den Wirtsbaum einwachsen. Diese Verankerung ermöglicht eine schadensresistente und langlebige Verbindung.

Frau Wulff erhielt die Auszeichnung für ihre an der Hochschule Osnabrück, Fakultät Agrarwissenschaften und Landschaftsarchitektur, unter der Betreuung von Prof. Dr. Jürgen Bouillon gefertigte Masterarbeit: „Erstellung einer neuen Winterhärtezonenkarte für Europa unter Berücksichtigung mesoklimatischer Effekte". In der Arbeit hat Frau Wulff die Klimadaten von einer möglichst großen Zahl an Klimastationen in Europa für den Bezugszeitraum 1991–2020 aufgearbeitet (Data-Mining) und eine Winterhärtezonenkarte für den neuen Bezugszeitraum unter Berücksichtigung mesoklimatischer Effekte erstellt. Die neue Karte aktualisiert die makroklimatische Winterhärtezonenkarte von Heinze und Schreiber (1984). Außerdem wurde sie in der ortsbezogenen Aussagekraft verfeinert.

Unter den eingereichten Arbeiten gab es zwei weitere, die aufgrund ihrer Qualität zusätzlich lobend erwähnt wurden: Eric Kretzschmar „Theoretische Anbauwürdigkeit ausgewählter nordamerikanischer Eichenarten" (Masterarbeit) und Jurek Kuper „Vermittlung von Gehölzkenntnissen im Winterzustand im Forstbotanischen Garten Göttingen" (Bachelorarbeit).

Vorträge

Nach der Mittagspause folgten die weiteren Vorträge. Dr. Andreas Ney, Umweltschutzbeauftragter der Kreisstadt Saarlouis, stellte das für die Stadt bekannte „Hausbäume-Projekt" vor, mit dem einer Überhitzung der Stadt entgegengewirkt werden soll. Da ein Mangel an verfügbaren Baumstandorten im Straßenraum besteht, galt es, private Vorgartenflächen durch einen starken Anreiz zu aktivieren. Die Kreisstadt liefert kostenlos hochstämmige Laubbäume (StU 14–16) an Grundstückseigentümer und pflanzt sie im straßennahen Bereich unter der Bedingung, dass die Bäume vom Empfänger dauerhaft erhalten und nötigenfalls ersetzt werden. In dem auf vier Jahre (2022–2025) konzipierten Projekt wurden bereits 164 Bäume, die 35 Baumarten/-sorten angehören, gepflanzt. Darunter sind 34 Kugelahorne, 21 Kugelrobinien, 16 Felsenbirnen, je 13 Echte Rotdorne und Feld-Ahorne 'Elsrijk'. Als Fazit ist festzuhalten, dass es für die Stadt keine kostengünstigere Möglichkeit gibt, Bäume im Straßenraum zu pflanzen. Zwischenzeitlich gibt es auch weitere Kommunen (darunter Göttingen, Kassel und Treptow-Köpenik), die vergleichbare Projekte aufgelegt haben.

Über Mögliches und Unmögliches bei der Identifizierung von Gehölzsorten mit genetischen Markern berichtete Frau Dr. Heike Liesebach (Thünen-Institut für Forstgenetik). In ihrer Einführung erklärte sie, wie Variation entsteht und dass Bäume immer Chimären aus genetischen Varianten sind. Am Beispiel schlitzblättriger und rotblättriger *Acer platanoides* (Spitz-Ahorn) wurden Verwandtschaften von ausgewählten Sorten aufgezeigt. Nachkommen aus sexueller Vermehrung, die sich morphologisch unterscheiden, sind mit Genmarkern sicher nachweisbar. Hingegen lassen sich neue aus Knospenmutation entstandene Sorten mit Genmarkern nicht unterscheiden.

Eike Jablonski erklärte in seinem Vortrag, was nach der Definition des Internationalen Codes der Nomenklatur der Kulturpflanzen (ICNPC) (2016) unter einer Sorte bzw. einem Cultivar zu verstehen ist. Der ICNPC regelt die einheitliche Benennung von Cultivaren. Er hob hervor, dass Gegenstand des ICNCP nur die Namen der Sorten sind, nicht jedoch deren Einteilung, ihre Merkmale, eine Wertung oder rechtliche Aspekte des Sortenschutzes. Weiterhin wurde auf wichtige Regeln für Cultivarnamen und deren Schreibweisen eingegangen. Neue Cultivarnamen müssen veröffentlicht bzw. offiziell registriert werden. Abschließend folgte noch eine Abgrenzung zu Handelsnamen. Der Unterschied zwischen Cultivar- und Handelsnamen ist den meisten Kunden nicht bekannt. Zur Verdeutlichung war der Vortrag mit Beispielen überwiegend der Eiche illustriert.

Abschließend stellte Dietmar Esser (Abteilungsleiter Grünflächen, Saarlouis) das Konzept zur thermischen Verwertung von Grünschnitt der Stadt vor. Als Einstimmung auf den anschließenden Spaziergang gab er einen kurzen Sachstandsbericht zum Zustand der Kopfplatanen in der Innenstadt. Ab 2016 konnte an den Kopfplatanen auf dem Großen Markt ein auffälliger Vitalitätsverlust festgestellt werden, der zunächst dem Standort zugeschrieben wurde. Es folgten standortverbessernde Maßnahmen, die jedoch keine erkennbare Verbesserung des Zustandes herbeiführten. Der Schadensverlauf wurde an Bildern vorgestellt. Beim anschließenden Stadtrundgang konnten wir uns ein Bild vor Ort machen.

Stadtgarten und ehemalige Festung Saarlouis

Im Anschluss an die Vorträge nahm uns Dietmar Esser auf einen kulturhistorisch-dendrologischen Abendspaziergang durch Saarlouis mit. Der Weg führte über die Saar. Von der Brücke aus sahen wir den Anleger, von wo aus wir am Montag nach Mettlach aufbrechen sollten. Nach wenigen Gehminuten erreichten wird den Stadtgarten, der in seiner heutigen Form 1928 angelegt wurde. Der zu jeder Jahreszeit bei Jung und Alt beliebte Ort der Ruhe und der Entspannung erstreckt sich über eine Fläche von insgesamt 35 ha. Der Stadtgarten umfasst das Vorfeld (Glacis) der Festung im südlichen Bereich vor dem Hornwerk und Teile der ehemaligen Festungswerke. Genau genommen gehört auch das Glacis zur Festungsanlage. Das Gelände wurde 1893 von der Stadt erworben und als Parkanlage genutzt. In diesem Jahr gab es sogar so etwas wie Eintrittskarten, die sogenannten „Glaciskarten". Nur mit ihnen durfte das Glacis betreten werden. Seit dem 13. April 1895 heißt der Park offiziell Stadtgarten.

Im Stadtgarten finden sich eine Reihe älterer Bäume, von denen einige als „Wertbaum" gekennzeichnet und nummeriert sind. Diese Aktion wurde vom NABU Saarland initiiert, um den Erhalt alter Bäume zu sichern, darunter Platanen mit unterschiedlichstem Rindenbild.

Abb. 4: Wallreste der ehemaligen Festung am Deutschen Tor. Foto: M. Liesebach.

Weiter ging es über einen Altarm der Saar zum Deutschen Tor, wo es noch Reste von Wällen und Gräben der ehemaligen Festung Saarlouis gibt (Abb. 4). Die Wälle werden heute unter dem Namen Kasematten von der Gastronomie genutzt, während die wassergefüllten Gräben in die städtischen Grünanlagen integriert wurden. Ab 1887 wurde die Festung weitestgehend geschleift. Dennoch bestimmt die ehemalige Festung noch heute den sechseckigen Grundriss der Innenstadt. Neben den Bauwerken von Vauban finden sich auch noch einige Anlagen, die nach dem Abzug der Franzosen von den Preußen ab 1816 unter der Gesamtleitung des Generalmajors Gustav von Rauch angelegt wurden.

Im Innenstadtbereich befinden sich eine Reihe von ehemaligen Kasernen, die heute unter anderem als Museum und Einkaufszentrum genutzt werden. In der Grundstruktur der Stadt macht sich die Geschichte als Festungsstadt bemerkbar: Das Herz der Stadt ist rund um den zentralen Großen Markt, der einst als Parade- und Exerzierplatz diente, rasterartig angelegt. Heute dient der Markt als Parkplatz.

Prägendes Element der Innenstadt sind geköpfte Platanen. So gibt es in der Deutschen Straße eine Allee und der Große Markt ist von einer Doppelreihe umgeben. Die Platanen weisen schwerwiegende Schadsymptome auf (Abb. 5 und 6), so dass bereits von „Platanensterben“ gesprochen wird. Über mögliche Ursachen und das weitere Vorgehen wurde in unserer Gruppe kontrovers diskutiert.

Sonntag, 24. Juli 2023

Deutsch-Französischer Garten, Saarbrücken

Dirk Wagner, Abteilungsleiter für Stadtgrün und Friedhöfe von Saarbrücken, empfing uns am Nordeingang zu einer Führung durch den ungefähr 50 ha großen Deutsch-Französischen Garten (DFG). Wir erfuhren, dass der Bereich des heutigen DFGs ursprünglich eine Acker-, Wiesen- und Waldlandschaft außerhalb Saarbrückens war. Im

Abb. 5: Schadsymptome an Kopfplatane. Foto: E. Jablonski.

Abb. 6: Fortgeschrittenes Stadium des Platanensterbens. Foto: M. Liesebach.

19. Jh. wurde er zu einer Grünanlage mit Waldbestand ausgebaut und zum Ausflugsziel der Saarbrücker Bevölkerung.

Während des Deutsch-Französischen Krieges 1870/71 war das Gelände Teil des Schlachtfeldes unterhalb der Spicherer Höhen. Nach der Deutschen Reichsgründung wurde im nördlichen Teil 1890 ein Freibad (Deutschmühlenbad) angelegt. Um 1900 trug das Areal den Namen „Kaiser-Wilhelm-Park" und diente vor allem dazu, die Erinnerung an den Sieg über Frankreich wachzuhalten.

Im Zweiten Weltkrieg legten deutsche Truppen auf dem Gelände befestigte Stellungen an. Von diesen Kriegsbauten sind heute noch 18 Bunker zu sehen. Nach dem Krieg stand das Saarland bis Ende 1947 unter der Kontrolle der französischen Militärregierung, danach war es bis 1956 ein autonomes staatsähnliches Gebilde. Als Folge des Referendums von 1955 über das Saarstatut erfolgte zunächst 1957 der Beitritt zum Geltungsbereich des Grundgesetzes und 1959 mit dem wirtschaftlichen Anschluss die Eingliederung als vollwertiges Bundesland der Bundesrepublik Deutschland.

Dennoch gab es immer wieder Spannungen zwischen Deutschland und Frankreich. Um die Lage zu entschärfen, wurden Verhandlungen zwischen beiden Regierungen geführt, die zum Ziel hatten, eine Länder übergreifende, gemeinsame Gartenschau zu realisieren. Der Garten, der von deutschen und französischen Gartenarchitekten gemeinsam konzipiert wurde, sollte als Symbol für die angestrebte Freundschaft zwischen Frankreich und der jungen Bundesrepublik verstanden werden. Am 23. April 1960 wurde diese erste und einzige „Deutsch-Französische Gartenschau" von dem damaligen deutschen Bundeskanzler Konrad Adenauer und dem französischen Premierminister Michel Debré eröffnet.

In den Folgejahren wurde der DFG immer stärker von der Bevölkerung diesseits und jenseits der Grenze als Naherholungseinrichtung und Austragungsort für größere Festveranstaltungen angenommen. Heute wird der Garten als Kulturgut der Nachkriegsjahre verstanden und führt eine Gartenbautradition weiter, die bis in die Mitte des 16. Jh. zurück reicht. Der Eintritt in den DFG ist frei.

Der DFG ist eine der wenigen noch existierenden größeren Parkanlagen in der Formensprache der 1950er- und 1960er-Jahre. Kern der Parkanlage ist der bereits in der Vorkriegszeit angelegte 5 ha große Deutschmühlenweiher. Um ihn herum wurden unterschiedliche Elemente der Park- und Gartengestaltung angelegt. Vorbild war dabei das Prinzip der *Ferme Ornée* oder *Ornamental Farm*, die in der englischen Gartengestaltung des 18. Jh. ihren Ursprung hatte. Elemente der DFG-Gestaltung sind die Themengärten, die eigene Einheiten in der weitläufigen Parklandschaft bilden und die in ein weitmaschiges Wegenetz eingebunden sind.

Der Garten am Silber-Ahorn ist durch Hexagonbeete aus Waschbeton mit Wechselflor geprägt (Abb. 7). Auf dem Weg unterhalb des Casinos zur Musikmuschel sind wir an Bäumen wie *Taxodium distichum* (Sumpfzypresse), *Gleditsia triacanthos* (Amerikanische Gleditschie), *Liquidambar styraciflua* (Amberbaum) und *Catalpa bignonioides* (Trompetenbaum) vorbeigekommen. Dieser Baumbestand geht zumeist auf die Pflanzungen

Abb. 7: Hexagonbeete aus Waschbeton mit Wechselflor. Foto: M. Liesebach.

von 1958 und 1959 zurück. Bemerkenswert sind weiterhin eine *Quercus rubra* (Rot-Eiche, 419 cm StU), eine zweistämmige *Q.* ×*turneri* 'Pseudoturneri' (Turner Eiche, 134 cm StU), eine größere *Fagus sylvatica* 'Tortuosa' (119 cm StU), *Tetradium danielii* (Bienenbaum, 193 cm StU) sowie ein *Acer saccharinum* (Silber-Ahorn, 376 cm StU).

Das Tal der Blumen mit Gräsern, Stauden und Blumen wurde von den französischen Gartenarchitekten Jacques Sgard und Gilbert Samel entworfen und umgesetzt. Bevor wir zu den auf Restaurierung wartenden Mosaikbecken an der Südmulde, einer stark modellierten Rasenmulde am Südeingang abbogen, wurde noch eine *Cornus mas* (Kornelkirsche) mit 115 cm StU vermessen (Abb. 8).

Abb. 8: Rudolf Schröder vermisst eine *Cornus mas.* Foto: M. Liesebach.

Der südlichste Punkt unseres Rundgangs war der „Ehrenfriedhof", der Ehrenbürgern und Honoratioren Saarbrückens wie auch Gefallenen beider Seiten aus dem Deutsch-Französischen Krieg 1870/71 Erinnerung gibt. Er wurde am 16. Oktober 1870 eingeweiht. Hier befindet sich unter anderem die Grabstätte von Bruno von François und ein Ehrenmal für die Gefallenen eines preußischen Regiments. Ein besonderes Ehrengrab erhielt Katharine Weissgerber („Schultze Kathrin", einzige Frau in der in Grabschriften verewigten Männergesellschaft), die in der Schlacht bei Spichern selbstlos und unter eigener Lebensgefahr verwundete deutsche wie französische Soldaten barg und pflegte.

In dem beeindruckenden Park gib es auch eine unter Denkmalschutz stehende Parkeisenbahn, die wegen eines Bergrutsches ebenso wie eine Seilbahn derzeit nicht in Betrieb sind.

Bürgerpark Hafeninsel, Saarbrücken

Aus Zeitung und Rundfunk hatten wir erfahren, dass die Innenstadt von Saarbrücken wegen einer Bombenentschärfung weiträumig abgesperrt war. Dennoch setzen wir nach dem Mittagessen zur Congresshalle am östlichen Ende des Bürgerparks um. Hier empfing uns Frau Carmen Dams (ehemalige Leiterin des Amts für Stadtgrün und Friedhöfe).

Unsere Führung begann im östlichen Teil des 9 ha großen Bürgerparks Hafeninsel (oft nur Bürgerpark Saarbrücken), einem innerstädtischen Park in Saarbrücken, der sich entlang der Saar am Rand der Saarbrücker Innenstadt erstreckt. Er wurde 1989 im Jahr der Eröffnung mit dem Landschaftsarchitekturpreis des Bundes Deutscher Landschaftsarchitekten (BDLA) ausgezeichnet. Durch die über das Areal verlaufende Westspangenbrücke und die dazugehörige Rampe wird das Gelände zweigeteilt. Als wir die Brücke erreichten, war der westliche Parkteil noch gesperrt. Wir wollten gerade umdrehen, da hieß es, dass die Sperrung aufgehoben ist, und wir hatten den Park fast für uns allein.

Der Bürgerpark liegt auf dem Gelände des einstigen Kohlehafens der Stadt, der sich auf einer Halbinsel befand, die von einem Altarm der Saar gebildet wurde. Von hier wurde seit dem späten 17. Jh. Kohle verschifft. Schon nach dem Ende des Zweiten Weltkriegs gab es Überlegungen, das Trümmergebiet zu einer Grünanlage umzugestalten, doch die Pläne wurden nicht realisiert. 1967 wurde die Kongresshalle am östlichen Ende des Parks gebaut. Die restliche Fläche lag brach. Mitte der 1980er-Jahre gab es neue Überlegungen. In dieser Zeit wurde die Westspange erbaut, die die A 620 mit der A 623 verbinden sollte. Links und rechts der Brücke sollte ein Park entstehen.

Der Landschaftsarchitekt Peter Latz wurde beauftragt, ein Konzept für die zukünftige Nutzung zu erarbeiten. Vorgesehen war, einen Park zu schaffen, der moderne Elemente mit der Historie der Fläche integriert, gleichzeitig Teil der ökologischen Stadterneuerung darstellt und zertrennte Stadträume wieder verbindet. Es entstand eine Mischung aus Landschaftsgarten und Stadtpark, für die Latz vorgefundenen Schutt der früheren Nutzungen zum Bau von Stützmauern, Wegen, Treppen und Hügeln verwendete.

Es wurden Wiesenflächen, alte Baumgruppen, eine unter dem Schutt entdeckte Pflasterflächen und Mauerreste, ein kleines Amphitheater (Abb. 9), eine Wasserfläche mit einem an Industrieanlagen erinnernden Wassertor, Heckengängen und Buschinseln, spontan gewachsene Natur mit *Prunus mahaleb* (Weichsel-Kirsche) sowie zahlreiche Baumalleen integriert.

Als Verbindung zwischen östlichem und westlichem Teil dient eine größere Wasserfläche, durch die ein Steg führt. Im Wasser wurden Fundamente mit roten Ziegelsteinen angedeutet. Im Mittelpunkt steht eine künstliche Ruine: eine Wasserwand, die sowohl an ein römisches Aquädukt als auch (wegen der Verwendung von roten Klinkern) an die Ruine einer Industrieanlage erinnern soll. Im Zentrum der Anlage liegt ein Rondell mit einer Wasserfläche, das auch für Konzerte und Aufführungen genutzt wird. Überall im Park lassen sich kleine Kunstwerke und Relikte aus der Montanzeit und der frühen Bebauung des Geländes finden. Die auf dem Schutt entstandene Vegetation weist viele seltene Arten auf, weshalb Pflege und Management auf deren Schutz abgestimmt sind.

Die wichtigeren Elemente sind heute die von Wällen und Mauern umschlossenen Gärten und Passagen. In die Schutthügel eingegraben, sind sie vor dem Lärm der umgebenden Autobahnen geschützt.

Der Teich im Zentrum der Anlage ist Teil des Regenwassersystems und nimmt alle Dränage- und Oberflächenwässer auf. Die Wasserwand übernimmt Kühlung und Anreicherung des Wassers mit Sauerstoff. Das Plätschern und Rauschen des fallenden Wassers lassen die Geräusche des Verkehrs in den Hintergrund treten.

Warndt

Der Warndt ist ein ausgedehntes, rund 5 000 ha großes Waldgebiet und umfasst Teile des deutschen Saarlandes und der französischen Region Grand Est (bis 2016 Lothringen) westlich von

Abb. 9: Amphitheater im Bürgerpark Hafeninsel. Foto: M. Liesebach.

Saarbrücken. Die Landschaft des Warndt, deren größter Teil heute in Frankreich liegt, besteht geologisch aus Buntsandstein, der von Eisenerzbändern durchzogen wird und auf Steinkohle lagert.

Der Name Warndt wurde in einer Schenkungsurkunde Kaiser Ottos III. im Jahre 999 erstmals schriftlich erwähnt. Als *verwarnter*, für die Untertanen verbotener Wald war der Warndt seit dem Mittelalter ein herrschaftliches Jagdrevier. Landesfürst Ludwig von Nassau-Saarbrücken ließ sich 1717 in Karlsbrunn ein Jagdschloss errichten und nutzte es oft für große und mehrere Tage dauernde Jagden. Im Jahre 1815 zog die staatliche Forstverwaltung in das Anwesen ein.

Im Warndt gibt es auch einige sog. Exotenbestände. Sämtliche Exotenbestände stocken auf mittlerem Bundsandstein (sog. Vogesenkalk) mit starker diluvialer Lehmauflage. Der vorherrschende Bodentyp sind Pseudogley-Braunerden. Die Bestände befinden sich in einer Höhe von 260 m ü. NN, der mittlere jährliche Niederschlag beträgt 762 mm und die mittlere Jahresdurchschnittstemperatur 8,4 °C. Unter Führung von Ltd. FD. Joachim Stelzer (Geschäftsbereichsleiter Waldbewirtschaftung, Naturschutz) und dem Revierleiter Daniel Scheer sahen wir uns zwei der vier Exotenbestände im Forstrevier Lauterbach an, die die DDG anlässlich ihrer Jahrestagung 1960 bereits besuchte (Anonymus 1960).

In Abt. 1028 b30 (vormals 28 d) befindet sich ein 1,4 ha großer Mischbestand aus *Carya tomentosa* (*C. alba*) (Schindelborkige Hickorynuss, Abb. 10) und mindestens einer weiteren *Carya*-Art, vermutlich *C. laciniosa* (Königsnuss, Abb. 11), Rot-Buche, Rot-Eiche und Trauben-Eiche. Der Bestand stammt aus dem Jahr 1886. Die Forsteinrichtung von 2017 weist für die Hickorynuss eine Höhe von 29 m aus, für Rot-Buche und Rot-Eiche 38 bzw. 39 m und für die Trauben-Eiche 36 m. Die *Carya*-Bäume zeichneten sich durch auffallend gerade Stämme aus. Waldbaulich wird *Carya* ähnlich wie Eiche bewirtschaftet.

Im *Carya*-Mischbestand wurde uns von einer besonderen „Durchforstung“ berichtet. Im Jahr 1951 bedrängte die Rot-Eiche mit ihren weitausladenden Kronen den Hickorybestand. Die Hickorynuss hatte seinerzeit eine Höhe von 19 m und die Rot-Eiche von durchschnittlich 24 m.

Abb. 10: Stamm einer *Carya tomentosa.* Foto: M. Liesebach.

Abb. 11: Stamm einer *Carya laciniosa.* Foto: M. Liesebach.

Eine Fällung der Rot-Eichen wäre ohne Schäden für den hoffnungsvollen Hickorybestand nicht möglich gewesen. Daher entschloss man sich zu Kronensprengungen. Dazu wurden unterhalb der Kronen zweiseitig Sprengladungen angebracht. Bei der Zündung durchschlugen diese den Kronenhals und ließen die Krone fallschirmartig zu Boden sinken. Bei der sich über 11 Tage erstreckenden Aktion wurden zwischen 7 und 8 Kronen je Tag gesprengt. Der Erlös aus dem Roteichenstammholz deckte die Kosten der Sprengung (Heimatkundlicher Verein Warndt 2006).

Nach Durchqueren einer kleinen Senke erreichten wir Abt. 1028 b40 (vormals Abt. 28 c2) mit *Chamaecyparis lawsoniana* (Lawsons Scheinzypresse). Der 0,9 ha große Mischbestand geht auf das Jahr 1896 zurück (Heimatkundlicher Verein Warndt 2006). Die Scheinzypresse wird mit vielen Zwieseln und Trockenästen beschrieben. Im Jahr 1951 fand die erste starke Durchforstung statt, wobei bis in Reichweite die Totäste entfernt und fast alle Zwiesel und stockfaulen Stämme entnommen wurden. In der Forsteinrichtung von 2017 ist die Baumhöhe der Scheinzypresse mit 24 m angegeben.

Montag, 25. Juli 2023

Saarschleife

Heute verzichten wir auf eine Busfahrt und entschleunigen auf einer Schifffahrt von Saarlouis nach Mettlach. Wir genießen das Dahingleiten des Schiffes und nutzen die Zeit zum Austausch. Nach etwa zwei Stunden Fahrt erreichen wir die Saarschleife – das Wahrzeichen des Saarlandes. Die Saarschleife beginnt kurz hinter dem Merziger Stadtteil Besseringen und endet in Mettlach. Die Luftlinie zwischen Besseringen und Mettlach beträgt nur etwa 2 km. Die Saar macht jedoch einen Umweg, der nahezu zehn Kilometer beträgt.

Auf dem bewaldeten Bergrücken innerhalb der Saarschleife befinden sich die ehemalige Klosterkirche St. Gangolf mit Teilen der ehemaligen Klosteranlage und die Burgruine Montclair. In St. Gangolf steht auch die am 09.04.2022 zum 16. Nationalerbe-Baum ernannte stärkste *Quercus robur* (Stiel-Eiche) des Landes mit 652 cm StU. Der einzige unmittelbar an der Saarschleife gelegene Ort ist das Dorf Dreisbach, zu dem man mit einer Fähre übersetzen kann. Am Ufer der Saarschleife stehen die ältesten Douglasien (*Pseudotsuga menziesii*) des Saarlandes, die etwa 125-jährig 420–440 cm StU aufweisen. Die hohen Bäume leiden unter Kotablagerungen einer Kormorankolonie, die in den Kronen nisten.

Der von der Saar umflossene Bergsporn (Abb. 12) weist eine Länge von 4 km auf und hat an seiner höchsten Erhebung eine Höhe von 318 m ü. NN, während das Niveau des Saarwassers bei ungefähr 166 m liegt. Das gesamte Umland der Saarschleife wird von weitgehend naturbelassenen Wäldern dominiert. Auf den Buntsandsteinresten der Saarschleife wächst meist ein Rotbuchenhochwald. Auf dem Quarzit überwiegen Waldgesellschaften mit Hainbuchen und Eichen. An den steilen Hängen gehen die Wälder in einen Buschwald aus Hainbuchen und Eichen

Abb. 12: Einfahrt in die Saarschleife, Bergsporn (rechts). Foto: M. Liesebach.

über. Aufgrund des günstigen Klimas wächst hier auch der immergrüne submediterran-atlantische *Ilex aquifolium* (Europäische Stechpalme). Auffallend ist eine starke Naturverjüngung von *Prunus laurocerasus* (Lorbeer-Kirsche). Auf den sogenannten „Rosseln", den durch Verwitterung entstandenen Geröllhalden, siedeln sich nur Flechten und Moose an.

Nach Passieren einer weiteren Schleuse erreichen wir Mettlach. Wir gehen von Bord und begeben uns in den Abteipark, wo uns Peter Vierveyzer und sein Mitarbeiter erwarten.

Abteipark, Mettlach

Am Anleger fällt die weltlich-schlossartige Front des neuen Abteigebäudes der ehemaligen Benediktiner-Abtei Mettlach auf, das von 1728 bis 1770 im sächsischen Barockstil erbaut wurde. Von den ursprünglichen Bauten des von dem Abt Luitwinus um 680 hier gegründeten Klosters sind keine Reste mehr vorhanden, nur der „Alte Turm" steht noch als Zeuge spätottonischer Zeit, ein achteckiger, zweistöckiger Bau nach dem Vorbild der Palastkapelle Karls des Grossen in Aachen.

Mit dem Erwerb der ehemaligen Benediktinerabtei im Jahre 1809 legt Jean-François Boch den Grundstein für die fortschrittliche Keramikfertigung in der Region. Seit 1842 ist die Alte Abtei die Hauptverwaltung des internationalen Konzerns Villeroy & Boch.

Der Park hinter dem Abteigebäude, für das Saarland ein einzigartiger Park, wurde von Herrn Eugen von Boch ab 1850 angelegt. Der vordere, sehr gepflegte Parkteil geht einerseits in den waldartigen Teil über, der eine große Weideflächen einrahmt, andererseits wird er von einem großen Teich begrenzt, auf dessen Insel und am Ufer mehrere 120-jährige Exemplare von *Taxodium distichum* (Sumpfzypressen, Abb. 13) und Säuleneichen sowie *Ulmus laevis* (Flatter-Ulmen) wachsen. Die schönsten Bäume des Parks sind ein schon 1916 von der DDG erwähnter *Ginkgo biloba* am „Alten Turm" und ein etwa 100-jähriger weiblicher *Ailanthus altissima* (Götterbaum). Anders als die männlichen Exemplare bilden die weiblichen keine Wurzelbrut. Da es in der Nähe kein männliches Exemplar gibt, treten keine fer-

Abb. 13: *Taxodium distichum*. Foto: M. Liesebach.

Abb. 14: Stärkste *Pseudolarix amabilis* Deutschlands. Foto: M. Liesebach.

Abb. 15: „Gnubbelplatane“. Foto: M. Liesebach.

tilen Samen auf. Erwähnenswert sind auch ein 120-jähriger *Liriodendron tulipifera* (Tulpenbaum) sowie eine ebenso alte *Aesculus parviflora* (Strauch-Kastanie) mit 100 m Umfang. Bemerkenswert ist zudem eine der stärksten *Pseudolarix amabilis* (Goldlärche, Abb. 14) Deutschlands etwas versteckt in einer Hecke, sowie mehrere alte Platanen, die einen auffallend „gebeulten“ Stamm aufweisen („Gnubbelplatanen“, Abb. 15). Weitere Arten sind *Quercus frainetto* (Ungarische Eiche), *Chamaecyparis obtusa* (Hinoki-Scheinzypresse), *Tilia ×euchlora* (Krim-Linde, triploid) und *T. tomentosa* (Silber-Linde). Die Pflanzen im Park dienten u. a. früher den Porzellanmalern als Vorlage.

Neben dem Alten Turm steht ein Ensemble, das zwei große Künstler der Gegenwart geschaffen haben: der 14 m hohe Erdgeist von André Heller und das größte, im Mosaikatelier von Villeroy & Boch produzierte keramische Puzzle, die Weltkarte des Lebens von Stefan Szczesny (Abb. 16). Zusammen bilden sie den Living Planet Square, der einer der Höhepunkte der Expo 2000 in Hannover war. Der Living Planet Square ist künstlerischer Ausdruck eines Projektes, mit dem der World Wildlife Fund For Nature den Schutz weltweit gefährdeter Ökoregionen ausrief. Villeroy & Boch hat ihn nach Mettlach gebracht. In dem schönen Park ist auch der Homo Ceramicus Mettlachiensis von Joris van der Mijinsbrugge (1974) aufgestellt.

Im Park befindet sich auch ein historischer Schinkel-Brunnen, ein Geschenk des preußischen Kronprinzen Friedrich Wilhelm (späterer König Friedrich Wilhelm IV.) an Jean-François Boch, bei dem er im Jahr 1833 zu Gast war. Die Skulptur dieses von dem berühmten Baumeister Karl Friedrich Schinkel (1781–1841) entworfenen Brunnens zeigt den Ahnen Friedrich Wilhelms: Johann (König von Böhmen und Graf von Luxemburg). Bei jenem Besuch in Mettlach erfuhr der Kronprinz, dass Jean-François Boch die Gebeine des 1346 im Kampf gefallenen Herrschers nach langen Kriegswirren und der französischen Revolution vorübergehend in der Alten Abtei aufbewahrt hatte.

Auf unserem Rundweg mussten wir wiederholt kleine Schauer ertragen. Da wir bis in die hinterste verwilderte Ecke des Parks gingen (und uns dort eine riesige, 5,77 m StU messende Flatter-Ulme

Abb. 16: Erdgeist von André Heller in der Weltkarte des Lebens von Stefan Szczesny; im Hintergrund der *Ginkgo biloba* vor dem „Alten Turm“. Foto: M. Liesebach.

(*Ulmus laevis*) gezeigt wurde), verging die Zeit schneller als geplant, so dass wir uns entschieden, den am gegenüberliegenden Ufer liegenden Park Schloss Saareck nicht mehr aufzusuchen, sondern die noch verbliebene Zeit im Abteipark zu verbringen. Im Park Schloss Saareck sind nur noch wenige Bäume aus der Anfangszeit erhalten, so eine große *Pinus nigra* (Schwarz-Kiefer) und mehrere alte *P. sylvestris* (Wald-Kiefern). Einen großen Teil des alten Baumbestandes zerstörte eine Windhose, die am 25. August 2017 den Park traf. Vom einstigen dendrologisch reichhaltigen Parkensemble ist nur wenig übriggeblieben. Im Park befinden sich das 1854 erbaute aus einem zweigeschossigen Kernbau und niedrigen Seitenflügeln bestehende Gestüt, in dem heute die Parkverwaltung sitzt. Das Schloss wird vom Unternehmen Villeroy & Boch seit 1954 als Gästehaus und Hotel genutzt.

Dienstag, 25. Juli 2023

Orient-Buchenbestand in der Biosphäre Bliesgau

Am letzten Exkursionstag geht es mit dem Bus zunächst in das Biosphärenreservat Bliesgau in die südöstlichste Ecke des Saarlandes, an der Grenze zu Frankreich und Rheinland-Pfalz. Die sanfthügelige Landschaft ist geprägt durch ausgedehnte Streuobstwiesen, wertvolle Buchenwälder, artenreiche Trockenrasen und eine eindrucksvolle Auenlandschaft, die von dem namensgebenden Fluss, der Blies, durchzogen wird. Mit einer Bevölkerungsdichte über dem Bundesdurchschnitt ist der Bliesgau im Vergleich zu den anderen deutschen Biosphärenreservaten eher städtisch geprägt. Die Stadt-Land-Beziehung mit all ihren Facetten, Einflüssen und Veränderungen ist deshalb einer der Schwerpunkte in der wissenschaftlichen Forschung im Biosphärenreservat. Eine Besonderheit der Region ist die Vielfalt der Landschaft: Verschiedene Lebensräume greifen auf engem Raum ineinander und sind ein Zuhause für viele seltene Tier- und Pflanzenarten. So beherbergt der Bliesgau etwa 80 % des saarländischen Vorkommens des vom Aussterben bedrohten Steinkauzes. Bemerkenswert sind auch die großen und stabilen Populationen des Goldenen Scheckenfalters und die ausgedehnten Kalkhalbtrockenrasen, auf denen man nahezu die Hälfte der in Deutschland vorkommenden Orchideenarten bewundern kann. In der wildromantischen Bliesaue findet der aufmerksame Besucher auch die Spuren der Biber, die seit 1999 hier wieder heimisch sind.

Dass diese Region etwas ganz Besonderes ist, findet auch die UNESCO. Sie hat im Mai 2009 den Bliesgau als Biosphärenreservat geadelt und somit die Bedeutung dieser einmaligen Region auf eine globale Ebene gehoben. Der Erhalt der traditionellen Kulturlandschaft und der damit verbundenen Artenvielfalt ist das erklärte Ziel des Biosphärenreservates.

Ltd. FD Joachim Stelzer und Forstwirtschaftsmeister Dirk Vogel begleiten uns in einen der Buchenwälder in einer der Kernzonen bei Kirkel, die wir mit einer Sondergenehmigung des Umweltministeriums betreten dürfen. Auf 0,9 ha wurde hier *Fagus orientalis* (Orient-Buche) angepflanzt (Abb. 17), eine Baumart, die auch als Alternativbaumart im Klimawandel im Gespräch ist. Die Orient-Buche ist mit unserer *F. sylvatica* (Rot-Buche) verwandt. Der Bestand ist etwa 130 Jahre

Abb. 17: *Fagus orientalis* im Biosphärenreservat Bliesgau. Foto: M. Liesebach.

alt und stammt noch aus der Zeit, als das Gebiet als Teil der Saarpfalz zum Königreich Bayern gehörte (1837–1920) und der königlich-bayerischen Forstverwaltung unterstellt war. Das Saatgut soll damals aus Ungarn gekommen sein.

Die Orient-Buche kommt in Kleinasien, Nordpersien und im Kaukasus als Baum der Bergwälder von 500 bis 2100 m ü. NN vor. Sie kommt in einem geschlossenen Gebiet in der europäischen Türkei, südlich des Marmarameers im asiatischen Teil und von da an ostwärts, in den Gebirgen entlang der Schwarzmeerküste (Pontisches Gebirge) bis zum Osten des Kaukasus vor. Die östlichsten Vorkommen liegen zwischen dem Kaspischen Meer und den Ketten des Elburs-Gebirges im Iran.

Die Blätter der Orient-Buche sind umgekehrt-eiförmig, was sie von der Rot-Buche unterscheidet. Außerdem sind sie im Mittel mit meist 9–12 (selten bis 15) Zentimeter Länge größer und haben mit 8–13 Paaren von Seitennerven mehr als diejenigen von *F. sylvatica*. Wichtigstes morphologisches Unterscheidungsmerkmal zur Rot-Buche sind die Schuppen außen auf der Cupula. Diese sind, zumindest zur Spitze hin, abgeflacht und deutlich spatelförmig. Die Orient-Buche treibt im Frühjahr früher aus und hält das Laub im Herbst länger grün.

Auf dem Balkan, insbesondere in Bulgarien und im östlichen Griechenland, gibt es ausgedehnte Populationen, die in den morphologischen Merkmalen intermediär zu Rot-Buche und Orient-Buche sind.

Für die beiden folgenden Exkursionspunkte verlassen wir das Saarland und legen einen Abstecher ins angrenzende Rheinland-Pfalz ein.

Rosengarten Zweibrücken

Der Rosengarten Zweibrücken wurde am 20. Juni 1914 anlässlich des Rosenkongresses durch Prinzessin Hildegard von Bayern eröffnet. Dem damaligen Zeitgeist entsprechend wurde der Rosengarten errichtet, um eine dauerhafte Rosenausstellung zu schaffen, die stets auch die aktuellsten Sorten deutscher und internationaler Züchter enthalten sollte (Hübscher et al. 2014). Heiko Hübscher, seit 2001 im Garten tätig und seit 2011 dessen Gärtnerischer Leiter, führte uns durch die Anlage (Abb. 18).

Die Anlage mit dem etwa einen Hektar großen See geht zurück auf Landschaftsarchitekt Philipp Siesmayer, dessen Planung kurz vor dem Ersten Weltkrieg erfolgte. Nach mehrmaliger Erweiterung gestaltete Oskar Scheerer ab 1956 den Park in der heutigen Form. Auch wenn der Garten in seiner baulichen Gestaltung unter Schutz steht, ist der Pflanzenbewuchs trotzdem im steten Wandel begriffen. Stauden, Bäume und Gehölze müssen den sich ändernden Klimabedingungen im Zuge der globalen Erwärmung angepasst werden. Bereits seit 2012 wird der Garten als erster Rosengarten in Deutschland biologisch bewirtschaftet. Er sieht sich deswegen als Vorreiter und Vorbild einer um-

Abb. 18: Heiko Hübscher bei der Einführung in den Rosengarten. Foto: M. Liesebach.

Abb. 19: Im Rosengarten Zweibrücken. Foto: M. Liesebach.

weltfreundlichen Gartenpolitik sowohl für öffentliche Gärten und Grünflächen als auch für jeden privaten Hobbygärtner.

Das drittgrößte Rosarium in Deutschland, besteht aus einer mehr als 5 ha großen Parkanlage, in der über 50 000 Rosen von mehr als 2 000 verschiedenen Sorten arrangiert sind. Der Zweibrücker Rosengarten ist heute Deutschlands älteste noch bestehende Anlage, die Rosenneuheiten präsentiert. Auf Dauer gedeihen die Neuzüchtungen nur, wenn sie gesund sind; zudem müssen sie ohne Pflanzenschutzmittel und ohne übermäßige Wasserzugabe in trockenen Sommern auskommen. Das Sortiment wird ergänzt durch viele widerstandsfähige historische Rosensorten. Der Rosengarten präsentiert eine Kombination aus Rosen, Stauden, Gräsern und Zwiebelpflanzen (Abb. 19), die den klimatischen Änderungen angepasst sind. Die Auswahl der Pflanzen ist so ausgelegt, dass der pflegerische Eingriff des Gärtners auf ein Minimum reduziert wird. Die Pflanzenvielfalt, der Blütenreichtum in der Fläche und die damit verbundene lange Blühzeit von März bis November kommen auch den Insekten – allen voran den Bienen – zugute. Auch in dendrologischer Hinsicht ist der Rosengarten interessant; neben einigen alten Bäumen kann eine *Wisteria sinensis* (Deutschlands stärkster Blauregen mit 150 cm StU) bewundert werden (Abb. 20). Ein als *Acer* [×] *dieckii* (Hybridahorn) ausgeschilderter Ahorn wurde von den Experten wegen seiner blaubereiften Triebe als *A. cappadocicum* (Kolchischer Ahorn) eingestuft.

Abb. 20: Deutschlands stärkste *Wisteria sinensis.* Foto: M. Liesebach.

Die Blütenpracht konnten wir bei schönstem Sonnenwetter genießen. Den Ausführungen Hübschers, der von seinem Rosenwissen, von Bodenmüdigkeit bis zum optimalem Rückschnittzeitpunkt, zahlreiche Details weitergab, hätten wir noch länger folgen können, aber wie so oft, wartete das Mittagessen auf uns.

Alternativbaumarten im Privatwald

BERNHARD METTENDORF, der 40 Jahre Forstbeamter im baden-württembergischen Landesdienst war, holte uns nach dem Mittagessen in Zweibrücken ab. Zwischenzeitlich hatte es angefangen, sehr kräftig zu regnen. Auf der Fahrt in seinen Wald berichtete METTENDORF, dass sich bereits in seiner Diplomarbeit 1980 über das forstliche Wachstum ostmediterraner Tannen im Südwesten Deutschlands sein Interesse an dem, was man heute meist „Alternativbaumarten" nennt, zeigte. Ein allgemeines Thema in den Forstverwaltungen war dies aber damals nicht. Das Studium der Integrierbarkeit eingeführter Baumarten mündete daher zwangsweise in eigene Privatwaldaktivitäten. Sein Vorbild ist unser Mitglied HUBERTUS NIMSCH, den und dessen Arboretum die DDG zuletzt beim Winterseminar im Breisgau besuchte (LIESEBACH & BOUILLON 2023).

Als Glücksfall erwies sich für METTENDORF die Möglichkeit des Erwerbs von knapp 35 ha Wald- und Erstaufforstungsflächen im Laufe der letzten Jahrzehnte. Diese liegen mit einer kleinen Ausnahme im Zweibrücker Westrich nahe der saarländischen Grenze (METTENDORF & MERG 2021). Geologisch befinden sich die Flächen in einem kleinen Landzipfel, mit dem das Lothringer Muschelkalkplateau nach Südwestdeutschland hineinragt. Im Übergang zwischen dem aufliegenden Muschelkalk und den Hanglagen des oberen Buntsandsteins dominieren mehr oder weniger wuchskräftige Standorte, die ein breites Spektrum von standortsheimischen und eingeführten Baumarten erlauben.

Seit Mitte der 1980er-Jahre hat METTENDORF versucht, in seinem Wald zunächst die Erfahrungen aus seiner Diplomarbeit in die Praxis umzusetzen. In der Gemarkung Contwig-Stambach hat er auf einem halben Hektar ostmediterrane Tannen dokumentierter türkischer Herkünfte (*Abies nordmanniana* subsp. *nordmanniana,* Nordmann-Tanne, und subsp. *equi-trojani,* Troja-, Bornmüller-Tanne) angebaut. Die Nordmann-Tanne bleibt im Wachstum im Vergleich mit den Herkünften der subsp. *equi-trojani* leicht zurück. Besonders beeindruckend ist die Leistung der Herkünfte der Troja-Tanne. Schon SCHENCK (1939) hat in seinem Werk „Fremdländische Wald- und Parkbäume" deren Anbau in der Pfalz wegen ihrer Trockenresistenz vorgeschlagen.

Am Rand der Ortschaft Niederhausen verließen wir in Regenjacken eingepackt und unter Schirmen den Bus. Nach einer kleinen Wanderung auf einem befestigten Feldweg erreichten wir den Wald von BERNHARD METTENDORF. In der Gemarkung Winterbach-Niederhausen ergab sich hier nach den Schäden der Orkane Vivian und Wibke im Jahr 1990 eine weitere Gelegenheit, in den waldbaulichen Versuchen weiterzukommen. Eine Wiederaufforstung von Sturmflächen erfolgte mit *Corylus colurna* (Baum-Hasel), *Castanea sativa* (Edel-Kastanie), *Prunus avium* (Vogel-Kirsche), *Sorbus torminalis* (Elsbeere) und mehreren *Juglans*-Arten sowie wipfelschäftige Hickorys (*Carya ovata, C. cordiformis* und *C. illinoinensis*). Zusätzlich wurde durch die Vielzahl der eingebrachten Baumarten die Biodiversität und Resilienz der Mischungen erhöht.

Vor allem verschiedene Walnusshybriden haben sich in den zurückliegenden Dürrejahren in Bezug auf luxurierendem Wachstum und Wider-

Abb. 21: Die Dendrologen Dr. HORST SCHAARSCHMIDT, Dr. GERHARD ZABEL und Dr. NEIDHARDT KRAUSS haben unter einem Nussbaum Schutz vor dem Regen gesucht. Foto: M. LIESEBACH.

standskraft gegen die Trockenheit bewährt. Spitzen-BHD von 50 cm wurden im Alter 34 erreicht. Einige durch METTENDORF selektierte neue Kreuzungskombinationen zeigen noch weiter gesteigertes Wachstum. Hiervon angeregt wurde ein wissenschaftliches Projekt der Humboldt-Universität zu Berlin initiiert (gefördert über die FNR; Akronym: „Superhybride"), an dem auch die Landesforst Mecklenburg-Vorpommern AöR teilnimmt. Projektziel ist die vegetative Vermehrung von Hybridnuss-Plusbäumen aus ganz Mitteleuropa für die Erzeugung neuer Hybridnüsse und den forstlichen Anbau in Deutschland. Bei den vitalsten Nachkommen der gekreuzten Elternbäume wurde Triploidie festgestellt.

Auch eine kleine Pflanzung mit *Fagus orientalis* (Orient-Buche) sahen wir auf der Besichtigungstour. Trotz des Dauerregens (Abb. 21) bot sich ein bleibender Eindruck. Mit der Regionalgruppe Luxemburg ist ein weiterer Besuch geplant, in dem die Anpflanzungen, die wir nicht erreicht haben, bei hoffentlich trocknerem Wetter angeschaut werden.

Literatur

ANONYMUS (1960): 63. Mitgliederversammlung in Saarbrücken 1960. Jahrbuch 1959/60. MDDG 61: 128–138.

DAMS, C.; BAUS, P. (2000): Freiräume. Grüne Oasen in Saarbrücken. Hrsg.: Landeshauptstadt Saarbrücken; Gollenstein Verlag, Blieskastel.

HEIMATKUNDLICHER VEREIN WARNDT E.V. (Hrsg.) (2006): Der Warndt – eine saarländisch-lothringische Waldlandschaft.

HEINZE, W.; SCHREIBER, D. (1984): Eine neue Kartierung der Winterhärtezonen für Gehölze in Europa. Mitt. Deutsch. Dendrolog. Ges. 75: 11–56.

HÜBSCHER, H.; HÜCKING, H.; SCHWAN, J. (2014): Rosengarten Zweibücken. 100 Jahre Leidenschaft für Rosen. E&B, Karlsruhe.

LIESEBACH, M.; BOUILLON, J. (2023): Bericht zum 24. Winterseminar der Arbeitsgruppe „Junge Dendrologen" im Breisgau vom 17. bis 19. Februar 2022. Mitt. Deutsch. Dendrolog. Ges. 108: 186–197.

LOCH, B. (2000): Der Deutsch-Französische Garten in Saarbrücken. Geschichte und Führer. Staden Verlag, Saarbrücken.

METTENDORF, B.; MERG, A. (2021): Exkursion zu den „Aliens" oder lassen sich Neophyten sinnvoll in unseren Waldbau integrieren? Der Dauerwald (63): 47–53.

MYLO, M. (2024): Die Weißbeerige Mistel (*Viscum album*) und ihre Verbindung mit dem Wirtsbaum – eine beständige Langzeitbeziehung. Mitt. Deutsch. Dendrolog. Ges. 109: 69–80.

STRUTINSKI, C.; DAMS, C.; KOTHE, M. (2014): Straßen. Bäume. Straßenbäume. Der Saarbrücker Straßenbaum – eine Biographie. Landeshauptstadt Saarbrücken (Hrsg.). Edition 703, Saarbrücken.

WULFF, E.; BOUILLON, J. (2024): Erstellung einer neuen Winterhärtezonenkarte für Europa unter Berücksichtigung mesoklimatischer Effekte. Mitt. Deutsch. Dendrolog. Ges. 109: 81–98.

Autoren:
Dr. MIRKO LIESEBACH
Thünen-Institut für Forstgenetik
Sieker Landstr. 2
22927 Großhansdorf
E-Mail: mirko.liesebach@thuenen.de

EIKE J. JABLONSKI
LTEtt Ettelbruck, Arboretum
71, avenue Lucien Salentiny
L-9080 Ettelbruck
Luxemburg
E-Mail: eike.jablonski@education.lu

Mitt. Deutsch. Dendrol. Ges. (MDDG)	109	207–233	2024	ISBN 978-3-494-01982-6

Bericht zur Studienreise der DDG nach Nord-Frankreich vom 5. bis 12. August 2023

Mirko Liesebach, Eike Jablonski und Jürgen Bouillon

Die Studienreise der DDG führte im Jahr 2023 als Busrundreise in den Norden Frankreichs: die Champagne, das Tal der Loire und die Normandie. Auch wenn die Reise nur 10 Tage nach der Jahrestagung stattfand, war das Interesse groß. Mit 38 Teilnehmerinnen und Teilnehmern war die Reise ausgebucht.

Die Anreise zu den Zustiegspunkten in Ahaus und in Duisburg der Bahnhof bzw. für die Pkw-Fahrer die Baumschule Moldenhauer erfolgte individuell. Einige der mit der Bahn bereits am Vorabend Angekommenen trafen sich in der Innenstadt, wo zur deren Freude als Einstimmung ein Weinfest stattfand.

1. Tag: Samstag, 5. August 2023

Am Morgen sind alle pünktlich an den Zustiegspunkten. Die Fahrt geht über Belgien Richtung Süden. In den belgischen Ardennen gibt es einen kleinen Mittagsstopp, der jedoch nicht wie geplant ausfällt. Wir halten in einem verregneten Dorf, da der Busfahrer zwingend eine Pause einlegen muss. Die angekündigte Raststätte existiert dort allerdings nicht.

Mit Passieren der Grenze zu Frankreich erreichen wir die Champagne, die für den Champagner berühmt ist, der seit dem 17. Jh. in der heutigen Form gekeltert wird. Weinbau gibt es hier schon seit der Römerzeit.

Obwohl Champagner das international bekannteste Erzeugnis der Region ist, machen Weinberge nur einen kleinen Teil ihrer landwirtschaftlichen Nutzfläche aus, konzentriert an Talflanken und anderen Berghängen im Westen und Südosten. Der weitaus größte Teil ist Ackerland, das auch namengebend war (altfrz. *champs = Feld*, von lateinisch *campus*). Am Nachmittag erreichen wir mit einer Champagner-Kellerei unser erstes Exkursionsziel. Hier erwarten uns bereits unserer beiden letzten Mitreisenden – unser Präsident Eike Jablonski und Thomas Rob. Sie sind individuell angereist und haben bereits den zweiten Exkursionspunkt inspiziert.

Champagner-Kellerei, Verzy

Im kleinen Ort Verzy befindet sich die Champagnerkellerei Etienne Lefèvre. Hier empfängt uns der Weinbauer Lefèvre, der den Betrieb zwischenzeitlich an seine Tochter übergeben hat, die ihn in 4. Generation führt. Am Nordostabhang des Reimser Hügellandes baut sie die drei Hauptrebsorten an: Chardonnay (weiße Traube) sowie Pinot Noir (Spätburgunder) und Pinot Meunier (Schwarzriesling; beides rote Trauben). Bei der Führung lernen wir, dass der Großteil aller Champagner aus diesen drei klassischen Champagner-Trauben hergestellt wird. Je nach Zusammenstellung und Mengenverhältnis bestimmen sie den Geschmack und Charakter des Champagners.

Als Erfinder der *Méthode champonoise* gilt der Mönch Dom Pérignon (1638–1715). Er verfeinerte die Methode der Flaschengärung und entdeckte, dass der Verschnitt mehrerer Rebsorten qualitativ hochwertigere Weine ergibt. Diesen in Flaschen gefüllten Cuvées wird Zucker und Hefe zugesetzt. Nach etwa 15 Monaten Lagerung werden die bei der Gärung entstehenden Trübstoffe durch das langsame Rütteln der Flaschen in den Flaschenhals bewegt. Ein kurzes Eisbad lässt die Hefepfropfen gefrieren. Beim Öffnen der mit einem Kronkorken verschlossenen Flaschen schießen

Abb. 1: In den „*Crayères*" der Champagne ETIENNE LEFÈVRE. Foto: M. LIESEBACH.

sie heraus. Der dabei verspritzte Champagner wird durch Süßwein ersetzt und die Flaschen anschließend mit einem Champagnerkorken verschlossen. Die besondere Herstellungsweise des Champagner ist die zweite Gärung in der Flasche, die spezielle Räume erfordert. Die Champagne-Winzer nutzen hierfür die aufgegebenen unterirdischen Kreidebrüche, die sogenannten „*Crayères*" (Kreidekeller). In ihnen lagern die Weine mehrere Meter unter der Erde und werden ausgebaut.

Die „*Crayères*" der Champagnerkellerei ETIENNE LEFÈVRE (Abb. 1) erstrecken sich über 250 m Länge und befinden sich bis 25 m tief unter der Erde. Beim Betreten der „*Crayères*" werden wir sofort von der kühlen und feuchten Umgebung erfasst, die das ganze Jahr über ideale Bedingungen (10–12 °C) für die Champagner-Weine bietet. Von der Weitläufigkeit der Gänge, in denen die Flaschen gelagert werden, sind wir überwältigt. In der Champagne gibt es etwa 370 „*Crayères*", die sich über eine Länge von über 100 km erstrecken.

Die LEFÈVRES bewirtschaften 8 ha Rebfläche. Die Lese, ausschließlich per Hand, beginnt am 10. September. Im Mittel produzieren sie 60 000 Flaschen je Jahr.

An die Kellerbesichtigung schließt sich noch eine Degustation an (Abb. 2): Verkostet werden Prestige Grand Cru Brut, Rosé Brut und Réserve Carte d'Or (Tabelle 1). Zum Neutralisieren zwischen den Champagner gab es ausgezeichnetes Selbstgebackenes.

Leicht angeheitert ging es danach in den oberhalb der „*Crayères*" gelegenen Wald.

Tabelle 1: Beschreibung der verkosteten Champagner (CHAMPAGNE ETIENNE LEFÈVRE o. J.).

	Prestige Grand Cru Brut	**Rosé Brut**	**Réserve Carte d'Or**
Mischung	50 % Pinot Noir 50 % Chardonnay	85 % Pinot Noir 15 % Rotwein	75 % Pinot Noir 25 % Chardonnay
Farbe, Perlung	Goldene Farbe mit grün-goldenen Reflexen und großzügiger kontinuierlicher Perlung.	Lachsrosa mit leuchtenden orange-rosa Reflexen und feiner regelmäßiger Perlung	Goldener Champagner mit strohfarbenen Reflexen und feiner Perlung.
Geruch	Süße Mandel und mineralische Note aufgrund des kalkhaltigen Untergrunds. Nach der Belüftung entwickeln sich würzigere Noten (Timut-Pfeffer und Muskatnuss) und weiße Blumen.	Zarte Aromen von Erdbeere, Himbeere und Blutorange. Nach der Belüftung entwickeln sich die Düfte zu Brombeere und gerösteter Mandel mit einem Hauch von Anis und Lakritze.	Delikat mit Noten von Aprikose und Birne. Nach der Belüftung entwickeln sich die Noten von Mandel, Honig und Himbeere mit einem Hauch von Minze.
Geschmack	Kräftige und säuerliche Aromen von weißem Pfirsich, Ananas und frischen Trauben mit einem Abgang von Kiwi und Orangenschalen.	Warmer, vollmundiger Champagner, der an Erdbeermarmelade erinnert, mit einem frischen, leicht pfeffrigen Abgang.	Reifer fruchtiger Pfirsich und Mango mit einer unterschwelligen Zitronensäure. Angenehmer, ausgewogener Abgang mit Fruchtigkeit und Frische.

Abb. 2: Degustation in der Champagne Etienne Lefèvre. Foto: M. LIESEBACH.

Süntelbuchenwald, Faux de Verzy

Der 300 ha große „*Forêt National de Verzy*" weist eine dendrologische Besonderheit auf: Auf ca. 14 ha wächst hier ein zahlenmäßig einzigartiger Bestand von *Tortillards* (Süntelbuchen), der bereits im 6. Jh. erwähnt wurde. Die drehwüchsigen Buchen werden als *Fagus sylvatica* 'Tortuosa' oder als Varietät *F. sylvatica* var. *tortuosa* bezeichnet. Verschiedenen Individuen wurden vegetativ vermehrt und unter Sortennamen in Kultur gebracht. Die Süntelbuchen wird meist als *F. sylvatica* var. *suentelensis* bezeichnet, die Buchen aus Verzy als *F. sylvatica* 'Faux de Verzy'.

Im Jahr 1977 sollen 668 „*Faux tortillards*", 13 'Tortuosa'-Formen der *Quercus petraea* (Trauben-Eiche) und 3 krummholzige *Castanea sativa* (Edel-Kastanien) auf 300 ha gezählt worden sein (LAURY-MICOULAUT 2003).

Die Buchen aus Verzy zeichnen sich „durch stark abwärts gewundene, im Querschnitt halbrunde und dadurch vielfach spiralig gewundene Zweige aus", wie schon NEY (1912) bemerkt. Von der Süntelbuche unterscheiden sich die Bäume

Abb. 3: *Fagus sylvatica* var. *tortuosa*. Foto: M. LIESEBACH.

Verzys durch ihren schwächeren und niedrigeren Wuchs. Viele alte Exemplare erreichen kaum 3 m Höhe, und nur selten wird ein durchgehender Leittrieb gebildet (Abb. 3). Bis heute ist nicht geklärt, woher die Form kommt (JABLONSKI 2001).

Das Alter der Bäume ist schwer zu schätzen, und die Angaben schwanken zwischen 120 und 1000 Jahren. Nach Angaben der französischen Forstverwaltung fruktifizieren die Bäume äußerst selten. Dennoch sieht man vielerorts junge Gespensterbuchen. Zum Erhalt des Bestandes werden ausschließlich wurzelechte Pflanzen gepflanzt. Die Süntelbuchen sind dagegen als reich fruktifizierende Form bekannt, deren Nachkommen zum großen Teil echt auflaufen (JABLONSKI 2001).

Während eine „Schlangen"-Trauben-Eiche (Abb. 4) noch vorhanden ist und sich als Sorte *Quercus petraea* 'St. Basle' in Kultur befindet, konnten auf wiederholten früheren Erkundungsgängen des Präsidenten im Wald von Verzy keine Tortuosa-Formen der Kastanie entdeckt werden.

Die Atmosphäre in diesem Gespensterwald ist als eigenartig zu bezeichnen, was durch den vorherigen Genuss von Champagner noch verstärkt wird. Es ist also nicht verwunderlich, dass dieser Wald schon früh die Anwohner zu Spukgeschichten anregte.

Abb. 4: „Schlangen"-Trauben-Eiche im Forêt de Verzy. Foto: M. LIESEBACH.

Zum Übernachten bringt uns der Bus nach Reims. Nach dem Essen erkunden wir noch die Innenstadt. Vor der berühmten gotischen Kathedrale (und den dort entlang einer Seite wachsenden alten *Populus alba* 'Pyramidalis' – Pyramiden-Silberpappel) trifft sich ein Großteil unserer Gruppe, und wir erleben zu unserer Überraschung die absolut beeindruckende Lichtshow „Traum der Farben", bei der die Silhouette der Fassade mit 3D-Effekten präzise angeleuchtet wird (Abb. 5).

Abb. 5: Durch Lichtshow in Szene gesetzte Kathedrale von Reims. Foto: H. LIESEBACH.

2. Tag: Sonntag, 6. August 2023

Wir setzen unsere Rundreise in den Süden von Paris fort. Hier in Maincy im Département Seine-et-Marne (Region Île-de-France) liegt der erste französische Garten, der Vorbild für die Anlage von Versailles war. Der Anlage, die neben dem Garten auch einen weitläufigen Park umfasste, mussten insgesamt drei Dörfer weichen.

Château de Veaux-le-Vicomte

Das Château de Vaux-le-Vicomte und sein 73 ha großer Park wurden in den Jahren 1656 bis 1661 im Auftrag des französischen Finanzministers Nicolas Fouquet nach Plänen des Architekten Louis Le Vau und des Gartenarchitekten André Le Nôtre errichtet. Sie stellen den Beginn der Entwicklung des französischen barocken Klassizismus dar. Die Innenausstattung des Schlosses entwarf der Maler Charles Le Brun.

Jürgen Bouillon gibt auf der Treppe zum Park (Abb. 6) eine Einführung in die Geschichte der Anlage, bevor wir sie je nach Kondition selbstständig erkunden.

Am 17. August 1661 veranstaltete Nicolas Fouquet zu Ehren von König Ludwig XIV. ein opulentes Fest mit 6000 erlesenen Gästen. Neben der verschwenderischen Inszenierung der Festlichkeiten in Schloss und Park erregte v. a. das prunkvolle Interieur und das massiv goldene Tischgeschirr Aufsehen. Der König, dessen Schlösser in und um Paris dem neuartigen Konzept von Vaux-le-Vicomte nichts Vergleichbares entgegenzusetzen hatten, soll über die öffentliche Zurschaustellung von Fouquets Reichtum verärgert gewesen sein, was seine schlechte Meinung über Fouquet vertiefte. Wenig später ließ er Fouquet verhaften. Aus der Fouquet-Affäre entwickelte sich später die Legende, Ludwig XIV. habe seinen Finanzminister allein aus Neid über Vaux-le-Vicomte verhaften lassen. Dies ist allerdings wenig wahrscheinlich, denn Fouquets Absetzung und Inhaftierung war

Abb. 6: Gruppenbild vor der Gartenseite des Schlosses. Foto: M. Liesebach.

im August 1661 schon lange beschlossen. Ludwig XIV. veranlasste noch im selben Jahr, dass die drei prägenden Künstler von Vaux-le-Vicomte (Le Vau, Le Brun und Le Nôtre) das kleine Jagdschloss Versailles um- und ausbauten.

Vaux-le-Vicomte übertrifft an Pracht und an gestalterischer Konsequenz alle bis dahin in Frankreich bekannten Schlösser und Gärten. Erstmals sind Anfahrt, Gebäude und Garten einer so strengen, alles übergreifenden Ordnung unterworfen. Die gesamte Anlage gliedert sich hierarchisch, symmetrisch und axial. Rechts und links des Schlossvorhofs befinden sich die Wirtschaftsgebäude Ihre Architektur weist im Unterschied zum Corps de Logis Ziegelflächen mit Hausteingliederung auf. Das Corps de Logis des Schlosses ist wie eine Burg von Wassergräben umgeben, die aber hier keine wehrtechnische Bedeutung haben. Das Gleiche gilt für die turmartigen Pavillons mit ihren Steildächern an den Ecken.

Schloss und Garten sind eng miteinander verbunden, im Garten herrscht eine streng geometrische Ordnung (Abb. 7). Vom Schloss gelangt man über eine breite Treppe zu einer Brücke, die über den das Schloss umgebenden Wassergraben zum Broderieparterre führt. Eine große Allee, eingesäumt von Wasserkandelabern, bildet die Hauptachse des Gartens. Sie endet an einem Wasserbecken und einer Wand von Arkaden. Auffallend ist die geometrische Anordnung: So sind von der Schlossterrasse aus die quer verlaufenden Bassins nicht zu sehen, sondern tauchen durch die verschiedenen Höhenebenen beim Spazieren im Park wie von Zauberhand plötzlich auf. Auffallend sind die klaren Sichtachsen, die sich vom Schloss aus sowie von bestimmten Punkten des Parks durch die Anlage und die umgebenden Parkwälder ergeben. Der vom Schloss entfernteste Punkt des Geländes ist ein Hügel mit einer Statue des Herkules Farnese, von der aus sich fast die gesamte Anlage erfassen lässt.

Am Morgen hat eine kleine Gruppe Käse, Baguette, Obst, Gemüse, Wasser usw. für den Mittagsimbiss einkauft. Im Kofferfach des Busses wird ein improvisiertes Buffet aufgebaut. Es dauert nicht lange, da sind alle gesättigt, und wir setzen die Fahrt Richtung Loire fort. Im Loiretal, das liebevoll der „Garten Frankreichs“ genannt wird, ist die Natur mit von Menschenhand erschaffenen Bauwerken eine harmonische Verbindung eingegangen, wovon wir uns in den kommenden Tagen überzeugen können.

Abb. 7: Blick über den streng geometrischen Garten zum Schloss. Foto: M. Liesebach.

Arboretum des Grandes Bruyères

Ziel ist das Arboretum des Grandes Bruyères südlich von Ingrannes im Herzen des Waldes von Orléans. Hier begrüßt uns die Hausherrin Mme. DE LA ROCHEFOUCALD persönlich (Abb. 8), die 1968 zusammen mit ihrem Gatten begann, das Arboretum aufzubauen.

Abb. 8: Mme. DE LA ROCHEFOUCALD begrüßt uns und gibt dem Gärtner letzte Anweisung. Foto: M. LIESEBACH.

Heute ist es Eigentum der Mansart-Stiftung und ist vom Conservatoire des Collections Végétales Spécialisées (CCVS) für seine Magnolien- und Hartriegel-Sammlungen landesweit anerkannt. Im Jahr 2004 wird es vom französischen Kulturministerium zum *Jardin Remarquable* ernannt. Die alte Eiche im Arboretum wird 2017 als *Arbre remarquable* ausgezeichnet.

Das 14 ha große Arboretum enthält acht Gärten und zwei Baumsammlungen (6 ha), die nach geografischer Herkunft (Amerika und Asien) bepflanzt sind. Der Park beherbergt 7 000 Bäume in 2 500 Taxa der nördlichen Hemisphäre. Die landschaftlich schön eingebundenen Nationalen Sammlungen von *Cornus* (300 Arten und Sorten aus China und 200 Arten und Sorten aus Amerika), *Magnolia* (400 Arten und Sorten), *Quercus* (250 Arten und Sorten), *Abies*, *Picea*, *Pinus* und *Cupressus* beherbergen seltene oder teilweise in ihren Herkunftsländern ausgestorbene Arten. Neben den Nationalen Sammlungen enthält das Arboretum zudem 500 Sorten von Ericaceae, Stewartien und 800 Sorten alter Gartenrosen.

Die Hausherrin möchte, dass es ihren Pflanzen gut geht, sie werden daher regelmäßig gewässert und organisch gedüngt. Mme. DE LA ROCHEFOUCALD und ihr Mann sammelten gärtnerische Erfahrungen in den Niederlanden und dem Vereinigten Königreich. So kamen sie auch an sehr seltene Gehölze, die früher leichter zu beziehen waren als heute. Im Laufe der Jahre wurden über 20 000 Taxa angepflanzt, von denen aber 70 % nicht angewachsen sind.

Aus der Vielzahl der Gehölze seinen nur einige genannt: *Cornus concongensis* aus China, *Acer buergerianum, A. shirasiwanum* (Abb. 9), *A. trilogum*, *Viburnum plicatum*, *Stewartia pseudocamelia* und

Abb. 9: *Acer shirasiwanum.* Foto: M. LIESEBACH.

Pseudolarix amabilis (die wir auch auf der Jahrestagung in Mettlach gesehen haben; Abb. 10), *Xanthoxylum armatum, Picea likiangensis, Quercus salicina, Franklinia alatamaha.*

Es ist beeindruckend, wie eine solche Anlage mit so wenig Personal in einem derart exzellenten Zustand gehalten werden kann.

Abb. 10: *Pseudolarix amabilis.* Foto M. LIESEBACH.

Für die folgenden zwei Nächte beziehen wir Quartier am Stadtrand von Blois. Am Morgen geht es entlang der Loire, einem der wenigen noch natürlichen Flussläufe in Europa, flussabwärts. Die Loire ist ein stilles und doch unbändiges Gewässer, das im Sommer träge daliegt und teilweise auszutrocknen scheint. Im Winter schwillt sie besonders nach heftigen Regenfällen um ein Vielfaches an und zeigt ihr wildes Gemüt.

3. Tag: Montag, 7. August 2023

Festival International des Jardins du Domaine de Chaumont-sur-Loire

Das Renaissanceschloss Chaumont, wie es sich heute präsentiert, wurde Ende des 15. und Anfang des 16. Jh. erbaut und ist dem ungeheuren Aufschwung verpflichtet, den das Loiretal damals erlebte, als der königliche Hof und seine Ausstrahlung der Bautätigkeit Vorschub leisteten. Das Schloss erlebt eine wechselvolle Geschichte und wird schließlich im Jahr 1937 vom Staat im Sinne der Gemeinnützigkeit enteignet (wobei die Besitzerin aber 1,8 Millionen Goldfrancs Entschädigung erhielt). Am 1. August 1938 gehen die Domaine mit ihrer prachtvollen Sammlung von Wandteppichen und Möbelstücken mit „historischem Charakter" in staatlichen Besitz über. Im Jahr 2007 wird die Domäne zum *Monument der Region* erklärt.

Der Park von Chaumont ist verglichen mit der Geschichte des Schlosses noch jung. Ab 1880 legt der Landschaftsarchitekt HENRI DUCHÊNE den Park an. Mit dem ausgeführten Plan wird der Ort radikal in einen Landschaftspark im Sinne eines englischen Parks umgewandelt. Die Arbeiten dauerten von 1884 bis 1888. Die vom Landschaftsarchitekten erdachte Komposition bietet somit dem Schloss den Rahmen und die Aufwertung, die es vorher nicht besaß. Außerdem enthält der Park noch verschiedene Einrichtungen, Bauwerke und attraktive Elemente.

Wenige Bestandteile sind aber älter als die Anlage des Landschaftsparks. Aus dem 18. Jh. sind ein Teil der Ehrenallee mit Maronen im Südosten des Parks sowie ein Lindenweg an der Ostseite des Schlosses geblieben. Außerdem sind einige Zedern zwischen 1830 und 1847 gepflanzt worden (Abb. 11). Die beeindruckenden Zedern im Park werden als *Arbes remarquable* geführt (FETERMAN 2022). Die Domaine von Chaumont-sur-Loire ist seit 2009 als *Jardin remarquable* eingestuft.

Heute ist Chaumont-sur-Loire vor allem für sein Internationales Gartenfestival bekannt, das seit 1992 im historischen Park ausgerichtet wird. Das von JEAN-PAUL PIGEAT ins Leben gerufene Internationale Gartenfestival ist ein Labor des zeitgenössischen Schaffens in den Bereichen Gärten und Landschaftsgestaltung auf internationaler Ebene. Das Festival ist Ideensammlung und Talentschmiede zugleich. Es ist zu einem nicht mehr wegzuden-

Abb. 11: Schloss mit Zeder und Blumenbouquet. Foto: M. LIESEBACH.

kenden Treffpunkt für die Präsentation der Arbeit einer neuen Generation von Landschaftsgestaltern geworden.

Das Thema des 31. Gartenfestivals lautet „Der resiliente Garten". Im Festivalgelände (etwa 3 ha), dessen Aufbau aus der Vogelperspektive an das sternförmige Fraßbild des Kupferstechers erinnert, gibt es 25 Gärten von Gestaltern aus Belgien, China, Finnland, Frankreich, Großbritannien, Indien, Italien, den Niederlanden und den USA.

Die gemäßigten Breiten sehen sich mit neuen Gegebenheiten wie Klimawandel und einer Verschlechterung der Lebensbedingungen konfrontiert. Die Gestalter der Gärten der Ausgabe 2023 haben sich in ihren Projekten zur Aufgabe gesetzt, Wege aufzuzeigen, wie der Garten in Zeiten der Anfälligkeit und Ungewissheit in einem sich ändernden Klima anzupassen ist. Dabei gilt es, die schädlichen Auswirkungen hoher Temperaturen zu minimieren, unser Verhalten zu überdenken, Hitzeinseln entgegenzuwirken und angesichts der Verknappung von Schatten und Wasser neue oder traditionelle Lösungen zu nutzen. Um die Resilienz unserer Gärten zu stärken, sind robuste Gärten

Abb. 12: Garten „Lied des Salzes" von einem finnischen Gestalter. Foto: J. BOUILLON.

zu entwickeln, die die Elemente Genügsamkeit, Selbstversorgung durch Permakultur, Waldgärten, grüne Korridore usw. umsetzen und die Präsenz der Pflanze stärken.

Dieses kommt auch in den Namen der Gärten zum Ausdruck: Pflanzenkorridor, Patchwork-Garten, fast verstaubte Insel, zerklüftete Oase, fruchtbare Asche, Breche, Lied des Salzes (Abb. 12), heiliger Wald, Waage der Némésis, Allianz der Ströme, kleines Gewächshaus, Garten der Hoffnung, Baum des Lebens, trockener Garten usw.

Auf der gegenüberliegenden Seite der Straße liegt, über eine Fußgängerbrücke zu erreichen, der 2012 von Louis Benech geschaffene, 10 ha große Parkteil „Prés du Goualoup", der mehrjährige, an große Gartenkulturen anknüpfende Gärten beherbergt.

Nach 5 kurzweiligen Stunden finden wir uns wieder am Bus ein. Hier erwartet uns wie am Vortag ein Lunchbuffet im Kofferfach des Busses mit Baguette, Käse, Obst, Gemüse, Salami, Pasteten und Rotwein von der Loire.

Abb. 13: Eibenallee zum Westeingang des Ursinenfriedhofs. Foto: M. Liesebach.

Eibenalleen auf dem Ursulinenfriedhof in Amboise

Am Nachmittag geht es auf den seit 1961 unter Denkmalschutz stehenden Ursulinenfriedhof, den ältesten Friedhof der Stadt Amboise im Département Indre-et-Loire. Von der Rue Bretonneau gelangt man über die Alleé de Ifs, einem von einer beeindruckenden Eibenallee gesäumten Hohlweg (Abb. 13), zum Friedhof.

Die Besonderheit des 3 ha großen Friedhofs stellen die Alleen aus hochragenden Eiben dar. Der gesamte Friedhof ist von einer Mauer aus Kalkstein umschlossen. Der Friedhof besteht aus zwei Teilen: Einem älteren Teil im Norden, der etwa zwei Drittel des Friedhofs ausmacht und überwiegend sehr alte Gräber beherbergt. Die Alleen (Abb. 14) wer-

Abb. 14: Eibenallee im älteren Teil des Friedhofs. Foto: M. Liesebach.

den hier ausschließlich von alten Eiben gesäumt, die aus dem Jahr 1776 stammen dürften.

Ende des 18. Jh. richtete der DUC DE CHOISEUL auf einem als „Clos du Boeuf" bekannten Grundstück seine Grabstätte ein. Nach seinem Tod vermachte er 1785 das Grundstück der Stadt, um dort einen städtischen Friedhof anzulegen. Es wurden Alleen angelegt und mit Bäumen, hauptsächlich Eiben, bepflanzt. Er ist noch heute einer der schönsten Friedhöfe der Region mit einer Reihe alter Baudenkmäler, die prominenten Familien gehören. Er beherbergt unter anderem die Grabstätte des Herzogs VON CHOISEUL, die Grabstätte der Familie DEBRÉ, darunter der Minister MICHEL DEBRÉ, und die Grabstätte des Schriftstellers GONZAGUE SAINT-BRIS.

Im südlichen, neueren Teil sind die Eiben der Alleen jünger und wurde vermutlich im Jahr 1972 gepflanzt. Der südliche Teil wird vom nördlichen durch zwei in Ost-West-Richtung ausgerichtete Mauern getrennt, die an die äußeren Begrenzungsmauern anschließen. Das Gelände wird von der Stadt Amboise gepflegt.

Der Friedhof und der Eibenweg vor dem Eingang sind seit 1969 als Historische Monumente klassifiziert. Die Eiben auf dem Friedhof sind seit 2015 als *Arbre remarquable* ausgezeichnet.

Bevor es zum Abendessen zurück ins Hotel geht, legen wir noch einen Stopp in der Innenstadt von Blois ein. Bauarbeiten am Busparkplatz in der Stadt machen die Suche nach einem geeigneten Platz für den Bus nicht leicht. Dennoch gelingt es unserem Fahrer in der Stadtmitte ein Plätzchen zu finden, an dem er uns aussteigen lässt und auf uns warten kann. Auf unterschiedlichen Wegen geht es durch die innerstädtischen Grünanlagen Richtung Schloss. Vom Schlossplatz genießen wir den Blick über die Dächer der Stadt und auf die Loire und folgen einer Drachenschau am Museum zur Geschichte von Zaubertricks.

4. Tag: Dienstag, 8. August 2023

Château et Jardins de Villandry

Heute überrascht uns das nächste Highlight der Reise. Im Garten des Renaissanceschloss von Villandry, mit einem im Stile der Renaissance rekonstruierten Schlosspark auf mehreren Ebenen, schlägt das Gartenherz an der Loire. Das heutige Schloss wurde von JEAN LE BRETON, Finanzminister unter FRANZ I., erbaut. Es ist eines der letzten an der Loire im Renaissancestil gebauten Schlösser und

Abb. 15: Blick vom Belvedere über die Terassengärten. Foto: M. LIESEBACH.

wurde zusammen mit einem großen Garten 1536 fertiggestellt. 1705 übernahm der aus einer provenzalischen Familie stammende Marquis DE CASTELLANE das Schloss und ließ es nach den Komfortansprüchen des 18. Jh. umbauen. Der Garten wurde als englischer Landschaftsgarten angelegt.

1906 wurde das Schloss von JOACHIM CARVALLO und der reichen Amerikanerin ANN COLEMAN gekauft und restauriert. Sie ließen die französischen Gärten im Stil des 16. Jh. im Einklang mit der korrigierten Renaissance-Architektur des Schlosses anlegen. Seit 1920 ist das Schloss öffentlich zugänglich. Der heutige Besitzer, HENRI CARVALLO, ist der Urenkel von JOACHIM CARVALLO.

Wir folgen dem vorgeschlagenen Rundgang durch die Gärten, die 7 ha der 15 ha großen Parks einnehmen, und begeben uns zum Belvedere und weiter in den Wald, von wo aus wir einen optimalen Überblick über das Gesamtwerk der Terrassengärten erhalten (Abb. 15).

Uns zu Füßen liegt der Ziergarten auf der zweiten Terrassenebene, der sich in Liebes-, Kreuz- und Musikgarten unterteilt und eine Erweiterung des Wohnzimmers darstellt. Der Liebesgarten gliedert sich in vier Buchsbaumbeete, die die vier Zustände der Liebe symbolisieren: zärtliche, leidenschaftliche, flüchtige und tragische Liebe. Nach Süden schließt sich der Kreuzgarten mit Malteser-, Tolosaner- und Baskischem Kreuz an. Getrennt durch einen Wassergraben folgt nach Westen der Musikgarten mit Stimmgabeln, stilisierten Musiknoten und Kronleuchtern zur Beleuchtung der Partituren.

Unser Weg führt uns am Audienzpavillon und einem Gewächshaus aus dem 19. Jh. vorbei auf die oberste (dritte) Terrasse mit Wasser- und Sonnengarten sowie Labyrinth. Am Wassergarten umgibt eine Lindenallee ein Bowling Green. Der tieferliegende Teich ist in Form eines Spiegels angelegt. Wir fragen uns, wie die steilen Böschungen gemäht werden. Der Sonnengarten setzt sich aus dem mit blau- und weiß-blühenden Sträuchern und Stauden bepflanzten Wolkenzimmer, dem in orange und gelb gehaltenen Sonnenzimmer und einem mit schattenspendenden *Malus baccata*

Abb. 16: Blick über den Gemüsegarten zum Schloss. Foto: M. LIESEBACH.

(Kirschapfel) bepflanztem, zum Spielen einladenden Kinderzimmer zusammen.

Wir umrunden das für Renaissancegärten charakteristische Labyrinth und gelangen in den auf der ersten Terrassenebene liegenden Küchengarten. Dieser traditionelle Nutzgarten des Mittelalters und der Renaissance dient dem Anbau von Kräutern und Heilpflanzen. Der Nutzgarten ist von Weinlauben umgeben.

Im Zentrum der Anlage befindet sich der über einen Hektar große, dekorative Gemüsegarten (Abb. 16), mit seinen neun gleich großen Beeten. In den schachbrettähnlich angeordneten, mit Buchs eingefassten Kompartimenten wachsen selbst angezogene Gemüsepflanzen aller Art nur zur Zier. Hier finden sich unter anderem Rotkraut, Endivien, Lauch, Rote Beete, Salatköpfe und Mangold. An den Kreuzungen der Wege stehen Springbrunnen, an den Ecken Lauben mit Rosen und in den Beeten konisch in Form geschnittene Birnbäume. Die Bepflanzung der Quadrate rotiert jedes Jahr, um Bodenerschöpfung vorzubeugen, und wechselt zweimal im Jahr. Es gibt eine Frühjahrsbepflanzung, die im Juni durch eine Sommerbepflanzung abgelöst wird.

Ein Team von zehn Gärtnern und Gärtnerinnen pflegt und erhält die seit 1934 unter Denkmalschutz stehenden Gärten.

Wir hätten noch mehr Zeit in der Anlage verbringen können, um auch die Innenräume des Schlosses besichtigen und vom Bergfried den Blick auf die grandiosen Gärten genießen zu können. Dieses gelingt nur einigen, die etwas schneller in der Gartenanlage unterwegs waren.

Bevor wir uns auf den Weg nach Angers machen, gibt es das schon traditionelle Lunchbuffet im Kofferfach des Busses. Die verköstigte Weinmenge steigert sich von Tag zu Tag.

Arboretum Gaston Allard

Das Arboretum Gaston Allard, auch Arboretum d'Angers oder Arboretum des Jardin de la Maulévrie genannt, ist ein 7 ha großer botanischer Garten im Süden der Stadt Angers, die es auch betreut. Das Arboretum wertet das gärtnerische Erbe der Region auf.

Das Arboretum wurde von dem Botaniker und Entomologen Gaston Allard (1838-1918) aus Angers angelegt, der 1863 auf dem großen Familienbesitz *Closerie de la Maulévrie* mit den Anpflanzungen begann. Er legte zunächst einen großen Garten rund um sein Wohnhaus an. Das Wohnhaus beherbergt heute den Sitz der botanischen Abteilung des Naturkundemuseums von Angers. Bis zu seinem Tode 1918 pflanzte er ununterbrochen seltene Pflanzen; dabei konzentrierte er sich besonders auf Eichen und Kiefern.

1897 begann Gaston Allard mit der Anpflanzung des Fruticetums (Strauchsammlung). Die Bepflanzung erfolgte fächerförmig. Die kleinen Sträucher wurden in die Mitte gesetzt, dann die größeren Sträucher an die Außenseite des Halbkreises. In einer geraden Linie wurden *Viburnum* (Schneeball), *Spiraea* (Spierstrauch), *Berberis*, *Rhus* (Sumach), *Punica* (Granatapfel), *Quercus* (Eichen), *Chaenomeles* (Japanische Quitten) gepflanzt. Im Hintergrund befinden sich die Sammlungen von *Crataegus* (Weißdorn), *Aesculus* (Rosskastanien), Eschen, Robinien usw.

Gaston Allards Ziel war es, möglichst viele Gattungen, Arten und Sorten für das Studium der Botanik zu pflanzen. 1907 zählte das Arboretum des Jardin de la Maulévrie 2 000 Arten, darunter 250 Nadelbäume, 125 Eichen und 1 500 Sträucher und Büsche.

Ab 1892 und bis 1918 wurde Gaston Allard in den Stadtrat von Angers gewählt. Er wurde von

Abb. 17: *Pseudocydonia sinensis*. Foto: M. Liesebach.

Abb. 18: *Arbutus ×andrachnoides*. Foto: M. Liesebach.

Amts wegen zum Experten, den die Stadtverwaltung für die Bepflanzung der Stadt konsultierte. Ihm sind insbesondere die Neugestaltung des Jardin des Plantes und die Formgebung des Jardin du Mail zu verdanken. Im Jahr 1916 schenkte er sein Arboretum dem Institut Pasteur. Der Besitz wurde 1960 an die Stadt Angers abgetreten.

Heute beherbergt das Arboretum eine hervorragende Gehölzsammlung: etwa 4300 Pflanzen, die 1600 Taxa repräsentieren, darunter 705 Taxa von Koniferen und 50 unterschiedliche Eichen. Bemerkenswert sind Exemplare von *Quercus variabilis, Q. ×schochiana*, *Pseudocydonia sinensis* (Abb. 17) und *Tilia mongolica, T. henryana, Nothofagus solandri, Carpinus cordata* und *Arbutus ×andrachnoides* (Abb. 18). Philippe Blanco, wissenschaftlicher Leiter des Arboretums, führte uns auch durch die nicht öffentlich zugänglichen Koniferenabteilung. Hier standen z. B. *Juniperus drupacea, Pinus bungeana* (Abb. 19), *P. ×digenea* und *Wollemia nobilis.*

Die berühmte 120 Jahre alte *Quercus afares*, die einzige in Nordafrika endemische Eiche, ist in der Nacht vom 20. auf den 21. Mai 2023 umgestürzt. Ein gleichaltes Exemplar steht aber noch im Jardin des Plantes in Angers, und Jungpflanzen sind vorhanden. Diese Eiche dürfte nur in sehr wenigen anderen Sammlungen zu sehen sein.

Im Jahr 1980 wurde das Arboretum um eine Nationale Hortensiensammlung erweitert, die heute etwa 900 Taxa umfasst. Sie stellt die Referenzsammlung für die Prüfung von Neuheiten dar. Die Hortensiensammlung umfasst derzeit fast 900 Taxa (Arten, Unterarten, Kultivare), die in 13 Arten unterteilt sind.

Abb. 19: *Pinus bungeana*: Rinde und Zapfen. Foto: M. Liesebach.

Zwischen 1999 und 2008 legte die Stadt Angers vier weitere Gärten auf dem Gelände an: einen Schattengarten (*Jardin des Ombrages*, 2000 m²), Versuchsgarten (*Jardin des Essais*, 4000 m²), Garten der fünf Sinne (*Jardin des cinq sens*, 1200 m²) und den Biotop-Garten (*Le jardin des biotopes*), die wir am Ende unseres Rundgangs zu sehen bekamen.

5. Tag: Mittwoch, 9. August 2023

Heute steht eine lange Fahrt von Le Mans, wo wir übernachteten, nach Rouen auf dem Programm. Unterwegs sind 2 Stopps eingeplant. JÜRGEN BOUILLON bemerkt bei der morgendlichen Programmvorstellung treffend, dass wir heute den langsamen Satz einer Symphonie erleben. Da die Strecke von Le Mans zu unserem ersten Stopp länger ausfällt als ursprünglich vorgesehen, wird die Wanderung verkürzt.

La Fosse Arthour

Abseits der belebten Marktstädte ist die Landschaft zwischen den Regionen Manche und Orne in der Normandie ein Land der Legenden. Hier, in den dichten Wäldern und versteckten Wiesen, locken Feen, führt der Teufel in die Irre, schleudern Riesen Megalithen und werden in langen, kalten Winternächten bei Feuerschein Geschichten von alten Königen und Königinnen erzählt.

In einem besonderen Waldgebiet in der Nähe der kleinen Ortschaft Rouellé liegt der See La Fosse Arthour. Hier soll sich gegen Ende des 5. Jh. die Artus-Sage ereignet haben. In der Normandie ist man sich sicher, dass König ARTUS, der viele Schlachten gewonnen hatte, sich nach einem abgelegenen Ort sehnte, an dem er und seine Geliebte ungestört sein konnten.

Er fand hier eine geeignete Höhle in einem abgelegenen, von Wald umgebenen Felsen und machte sie zu seinem Zuhause. Die Höhle hoch über dem Fluss Sonce kann besichtigt werden und wird immer noch „*la chamber du Roi*“, die Kammer des Königs, genannt. Als Mann der Legende war das Leben von ARTUS und seiner Geliebten natürlich nicht ganz einfach. Er war in eine Fee, die mit einem Zauber belegt war, verliebt. Der mächtige Zauberer, der sie beschützte, stellte eine schwierige Forderung an ARTUS. Er durfte seine Geliebte nur nachts sehen.

Und so wurde eine Höhle in den Klippen gegenüber von ARTUS eigenem Haus ihr Zuhause. Jeden Tag waren die beiden durch die schwindelerregenden Klippen und die gefährlich rauschenden Wasser des Sonce getrennt. Nachts machte sich der König eilig auf den Weg über den Abgrund, um in der glühenden Umarmung seiner Königin willkommen zu sein. Das ging eine Zeit lang gut, und ARTUS edle Leidenschaft zeigte keine Anzeichen eines Nachlassens. Stattdessen wuchs sie, und die Einschränkungen, die ihm auferlegt wurden, bereiteten ihm täglich Qualen. So kam es, dass sie das schreckliche Versprechen ignorierten, das sie dem mächtigen Zauberer gegeben hatte und trafen sich auch tagsüber. Es passierte nichts Unerwartetes.

Eines bedeckten Tages war ARTUS wieder auf dem Rückweg durch das Tal, als er in der Ferne ein Grollen hörte, und eine Wasserwelle ihn wenig später verschlang. Als ARTUS Königin seine verzweifelten Schreie hörte, sprang sie in das tosende Wasser. Als sich das Wasser über ihr schloss, erstarrte es zu einem See. In stürmischen Nächten sind ihre letzten Schreie noch heute im Tal zu hören.

Wir wandeln in zwei Gruppen auf den Spuren der Legende. In der Nacht hat es geregnet, und über der Landschaft hängen noch Nebelschwaden, die für eine mystische Stimmung sorgen. Eike JABLONSKI begleitet die Gruppe, die den See umrundet und auf den Kalvarienberg geht. Die Leitung

Abb. 20: *Erica cinerea*. Foto: M. LIESEBACH.

Abb. 21: Mittagessen in der Auberge De La Fosse Arthour. Foto: M. Liesebach.

der Wandergruppe übernehmen Jürgen Bouillon und Mirko Liesebach. Ihr Weg führt die Wandergruppe durch einen im Niederwald bewirtschafteten Bestand. Oberhalb eines aufgelassenen Steinbruchs wachsen *Erica cinerea* (Graue Heide, Abb. 20), *Calluna vulgaris* (Besenheide), *Ulex europaeus* (Stechginster), *Vaccinium myrtillus* (Heidelbeere), *Pinus pinaster* (See-Kiefer), *Quercus robur* (Stiel-Eiche) und *Castanea sativa* (Edel-Kastanie). Am Teichzulauf wachsen *Struthiopteris spicant* (Syn. *Blechnum spicant*) (Rippenfarn), *Alnus glutinosa* (Schwarz-Erle) und *Betula pubescens* (Moor-Birke). Als wir den See erreichen, begegnen wir der anderen Gruppe. Unser Weg führt uns weiter auf den Kalvarienberg, von wo aus sich ein schönes Panorama bietet. Auf dem Weg zurück machen wir noch einen Abstecher zur Kammer des Königs.

Heute gibt es ausnahmsweise in einem typischen Restaurant der Auberge De La Fosse Arthour das Mittagessen (Abb. 21). Es gibt Landestypisches: Champagner, überbackenen Camembert mit Schinken und Salami sowie Cidre. Nachdem die Wirtin ein Ständchen vorgetragen hat, sind auch wir Dendrologen zum Gesang aufgefordert … Es bleibt festzuhalten, wenn man den alten Jahrbüchern Glauben schenkt, dass die Sangeskraft schon mal besser war.

L'Ifs millénaires de La Lande-Patry

In der Normandie gibt es einige der schönsten alten Bäume Frankreichs. So wie einige über 700 Jahre alte Eiben (*Taxus baccata*) auf dem alten

Abb. 22: Die beiden *Taxus baccata* von La Lande-Patry. Foto: H. Liesebach

Friedhof von La Lande-Patry, einer Gemeinde mit etwa 1 800 Einwohnern im Département Orne.

Neben der Kirche Notre-Dame-de-l'Assomption von La Lande-Patry stehen drei Eiben, von denen zwei durch ihre bemerkenswerte Größe auffallen. Ihr Alter wird mit 1 000 Jahren angegeben (FETERMAN 2022). Die Bäume können in ihrer Gestalt kaum unterschiedlicher sein (Abb. 22). Die stärkere der beiden Eiben hat einen Taillenumfang von 10,38 m (in 1,3 m Höhe und 11,52 m an der tiefer liegenden dicksten Stelle), eine Höhe von ca. 15 m und einen Kronendurchmesser von 20 m. Dieses weibliche Exemplar hat blaugrüne Nadeln und fruktifiziert regelmäßig. In dem hohlen Stamm fanden bequem 21 Dendrologen Platz. Das männliche Exemplar hat dunkelgrüne Nadeln.

Am Abend erreichen wir Rouen und beziehen für die letzten drei Nächte unser Hotel am Innenstadtrand. Nach dem Abendessen erkunden wir die mittelalterlichen Stadtkern mit seinen charakteristischen Fachwerkbauten (Abb. 23). Vor dem Dom erwartet uns eine weitere Lichtshow. Uns hat diejenige in Reims besser gefallen, da dort die Fassade in die Geschichte eingebunden war und nicht nur als „Leinwand" hergehalten hat.

Abb. 23: Im mittelalterlichen Stadtkern von Rouen. Foto: M. LIESEBACH

6. Tag: Donnerstag, 10. August 2023

Die Öffnungszeiten der Gärten und die Terminkalender der Garteneigentümer zwingen uns zu einer Zick-Zack-Route und einer im Vergleich zum gedruckten Programm geänderten Reihenfolge. Wir fahren das erste Mal an die Küste des Ärmelkanals. Im Ort Varengeville-sur-Mer, an der Alabasterküste, im Land des Lichts, wo eine Reihe von Künstlern, u. a. BRAQUE, RENOIR, CALDET, MONET, DEBUSSY, RAVEL, SATIE hinpilgerten, befindet sich eine Reihe von Gärten, wie der Bois de Moutiers, Le Vasterival, der Bois des Morvilles und der Étang de Launay – unser heutiger erster Anlaufpunkt.

Jardin l'Étang de Launay

In Varengeville-sur-Mer verbirgt sich die Komposition von JEAN-LOUIS DANTEC, einem pensionierten Antiquitätenhändler. Es kursieren nur wenige Informationen oder Dokumente über dieses ausgefallene Eden von 6 ha, das er praktisch allein geschaffen hat. Einige Insider und alle glücklichen Besitzer des Buches von CÉDRIC POLLET (2017) über die „Gärten im Winter" haben das Privileg, den Étang de Launay, entdecken zu können.

Für JEAN-LOUIS DANTEC war GRETA STURDZA von Le Vasterival nicht nur eine Nachbarin, eine Mentorin, eine Komplizin, sondern vor allem eine Freundin. Sein Garten, der den vier Jahreszeiten gewidmet ist, seine Art, in Etappen zu pflanzen, den Raum ohne Gedränge zu verwalten, transparent zu beschneiden, den Winter dank Rindenaspekten (Abb. 24) und immergrünem Laub zu beleben und vor allem Erfahrungen zu teilen und auszutauschen, bleiben ihm erhalten.

Seit 1990 hat er aus nichts eine Parkanlage geschaffen, in der das Licht die Pflanzen inszeniert. Man betritt den Garten über eine von Bäumen und Sträuchern gesäumte Allee und ganz am Ende erscheint auf der Spitze eines Plateaus das Haus im zeitgenössischen Stil und dann ist in der Senke eines Tals einer der drei Teiche in einer prächtigen Umgebung zu entdecken (Abb. 25). Einzigartig sind die Farbeffekte im Herbst und im Winter.

Abb. 24: In Szene gesetzte Birkengruppe. Foto: M. Liesebach.

Abb. 25: Blick über die Talsenke in Richtung Wohnhaus. Foto: M. Liesebach.

Abb. 26: Gruppenbild in Blau. Foto: M. Liesebach.

Wir folgen dem Hausherrn durch seinen Garten, der uns begeistert seine Raritäten zeigt. Sein Hund begleitet uns. Wir haben das Gefühl, dass er aufpasst, dass niemand verloren geht oder von den Pfaden abweicht. Unser Mitglied Gabrielle Martinetz übersetzt wie schon an anderen Exkursionspunkten, eine wertvolle Hilfe, da viele nicht der französischen Sprache mächtig sind. Unterstützt wird sie hier und da von Thomas Rob. Am Ende sind wir von der Farbenpracht der Blüten, Rinden und Blätter überwältigt. An „Perfektion" ist er nicht zu übertreffen – es gibt weder abgeblühten Blütenstände noch trockene Zweige.

Vor der Verabschiedung stellen wir uns noch zu einem Gruppenbild auf. Als hätten wir es am Morgen beim Ankleiden gewusst – wir harmonieren mit dem Blau der Hortensien (Abb. 26). Es ist schwer vorstellbar, dass einer alleine diesen großen Garten bewirtschaftet.

Bevor wir zum zweiten Garten weiterfahren, halten wir noch auf der anderen Ortsseite zum mittäglichen Buffet. Unser zweites Tagesziel, die Jardins de Valérianes, liegt landeinwärts im Herzen der Normandie, etwa 35 km von Rouen entfernt.

Jardins de Valérianes

Der englisch angehauchte Garten besteht aus zwei Teilen und ist insgesamt 1,2 ha groß. In dem Garten offenbart sich die Leidenschaft der beiden Eigentümer Michel und Marilyn Tissait, die den Garten nach ihren beiden Töchtern Valérie und Anne benannt haben. Inspiriert wurden sie vom Jardin Plume und den angelsächsischen Nachbarn, dennoch schafften sie einen eigenen, unverwechselbaren Stil.

Sie begannen 1982 mit dem ersten Garten und pflanzten Sträucher und einjährige Pflanzen im Cottage-Stil um das Wohnhaus. Man betritt den Garten vom Parkplatz aus und geht auf einem breiten, geschwungenen Weg, der durch die seitlichen Begrenzungen die Spannung auf das Kommende erhöht.

Der Betrachter findet hier eine Sammlung von Pflanzen, die überraschen und verführen ohne jemals den Faden der Harmonie und Atmosphäre, die sie umsetzen wollen, zu verlieren. Der Besucher durchwandert den Garten auf Rasenwegen, die die Besitzer mit großer Sorgfalt zweimal wöchentlich mähen und die Kanten abstechen. Am Haus verzweigt sich der Weg wiederholt, so dass man den Garten auch auf teilweise versteckten Pfaden erkunden kann.

Nach hinten fällt das Gelände ab und die Gäste laufen auf einem geraden Weg durch die Pflanzen auf einen Torbogen zu. Durch diesen hat man den Blick auf einen kleinen Kräutergarten mit einer gemütlichen Sitzecke (Abb. 27). Um dahin zu gelangen, ist ein kleiner Umweg zu nehmen, was die Spannung erhöht.

Abb. 27: Blick durch den Torbogen auf eine gemütliche Sitzecke. Foto: M. Liesebach.

Im Jahr 2000 kaufte das Ehepaar das Grundstück auf der gegenüberliegenden Straßenseite und begann mit der Renovierung der alten landwirtschaftlichen Gebäude, die ca. 2010 abgeschlossen wurde. 2008 wurde der zweite Teil, ein Strauchgarten, eröffnet.

Das Leitmotiv lautet „neues Gebiet – neue Themen". So legten sie zum Beispiel einen Fischteich (Abb. 28) sowie eine asiatische Ecke mit japanischem Ahorn und Bambus an. In diesem Bereich

Abb. 28: Blick über den Teich im zweiten „neuen“ Garten. Foto: M. Liesebach.

ist der Boden eisenhaltig, so dass Ahorne, Magnolien, Hartriegel und Hortensien gut wachsen.

In diesem Gartenteil dominiert zunächst Symmetrie. Mithilfe eines geraden, von Hecken gesäumten Weges gelangen die Besucher zu einem runden Wasserbecken, das von einem Holzsteg umgeben ist. Von hier aus können beide Seiten des Rundwegs begangen werden, durch den man quasi zwei verschiedene Gärten erleben kann. Der Weg schlängelt sich verspielt durch den Garten und gibt immer wieder Blicke auf Pflanzungen frei, die man sehen jedoch noch nicht betreten kann. Man sieht also nicht nur die Bepflanzung rechts und links vom Weg, sondern auch die Pflanzen, die einen erst nach ein paar Wegwendungen erwarten. Etwas versteckt liegt eine ruhige, japanische Sitzecke, die zum Beobachten einlädt.

Chêne d'Allouville

Dem kleinen Dorf Allouville-Bellefosse hat eine alte *Quercus robur* (Stiel-Eiche) zu Ruhm verholfen. Sie ist sowohl als *Chêne d'Allouville* (Eiche von Allouville) als auch *Chêne-chapelle* (Kapellen-Eiche) bekannt. Je nach Quelle wird ihr Alter auf 1 200 bis 1 300 Jahre geschätzt (Feterman 2022) und geht somit auf die Zeit Karl des Grossen zurück. Der tausendjährige Baum soll die älteste Eiche Frankreichs sein.

Die Besonderheit des mit Stützen versehenen hohlen Baumes, dessen Stamm teilweise mit Schindeln bedeckt ist, sind die zwei seit 1696 in seinem Inneren übereinander eingerichteten kleinen Räume. Zu verdanken sind sie einem Pfarrer und einem Abt mit Phantasie (del Buono 2015). Der untere Raum dient als Kapelle „Notre-Dame-de-la-Paix“ (Unsere Liebe Frau vom Frieden). Der obere, der über eine um den Stamm gewundene hölzerne Treppe erreicht wird, ist als Eremitenbehausung ausgestaltet. In beiden Räumen befindet sich je ein kleiner Altar.

Der Stammumfang beträgt einen Meter über dem Erdboden 15 m und die Höhe 18 m (del Buono 2015). Der abgestorbene, mit Holzschindeln bedeckte Stammteil, der auch ein Kreuz trägt, sieht wie eine Burgturm aus (Abb. 29).

Ende der 1980er-Jahre befand sich die Eiche in einem besorgniserregenden Zustand und wurde

Abb. 29: Eiche von Allouville. Foto: M. Liesebach.

Abb. 30: Beim Fotografieren der Eiche. Foto: H. Liesebach.

aufwändig baumpflegerisch behandelt. Seitdem hilft ihr eine eigenwilliges, elegantes Stahlstützgestell mit mehreren Seilverspannungen beim Überleben (Abb. 29). Ihr Zustand scheint sich seitdem zu stabilisieren.

Bereits im Jahr 1932 wurde die Eiche als „*monument historique*“ klassifiziert und damit unter Denkmalschutz gestellt. Jährlich wird das Kulturdenkmal von etwa 40 000 Pilgern und Neugierigen aufgesucht. Die höchsten Besucherzahlen werden anlässlich der Ehrung der Jungfrau Maria am 15. August (Mariä Himmelfahrt) verzeichnet. Unser Eindruck ist, dass auf der Reise dieser Baum am häufigsten fotografiert wurde (Abb. 30).

7. Tag: Freitag, 11. August 2023

Es geht ein weiteres Mal Richtung Küste. Auf dem Programm stehen zwei Gartenanlagen und ein bemerkenswerter Baum.

Le Jardin Agapanthe

In Grigneuseville, einem kleinen Dorf nördlich von Rouen, liegt der Jardin Agapanthe, die Gartenanlage des Gartenarchitekten und Künstlers Alexandre Thomas. Den Garten versteht der Landschaftsarchitekt und Künstler Alexandre Thomas als Labor – Gegenstand ständiger Forschung und ständiger Weiterentwicklung. Um einen Eindruck von seiner Arbeit zu vermitteln, öffnet er seinen Garten für Besucher.

Auf über 9 000 m² werden die Pflanzen, die ihm besonders gefallen, in Szene gesetzt. Der zeitgenössische Garten zeichnet sich durch eine starke Struktur aus. Sehr akzentuierte Bodenbewegungen, ein Labyrinth aus Terrassen und Mauern, Bächen und Becken schaffen eine Abfolge von Atmosphären.

Abb. 31: Ensemble aus Pflanzen und Dekoration mit Bewunderern. Foto: M. Liesebach.

Der Garten kommt gänzlich ohne Rasenflächen aus. Dafür ist er mit einer feinen Sandschicht bedeckt, die das Ganze aufwertet. Der Jardin Agapanthe ist zu jeder Jahreszeit eine echten Inspirationsquelle. Sein Pflanzenreichtum ist ergänzt mit Dekorationen, Möbeln, Brunnen und viele Tieren, die das Ensemble einzigartig und lebendig machen (Abb. 31).

Die Anfänge reichen bis in die Kindheit des Architekten ALEXANDRE THOMAS zurück, der hier auf dem flachen ausgeräumten Land aufgewachsen ist. Der junge ALEXANDRE sieht bereits damals in der flachen und nackten Fläche ein grünes Theater, Quellen und geheime Wege. Seine Passion für Pflanzen entdeckt ALEXANDRE bei den Meistern in seiner unmittelbaren Nachbarschaft, zu denen die Gärten „Bois des Moutiers" der Familie MALLET und das von der Prinzessin STURDZA angelegte „Vastérival" gehören. Hier erwirbt er seine Pflanzenkenntnisse, und es entsteht das Bedürfnis nach eigenen Sammlungen.

Abb. 32: Ein von ALEXANDRE THOMAS dekorierter Brunnen. Foto: H. LIESEBACH.

Bereits 1985, in seinem fünfzehnten Lebensjahr, beginnt ALEXANDRE THOMAS den ersten Teil des Gartens zu gestalten. Er entwickelt während seines Studiums an der École Gembloux in Belgien seine eigene Handschrift und nimmt eine Gegenposition zu vielen seiner Kollegen ein, indem er mit seinen Eingriffen den unmittelbaren Effekt hervorrufen will.

Während seine Karriere als Landschaftsarchitekt floriert, setzt sich ALEXANDRE THOMAS dafür ein, seinen Garten und sein Leben zu einem Gesamtkunstwerk zu machen und den Genuss und die schlichte Schönheit der Pflanzen in seinem Garten zu zelebrieren. Er verewigt die Poesie der Natur, indem er sie vertont, und beansprucht den Status eines Gärtner-Sängers, ein in Frankreich einzigartiges Konzept. Die Texte wurden in Zusammenarbeit mit MARIE-LYS LANGLOIS, seiner instrumentalen und stimmlichen Begleiterin, geschrieben und laden zum Tagträumen ein.

Während wir uns den Garten erschließen, ist der Meister unermüdlich beim Schneiden und Dekorieren (Abb. 32).

Riesiger Buchsbaum, Maucomble

Wir haben das Programm geändert und statt weiterer unbestritten außergewöhnlicher Eiben steht heute eine andere auf Friedhöfen vorkommende Art auf dem Programm.

Abb. 33: Buchsbaum in Maucomble. Foto: M. LIESEBACH.

Im Dorf Maucomble steht bei der Kirche einer der ältesten *Buxus sempervirens* (Buchsbaum) Frankreichs. Der immergrüne Buchsbaum ist für die gallischen Vorfahren ein Symbol der Unsterblichkeit. So ist es nicht ungewöhnlich, dass er neben Eiben häufiger auf Friedhöfen zu finden ist, wo er über die Seelen wacht. Der Buchsbaum in Maucomble ist perfekt gepflegt (Abb. 33). Unter dem dicht gedrängten und gut geschnittenen Laub verbergen sich sieben Stämme, die von etwa zwanzig Trieben umgeben sind. Der Baum ist über 7 m hoch und hat einen Umfang von 33 m. Sein Alter wird mit 700 Jahren angegeben (FETERMAN 2022). Der alte Buchsbaum vermittelt den Eindruck, als wolle er fliehen.

Abb. 34: Steilküste bei St. Valery. Foto: H. LIESEBACH.

Das bereits obligatorische Mittagsbuffet bauen wir auf dem Parkplatz an der Kirche St. Valery an der Küste ein. Einige finden Zeit sich die Kirche mit dem Fenster und der Grabstätte von GEORGES BRAQUE anzusehen. Andere verzichten auf den Mittagsimbiss und gehen die Steilküste hinunter (Abb. 34), um ein Bad im Meer zu nehmen. Wir befinden uns bereits in unmittelbarer Nähe des letzten Exkursionsziels des heutigen Tages.

Jardin Le Vasterival

Keine 2 km Luftlinie vom Jardin l'Étang de Launay entfernt, liegt die von Prinzessin GRETA STURDZA angelegte Gartenanlage. Le Vasterival ist ein dendrologischer Garten der Sonderklasse. Der, wie es heißt „berühmteste private Botanische Garten der Welt" wird heute von Prinzessin IRÈNE STURDZA und ihrem Team um DOMINIQUE COUSIN und AURÉLIE ANDRÉ liebevoll gepflegt.

Mehr als fünfzig Jahre lang am selben Ort zu gärtnern, ist ein seltenes Privileg. Diese Chance nutzte Prinzessin GRETA STURDZA (1915–2009), eine begnadete Pflanzensammlerin, um ein buschiges Tal in einen wunderbaren Ort für Botaniker und Gärtner zu verwandeln. GRETA STURDZA war eine geborene Norwegerin (als MARGARETE KWAAL), die während des Studiums in Oxford 1937 den rumänisch-moldawischen Prinzen GHEORGHE STURDZA kennenlernte und heiratete. Da das Paar auf Grund der Nachwirren des Weltkrieges 1947 mit Hilfe Graf BERNADOTTES aus der rumänischen Heimat des Ehemanns fliehen musste, siedelte es sich, nach kurzem Aufenthalt in Norwegen, in Frankreich an.

Die Geschichte dort beginnt im Jahr 1955 mit dem Kauf des Anwesens, das von 1922 bis 1937 dem berühmten Musiker und Komponisten ALBERT ROUSSEL gehörte. Das Haus ist von Sümpfen auf scheinbar flachem Gelände umgeben. Nach zweijähriger Arbeit, dem Umbau der Zufahrtsstraße, zieht die ganze Familie ein und die Prinzessin beginnt, Land in Richtung Norden, in einem Wald aus Kiefern und Eichen, zu roden. Dabei legt die Prinzessin selbst Hand an und reißt unter anderem Adlerfarn aus.

Der sandige, kühle und sehr sauer Boden begünstigt die Pflanzung von Rhododendron. Die ersten Schichten von *R. halopeanum* und *R. griffithianum* stammen aus den benachbarten Wäldern von Moutiers und wurden von GUILLAUME

Abb. 35: Blick in den seit 1970 angelegten Gartenteil. Foto: M. Liesebach.

Mallet gespendet. Sie werden entlang der ersten Waldgrenze gepflanzt, die heute das Herzstück dieses Raumes bildet.

Weitere Arten vervollständigen die Rhododendron-Sammlung, insbesondere ein riesiger *Drimys winteri*, ein fast 6 m hoher *Trochodendron*, eine riesige *Eucryphia ×nymansay*, die im August mit weißen Blüten bedeckt ist, und eine Allee hybrider Kamelien, die von Dezember bis Ende April blühen. Was botanische Kuriositäten angeht, sehen wir einen der ältesten in Frankreich gepflanzten *Liriodendron chinense* und wahrscheinlich einen der ersten gepflanzten *Acer davidii*.

Der Wald ist sehr schnell besiedelt und in der 1970er Jahren wird mit der Rodung in Richtung Osten begonnen. Dabei fällt das bislang ebene Gelände steil abfällt (Abb. 35) und bildet ein Tal. Es wurde bepflanzt mit Zedern, *Taxodium*, Magnolien, *Prunus incisa*, *P. maackii*, leuchtenden Birken, einer *Fitzroya cupressoides* und vielem anderen. Der Bach erstreckt sich über 500 m und wird von *Gunnera*, *Lysichiton*, *Heuchera*, *Zantedeschia* und *Osmunda* gesäumt.

Anfang der 1990er-Jahre wirft ein Sturm annähernd 200 Bäume im Wald am Gegenhang. Bis auf einige Kastanien, Eschen und ein paar Eichen wird die Fläche geräumt. Sehr schnell erfolgt die Neuanpflanzung mit Pflanzen, die zu dieser Zeit in Mode sind, wie der berühmte *Acer rubrum* 'Schlesingeri', der ab August prächtige Herbstfarben annimmt, *Acer campestre* 'Pulverulenta', viele Magnolien wie 'Heaven Scent', 'Vulcan', 'Day-

Abb. 36: *Maackia floribunda*. Foto: M. Liesebach.

Abb. 37: *Luma apiculata*. Foto: M. Liesebach.

Abb. 38: Abschied mit einem Schluck Calvados. Foto: H. LIESEBACH.

break', Hybriden von *M. campbellii* oder sogar die „neuen" gelben Magnolien: 'Yellow Bird', 'Yellow River', 'Butterfly' usw. Wir sehen auch Arten wie *Maackia floribunda* (Abb. 36) und *Luma apiculata* (Abb. 37).

Unter der Leitung von Prinzessin IRÈNE STURDZA führt das Gärtnerteam von Vasterival seit 2010 umfangreiche Ausdünnungsarbeiten („Transparenz-Schnitt") durch, um Lichteffekte und Farbkombinationen wiederherzustellen, die sich Prinzessin GRETA einst vorgestellt hat. Die verschiedenen Gartenpartien werden entsprechend den Grundsätzen, die die Schöpferin hinterlassen hat, überarbeitet. So wurden die großen Leyland-Zypressenhecken im Tal entfernt, um schönen Aussichten Platz zu machen, einige zu eng stehende Magnolien und Ahornbäume wurden ausgelichtet. Im Wald wurden mehrere große Pontische Rhododendron entfernt, um Lichtungen zu schaffen, auf denen neue Sammlungen von Arten mit interessantem Blattwerk, von Nadelbäumen (*Wollemia*, *Cunninghamia*, *Taiwania* usw.) und von *Stewartia* untergebracht werden können.

Um die seltensten Arten mit anderen wichtigen Sammlungen zu teilen und bestimmte Arten oder Sorten zu schützen, erfolgt derzeit eine genaue Bestandsaufnahme der Pflanzen.

Bevor wir den wunderschönen Ort verlassen, genießen wir noch den von unserem Busfahrer zubereiteten Kaffee und stoßen zusammen mit DOMINIQUE COUSIN und AURÉLIE ANDRÉ mit Calvados auf die Zukunft des Gartens an (Abb. 38).

Calvados ist seit einigen Tagen im Gepäck dabei und wird als Kostprobe zum Mittagslunch gereicht. Der Apfel-Branntwein aus der Normandie bereitet das sogenannte „*trou normande*", das „Normannische Loch", und wird beim Essen während einer Unterbrechung der Mahlzeit gereicht. Diesem lokalen Brauch wollen wir uns nicht verschließen, zumal dem Calvados bakterientötende Eigenschaften zugesprochen werden. Der Calvados selbst muss aus einer Region von elf genau festgelegten Anbaugebieten der Normandie stammen. Zur Herstellung wird frischer Apfelmost in einigen Wochen zu Cidre vergoren, der einen Alkoholgehalt von etwa 5 Volumenprozent hat. Zugelassen zur Herstellung sind nur 48 regionale Apfelsorten. In der Regel sollen dabei 40 % süße Äpfel, 40 % bittere Äpfel und 20 % saure Äpfel gemischt werden. Vor der Destillation zum Branntwein, dem Calvados, bleibt dieser Cidre dann anders als der zum Trinken gedachte noch ein bis zwei Jahre länger im Fass. Nach dem Brand wird der Calvados in Fässern gelagert und je nach Alter (zwei bis über acht Jahre) gehandelt.

8. Tag: Samstag, 12. August 2023

Wir treten den Rückweg nach Duisburg an. Nach einer Stunde Fahrzeit gibt es einen letzten Gartenstopp an einer Anlage, die versteckt im Wald liegt.

Jardin Jungle Karlostachys

Der Jardin Jungle Karlostachys ist ein 15 ha großer Privatgarten mit unvergleichlichem botanischem Reichtum, gelegen zwischen Dieppe und der Baie de Somme. Er wird von CHARLES BOULANGER gestaltet und beherbergt ca. 7 000 Taxa subtropischer Arten. Der Garten wird seit 8 Jahren für Interessierte geöffnet.

Charles Boulanger hat weltweit Saatgut von Arten, die in Europa unbekannt sind, gesammelt. Die Pflanzen werden in der eigenen Gärtnerei angezogen und jährlich werden 2000 bis 3000 Pflanzen im Dschungelgarten ausgepflanzt. In zwei Gruppen führen uns Charles Boulanger und sein Vater durch die drei Teile des Dschungelgartens: (1) das Arboretum, das die Sammlungen seltener Gehölze (*Bretschneidera*, *Cathaya*, *Sequoia* oder *Fitzroya*) vereint, und einen Bambushain, (2) einen umzäunten Garten (Abb. 39), in dem die Sammlungen (Hortensien, Rhododendron, Schlingpflanzen) und die Einführungen aufbewahrt werden und (3) ein Eukalyptusmoor (Ökotypen, die aufgrund ihrer Kälteresistenz ausgewählt wurden).

Abb. 40: Mit Charles Boulanger im Arboretum. Foto: M. Liesebach.

Abb. 39: *Brassaiopsis dumicola*, die Logopflanze des Gartens. Foto: H. Liesebach.

Auf dem Rundgang zeigt Charles Boulanger, dass auf die Blätter von *Quercus myrsinifolia* (Bambusblättrige Eiche) geschrieben werden kann. Er demonstriert dies und schreibt den Artnamen in Chinesisch (Abb. 40). Sein Vater stellt *Oxydendrum arboreum* (Sauerbaum), die einzige Art in der Gattung, vor. Die Blätter der Art können roh gegessen werden und sind sehr Vitamin C-reich. Wir kosten sie und verziehen das Gesicht; der deutsche Name scheint gut gewählt. Im Bambushain sehen wir Arten, die am Naturstandort 5 cm/Std. wachsen. Hier wird der Bambus gewässert, wenn es trotz der 900 mm Jahresniederschlag zu trocken wird.

Mit dem Besuch des Dschungels geht wieder eine außergewöhnlich abwechslungsreiche Reise zu Ende. Auf dem Rückweg setzen wir unsere „Luxemburger" auf einer belgischen Raststätte aus, wo sie abgeholt werden.

Wir freuen uns bereits auf die nächste Reise, die schon in Vorbereitung ist.

Literatur

Champagne Etienne Lefèvre (o. J.): Champagne Etienne Lefèvre Grand Cru. Faltblatt.

del Buono, Z. (2021): Das Leben der Mächtigen. Reisen zu alten Bäumen. 4. Aufl. Matthes & Seitz Berlin.

Feterman, G. (2022): Rendez-vous avec les arbres extraordinaires de France. 5. Aufl. Belles Balades éditions, Marseille, Paris.

Jablonski, E. (2001): Regionalexkursion zu den Gespensterbuchen. Ginkgoblätter 82: 21–23.

Laury-Micoulaut, T. (2003): Die Süntelbuche (*Fagus sylvatica tortuosa*). Diplomarbeit FH Hildesheim/ Holzminden/ Göttingen.

Ney, D. (1912): Die Süntelbuche. MDDG 21: 110–114.

Pollet, C. (2017): Gärten im Winter. Ulmer, Stuttgart.

Autoren:
Dr. Mirko Liesebach
Thünen-Institut für Forstgenetik
Sieker Landstr. 2
22927 Großhansdorf
E-Mail: mirko.liesebach@thuenen.de

Eike J. Jablonski
LTEtt, Arboretum
71, avenue Lucien Salentiny
L-9080 Ettelbruck, Luxemburg
E-Mail: eike.jablonski@education.lu

Prof. Dr. Jürgen Bouillon
Hochschule Osnabrück
Am Krümpel 31
49090 Osnabrück
E-Mail: j.bouillon@hs-osnabrueck.de

Mitt. Deutsch. Dendrol. Ges. (MDDG)	109	234–246	2024	ISBN 978-3-494-01982-6

Bericht zum 25. Winterseminar der Arbeitsgruppe „Junge Dendrologen" in Dresden vom 16. bis 19. Februar 2023

Mirko Liesebach

Durch die Einschränkungen während der Corona-Pandemie konnte das Seminar nicht jährlich ausgerichtet werden. Somit fand das 25. Winterseminar 26 Jahre nach dem ersten statt. Zum („Silbernen") 25. Winterseminar ging es zurück an die Wurzeln des 1. Winterseminars nach Dresden. Mit 83 Teilnehmenden war das Vor-Corona-Niveau wieder erreicht. Der Seminarband (Bouillon 2023) übertraf mit 82 Seiten Umfang den der Vorjahre.

Anders als in den Vorjahren fand das Seminar jedoch ohne den noch amtierenden Fachreferenten statt. Jürgen Bouillon, der das Winterseminar zum letzten Mal vorbereitet hatte, musste aus gesundheitlichen Gründen am Vorabend absagen. Der Geschäftsführer Mirko Liesebach übernahm zusammen mit den örtlichen Organisatoren die Leitung. Anders als in den letzten Jahren gab es keine Busexkursion: Alle Ziele wurden mit öffentlichen Verkehrsmitteln wie beim 1. Winterseminar angefahren. Untergebracht waren wir im zentralgelegenen Jugendgästehaus in Dresden, der mit 480 Betten größten Jugendherberge Sachsens.

Donnerstag, 16. Februar 2023

Nach dem Eintreffen der Teilnehmenden und dem ersten gemeinsamen Abendessen ging es ins benachbarte Hotel Elbflorenz, in dem wir einen Tagungsraum für unsere Vortragsveranstaltungen bekommen hatten. Der Geschäftsführer eröffnete das „Silberne" Winterseminar.

Vorträge

Bernd Schulz, DDG-Fachreferent für Botanik, begrüßte die Teilnehmerinnen und Teilnehmer und schlug im Eröffnungsvortrag den Bogen vom Beginn bis zur heutigen Veranstaltung. Das Winterseminar ist das Ergebnis einer von den damals noch jungen Mitgliedern der DDG ausgehenden Initiative für mehr Basisarbeit. Teure Auslandsexkursionen und eine ebenfalls nicht preiswerte Jahrestagung waren für viele der Jüngeren, aber nicht minder interessierten Mitglieder unerschwinglich. Einige Junge Dendrologen der ersten Stunde trafen sich zunächst auf der Jahrestagung 1996 in Schwerin und im Winter 1996/97 in Göttingen mit dem damaligen Vizepräsidenten Andreas Bärtels, der als einer der wenigen Vorstandsmitglieder die Initiative unterstützte. Andere Vorstandsmitglieder hatten Angst vor zu viel Initiative und fürchteten, die Gesellschaft könne zerbrechen. Konkrete Pläne zur Umsetzung einer Arbeitsgruppe wurden 1997 auf der Jahrestagung in Linz beschlossen (Jablonski 2017).

Das erste 1998 von Antje Verstl und Bernd Schulz organisierte Gehölzseminar lockte etwa 30 jüngere dendrologisch Interessierte aus ganz Deutschland, Luxemburg und der Schweiz nach Dresden. Auf Anke Verstl, die erste Fachreferentin Junge Dendrologen (1998–2001), folgten Eike Jablonski (2002–2009), Jana Tonn (geb. Tietze, 2010–2012), kommissarisch erneut Eike Jablonski (2013–2014) und zuletzt Jürgen Bouillon (2015–2023). Es zeigte sich schnell, dass das Konzept der neu gegründeten Arbeitsgruppe „Junge Dendrologen" aufgegangen war und dass Gehölze Alt und Jung, Ost und West sowie Arm und Wohlhabend verband. Bis zum Jahr 2014 stieg die Zahl der Teilnehmenden kontinuierlich auf 80 an. Seitdem treffen sich regelmäßig so viele junge, junggebliebene und sich jung fühlende Dendrologinnen und Dendrologen bei jedem Wetter zu den Winterseminaren. Eine Ausnahme bildete das Seminar im Coronajahr 2022 im Breisgau.

Wie bei der Jahrestagung wurde und wird bei der Auswahl der Seminarorte darauf geachtet, eine möglichst gleichmäßige Verteilung innerhalb des deutschsprachigen Raums zu erzielen. Der Schwerpunkt kann mal vorwiegend in der Gartenkunst (z. B. Cottbus oder Wittenberg), der Baumpflege (z. B. Greifswald), Gehölzgruppen (z. B. Konstanz) oder Spezialsortimenten in Arboreten (z. B. Leuven) etc. liegen. Neben der Besichtigung von Parkanlagen, Botanischen Gärten, Arboreten oder städtischen Freiräumen gehören Vorträge bis spät in den Abend, eine Pflanzentauschbörse, eine Bücherbörse und vor allem eine Bestimmungsübung zum festen Bestandteil der Winterseminare.

In den Naturraum Dresdner Elbtal und seine angrenzenden Landschaften – unser Exkursionsgebiet – führte kein geringerer als unser Ehrenpräsident Prof. Dr. Peter A. Schmidt ein. Die Dresdner Elbtalweiterung erstreckt sich zwischen Elbe-Durchbruchstal durch Sandsteinplatte bei Pirna und dem Meißner Granit-Syenit-Massiv bei Meißen. In der Kulturlandschaft der Elbaue mit ihren bewaldeten Hängen ist die Jahresdurchschnittstemperatur 3 °C höher als im Umland. Das Naturschutzgebiet Elbtalhänge ist geprägt von den Waldgesellschaften Hainsimsen-Traubeneichen-Buchenwald mit dominierender Rot-Buche (*Fagus sylvatica*), Hainsimsen-Traubeneichenwald mit Nickendem Leimkraut (*Silene nutans*) und dominierender Trauben-Eiche (*Quercus petraea*), Winterlinden-Eichen-Hainbuchen-Wald mit den Zeigerarten Wald-Labkraut (*Galium sylvaticum*), Große Sternmiere (*Stellaria holostea*) und Wald-Ziest (*Stachys sylvatica*) sowie Eschen-Ahorn-Schlucht- und Schatthangwald. Auf den flachgründigen wärmebegünstigten Steilhängen sind zahlreiche seltene und gefährdetete Tier- und Pflanzenarten (darunter *Rosa rubiginosa* – Wein-Rose – und *Cotoneaster integerrimus* – Gewöhnliche Felsenmispel) anzutreffen.

An den nach Südwesten ausgerichteten Elbhängen wird seit über 850 Jahren beginnend im Raum Meißen Weinbau betrieben. Aufgelassene Terrassen und Weinbergsmauern im Wald sowie die eingebürgerte *Castanea sativa* (Edel-Kastanie), *Robinia pseudoacacia* (Robinie) und *Mespilus germanica* (Echte Mispel) sind Zeugen, dass der Weinbau früher noch verbreiteter war. Eine weiteres Landschaftselement sind *Aronia*-(Apfelbeeren-)Plantagen, von denen wir eine anlässlich der Jahrestagung in Tharandt im Jahr 2011 aufgesucht haben (Gruber 2012).

Beide Referenten gingen auch auf die Ziele ein, die wir bei den Exkursionen an den folgenden Tagen zu sehen bekamen.

Neben Bernd Schulz sind von den jungen Dendrologen der ersten Stunde zum „Silbernen" Jürgen Mayer, Ulrich Würth und Wilfried Müller-Platz erneut nach Dresden gekommen. Ein weiterer motivierter Dendrologe, Eike Jablonski, heute Präsident der DDG, konnte wegen eines anderen Termins eine Teilnahme nicht möglich machen. Wilfried Müller-Platz ist der einzige, der an allen 25 Winterseminaren teilgenommen hat. Er wurde im Anschluss an die Vorträge geehrt (Abb. 1).

Abb. 1: Ehrung von Wilfried Müller-Platz (links) durch Bernd Schulz für seine Teilnahme an allen 25 Winterseminaren.

Bevor es zur **Bücherbörse** kam, nahm der Geschäftsführer noch zwei weitere Ehrungen vor: Burkhard Witt wurde das Ginkgoblatt mit Perle für 40-jährige Mitgliedschaft in der DDG überreicht. Dieses nahm auch Ulrich Pietzarka als wissenschaftlicher Leiter und Kustos für den Forstbotanischen Garten Tharandt entgegen. Er war überrascht, dass der Garten schon vor der Wende Mitglied wurde. Der Geschäftsführer konnte nur antworten, dass dies so aus den Akten hervorgehe.

Im Anschluss wechselten wieder zahlreiche Bücher ihre Besitzer und Bernd Schulz signierte Exemplare seines bereits in 3. Auflage erschienenen Buches „Gehölzbestimmung im Winter".

Freitag, 17. Februar 2023

Nach dem Frühstück fand vor der Jugendherberge der traditionelle Pflanzentausch statt. Nachdem die Pflanzen von ihren neuen Besitzerinnen und Besitzern verstaut waren, ging es per Straßenbahn zum Botanischen Garten Dresden.

Botanischer Garten Dresden

Der Botanische Garten der Technischen Universität (TU) Dresden liegt in direkter Nachbarschaft zum „Großen Garten", der größten und ältesten innerstädtischen Parkanlage, und der Gläsernen VW-Manufaktur, nicht weit vom historischen Stadtzentrum. Auf dem 3,25 ha großen Gelände wachsen rund 10 000 Pflanzenarten aus allen Klimazonen und verschiedensten Regionen der Erde.

Die Geschichte des Botanischen Gartens ist genauso wechselvoll wie die der Stadt Dresden. Bereits im Jahr 1820 wurde der Botanische Garten von der damaligen Chirurgisch-Medizinischen Akademie am östlichen Rand der Altstadt erreichtet. Erster Direktor wurde HEINRICH GOTTLIEB LUDWIG REICHENBACH (1793–1879), Professor für Naturgeschichte. Nach seinem Tod übernahm 1879 Professor CARL OSKAR DRUDE (1852–1933) die Leitung. Durch seine Person waren zum ersten Mal Botanischer Garten und Botanisches Institut des damaligen Polytechnikums in Personalunion vereint. In seine Zeit fällt auch die aus stadtplanerischen Gründen erforderliche Verlegung des Gartens an seinen heutigen Standort. Im Jahr 1890, 70 Jahre nach der Eröffnung, schloss die alte Anlage ihre Pforten. Schon im vorangegangenen Herbst hatte man auf der neuen Fläche Pflanzungen vorgenommen. In den folgenden drei Jahren entstand nach einem vollkommen neuartigen Konzept der erste vorwiegend nach pflanzengeographischen Gesichtspunkten gegliederte botanische Garten Mitteleuropas. In der pflanzensystematischen Abteilung wurden die einjährigen Kulturen von den mehrjährigen Stauden und Gehölzen räumlich getrennt. Bis heute wurde die Struktur des Gartens beibehalten und weiterentwickelt.

Bei dem Bombenangriff am 13. Februar 1945 trafen 18 Sprengbomben den Botanischen Garten. Wertvolle Bücher und unwiederbringliche Herbarbelege verbrannten im Botanischen Institut, die Glaseindeckung der Gewächshäuser stürzte ein und ein Großteil der Pflanzen ging verloren. Nach dem Krieg wurden die Beetflächen notdürftig hergerichtet und zunächst für den Gemüseanbau genutzt. Doch schon bald begann der Wiederaufbau der wissenschaftlichen Sammlungen.

Für den Rundgang teilten wir uns auf drei Gruppen auf, die von Prof. Dr. CHRISTOPH NEIN-

Abb. 2: Prof. Dr. CHRISTOPH NEINHUIS bei der Einführung in den Botanischen Garten Dresden.

HUIS (Direktor des Gartens, Lehrstuhl Botanik der TU Dresden; Abb. 2), RUDOLF SCHRÖDER (von 1975 bis 1998 Technischer Leiter des Gartens) und BERND SCHULZ (Mitarbeiter am Institut für Botanik der TU Dresden) geführt wurden.

In der von Prof. NEINHUIS geführten Gruppe bildeten die Geschichte des Gartens und der Botanik in Dresden, basale Angiospermen und Aristolochiaceae sowie Aspekte der Bionik den Schwerpunkt. Die Bionik beschäftigt sich mit dem Übertragen von Phänomenen der Natur auf die Technik. Bei unserem Rundgang wurden folgende Beispiele vorgestellt: *Maclura pomifera* (Osagedorn), ein Gehölz, das dem Stacheldraht Pate stand; *Strelitzia reginae* (Paradiesvogelblume) für Beweglichkeit ohne Scharniere durch Verknüpfung der Bewegung von stabförmiger und flächiger Elemente in Form eines gelenkfreien Klappmechanismus sowie *Aloe-* und *Yucca*-Arten als Vorbild für einen verzweigten Leichtbau.

Bei RUDOLF SCHRÖDER standen gärtnerische und botanische Dendrologie sowie die Gartengeschichte im Vordergrund. Wer RUDOLF kennt, weiß, dass basierend auf seinen Erfahrungen bei seinen Führungen zahlreiche praktische Tipps mitgenommen werden können. BERND SCHULZ ging verstärkt auf botanische Dendrologie und Morphologie als Grundlage für das Zeichnen von Laubgehölzen ein. Am Ende bekamen die Teilnehmenden aller drei Gruppen den gesamten Garten zu sehen.

Im Botanischen Garten werden derzeit etwa 450 Arten, das entspricht der Hälfte der in Sachsen auf der Roten Liste stehenden Gefäßpflanzen, erhalten (Abb. 3). Im Arboretum des Botanischen Gartens befinden sich überwiegend Koniferen, da die Laubbäume im angrenzenden Großen Garten oder in Tharandt zu finden sind. Das Alter und der Klimawandel machen auch vor dem Botanischen Garten nicht Halt, so müssen derzeit etwa 20 Bäume gefällt und ersetzt werden.

Abb. 3: *Loranthus europaeus* (Eichenmistel oder Riemenblume), einziges Vorkommen in Deutschland bei Pirna.

Großer Garten Dresden

Vom Botanischen Garten ging es quer durch den Großen Garten zum Carolaschlösschen, einem Restaurant, in dem ein warmes Mittagessen auf uns wartete. Gestärkt starteten wir in drei Gruppen durch den Großen Garten. Eine Gruppe übernahm BERND SCHULZ zusammen mit MICHAEL METHNER (Gartenmeister im Großen Gartens), die den Schwerpunkt auf die Geschichte des Großen Gartens und gärtnerische sowie dendrologische Besonderheiten legten. Eine weitere Gruppe übernahm unser unermüdlicher RUDOLF SCHRÖDER. Die Dendrologie, Gärtnerisches und die jüngere Geschichte aus Sicht eines Zeitzeugen standen im Mittelpunkt seiner Führung. Die dritte Gruppe übernahm das DDG-Mitglied Dr. HENRIK WEISS vom in Dresden ansässigen Büro Baum und Landschaft, der verstärkt auf Fragen der Baumerhaltung und Baumkontrolle einging.

Der Große Garten in Dresden ist der größte Park der Stadt. Die Parkanlage hat einen barocken Ursprung. Sie wurde ab 1676 auf Geheiß des Kurfürsten JOHANN GEORG III. angelegt und im Laufe seiner Geschichte mehrfach erweitert, so dass sie heute einen annähernd rechteckigen Grundriss auf einer Fläche von circa 1,8 km² aufweist. Die Längsausdehnung beträgt etwa 1 900 m, und die Breite erreicht bis 950 m. Im Zentrum des Parks befindet sich als bedeutendstes Bauwerk das unter der Leitung von WOLF CASPAR VON KLENGEL und JOHANN GEORG STARCKE um 1680 errichtete Sommerpalais (Abb. 4). Der Große Garten wurde im Laufe seiner über 300-jährigen Geschichte vielfach überformt, wobei die barocke Grundstruktur erkennbar blieb. Auch wenn von einem Barockgarten im engeren Sinne heute nicht mehr gesprochen werden kann. Im Großen Garten gibt es zahlreiche Rekordbäume / Champion Trees Deutschlands bzw. Sachsens, die von RUDOLF SCHRÖDER gemeldet wurden.

Abb. 4: Das Sommerpalais im Zentrum des Großen Gartens.

In der Gruppe von Hendrik Weiss wurde die Wirkung unterschiedlicher Fäuleerreger ausgiebig diskutiert. So ist ein Befall durch den Schillerporlings an Platane als nicht so kritisch einzustufen, da er durch die zahlreichen Markstrahlen in der Regel recht gut abgeschottet wird. Anders ist der Befall an Esche einzustufen.

Abb. 5: Die „Splittereiche" (*Quercus robur*) im Großen Garten Dresden.

Von allen drei Gruppen wurde die „Splittereiche" (Abb. 5) aufgesucht. Bei der Splittereiche handelt es sich um eine 250 bis 300 Jahre alte *Quercus robur* (Stiel-Eiche) mit einer Höhe von etwa 27 m und einem Brusthöhenumfang von über 6 m. Sie hat die Zerstörungen des Großen Gartens während des Siebenjährigen Kriegs und der Schlacht um Dresden sowie den Ersten Weltkrieg unversehrt überstanden. Bei den Luftangriffen auf Dresden am 13. und 14. Februar 1945 wurde die Eiche schwer geschädigt. Eine Gedenktafel, die an das Ereignis erinnert, wurde im Jahr 2017 angebracht. Im Jahr darauf wurde sie mit Metallplatten versiegelt, um weitere Schäden durch Kletterer und spielende Kinder abzuwenden. Der Baum, der stellvertretend für alle beschädigten Bäume in den Parkanlagen der Stadt steht, regt zum Nachdenken an. Mit seinem Erhalt wird dazu beigetragen, dass er seine Geschichte weiteren Generationen „erzählen" kann.

Weiterhin gab es Tipps zum Erkennen von Baumarten: So bildet *Ulmus minor* (Feld-Ulme) nahezu regelmäßig Wurzelbrut, während diese bei *U. laevis* (Flatter-Ulme) nicht auftritt. Reine *Populus nigra* (Schwarz-Pappel) wird nicht von Misteln (*Viscum album*) befallen, dagegen sind die Schwarzpappelhybriden regelmäßig von Misteln befallen.

Abendliche Vorträge

Nach dem Rundgang ging es zu einem Stück Kuchen und Kaffee erneut ins Carolaschlösschen. Gestärkt fuhren wir zurück in den Vortragsraum im Hotel Elbflorenz. Hier gab Bernd Schulz einen Einblick, wie er sein Interesse am **botanischen Zeichnen** entdeckte und bis zur heutigen Perfektion entwickelte. Ihm dient das Zeichnen in erste Linie der Beobachtung und dem Festhalten formgebundener Fakten. Zeichnen erfordert Wissen, Können und Zeit.

Erste Versuche, seine naturwissenschaftlichen Interessen mit dem zeichnerischen zu verbinden, führten 1991 in der Kleinen Galerie Tharandt und 1993 in Schloss Rochnitz zu Ausstellungen und anerkennenden Worten. Erst mit seinem Wechsel an das Institut für Botanik 1993 reaktivierte er ein bereits während des Studiums angedachtes Thema, die Gehölzbestimmung sommergrüner Gehölze im Winter, das im Jahr 1999 mit seinem Buch „Gehölzbestimmung im Winter", welches aktuell in der 3. Auflage (2020) vorliegt, einen vorläufigen Abschluss fand.

Im Gegensatz zum Foto kann der Zeichner sich auf das Wesentliche konzentrieren und ein Objekt frei zeichnen, ohne dass es ausgeschnitten erscheint. Ein guter Zeichner kann dem Betrachter entgegenkommen und schwache Konturen erhöhen, um die Wahrnehmung zu verbessern.

In der sich anschließenden Pause nahmen wir das Abendessen in der Jugendherberge ein. Danach ging es zurück in den Vortragsraum.

Prof. Dr. Christoph Neinhuis, der eine Gruppe im Botanischen Garten am Vormittag geführt hatte, stellte die **Seidelsche Gärtnerei – Grundstein des Gartenbaus in Sachsen** – vor. Der folgende Text basiert neben dem Vortrag auf zwei Internetquellen (URL1, URL 2).

Sieben Generationen der sächsischen Familie Seidel haben sich in ununterbrochener Folge dem Gärtnerberuf zugewandt. Johann Heinrich Seidel (1744–1815) ist der erste dieser Reihe. Jedoch war auch schon sein Vater, ein Mechaniker in Radeberg, als Gärtner und Pfleger der Anlagen am dortigen Augustusbad tätig. Zwei der vier Söhne von Johann Heinrich Seidel gründeten 1813 in Dresden den Gartenbaubetrieb „Gebrüder Traugott Jacob Seidel". Von Beginn an beschäftigte man sich mit Kamelien. Aber auch Rhododendron und Azaleen waren eine wichtige Kultur des Betriebes.

Mit dem Tode von Jacob Friedrich Seidel übernahm dessen Sohn Traugott Jacob Herrmann Seidel die Firma, der 1859 die Grafschaft Surrey (England) bereiste. Vermutlich hat sein Aufenthalt bei dem berühmten Baumschuler John Standish dazu beigetragen, dass T. J. Herrmann Seidel sich eingehender mit der Züchtung von Rhododendronhybriden befasste. Die Firma Seidel hatte 1887 unter anderem 150 000 Azaleen, 200 000 Kamelien und 175 000 Rhododendron in Kultur.

Im Jahr 1900 erfolgte die Aufteilung der Firma in zwei getrennte Betriebe: den bisherigen Stammbetrieb in Dresden-Laubegast „Gartenbaubetrieb T. J. Seidel" und den Betrieb in Grüngräbchen „T. J. Rudolf Seidel, Gartenverwaltung Grüngräbchen". Beim hundertjährigen Bestehen der Firma Seidel 1913 umfasste der Betrieb in Dresden-Laubegast 15 ha Fläche und 84 Gewächshäuser. Mit der Enteignung 1945 hörte die Firma auf zu existieren.

Auch wenn sich die Familie Seidel seit den 1860er-Jahren mit der Züchtung von *Rhododendron* befasste, begann eine großangelegte gezielte Züchtung erst unter T. J. Rudolf Seidel, nachdem man das Rittergut in Grüngräbchen mit 150 ha ausgedehnten Moor- und Heideflächen und einem alten, hundertjährigem Kiefernbestand erworben hatte. Grüngräbchen liegt in der rauen Lausitz mit einer um etwa 4 °C niedrigeren Durchschnittstemperatur als in Dresden, so dass beste Bedingungen für die Züchtung auf Winterhärte gegeben waren. Von den im Dresdener Versuchsgarten als tauglich befundenen und nach Grüngräbchen überführten 106 Sorten vernichtete der Winter 1899/1900 mit Barfrösten bis –25 °C 48 Sorten vollständig, 41 Sorten erlitten alljährlich Schäden und nur 17 erwiesen sich als hart.

Die nachfolgende Zeit wurde nicht besser. Zwei Umstände trugen maßgeblich zum Überleben der Kamelien bei.

Das eine war ihre eigene Genügsamkeit und eine Einrichtung, die im Gartenbau als „Japan" bekannt ist. Hermann Seidel, Sohn des „Kamelienseidel" Jacob Friedrich, hat man diese geniale Erfindung zu verdanken. Um die Massenproduktion der Kamelien preiswert ausdehnen zu können, ohne teure Gewächshäuser bauen zu müssen, ließ er in den 1870er-Jahren tiefe Erdkästen graben. Darin konnte man unter Nutzung der Erdwärme bei wenigen Plusgraden Kamelien gut überwintern. Diese wurden im Winter mit Brettern und

Laub überdeckt und bedurften nur geringer Heizung. Hier hinein wurden einjährige Kamelien ausgepflanzt und 3 Jahre, bis zum Topfen und Aufstellen in ein Gewächshaus, stehengelassen.

Zum anderen waren es die Menschen, die Pflanzen immer wieder bewahrten: die Gärtner, die täglich für sie sorgten. Zu nennen ist der Kamelienobergärtner Bernhard Lauterbach, der 1910 von seinem gleichnamigen Onkel diese Passion im Seidelbetrieb übernahm. Als er 1956 in den für ihn nur noch kurzen Ruhestand ging, hatte er 46 Jahre seinem Betrieb gedient. Unglaubliche 38 Jahre davon war er der Hüter der heutigen Zuschendorfer Kamelien.

Auch in der Nachkriegszeit gab es immer wieder Bestrebungen, das Sortiment abzuschaffen. Doch die Autorität des Obergärtners war wohl zu groß. Dazu kamen ständige Umstrukturierungen, wechselnde Zuständigkeiten und der allgemeine Mangel im nun volkseigenen Unternehmen. Um den Verlust der Bestände zu verhindern, wurde die Kollektion 1956 durch das Sortenamt zum Erhaltungssortiment der DDR erklärt.

In den folgenden Jahren erkannte man schnell, dass mit Kamelien bei relativ geringem Aufwand gute Devisen zu verdienen waren. Über viele Jahre konnte der Bedarf für den Export in keiner Weise bedient werden. Auch mehrte sich der Ruf nach Erweiterung des Sortiments und sogar nach der Züchtung neuer Sorten. In Leipzig-Markleeberg richtete man eine Forschungseinrichtung für Moorbeetpflanzen ein. Hier wurden die schon in Pillnitz begonnenen Versuche fortgesetzt und Sorten zusammengetragen: eine relativ sichere Zeit für die alten Laubegaster Kamelien. Zu einer Neuzüchtung kam es nicht.

Die Versuche beendete man Mitte der 1970er-Jahre. Immerhin wurden zu dieser Zeit (1972) im Dresden-Leipziger Anbaugebiet jährlich 175.000 Kamelien produziert. Damit standen die Sachsen immer noch an der europäischen Spitze. Danach kam eine Zeit der Stagnation. Im Jahre 1984 wurden die großen Dresdner Gartenbaubetriebe aus dem DDR-weiten Verbund mit Sitz in Erfurt herausgelöst und bildeten nun ein eigenständiges Unternehmen. Entscheidend für die neuen Akzente war, dass Günter Hofmann Direktor des Betriebes wurde. Er stammte aus dem Dresdner Traditionsbetrieb R. P. Hofmann.

Günter Hofmann war ein genialer Denker voller Tatkraft und Weitsicht. Er war der Moderne genauso zugeneigt wie der Tradition. Auf der einen Seite wurde die Dresdner Gartenbaugeschichte, vor allem die des Seidel-Betriebes, wieder sichtbar gemacht. Auf der anderen Seite wurden die Betriebe, soweit es die damaligen Verhältnisse zu ließen, technisch auf den neuesten Stand gebracht. Günter Hofmann war es auch, der 1988 das ruinöse, aber romantische Landschloss Zuschendorf mit seinem völlig verwilderten Park für den Betrieb erwarb.

Er unterstützte die Zuschendorfer Gärtner beim Abbau alter Gewächshäuser in Laubegast und der Überführung des historischen Kameliensortiments. Mit der Gründung des Fördervereins wurde er der erste Vorsitzende. Der Förderverein erwarb das Landschloss, den Park und das gesamte Inventar, also auch die Kamelien. Dem Landeskonservator, Prof. Dr. Gerhard Glaser, gelang es 1993, die Seidel-Kamelien als erste deutsche Pflanzensammlung unter Denkmalschutz zu stellen. Immer, wenn es wieder mal Versuche gab, das „Projekt Zuschendorf" zu beenden, hat die Unterschutzstellung geholfen. Ebenso die 1998 erstellte Vereinbarung zwischen dem sächsischen Landwirtschaftsministerium, der TU Dresden und dem Förderverein zur Erhaltung und Entwicklung der Pflanzensammlungen. In Vorbereitung dieser wechselten die Kamelien vom Eigentum des Fördervereins in das des Freistaates Sachsen.

Im letzten Vortrag des Abends ging es mit Burkhard Witt auf **Koniferenjagd in Bolivien**. Der in den Tropen südlich des Äquators liegende Binnenstaat gilt als das ärmste Land Südamerikas, hat aber eine außerordentlich abwechslungs- und artenreiche Natur und lebendige indianische Kultur zu bieten.

Im Westen Boliviens liegt zwischen den beiden Andenketten in einer Höhe von 3 000 bis 4 000 m das zentrale Hochland Altiplano. Obwohl es nur ein Drittel der Fläche Boliviens ausmacht lebt hier der Großteil der Bevölkerung. Noch existieren riesige Waldflächen östlich der Anden, doch hat Bolivien derzeit eine der höchsten Entwaldungsraten weltweit. Allein 2019 wurden infolge eines Dekrets ca. 2 Mio. ha Wälder abgebrannt. In Bolivien kommen gegenwärtig ca. 12 200 Gefäßpflanzenarten vor. Da weite Gebiete noch unerforscht sind, gehen Schätzungen von einer Artenzahl von ca. 20 000 aus (Moraes et al. 2017).

Während seiner vier Reisen zwischen 2010 und 2018 galt das Hauptaugenmerk den Vorkommen von Koniferen und Orchideen. Da sie kaum bekannt sind und von vielen Arten keine Abbildung existieren, wollte unser Mitglied Burkhard Witt alle einheimischen Koniferenarten an ihren Naturstandorten sehen. In Bolivien kommen nur Arten aus der Familie der Podocarpaceae (Steineibengewächse) natürlich vor. Im Vorfeld der ersten Reise ging Burkhard Witt von 8 Arten aus (Killeen et al. 1993). Die Artenzahl hat sich durch Erstnachweise für Bolivien und Neubeschreibungen von Arten (Internetrecherche) sowie Besuchen im Herbario Nacional de Bolivia am Ende der zweiten Reise 2014 auf 12 erhöht. Vertreten sind die Gattungen *Podocarpus* (Steineibe), *Prumnopitys* (Pflaumen- oder Kirscheibe) und *Retrophyllum*. Fast alle Arten kommen auf der durch die Passatwinde sehr feuchten Ostseite der Anden in Höhenlagen von ca. 700 bis 3 300 m vor. Damit sind sie meist in den gleichen Lebensräumen wie Orchideen zu finden. Die Jahresniederschläge können hier bis zu 3 000 mm betragen, wobei die Hauptregenzeit von Dezember bis März/April dauert. Nur eine Art ist weit östlich der Anden in tropischen Tiefland-Trockenwäldern bei Jahresniederschlägen von 1 000 bis 1 500 mm anzutreffen.

Interessant und reich an Koniferen sind schmale Korridore mit Wolkenwäldern in ansonsten trockener Landschaft auf der Südseite der Anden. Die Korridore ständig durchziehenden Wolken ersetzen die fehlenden Niederschläge. Seit einigen Jahren sind diese Standorte jedoch besonders stark von Rodungen betroffen, da sie sich gut für den Anbau von Erdbeeren eignen.

Die Arten der Gattung *Podocarpus* sind in ihrem Lebensraum den tropischen Laubwäldern meist einzelstammweise beigemischt. Viele Arten liefern wertvolles Nutzholz – Bau- und Konstruktionsholz sowie Holz für wertvolle Möbel und Kunsthandwerk. Das führt dazu, dass in noch vorhandenen naturnahen Wäldern an Fahrwegen meist keine Podocarpaceen mehr zu finden sind.

Podocarpus-Arten gehören zu den reich mit Epiphyten bewachsenen Baumarten. Durch geeignete Rindenstruktur bieten sie im bodennahen Bereich hauptsächlich Orchideenarten aus dem Subtribus Pleurothallidinae Lebensraum, die Krone wird von vielen weiteren Orchideen besiedelt.

Den Abend ließen wir in kleinen Gruppen, die sich in unterschiedlichen Räumen der Jugendherberge trafen, bei einem Glas Wein oder einer Flasche Bier ausklingen.

Samstag, 18. Februar 2023

Mit der Bahn ging es nach Tharandt. Bei der Fahrkartenkontrolle erfuhren wir, dass wir für den Rückweg wegen Schienenersatzverkehrs mehr Zeit einkalkulieren müssten. Am Bahnhof in Tharandt wurden wir von Ulrich Pietzarka erwartet, der uns zum Judeich-Bau geleitete. Hier ließen wir nicht benötigtes Gepäck, bevor es zum Eingang des Forstbotanischen Gartens ging.

Der Forstbotanische Garten Tharandt wurde im Jahr 1811 gegründet und zählt zu den ältesten wissenschaftlichen Gehölzsammlungen der Welt. Mit derzeit rund 3 200 verschiedenen Taxa aus über 180 Pflanzenfamilien ist er eine der größten Sammlungen winterharter Gehölze Europas. Durch die Konzentration auf natürliche biologische Vielfalt sowie die Kultur dokumentierter Naturstandortsherkünfte bietet er exzellente Voraussetzungen für Forschungsvorhaben in verschiedenen botanisch-ökologischen Disziplinen. Aus dem großen Bestand sind insbesondere die Sammlungen der Sapindaceae (Seifenbaumgewächse), Fagaceae (Buchengewächse) und Pinaceae (Kieferngewächse) sowie die der Gattung *Sorbus* hervorzuheben. Sie stellen deutschlandweit die umfassendsten Sammlungen dieser Familien bzw. der Gattung dar und sind daher auch im ersten Verzeichnis bedeutender Lebendsammlungen in Deutschland, Österreich und der Schweiz aufgenommen worden.

Im Forstbotanischen Garten Tharandt werden auch in Sachsen seltene und bedrohte Pflanzenarten kultiviert und vermehrt. Dieses Pflanzenmaterial stammt von natürlichen Standorten im Erzgebirge und im Vogtland (z. B. *Polygala chamaebuxus* (Zwerg-Buchs) und *Erica carnea* (Schnee-Heide)) und stellt somit einen hohen Wert und eine besondere regionale Verantwortung hinsichtlich der Erhaltung der biologischen Vielfalt dar. Dabei werden ganz besondere Anforderungen an die Kultur gestellt, um einerseits die genetische Reinheit der Population, aber andererseits auch ihre genetische Vielfalt zu gewährleisten. Sie ist Basis einer für langlebige Pflanzen unerlässlichen Anpassungsfähigkeit an Umweltfaktoren.

Die für wissenschaftliche Pflanzensammlungen außerordentlich wichtige Dokumentation des Bestandes erfolgt im Forstbotanischen Garten Tharandt mithilfe eines im Rahmen einer Dissertation selbst entwickelten geografischen Informationssystems ArborView 2000. Dieses verknüpft die

Abb. 6: Im Regen in den „Rocky Mountains" des Forstparks.

gesammelten Daten zur Taxonomie und Herkunft der Pflanzen sowie deren Dimensionen und Phänologie mit Kartendarstellungen des Gartens. So kann jede einzelne der über 15 000 Pflanzen jederzeit leicht im Garten aufgefunden werden. Dies ist insbesondere bei Besuchen und Anfragen von Wissenschaftlerkollegen aus dem In- und Ausland sowie für Internet-Recherchen von unschätzbarem Wert. Die Qualität dieses Informationssystems wird auch dadurch bestätigt, dass andere Botanische Gärten das System übernommen haben.

Heute ist der Forstbotanische Garten zentrale Betriebseinheit der Fakultät Umweltwissenschaften der TU Dresden, versteht sich aber auch als Dienstleister für Forschungsvorhaben anderer Institute der TU. Im Verbund mit weiteren nationalen und internationalen Botanischen Gärten trägt er auch zum Erhalt biologischer Vielfalt bei (TU Dresden 2023).

Die drei von Andreas Roloff, Heike Gerhardt und Bernd Schulz geführten Gruppen hielten sich im historischen Teil des Forstbotanischen Gartens mit zahlreichen Rekordbäumen auf. Dieser geht im Süden in den Tharandter Wald über. Der Garten befindet sich in einer Höhenlage von 252 m bis etwa 345 m ü. NN, was einer Niveaudifferenz von etwa 100 m innerhalb des Gartens entspricht. Der ursprüngliche Garten erstreckt sich zusammen mit seinen drei Erweiterungen bis 1839 über 11 ha (Roloff & Pietzarka 2006).

Die sportliche Truppe folgte Ulrich Pietzarka in den 15,4 ha großen Forstpark (Pietzarka & Roloff o. J.). Es überrascht nicht, dass sich dieser Gruppe unser zu dem Zeitpunkt fast 90-jähriges Mitglied Rudolf Schröder anschloss. Während einige jüngere Mitglieder mit dem Anstieg zu kämpfen hatten, schien es, als hätte Rudolf damit keine Probleme. Nachdem wir den Garten des Schatzmeisters durchquert hatten, gelangten wir über ein Wirtschaftstor in den Forstpark. Unser Weg führte entlang der Küstenmammutbaumwälder und der Sitka-Fichten-Mischwälder der Pazifikküste in das Gebirge der „Rocky Mountains". Hier angekommen, blies uns der Regen ins Gesicht (Abb. 6). Erinnerungen an die Jahrestagung 2011 wurden wach. Damals kehrten wir am Eingang zum Forstgarten wegen des strömenden Regens um (Gruber 2012).

Trotz des Wetters, das wir uns anders gewünscht hätten, konnten wir zahlreiche Gehölze bewundern: *Acer circinatum* (Weinblatt-Ahorn, die einzige in Amerika vorkommende Fächerahornart), *A. macrophyllum* (Oregon- oder Großblättriger Ahorn mit den größten Laubblättern aller Ahornarten), *Pinus contorta* (Dreh, Küsten- oder Murray-Kiefer, eine aufgrund des Formenreichtums in drei Unterarten unterteilte zweinadelige Kiefernart), *Abies concolor* (Colorado- oder Grau-Tanne, die beiderseits blau-grünen Nadeln sind die längsten aller Tannenarten), *Betula nigra* (Schwarz- oder Fluss-Birke mit ihrer markant gelockten, stark abblätternden Rinde; Abb. 7), *B. papyrifera* (Papier-, Kanu- oder Amerikanische Weiß-Birke mit ihrer von den amerikanischen Ureinwohnern als Schreibmaterial verwendeten Rinde) und viele weitere Gehölzarten.

Abb. 7: *Betula nigra*-Stamm mit charakteristischer Rinde.

Abb. 8: *Taxus baccata* mit Eibengallmückenbefall.

Auf dem Weg zurück durch den historischen Teil des Gartens, wo wir nach und nach auf die anderen Gruppen stießen, hielten wir noch an einem *Taxus baccata* (Europäische Eibe) mit Eibengallmückenbefall (Abb. 8), der zu einer Überproduktion von Eibennadeln führt, einem Baumpaar von *Castanea sativa* (Edel-Kastanie) und *C. dentata* (Amerikanische Kastanie), die mit 2 Wochenunterscheid austreiben. An einem Pärchen von gleichalten Eiben wurde gezeigt, dass eine Altersschätzung über den BHD bzw. die Baumdimension nicht möglich ist.

Bestimmungsübungen

Zurück im Judeich-Bau freuten wir uns über die am Morgen gerichteten Lunchpakete. Gestärkt widmeten wir uns den Bestimmungsübungen (Abb. 9). Ulrich Pietzarka hatte 19 nordame-

Abb. 9: Bestimmungsübungen im Judeich-Bau.

Abb. 10: Bündel der zu bestimmenden Gehölze mit Hinweis auf den zu nutzenden Schlüssel.

rikanische Gehölze (Abb. 10) ausgewählt: *Acer circinatum* (Weinblatt-Ahorn), *Campsis radicans* (Amerikanische Klettertrompete), *Cephalanthus occidentalis* (Westlicher Knopfbusch), *Cornus alternifolia* (Wechselblättriger Hartriegel), *Cornus florida* (Amerikanischer Blumenhartriegel), *Diospyros virginiana* (Amerikanische Persimone), *Fagus grandifolia* (Amerikanische Buche), *Halesia carolina* (Schneeglöcchenbaum), *Hamamelis virginiana* (Virginische Zaubernuss), *Lindera benzoin* (Fieberstrauch), *Liquidambar styraciflua* (Amerikanischer Amberbaum), *Liriodendron tulipifera* (Tulpenbaum), *Lyonia ligustrina* (Mannsbeere), *Maclura pomifera* (Milchorangenbaum), *Nyssa sylvatica* (Wald-Tupelobaum), *Oemleria cerasiformis* (Oregonpflaume), *Robinia neomexicana* (Neumexiko-Robinie), *Sassafras albidum* (Sassafrasbaum) und *Shepherdia argentea* (Büffelbeere). Ziel der Übung war der Umgang mit Gehölzschlüsseln (Schmidt & Schulz 2023 und Roloff & Bärtels 2018), nicht das Erraten möglichst vieler Arten. Einige davon hatte die Gruppe, die am Vormittag mit Ulrich Pietzarka im Forstpark war, bereits gesehen. Dennoch bleibt festzuhalten, dass ein Zweig anders aussieht als der Baum als Ganzes.

Vortrag zur Studienreise

Nach der Auflösung, welche Gehölze zur Bestimmung ausgesucht waren, referierte Mirko Liesebach über die Studienreise nach Zypern. Nachdem die Reiseroute vorgestellt war, ging der Referent auf Geographie, Geschichte und Kultur ein. In einem weiteren Abschnitt gab es Informationen zu den bereisten Landschaften. Es folgte die Vorstellung ausgewählter Gehölze und weiterer nicht verholzter Pflanzen. Letztere waren mindestens genau so interessant wie die Gehölze. Im letzten Abschnitt wurden noch geschützte Baumriesen – die Rekordbäume Zyperns – vorgestellt. Ein ausführlicher Reisebericht ist in den MDDG 108 abgedruckt (Liesebach et al. 2023).

Mit der Bahn ging es Richtung Dresden. Für die letzten zwei Stationen mussten wir uns auf mehrere Busse des Schienenersatzverkehrs verteilen. Der am Vormittag für unsere Gruppe bestellte zusätzliche Bus stand nicht bereit. Zum Abendessen in der Jugendherberge waren dennoch alle pünktlich zurück. Nach dem Abendessen stand noch ein geführter Rundgang durch das Elbflorenz Dresden auf dem Programm.

Sonntag, 19. Februar 2023

Schlossgarten Pillnitz

Den Abschluss des Winterseminars bildete ein Besuch im Schlosspark Pillnitz. An der Elbe liegt im ehemaligen Dorf Pillnitz, das heute als Stadtteil zu Dresden gehört, das Schloss Pillnitz aus dem 18. Jh. Es besteht im Wesentlichen aus drei Gebäudeteilen: dem an der Elbe liegenden Was-

Abb. 11: Gruppenbild zum Abschluss im Fliederhof.

Abb. 12: Gewächshaus mit der Kamelie.

serpalais, dem zum Hang hin gegenüberliegenden Bergpalais und dem diese an der Ostseite verbindenden Neuen Palais. Der von den Gebäuden eingeschlossene barocke Lustgarten wird durch einen umliegenden Schlosspark ergänzt. Im nach Süden vom Neuen Palais sich anschließenden „Fliederhof" wurden 120 hochstämmige Fliederbäume seit 1860 angepflanzt (Abb. 11).

Während die Gärten am alten Schloss der Wirtschaft dienten, wurden diese nach Inbesitznahme durch die sächsischen Kurfürsten intensiv erweitert und umgewidmet. Gräfin VON COSEL ließ 1712 die Heckengärten pflanzen. Zwischen dem Berg- und dem Wasserpalais entstand der barocke Lustgarten mit Springbrunnen und Boskettanlagen sowie oberhalb des Bergpalais um 1723 der große Schlossgarten mit seinen zwölf Baumreihen. Weitere Erweiterungen waren 1778 der Englische Garten und 1790 der Chinesische Garten. Von 1874 bis 1880 wurde eine Nadelgehölzanlage mit seltenen in- und ausländischen Nadelbäumen angelegt. Die so geschaffene Sammelstätte von Pflanzen aus aller Welt umfasst heute sechs zusammenhängende Gärten auf einer Fläche von 28 ha.

Die über 230 Jahre alte und etwa 8,90 m hohe Pillnitzer Kamelie gilt als eine botanische Sehenswürdigkeit. 1801 an ihren heutigen Platz gepflanzt, ist sie eine der ältesten japanischen Kamelien in Europa. Im Zeitraum Februar bis April erscheinen bis zu 35 000 Blüten. In der warmen Jahreszeit wird das schützende Winterhaus der Kamelie zur Seite gefahren. Das klimatisierte, 54 t schwere und 13,2 m hohe Glashaus (Abb. 12) ist 1992 entstanden und ersetzte eine hölzerne Schutzkonstruktion von 1951, welche zuvor jährlich mit großem Aufwand um die kostbare Kamelie auf- und abgebaut wurde.

Im Garten führten uns Prof. PETER A. SCHMIDT, unterstützt von RUDOLF SCHRÖDER, die den Schwerpunkt auf dendrologische Besonderheiten setzten. In der von Dr. HENRIK WEISS geführten Gruppe wurde verstärkt auf Aspekte des Baumschutzes und der Schadwirkung von Pilzen eingegangen.

Schluss

Das 25. Winterseminar war wieder ein voller Erfolg. Wie sich im Sommer herausstelle, lag die Teilnehmerzahl über der der Jahrestagung, was den Beinamen „kleine Jahrestagung" durchaus rechtfertigt. Schade, dass JÜRGEN BOUILLON das von ihm vorbereitete Seminar nicht leiten konnte.

Alle Fotos vom Autor.

Literatur

BOUILLON, J. (2023): Seminarband zum 25. Winterseminar der AG Junge Dendrologen in der DDG vom 16. bis 19. Februar 2023, Dresden. 82 S.

GRUBER, H.F. (2012): Bericht zur Jahrestagung der DDG vom 29. Juli bis 4. August 2012 in Tharandt. MDDG 97: 245–260.

JABLONSKI, E. (2017): Die Arbeitsgruppe „Junge Dendrologen" in der Deutschen Dendrologischen Gesellschaft (DDG). MDDG 102: 227–236.

KILLEEN, T.; GARCÍA, E. E; BECK, S. G. (1993): Guía de árboles de Bolivia. https://pdf.usaid.gov/pdf_docs/pnaca189.pdf. 2023-02-06.

LIESEBACH, M.; JABLONSKI, E.; MENG, V.; BOMBOSCH, F. (2023): Bericht zur Studienreise der DDG nach Zypern vom 3. bis 10. April 2023. MDDG 108: 160–185.

MORAES, R. M.; ZENTENO-RUIZ, F. S.; FUENTES, A. F. (2017): Árboles de Bolivia: Actualización e implicaciones del conocimiento. https://www.researchgate.net/publication/319177012_Arboles_de_Bolivia_Actualizacion_e_implicaciones_del_conocimiento. 2023-02-06.

PIETZARKA, U.; ROLOFF, A. (o. J.): Forstpark Tharandt. TU Dresden. Band 2 einer Reihe über den Forstbotanischen Garten Tharandt.

ROLOFF, A.; BÄRTELS, A. (2018): Flora der Gehölze, 5. Aufl. Ulmer, Stuttgart.

ROLOFF, A.; PIETZARKA, U. (2006): Der Forstbotanische Garten Tharandt. 2. Aufl. TU Dresden. Band 1 einer Reihe über den Forstbotanischen Garten Tharandt.

SCHMIDT, P. A.; SCHULZ, B. (2023): Fitschen Gehölzflora, 14. Aufl. Quelle & Meyer, Wiebelsheim

URL1: http://www.baumschule-seidel.de/historie.html, Zugriff 28.11.2023.

URL2: https://kamelienschloss.de/, Zugriff 28.11.2023.

URL3: https://tu-dresden.de/bu/umwelt/fb_garten, Zugriff 07.02.2023.

Autor:
Dr. MIRKO LIESEBACH
Thünen-Institut für Forstgenetik
Sieker Landstr. 2
22927 Großhansdorf

Mitt. Deutsch. Dendrol. Ges. (MDDG)	109	247–256	2024	ISBN 978-3-494-01982-6

Exkursionsbericht zur Studienreise in die Steiermark und nach Kärnten vom 1. bis zum 5. September 2022

Rainer Gerber und Christina Hildebrandt

Vorbemerkung

Dank der günstigen Lage südlich des Alpenhauptkamms sind die österreichischen Regionen *Oststeierisches Hügelland* und *Klagenfurter Becken* Zentren des Wein- und Obstbaus. Doch nicht nur Wein- und Obstfelder, sondern auch Baumschulen, private Sammlungen, Parkanlagen und Arboreten beherbergen eine erstaunliche Vielfalt an exotischen und außergewöhnlichen Gehölzen. Max Schöffmann, ehemaliges DDG-Ratsmitglied und in Villach ansässig, und Johannes Rabensteiner, Magister der Botanik aus Graz, hatten unter dem Motto „Besuch bei Freunden in die Steiermark und Kärnten" zu einer Studienreise im September 2022 eingeladen.

Donnerstag, 1. September 2022

Den 12 dendrologisch Interessierten, die der Einladung gefolgt waren, wurde gleich am ersten Abend im Hotel „Kirchenwirt" in Puch bei Weiz durch Johannes Rabensteiner ein profunder Überblick über die Gattung Maulbeeren (*Morus*) geboten. Nach dem 90-minütigen Vortrag des studierten Botanikers fühlten sich die Zuhörenden befähigt, den wichtigsten Unterschied zwischen Schwarzer und Weißer Mehlbeere (*Morus nigra* und *M. alba*) zu erkennen: Die Blätter von *M. nigra* sind unterseits rau und behaart oder weiß- filzig. Die Oberseite sieht zwar glatt aus, fühlt sich jedoch beim Darüberstreifen rau an. Die Unterscheidung nach der Farbe der Früchte führt seit Jahrhunderten Baumschulen und ihre Kunden in die Irre, denn *M. alba* kann neben weißen Früchten auch dunkle Früchte aller Schattierungen von lila bis rot hervorbringen, während *M. nigra* stets dunkle Früchte und niemals weiße zeigt. Der Irrtum bei der falschen Wahl des Setzlings ist wegen der unterschiedlichen Nutzung der beiden Arten fatal: Mit den Blättern von *M. alba* kann man wunderbar Seidenraupen füttern, während die Früchte fad

Abb. 1: Früchte von *Morus alba* L. Foto: J. Rabensteiner.

Abb. 2: Früchte von *Morus nigra* L. Foto: J. Rabensteiner.

und geschmacklos sind. Die Früchte von *M. nigra* schmecken sehr aromatisch; der Geschmack erinnert an Brombeeren. Aus ihnen lässt sich eine hervorragende Konfitüre herstellen, wenn man sie nicht sowieso vom Baum weg nascht. Für die Seidenraupenzucht taugen ihre Blätter jedoch nicht. Die Erkenntnis, die falsche Art gepflanzt zu haben, teilen James I of England und VI of Scotland (frühes 17. Jh.) mit vielen Zeitgenossen, die stolz eine vermeintliche *M. nigra* in der Baumschule erstehen, um sich dann nach Jahren über die faden Früchte zu ärgern.

Johannes Rabensteiner sucht weltweit nach Maulbeerbaumbeständen, kartiert sie und engagiert sich für ihren Erhalt. So wurde im Südosten Albaniens ein Projekt initiiert, durch das Jungpflanzen aus dem Material eines Bestandes jahrhunderteralter Bäume gezogen wurden. Diese wurden lokal wieder an Bauern und Schulen verteilt. Somit wird der Fortbestand der genetischen Ressourcen vor Ort gesichert und gleichzeitig vor Ort deutlich die Wertschätzung der Maulbeerkultur gehoben.

Nur die Aussicht auf das abendliche Gourmet- Menü im Gasthof „Kirchenwirt" konnte das Interesse der Zuhörer, das der erleuchtende und anschauliche Vortrag des auch als Biologielehrer tätigen Referenten geweckt hatte, vom Thema *Morus* in andere Bahnen lenken.

Freitag, 2. September 2022

Erster Besichtigungspunkt des Tages war die Edelkastanien-Baumschule Ecker in Mellach. Die Familie Ecker züchtet und vermehrt Edelkastanien (*Castanea* spp.) seit über 70 Jahren, nunmehr in der dritten Generation.

Die Vermehrung erfolgt über Samen und Veredelung, wobei die Edelreiser stets auf die Sämlinge der eigenen Mutterpflanze vermehrt werden. So veredelte Kastanien blühen schon im zweiten oder dritten Jahr, während Sämlinge 15–20 Jahre bis zur Blüte benötigen. Das ist hilfreich, um möglichst früh zu erkennen, ob die Früchte tauglich sind.

Kriterien für einen guten Zuchterfolg sind große Früchte, guter Geschmack – der nicht zu mehlig sein soll –, Schälbarkeit, Frosthärte, Habitus und Unempfindlichkeit gegenüber dem Kastanienrindenkrebs (*Cryphonectria parasitica*), einer gefährlichen Pilzkrankheit. Die als Biobetrieb geführte Baumschule bietet vier eigene Züchtungen ('Ecker 1' bis 'Ecker 4') zum Verkauf an. Ausgangsarten sind u. a. Europäische (*Castanea sativa*), Amerikanische (*C. dentata*), Japanische (*C. crenata*), die früh fruchtet, und Chinesische Edelkastanie (*C. mollissima*), die die unempfindlich gegen den Kastanienrindenkrebs ist.

Umfangreiche und aufwändige Maßnahmen sind nötig, um die Edelkastanien mit Erfolg heranzuziehen: Drahtkörbe um den Ballen schüt-

Abb. 3: Die Edelkastanien 'Ecker 1' bis 'Ecker 4' im Gewächshaus. Foto: J. Kohler.

zen vor Wühlmäusen, Schutznetze verhindern Schäden durch Hagel und mildern den Befall mit Gallwespen. Staunässe vertragen die Edelkastanien gar nicht. Verkauft werden die Bäume im Topf ab 40 cm Höhe.

Eine große Auswahl an südländisch-mediterranen Pflanzen erwartete die Reisenden im Privatgarten von GOTTFRIED RANEGGER in Kleinpesendorf. Der pensionierte Biologielehrer nutzt das günstige Mikroklima der nordöstlich ausgerichteten Hanglage. Bewusst hat er den Effekt der ins Tal abfließenden kalten Luft in die Pflanzungen einfließen lassen, viele Mauern speichern die Wärme und strategisch angelegte Hecken schützen die empfindlicheren Pflanzen. Diverse Feigenarten – wobei die Bayernfeige (*Ficus carica* 'Violetta') nach Ansicht von RANEGGER nicht die beste ist – teilen sich den Garten mit Maulbeeren, Granatapfel (*Punica granatum*), Papiermaulbeerbaum (*Broussonetia papyrifera*), Kaki-Pflaumen (*Diospyros kaki*), Echter Pistazie (*Pistacia vera*), Oliven (*Olea europaea*), gelbblütigem Flanellstrauch (*Fremontodendron califonicum*), Wollmispel (*Eriobotrya japonica*) und vielen weiteren wärmeliebenden Gehölzen und bilden so mitten im Oststeierischen Hügelland auf 800 m Höhe eine erstaunlich vielseitige Sammlung mediterraner Gehölze.

Als eine Art „Bibliothek der Gehölze" bezeichnet J. RABENSTEINER den Privatgarten am Ferienhaus seiner Eltern in Pischelsdorf, der nächsten Station an diesem Tag. Der leidenschaftliche Sammler nutzt die Fläche, um interimsmäßig Gehölze unterzubringen, bis die geplante Übernahme des Arboretums von FRITZ KUMMERT in Rollsdorf realisiert ist. Am Standort Pischelsdorf stehen die Gehölze deshalb notgedrungen recht eng und ohne gestalterische Ambitionen. Unterkunft finden auch Hybriden von Quitten (*Cydonia* sp.) und Apfel (*Malus* sp.), ursprünglich gezüchtet von Prof. RUDENKO in Moldavien, die J. RABENSTEINER aus einer Versuchsanstalt in der Ostukraine als „Flüchtlinge" aufgenommen hat. Besonders erwähnenswert sind der Seidenwurmdorn (*Maclura tricuspitata*), die gelbfrüchtige Azarole (*Crataegus azarolus*), diverse asiatische Birnbäume (*Pyrus* spp.), Surenbaum (*Toona sinensis*) sowie die kroatische Apfelsorte *Malus domestica* 'Duplokorka' mit doppelter Fruchthaut.

Das Arboretum von FRITZ KUMMERT befindet sich im Hartensteinweg in Rollsdorf. F. KUMMERT gilt in Österreich als Koryphäe im Bereich der Staudengärtnerei. Neben seiner Tätigkeit als Gärtner und Autor lehrte der inzwischen 79-Jährige an der Höhere Bundeslehr- und Forschungsanstalt für Gartenbau Schönbrunn (HBLFA Schönbrunn) und an der Universität für Bodenkultur in Wien.

F. KUMMERT übergibt nun den 1975 angelegten östlichen Bereich seines Privat-Arboretums aus Alters- und Gesundheitsgründen in die jüngeren Hände von J. RABENSTEINER. Neben ausreichend freier Fläche, die J. RABENSTEINER für seine bestehende und sicher noch wachsende Gehölz-

Abb. 4: Privatgarten RANEGGER. Foto: J. KOHLER.

Abb. 5: Östliches Arboretum Kummert mit *Pinus sabiniana*. Foto: J. Mayer.

Abb. 6: Naturdenkmal mit mehreren Edelkastanien. Foto: J. Mayer.

sammlung dann zur Verfügung steht, gehen auch die Bestände an Walnuss-Arten – Butternuss (*Juglans cinerea*), Japanische Walnuss (*J. ailantifolia*), Schwarznuss (*J. nigra*) –, mehrere Mehlbeer-Arten, z.B. Donau-Mehlbeere (*Sorbus danubialis*) und Breitblättrige Mehlbeere (*S. latifolia*), sowie Hickoryarten – Königsnuss (*Carya laciniosa*), Pekannuss (*C. illinoinensis*), Schindelborkige Hickory (*C. ovata*) in seine Obhut über.

Im westlichen Teil des Anwesens sind Kiefern-Arten – Grau-Kiefer (*Pinus sabiniana*), Coulters Kiefer (*P. coulteri*), Tempel-Kiefer (*P. bungeana*), *P. gerardiana* – und die Indische Cesalpinie (*Caesalpinia decapetala*) sowie die chinesische Ringflügelnuss (*Cylcocarya paliurus*) zu sehen. Der Blumen-, Sukkulenten- und Gemüsebestand rund um das Familienhaus begeisterte durch Gestaltung und Vielfalt.

Vor der abendlichen Jause im Buschenschank Maurer in Gleisdorf machte die Reisegruppe noch drei als Naturdenkmal ausgezeichneten imposanten Edelkastanien in der Nähe der Gastwirtschaft die Aufwartung. Die drei sehr mächtigen Exemplare wurden im Kronenbereich leider ohne Not stark eingekürzt, wodurch der ursprüngliche Charakter der Baumkronenformen stark beeinträchtigt ist.

Samstag, 3. September 2022

Nach reichhaltigem Frühstück beim Kirchenwirt war der Garten von Helmut und Adele Pirc in Muggendorf-Straden die erste Station an diesem Samstag. Der Ort Muggendorf liegt nur ca. 50 km nördlich von Maribor (Slowenien), es fallen 400–500 Liter Niederschlag, im April 2022 herrschte eine Woche Spätfrost bis –6 °C.

Helmut Pirc ist Autor zahlreicher Fachbücher zum Thema Obstanbau. Er gestaltete die Streuobstwiese und den Bauergarten im ehemaligen landwirtschaftlichen Anwesen seiner Eltern zu einem Wildobst-Garten um. Zur Beschattung

Abb. 7: Links J. Rabensteiner, dritter Max Schöffmann, mit blauem Shirt Helmut Pirc.

und Gestaltung der Fläche wurden verschiedene Ahornarten (*Acer* sp.) gepflanzt. Ein Verkaufsladen mit verschiedenen selbst hergestellten Erzeugnissen ist ebenfalls eingerichtet und bietet unter anderem eine Vielzahl an Fruchtaufstrichen und Marmeladen aus Kornelkirsche, Titanbeere oder Aronia an. H. Pirc hat ca. 100 fruchtende Wildobst- und Zwerggehölze über viele Jahre gesammelt, um deren Entwicklung für seine Publikationen dokumentieren zu können. Die Reisegruppe konnte 40 Sorten von Kornelkirschen (*Cornus mas,* z. B. 'Bylda', 'Jolico', 'Ugoliek'), 20 Sorten von Mini-Kiwis, auch Strahlengriffel genannt (Kiwipflanze, *Actinidia deliciosa*, z. B. 'Hayward', 'Bruno'; Scharfzähniger Strahlengriffel, *A. arguta*, z. B. 'Ananas', 'Ananasnaya', 'Weiki'; Kolomikta-Strahlengriffel, *A. kolomikta*, z. B. 'Anniki', 'Nahodka', 'Sentiabrskaya'), 10 Sorten der Indianerbanane (*Asimina triloba*, z. B. 'Sunflower', 'Mango'), Feigen (*Ficus carica*, z. B. 'Contessina', 'Peretta'), Apfelbeere (*Aronia* sp., oft apomiktische Hybriden zwischen Filziger Apfelbeere, *Aronia arbutifolia*, und Kahler Apfelbeere, *A. melanocarpa*, z. B. 'Nero' oder 'Königshof') und Ebereschen (*Sorbus aucuparia*, z. B. 'Neschinskaja' oder 'Rosina', Zuchtsorte aus Dresden-Pillnitz) nicht nur sehen, sondern auch ausgiebig deren Früchte verzehren: Einmal frisch vom Baum bzw. Strauch und dann nochmals im Rahmen einer Verkostung von verschiedenen Fruchtzubereitungen und Säften. Eine Gehölzliste des Gartens kann bei den Autoren per Mail angefordert werden, aber allen, die sich mit dem Wildobst intensiver beschäftigen wollen, sei dazu das Buch von Helmut Pirc (2015) empfohlen.

Abb. 8: Kornelkirschen-Sorte 'Nikolka'.

Die Steiermark ist bekannt für ihr Kürbiskernöl. Bei den Fahrten von einer Station zur nächsten konnten die Teilnehmer den Anbau und die Ernte der steirischen Ölkürbisse (*Cucurbita pepo* var. *styriaca*), die sich durch die besondere Dünnschaligkeit ihrer Samen auszeichnen, nachvollziehen. Auf den Äckern werden die Kürbisse nach der Reife auf ca. ein Meter breite Bahnen zusammengeschoben, eine Großerntemaschine überfährt diese und erntet gleichzeitig die Kerne. Die Kürbisse werden dabei zertrümmert und bleiben bis zum Unterpflügen liegen.

Ebenfalls in Muggendorf deckten sich die Teilnehmenden mit dem delikaten steirischen Kürbiskernöl in einem Selbstvermarktungsladen ein.

Neben dem Laden bemerkten wir einen Acker mit bis zu 6 m hohen Blauglockenbäumen (*Paulownia tomentosa*). Im Gespräch mit ortsansässigen Eigentümern der Fläche erfuhren wir, dass die Stämme nach 12–20 Jahren geerntet und in einer nahen Fabrik zur Skiherstellung verwendet werden. Die Holzkerne der Skier werden aus 2 cm breiten Streifen zusammengeleimt.

Der Besuch am Nachmittag galt Juliane und Gerhard Kahr, die in einem stillen Seitental ca. 20 km westlich des Dreiländereckes Österreich–Ungarn–Slowenien in Gutendorf-Kapfenstein ein ehemaliges landwirtschaftliches Anwesen mit kleinem Bauernhaus in welliger Hanglage bewirtschaften. Hauptsächlich züchten J. und G. Kahr Weinreben (*Vitis* sp.) und verkaufen diese auf Märkten in der nahen und fernen Umgebung. Daneben werden auch Feigen-, Granatapfel- und andere winterharte Fruchtsorten für den privaten oder gewerblichen Anbau gezogen.

An weißen Trauben sind folgende Sorten zu erwähnen: 'Cabstra', 'Noah', 'Ewira', 'Bianca', 'Birstaler Muskat', 'Isabella weiss', 'Romulus'; an roten Trauben die Sorten 'Campbell Early', 'Concord', 'Clinton', 'De Chaudac' sowie 'Kölner Blau'. Des Weiteren 'Osella', 'Leon Millot', 'Marschal Foch', 'Venus' (mit sehr dünner Schale), 'Delaware', um nur einige zu nennen. Übrigens: Die mit ca. 400 Jahren weltweit älteste Weinrebe ist eine 'Kölner Blau' und in Maribor in Slowenien zu besichtigen.

Spannend war die Verkostung beim Rundgang durch den Weinberg, da ca. 50 verschiedene Sorten ihre reifen Früchte den Teilnehmenden zum Verkosten entgegen reckten und jeder Weinstock gut beschriftet war. Gekrönt wurde der Gang durch die Weinstöcke von einer leckeren Brotzeit mit selbst gekeltertem Wein, zu der die Familie Kahr einlud.

Zweite Station des Nachmittags war der Wüstengarten der Familie Gussmagg in Siegersdorf

Abb. 9: Kahr-Weintrauben im Vergleich.

Abb. 10: Wüstengarten GUSSMAGG. Foto: J. KOHLER.

bei Herberstein, südwestlich des Stubenbergsees (www.wuestengarten.at).

Im Wüstengarten der Familie GUSSMAGG vergessen die Besucher, dass sie sich in Österreich befinden. Palmlilien (*Yucca* sp.), Agaven (*Agave* sp.), Kakteen (*Opuntia* sp., *Echinocereus* sp. und *Escobaria* sp.), Araukarien (*Araucaria araucana*), Mittagsblumen (*Delosperma* sp.), Bananen (*Musa* sp.) und Bartfaden (*Penstemon* sp.) versetzen die Gäste in weit südlichere Gefilde. GERHARD GUSSMAGG ist ausgebildeter Baumschuler und brachte von Reisen in tropische Länder immer wieder Pflanzen und Samen mit. Zusammen mit seiner Frau BIRGIT, die ebenfalls Gärtnerin ist, hat er neben dem Wüstengarten noch einen Schattengarten und einen „Moorbeetgarten“ angelegt. Die beiden bieten Führungen an, widmen sich der Vermehrung und verkaufen in der nach Terminvereinbarung geöffneten Gärtnerei und im Webshop Raritäten.

Die Möglichkeit zum Einkauf nutzte die Reisegruppe ausgiebig. Nur die Kapazität des Stauraums in den Fahrzeugen schien der begrenzende Faktor der Einkäufe zu sein.

Die abendliche Einkehr beim Ackerwirt in Puch bei Weiz bot österreichische Spezialitäten wie Erdäpfelwurst. Bedauerlich, dass diese traditionsreiche Gastwirtschaft Ende 2022 ihre Tore geschlossen hat.

Sonntag, 4. September 2022

Am vierten Tag verlagerte sich der Exkursionsschwerpunkt und die Unterkunft in westliche Richtung nach Kärnten. Letzte Station in der Steiermark war der botanische Garten in Graz.

Zum Klima in Graz ein paar an der Station Universität Graz gemessene Werte:

Absolutes Minimum: –23,7 °C (Februar 1929), absolutes Maximum: 37,1 °C (Juli 1950), niedrigstes Tagesmittel: –18,8 °C (Januar 1907), höchstes Tagesmittel: 28,5 °C (Juli 1957); Jahresmittel der Temperatur: 9,0 °C (1901–1980) und 15,2 °C (1991–2020); mittlere Summe der Jahresniederschläge: 865 mm (1901–1980), 841 mm (1991–2020); durchschnittliche Andauer der Schneedecke: 43 Tage (1971–1980).

Die zweitgrößte Universität Österreichs (Pharmazie, Physiologie und Biologie mit Schwerpunkt auf Flechten und Moosen u. a.) besitzt nur einen kleinen botanischen Garten mit ca. 3,8 ha Fläche. Die Flächen werden von 12 Gärtnern plus Lehrlingen und Werkstatt gepflegt.

Die historischen Gebäude, die unter Denkmalschutz stehen, wurden renoviert und erweitert, so dass die Standorte einiger Altbäume eingeengt wurden, z. B. der des Mammutbaums (*Sequoiadendron giganteum*).

Erwähnenswert im botanischen Garten Graz ist der China-Teestrauch (*Camellia sinensis*), der von

J. RABENSTEINER aus der Ukraine im Jahr 2015 geborgen wurde und nun durch einen Exkursionsteilnehmer auch im botanischen Garten in Jena vermehrt werden wird, sowie Griechische Tanne (*Abies cephalonica*), Lotuspflaume (*Diospyros lotos*, StD 40 cm, ohne Früchte), Asiatischer Wildapfel (*Malus sieversii*) und Vielblütiger Zierapfel (*M. floribunda*), Chinesisches Gelbholz (*Cladrastis sinensis*), Japanische und Kalifornische Nusseibe (*Torreya nucifera* und *T. california*).

Nach einer Kaffeepause in Graz fuhren die Teilnehmenden auf unterschiedlichen und teils verwundenen Wegen weiter westwärts zum Hof der Familie GEYER in Oberhof-Sonnseite.

Der Bergbauernhof liegt in herrlicher Alleinlage in einem engen Tal des Baches Metnitz und wird nördlich und südlich von bewaldeten Bergketten eingerahmt. Der Hof ist seit Generationen in Familienbesitz und wird jetzt vom Bruder von JULIAN GEYER bewirtschaftet. Neben Milchvieh spielt die Waldwirtschaft und auch die Jagd eine Rolle. Das Anliegen von J. GEYER, der in Villach wohnt und als Arzt arbeitet, ist es, auszuprobieren, welches Obstgehölz rund um den Familienhof in der mit dem südlichen Finnland vergleichbaren Klimalage mit 1 100 Litern Niederschlag und bis zu –17 °C Frost gedeiht. Dazu hat er ca. 400 Obstsorten gepflanzt bzw. veredelt.

Ein Auszug aus dem Gesehenen:

- 15 Auslesen von Kirschpflaume (*Prunus cerasifera*), davon sind sechs unempfindlich gegen die Schrotschuss-Krankheit, *Stigmina caryophylla*.
- Diverse Birnensorten aus alten Obstgärten aus Kaukasien, viele mit russischen Namen.
- Mehrere Sorten Nashi- oder Asien-Birne (*Pyrus pyrifolia* var. *culta*) – die Veredelung auf europäischer Unterlage hat sich als ungünstig erwiesen.
- Die kirgisische Winterbirne (*Pyrus communis* 'Kirgizskaja Zimnaja') zeichnet sich durch hohe Frostbeständigkeit und hohe Erträge aus, ist schmackhaft und lange lagerbar sowie robust gegen Krankheiten.
- Birkenblättrige Birne (*Pyrus betulifolia*) und Sand-Birne (*P. pyrifolia* var. *pyrifolia*).
- Süße Mährische Eberesche (*Sorbus aucuparia* subsp. *moravica* 'Klosterneuburger'), ausgelesen in Klosterneuburg bei Wien. Die Sorte ist bemerkenswert hinsichtlich der Inhaltststoffe, nämlich ein hoher Gehalt an Vitamin C und Bitterstofffreiheit durch geringe Gehalte von Parasorbinsäure.

Eine Brotzeit mit Schinken, Wurst, Käse und Brot aus eigener Herstellung rundete den Besuch auf dem beeindruckenden Bergbauernhof ab.

Als Übernachtungsquartier für die Tage in Kärnten wurde das Hotel „Villa Koch" in Annenheim bezogen, das vor allem durch den Blick aus den Zimmerfenstern direkt aufs Wasser des Ossiacher Sees bestach.

Montag, der 5. September 2022

Der letzte Tag der Exkursion begann mit einer kurzen Wanderung durch ein Überschwemmungsareal am Südufer des Ossiacher Sees. Die Waldfläche der Familie SCHÖFFMANN ist mit Hybrid-Walnussbäumen (*Juglans ailantifolia* × *nigra*) im Abstand von 1,5 × 1,5 m aufgepflanzt. Zum Problem entwickelt sich der invasive Rundblättrige Baumwürger (*Celastrus orbiculatus*), der aus einer aufgelassenen Gärtnerei stammt. Er überwuchert selbst hohe Bäume und nimmt diesen das Licht, so dass sie in wenigen Jahren absterben oder bei Starkwind ausbrechen.

MAX SCHÖFFMANN wandelt die Streuobstwiese, von der seit Jahrzehnten Apfel- und Birnensaft und andere Früchte gewonnen werden, rund um das Anwesen seiner Familie in Villach-Landskron seit 20 Jahren durch Nachpflanzung mit Exoten in ein Arboretum um. Es sind folgende Gehölze angepflanzt: 15 Hickory-Arten, -Sorten und -Hybriden, z. B. *Carya cordiformis*, *C. illinoinen-*

Abb. 11: Kasnak-Eiche (*Quercus vulcanica*) im Arboretum SCHÖFFMANN. Foto: J. MAYER.

sis 'Carlson Nr. 3', *C. laciniosa* 'Fayette'; 15 *Asimina*-Sorten, 12 *Diospyros*-Sorten und -Hybriden; 10 *Juglans*-Sorten und mehrere forstliche Hybriden, z. B. *J. ailantifolia* × *cinerea*, *J. ailantifolia* × *J. cordiformis* 'Steel', *J. cinerea*, *J. nigra*, *J. regia* 'Ferjean' und Intermedia-Hybride (*J. nigra* × *J. regia*); 10 *Castanea*-Arten und -Sorten, z. B. *C. crenata*, *C. dentata*, *C. mollissima* und *C. pumila*; 45 *Quercus*-Arten und -Hybriden, z. B. *Quercus* ×*bebbiana* (*Q. alba* × *macrocarpa*), *Q. hispanica*, *Q. ithaburensis* aus Albanien, *Q. infectoria*, *Q. lobata*, *Q. macrolepis*, *Q. phillyreoides* (schöne Immergrüne), *Q. rugosa*, *Q. trojana* und *Q. vulcanica*; dazwischen Ziergehölze, viele davon mit essbaren Früchten wie *Chaenomeles*, *Corylus*, *Crataegus* (z. B. *C. peticiliata*, *C. mollis*), *Cydonia*, *Elaeagnus*, *Lonicera*, *Mespilus*, *Morus* (z. B. *M. alba* 'Kokuso' und *M. alba* × *rubra* 'Illinois Everbearing'), *Sorbus* (z. B. Titan-Eberesche, eine Kreuzung aus *Sorbus aucuparia* × *Aronia melanocarpa*), u. v. a.

Am Nachmittag trennte sich die Gruppe. Eine Hälfte genoss das Bad im Ossiacher See und frönte dem Müßiggang. Die unentwegte zweite Hälfte der Gruppe begleitete M. Schöffmann in die Höhen seines Bergwaldes (500–700 m ü. NN), der ca. 10 ha Tannen-Buchen-Wald umfasst. Der Wald war früher überwiegend mit Fichten aufgepflanzt, die mittlerweile nahezu vollständig abgeräumt sind. Seit ca. 20–25 Jahren bepflanzt M. Schöffmann den sehr steilen Hang (bis 45°) per Hand mit vielen exotischen Waldbäumen.

Erwähnenswert sind drei Tannenarten: Sierra-Tanne (*Abies concolor* var. *lowiana*, gepflanzt 2001, jetzt mit BHD 30–40 cm), Riesen-Tanne (*A. grandis*) und Edle Tanne (*A. procera*), deren Holz der Lärche ähnelt. Von den Weihrauchzedern (*Calocedrus decurrens*) sind nur zwei Exemplare übriggeblieben, denn viele haben die Fröste bis –25 °C nicht überstanden. Japanische Sicheltannen (*Cryptomeria japonica*) werden seit 2001 gepflanzt und weisen nun Stammdurchmesser bis 50 cm auf. Aus der Forstbaumschule in Münster stammt der Lebensbaum (*Thuja plicata*), der 2005 gepflanzt wurde. Im Bestand sind außerdem Küstenmammutbaum (*Sequoia sempervirens*) und Riesenmammutbaum (*Sequoiadendron giganteum*), Kuchenbaum (*Cercidiphyllum japonicum*), Westamerikanische Hemlocktanne (*Tsuga heterophylla*), Berg-Hemlocktanne (*T. mertensiana*), Chinesische Spießtanne (*Cunninghamia lanceolata*) und Hinoki-Scheinzypresse (*Chamaecyparis obtusa*) zu finden.

Mehrere Ahornarten gedeihen im Bergwald: Rot-Ahorn (*Acer rubrum*), Freemans Ahorn (*A.* ×*freemanii*) und Schneeball-Ahorn (*A. opalus* subsp. *obtusatum*) aus Mazedonien. Zu sehen waren außerdem Esskastanien (*Castanea dentata* ×*mollisima* 'Timber Hybrid' und *C. sativa*), die seit 2001 einen Stammdurchmesser bis zu 20–25 cm erreicht haben, einige Eichenarten – Zerr-Eiche (*Quercus cerris*), Persische Eiche (*Q. macranthera*), Sumpf-Eiche (*Q. palustris*), Drüsenblättrige Eiche (*Q. serrata*), Shumard-Eiche (*Q. shumardii*) und Färber-Eiche (*Q. velutina*) – sowie Sorten der Amerikanischen Ulme (*Ulmus americana*). Die Buartnuss (*Juglans ailantifolia* ×*cinerea*), eine Kreuzung aus der japanischen Herznuss mit der winterharten Butternuss, und Schwarznusshybriden (*J. nigra* × *J. regia*) sind hier besonders starkwüchsig. Weiterhin angepflanzt sind Ferkelnuss (*Carya glabra*), Schindelborkige Hickory (*C. ovata*), Königsnuss (*C. laciniosa* 'Fayette'), Spottnuss (*C. tomentosa*) und Bitternuss (*C. cordiformis*), wobei sich letztere als besonders schnellwüchsig erwies. Beeindruckend war auch der Zuwachs von Chinesischer Hasel (*Corylus chinensis*), Chinesischem Surenbaum (*Toona sinensis*), Japanischer und Chinesischer Flügelnuss (*Pterocarya rhoifolia* und *P. stenoptera*), Japanischem Kuchenbaum (*Cercidiphyllum japonicum* var. *sinensis*), Prächtigem Trompetenbaum (*Catalpa speciosa*), Amerikanischem Tulpenbaum (*Liriodendron tulipifera*), Morgenländischer Platane (*Platanus orientalis*) u. v. m.

Kern des Schöffmannschen Anwesens in Villach-Landskron ist ein historisches Gasthaus aus dem 15. Jh., das bis vor kurzem auch noch als Gastwirtschaft betrieben wurde. In den original erhaltenen Gastraum lud M. Schöffmann die Teilnehmer zum Abschlussessen ein. Karo Schöffmann bewirtete uns mit einem wunderbaren Gulasch und Apfelstrudel, während ihr Ehemann die Jahrhunderte umfassende Geschichte des Wirtshauses anschaulich schilderte. Mit einem kleinen Geschenk und großem Lob dankten die Teilnehmer M. Schöffmann und J. Rabensteiner für die sorgfältige Organisation der erkenntnisreichen und gelungenen Exkursion in die südlichen Regionen der Steiermark und Kärnten.

Fotos, sofern nicht anders angegeben, von den Verfassern.

Literatur

PIRC, H. (2015): Enzyklopädie der Wildobst- und seltenen Obstarten, Leopold Stocker Verlag, Graz.

Autoren:
RAINER GERBER und CHRISTINE HILDEBRANDT
Zum Gründlein 4
97437 Haßfurt
info@baumgutachten.rainergerber.de

Buchbesprechungen

Beiträge zur Rotbuche und **Beiträge zur Moorbirke**. Beide BAYERISCHE LANDESANSTALT FÜR WALD UND FORSTWIRTSCHAFT (Hrsg.). ISSN 2198-106x. LWF Wissen 86, 2022. 159 S. DIN A4. LWF-Wissen 87, 2023. 112 S. DIN A4. 10,00 € je Band (zzgl. Versand).

In der Schriftenreihe LWF Wissen erschienen seit 1994 Hefte in Zusammenhang mit einer Tagung zum Baum des Jahres in Bayern. Damit liegen die 28. und 29. Abhandlung vor. Das jeweilige Autorenteam ist zwar „Bayern-lastig", aber es kommen in jedem Band auch Autoren aus anderen Bundesländern oder vom Bund zu Wort – eine gelungene Mischung.

Band 86 widmet sich der **Rot-Buche**, dem 34. Baum des Jahres, die damit ein zweites Mal Baum des Jahres ist. Sie war 1990 bereits der 2. Baum des Jahres. Damals erschien jedoch kein Tagungsband. 44 Autoren beleuchten im vorliegenden Band unterschiedliche Facetten der Baumart, die in Mitteleuropa den Schwerpunkt ihrer Verbreitung hat.

In 15 Beiträgen wird auf Aspekte wie Verwandtschaft, Morphologie, Verbreitung und Ökologie, Überlegungen Waldbau im Klimawandel, Fakten zum Wachstum, die Zukunft der Buche, Waldschutzfragen, die Buche aus tierökologischer Sicht, die Pilzwelt der Buche, Auswirkungen des Waldumbaus, Biodiversität, Bayerische Naturwaldreservate, die Bewirtschaftung im Staatswald, Holzernte und Arbeitssicherheit, Besonderheiten der Baumart beim Klimaschutz, Vermehrungsgut und Genetik sowie Eigenschaften und Verwendung des Holzes eingegangen. Weiterhin ergänzen 2 Kurzbeiträge den Band. So ist die Beschreibung der Buche aus ROSSMÄSSLER (1863) abgedruckt. Der zweite Kurzbeitrag stellt die zweibändige Praxishilfe Klima-Boden-Baumartenwahl vor. Darin ist in vierseitigen Steckbriefen für 32 Baumarten aktuelles Wissen kompakt zusammengestellt.

Der Band 87 werden die **Moor-Birke**, 35. Baum des Jahres, aber auch anderer Birkenarten in 10 Beiträgen und 5 Kurzbeiträgen von 31 Autoren aus Wissenschaft und Praxis vorgestellt. Die Beiträge behandeln Verbreitung, Morphologie, Ökologie und Standort, waldbauliche Empfehlung, Bestandteil der Biodiversität in Mooren, Moorschutz, fremdländische Birken, Saatgut, Genetik und Herkunftsempfehlungen, Birkenholz als Alternative sowie die Birken als vielseitige Begleiter des Menschen in Gegenwart und Vergangenheit. Unter den Kurzbeiträgen und Gedichten finden sich ein Steckbrief zur Moor-Birke, die Vorstellung des Projektes „GRIMO" und der im Forstlichen Versuchsgarten Grafrath wachsenden ausländischen Birkenarten. Weiterhin sind zwei Gedichte abgedruckt: „Birkenlegendchen" von BÖRIES VON MÜNCHHAUSEN und „Birke im Winter" von HUGO SAUS.

Die Bände schließen mit einer Tabelle, in der die Bäume des Jahres, die Tagungsorte in Deutschland- bzw. Bayern und die jeweiligen LWF Wissen-Ausgabe zusammengestellt sind, sowie einem Autorenverzeichnis.

Die beiden erschienenen LWF Wissen-Ausgaben sind wieder mehr als nur Tagungsbände, sie sind wahre Monographien. (Bezug: LWF Freising, www.lwf.bayern.de)

MIRKO LIESEBACH, Ahrensburg

Die Haselnuss, Arten, Botanik, Geschichte, Kultur. Von JONAS FREI. AT Verlag Aarau und München 2023. 256 S., zahlreiche Abbildungen. Gebunden. 21,1 × 29,7 cm ISBN 978-3-03092-181-9. 49,00 €.

Haselnüsse (Gattung *Corylus*) kennen wir vor allem als Knabberei zum Verzehren. Viele Fruchtsorten der Hasel sind bekannt, die sich mehr oder weniger unterscheiden. An Ziergehölze denkt man erst einmal nicht, nur die Korkenzieher-Hasel (mit gewundenen Zweigen) und die Blut-Hasel mit roten Blättern sind verbreitet, und auch der Baum-Hasel begegnet man als klimatauglichen Straßenbaum. Doch wer kennt darüber hinaus Arten und Sorten der Hasel? Der Autor stellt 22 Arten und Hybriden der Gattung *Corylus* vor, von denen nicht wenige einen hohen Zierwert haben, und einige sich zur Verwendung als kleiner Baum eignen. Dabei werden die beschriebenen Gehölze stets mit vielen sehr guten, aussagekräftigen Abbildungen illustriert – die Fotos zeigen u. a. Blätter und Früchte in Originalgröße. Viele vom Autor angefertigte Illustrationen vervollständigen die Informationen. Der Autor teilt die Haseln in folgende Gruppen ein, die den Sektionen der Gattung entsprechen: Haseln mit blattartigen Hüllblättern (Sektion *Corylus* und Subsektion *Corylus*), Baumhaseln (Sektion *Colurnea*), Schnabel-Haseln (Sektion *Siphonochlamys*), Haseln mit stacheligen Hüllblättern (Sektion *Acanthochlamys*) und Interspezifische Hasel-Hybriden. Selbst so seltene und kaum in Kultur befindlichen Arten wie *C. wangii* werden kurz beschrieben und die Frucht mittels Zeichnung illustriert.

Zudem wird die Bedeutung der Haselnuss für Mensch und Natur beschrieben, deren Bedeutung im Volksglauben, in der Etymologie und der Ethnobotanik dargelegt und über die Erwerbskultur informiert. Auch Haseln in der Landschaft und in der Landschaftsarchitektur werden behandelt. Ein spezielles Kapitel widmet sich der Gefährdung der Gattung *Corylus*. Sorten, vor allem die gartenbaulich interessanten Ziersorten, sind für meinen Geschmack stiefmütterlich behandelt; dieses Kapitel hätte ich mir doch wesentlich ausführlicher gewünscht. Hier muss man, wenn man sich speziell mit den Ziersorten beschäftigen möchte, auf das Büchlein *Die Haselnuss* von Brigitte Wachsmuth (2021) zurückgreifen (den Titel habe ich in den MDDG 108 rezensiert; interessant, dass beide Werke einen identischen Titel tragen). Pomologisch wird die Hasel mit einigen gängigen, aber auch unbekannteren Fruchtsorten dargestellt, auch diese mit Abbildungen der Nüsse.

Wer sich tiefer mit der Gattung *Corylus* beschäftigen möchte, findet ein umfangreiches Quellen- und Literaturverzeichnis.

Das Buch ist – nach einem ähnlichem Konzept wie jenes über die Walnussgewächse vom gleichen Autor – großformatig in einem sehr ansprechendem, buchbinderisch aufwendig produziertem Band angelegt. Ein längeres Stipendium ermöglichte dem Autor den Aufenthalt im Arnold Arboretum, Boston USA – hier konnte er nicht nur die umfangreichen Freilandsammlungen des Arboretums studieren, sondern auch die Bibliothek, das Herbarium und das Wissen der Mitarbeiter vor Ort nutzen, um seine Kenntnisse zu den Haseln zu erweitern.

Es macht Spaß, in dem Buch zu lesen und sich mit der Vielfalt der Gattung der Haselnüsse auseinanderzusetzen. Das Werk ist für alle empfehlenswert, die sich kulturhistorisch, botanisch oder dendrologisch für einzelne Gehölzgattungen interessieren und die auf der Suche nach besonderen Gehölzen sind. Diese Art Sachbuch bereitet reinstes Vergnügen.

Eike Jablonski, Kruchten

The Service Tree. The Tree for a New Europe. Von V. Hrdoušek, Z. Spišek, B. Krška, J. Šedivá und L. Bakay. Verlag Petr Brázda – Vydavatelství, Tschechische Republik 2023. 254 S. Softcover. 69,00 € (inkl. Versand). Zu beziehen über Thomas Kellner, Urholz (info@urholz.de).

Wedig Kausch-Blecken von Schmeling hat 1992 das vielen von uns bekannte Werk *Der Speierling. Sorbus domestica L.; Arterhaltung durch Nachzucht* veröffentlicht. Damals erfuhr der in Vergessenheit geratene Speierling in Deutschland eine ungeahnte Renaissance, und 1993 wurde er zum Baum des Jahres gewählt. Nun, 30 Jahre später, erscheint ein neues, wesentlich umfangreicheres Buch zum Thema. Das vorliegende Werk, eine Übersetzung des 2014 erschienenen tschechischen Originals „Speierling von A – Z“ widmet sich dem Speierling in einer umfassenden Weise: Die 13 Kapitel gliedern sich u. a. in „Der Speierling in Geschichte und Kunst“ (mit vielen Abbildungen historischer Illustrationen), „Artbeschreibungen“ (in dem auch die große Variabilität der Art und daraus selektierter Sorten ersichtlich wird; es wird konsequenterweise die Bezeichnung „*Sorbus domestica*“ verwendet, obwohl sich seit einigen Jahren die gültige Bezeichnung *Cormus domestica* durchsetzt), „Genetik und System“, „Ökologie“, „Verbreitung“, „Vermehrung und Pflanzung“, „Krankheiten und Schädlinge“, „Kultur und Altersbestimmung“, „Nutzung von Holz, Rinde und Knospen“, „Fruchtnutzung“ und „Pomologie“. In diesem Kapitel werden Dutzende von Sorten beschrieben (die nicht immer den Kriterien einer Sorte entsprechen, so manche Selektion mag wohl nur als Einzelbaum stehen), die fast unglaubliche Vielfalt der Speierlinge wird auch hier deutlich – Kroatien, Ungarn, die Tschechische Republik und die Slowakei sind einige der sortenreichsten Länder. Auch der Veitshöchheimer ‘Sossenheimer Riese’ und der ‘Rote Spätling’ werden genannt und abgebildet. Jedes Kapital ist profund bearbeitet und reichhaltig illustriert. Der Inhalt verdiente eine etwas bessere Ausstattung, was die Papier- und Druckqualität angeht. Das Buch ist in Englisch verfasst, aber leicht verständlich, und durch die Fülle der Abbildungen gut zu erschließen.

Unser Mitglied THOMAS KELLNER hat es sich zur Aufgabe gemacht, den Speierling und die Kenntnisse über diesen (und damit auch das vorliegende Buch) zu fördern – seine aus Speierling gefertigten Holzarbeiten seien hier nur am Rande erwähnt. Über THOMAS KELLNER kann man das Buch unproblematisch beziehen. Für alle, die sich mit dem Speierling und seinen Sorten befassen möchten, aber die sich auch für die kulturhistorischen Aspekte interessieren, kann dieses Buch nur wärmstens empfohlen werden.

EIKE JABLONSKI, Kruchten

Weihnachtsbäume. Kulturführung und Pflanzenschutz. Hrsg. von der Landwirtschaftskammer NRW. Selbstverlag, Münster o. J. 108 S. Rückstichheftung. 69,00 € (inkl. Versand).

In der Reihe Fachinformation und Arbeitsunterlage der Gartenbauberatung haben KRISTOF KÖHLER und SANDRA NITSCH von der Beratung Weihnachtsbaumkulturen NRW, ELISABETH GÖTTE, BIANCA BOEHNKE und HARALD KRAMER vom Pflanzenschutzdienst NRW sowie CHRISTIAN MÄRZ und SEPP HERRMANN vom Versuchswesen Weihnachtsbaumkulturen die vorliegende Broschüre erstellt. Sie bietet einen umfassenden Leitfaden für einen erfolgreichen Weihnachtsbaumanbau. Von der Wahl des geeigneten Standorts über die Bodenvorbereitung, die wichtigsten Baumarten und deren Herkünfte, Art der Jungpflanzen und Pflanzung bis hin zur Nährstoffversorgung, Pflege und Ernte gibt es detaillierte Anweisungen und manch wertvollen Tipp. Im letzten Kapitel werden noch betriebswirtschaftliche Belange im Weihnachtsbaumanbau behandelt.

Das knapp zweiseitige Kapitel Biodiversität kommt hierbei etwas verloren vor und ist vermutlich nur aufgenommen worden, damit das Schlagwort enthalten ist. Einen Schwerpunkt bildet der im Untertitel genannte Pflanzenschutz, der über die Hälfte des Broschürenumfangs einnimmt. Er ist in Grundlagen (37 Seiten) und speziellen Pflanzenschutz in Weihnachtsbaumkulturen (21 Seiten) gegliedert. Neben der Beschreibung wichtiger Schaderreger und deren Regulierung im speziellen Teil wird auf rechtliche und technische Fragen des Pflanzenschutzes in den Grundlagen eingegangen.

Die Broschüre weist aber auch Mängel auf. So fehlt im Impressum die Jahresangabe, was gerade hinsichtlich der Beurteilung der Aktualität des Pflanzenschutzes wichtig wäre. Pflanzenschutz ist unbestritten wichtig: Er wird im Vergleich zur Kulturführung äußerst umfangreich abgehandelt. Die Grundlagen lesen sich wie Unterrichtmaterialien zum Erlangen des Sachkundenachweises, anders lässt sich nicht erklären, warum hier Golfplatzbetreiber explizit benannt sind, die mit der Weihnachtsbaumproduktion nichts zu tun haben. Bei einer derartigen Ausführlichkeit hätte der Rezensent auch Informationen zum Pflanzenpass erwartet. Bei den Herkunftsangaben zu den Saatgutplantagen sind die Standortangaben unvollständig bzw. in einem Fall vermutlich falsch, da die Herkunft von einer Baumschule mit einer anderen Nationalität auf dem Markt angeboten wird. Auch hätte es die Broschüre aufgewertet, wenn sie mit einer Einleitung versehen wäre, in der unter anderem erklärt würde, warum in einigen Kapiteln QR-Codes abgedruckt sind, zu denen teilweise eine URL angegeben ist.

Die Broschüre ist insgesamt verständlich und praxisnah gestaltet und spricht damit nicht nur Spezialisten, sondern auch im Nebenerwerb tätige Weihnachtsbaumanbauer an. Angesichts des stolzen Preises und der Mängel ist fraglich, ob sich das Werk in der vorliegenden Auflage weit verbreitet.

MIRKO LIESEBACH, Ahrensburg

Inspiration unter Bäumen. Im Wald der freien Denker von Buddha bis Voltaire. Von HOLGER LUNDT. Verlag Kessel, Remagen 2023. 2. überarb. Aufl. 211 S. Softcover. ISBN 978-3-945941-19-5. 19,00 €.

Bäume haben den Menschen im Laufe ihrer Evolutionsgeschichte Schutz, Zuflucht und Nahrung geboten und sind das ursprüngliche Biotop der Primaten. Bereits in der Mythologie der Antike verleihen Bäume Menschen Weisheit. So wird von keltischen Druiden berichtet, deren heilige Orte alte Eichen waren. Im antiken Griechenland war es die ZEUS-Eiche in Dodona. In der nordischen Mythologie schenkte die Linde Kraft. Das Gericht unter Linden war über viele Jahrhunderte bis in die Neuzeit der Ort, an dem der Baum dem Rechtsprechenden Weisheit verlieh.

Seit Jahrtausenden suchen Menschen Bäume auf, um Inspiration und Erleuchtung zu finden. Als CHARLES DARWIN an seiner Evolutionstheorie arbeitet, sinnierte er täglich auf langen Waldspaziergängen. ALBERT EINSTEIN zog sich unter Obstbäume in seinen Garten in einer Kleingartenkolonie in Spandau zurück. DARWIN und EINSTEIN sind nur zwei der vielen Denker, die die Nähe der Bäume suchten. BUDDHAS Erleuchtung fand unter dem Bodhi-Baum statt, PLATON und ARISTOTELES wanderten philosophierend unter Platanen, VOLTAIRE suchte den Schatten alter Hainbuchen und NIETZSCHE hatte den Zitronenbaum als „Denkerbaum".

Die vorliegende Sammlung von zwölf Essays ist eine Hommage an die Bäume der Erde. Man begegnet Menschen, die ihre Nähe und ihren Zauber gesucht haben, dort zu neuen Gedanken jenseits alter Konventionen inspiriert wurden und auch mutig alte Baumriesen verteidigt haben. Mutige Frauen, wie GAURA DEVI oder JULIA HIOLL, haben sich nicht von Äxten und Gewehren der Holzfäller einschüchtern lassen.

Das Buch im Format 13 × 20 cm kann bequem überall hin mitgenommen werden, und die Essays lassen sich auch in kleineren Pausen lesen.

MIRKO LIESEBACH, Ahrensburg

Verhalt sind Horn- und Sägenklang. Die BBS Forst in Bad Doberan. Von REGINALD RINK. Eigenverlag, Conow 2023. 248 S. Gebunden. Ohne ISBN. 25,00 € (zzgl. 5 € Versand).

In Bad Doberan (Mecklenburg-Vorpommern) gab es von 1950 bis 1994 eine forstliche Ausbildungsstätte. An der Betriebsberufsschule (BBS) Forst Bad Doberan wurde eine Ausbildung zum Forstfacharbeiter, später Forstfacharbeiter/Mechanisator mit Abitur angeboten. Der Autor war von 1967 bis 1970 selbst Lehrling an der BBS. Nach jahrelanger Recherche und dem Zusammentragen von Materialien zur Geschichte der Ausbildungsstätte hat er das Werk im Eigenverlag herausgegeben. Die Facharbeiterausbildung mit hohem Ausbildungsstandard begann aus heutiger Sicht unter einfachsten Arbeits-, Lern- und Wohnbedingungen.

Der erste zweijährigen Ausbildungsjahrgang zum Forstfacharbeiter wurde 1952 aufgenommen. Zehn Jahre später, im Jahr 1962, folgte der erste Jahrgang mit einer dreijährigen Ausbildung zum Forstfacharbeiter mit Abitur. Durch das Weglassen der Fächer Kunst, Musik und später auch Erdkunde gegenüber dem Standardabitur, aber gleichzeitig einer höheren Unterrichtsstundenzahl je Woche und kürzeren Ferien erfolgte zu zwei Drittel Schulunterricht und zu einem Drittel berufspraktische Ausbildung. Der Forstfacharbeiterbrief und der Nachweis der Hochschulreife waren bis 1968 Voraussetzung für die Zulassung zu einem forstwissenschaftlichen Hochschulstudium, welches in der DDR nach der Schließung der Fakultät für Forstwirtschaft in Eberswalde im Jahr 1963 nur noch in Tharandt möglich war. Durch die Kombination von Forstfacharbeiter und Abitur profitierte nach anfänglicher Skepsis insbesondere die akademische Ausbildung in Tharandt, wo bei den Studienzulassungen die Bad Doberaner Absolventen oft dominierten. Zahlreiche Führungskräfte in der DDR-Forstwirtschaft und in den Forstverwaltungen der neuen Bundesländer sowie einige spätere forstliche Hochschullehrer haben ihre Grundausbildung in Bad Doberan erhalten. In Folge der Änderungen in der Forstwirtschaft anlässlich der deutschen Wiedervereinigung wurde die BBS geschlossen. Das Internatsgebäude wurde noch im letzten Jahrtausend abgerissen. Weitere Gebäudeteile die BBS sind in der Beruflichen Schule des Landkreises Rostock aufgegangen.

Im Textteil zeigt der Autor Entwicklung und Hintergründe der besonderen Ausbildung an der BBS, erinnert an Menschen, die dahinterstanden, viele selbst dort ausgebildet. RINK beschreibt anschaulich, dass sich die Einrichtung über die drei Jahrzehnte ihres Bestehens durch Leistungen in der Lehre, der Ausbilder und Lehrlinge legimitieren konnte. Ein umfangreicher Bildteil verdeutlicht, wie die Auszubildenden lebten, lernten und arbeitetet und ihre knappe Freizeit meist weit entfernt der Heimat verbrachten. Der Titel des Buches nimmt Bezug auf die auch in Wettbewerben sehr erfolgreichen Jagdhorn-Bläsergruppe, ein Aushängeschild der Schule.

Die Veröffentlichung erinnert an eine forstliche Bildungsstätte, die durch ihr Ausbildungsprofil nicht nur in der DDR einmalig war. Im Konzept dualer Studiengänge, in dem das Hochschulstudium mit einer Berufsausbildung oder mit Berufspraxis in einem Unternehmen verbunden wird, ist eine Weiterentwicklung der BBS zu sehen.

Das Buch ist all jenen zu empfehlen, die sich mit Ausbildung, nicht nur forstlicher, und mit forstgeschichtlichen Zusammenhängen intensiver beschäftigen. Es ist eine Dokumentation der forstlichen Ausbildung in der DDR, die von A. MILNIK „In Verantwortung für den Wald" (1989 und 2013) nur angerissen wird.

Das Buch kann direkt beim Autor bezogen werden (E-Mail: reginald.rink@gmx.de, Tel.: 038750 20217 oder 0176 98535313).

MIRKO LIESEBACH, Ahrensburg

Aus den Publikationen dendrologischer Schwestervereinigungen

Die DDG steht im Schriftenaustausch mit anderen dendrologischen Gesellschaften. Deren Jahrbücher werden in der Bibliothek der DDG in Göttingen (Bereichsbibliothek Forstwissenschaften und Waldökologie der Universitätsbibliothek) aufbewahrt und können dort eingesehen und von Mitgliedern auch ausgeliehen werden. Nähere Informationen hierzu finden sich auf der Internetseite der DDG. Die Inhalte der rezenten Jahrbücher dieser dendrologischen Gesellschaften werden kurz vorgestellt. Dabei sollen im Wechsel jeweils die Publikationen ausgewählter Vereinigungen vorgestellt werden, in diesem Jahr die der Gesellschaft Deutsches Arboretum (GDA), der belgischen dendrologischen Gesellschaft (BDB) und der schweizerischen dendrologischen Gesellschaft (SDG).

Gesellschaft Deutsches Arboretum (GDA)

Beiträge zur Gehölzkunde 2023. Hrsg. von der Gesellschaft Deutsches Arboretum e.V. (GDA). Selbstverlag, Frankfurt a. M. 2023. 208 Seiten. ISBN 978-3-00-074615-4. 19,80 € (zzgl. Versand).

Im Herbst 2023 ist die 25. Ausgabe der alle zwei Jahre erscheinenden Beiträge zur Gehölzkunde herausgekommen. Der 204 Seiten umfassende Band enthält 17 Aufsätze, die wie in den beiden vorangegangenen Ausgaben fünf Kategorien zugeordnet sind.

In zwei der vier Aufsätzen der Kategorie „Beiträge" wird auf die mexikanische Vejar-Tanne (*Abies vejarii*) in der Natur und in Kultur sowie auf die Koniferengattung *Calocedrus* mit ihren vier immergrünen, schuppenblättrigen Weihrauchzederarten eingegangen. Bei den beiden weiteren Beiträgen stehen Impressionen aus dem Schlosspark Pillnitz im Wandel der Jahreszeiten und das Arboretum im Botanischen Garten der Johannes-Gutenberg-Universität in Mainz im Fokus.

In der Kategorie „Bäume des Jahres" wird die Moor-Birke mit Fotos aus dem Nationalpark Hunsrück-Hochwald vorgestellt.

Die private Baumsammlung, das Arboretum Stadtaus in Kronberg/Taunus, wird in der Rubrik „Arboreten unserer Mitglieder" anhand einer Gehölzliste beschrieben. Der Text ist mit einigen Anekdoten der Eigentümerin bereichert.

Der Kategorie „Kurzbeiträgen" sind zehn Beiträgen zugordnet, in denen weitere Gehölze vorgestellt werden, darunter die Knautheiche (*Quercus petraea*) von Misselberg, eine starke Japanische Nusseibe (*Torreya nucifera*) in Krefeld, der Burgen-Ahorn (*Acer monspessulanum*) als Heckenpflanze im Botanischen Garten Mainz, die Bäreneiche in Niederholzklau, die Goldeiche in Welmlighausen und die Muhleiche bei Börsborn (alle drei *Q. robur*) sowie der Haindlfinger Feld-Ahorn (*Acer campestre*) bei Freising. Ein weiterer Beitrag geht auf fünf seltener kultivierte Sorten der Japanischen Spiere (*Spiraea japonica*) ein. An den Brand der berühmten Pillnitzer Kamelie am 3. Januar 1905 wird mit einem Bericht von Graf von Rex an das Hohe Ministerium des Königlichen Hauses aus dem Sächsischen Staatsarchiv erinnert.

Weiterhin gibt es einen Bericht von einer Studienfahrt der Studierenden des Studiengangs Garten- und Landschaftsgestaltung der Hochschule Van Hall Larenstein (Velp, NL) in den Exotenwald Weinheim im Oktober 2022. Außerdem ist der Bericht zu dendrologischen Tagen mit Kür des Rekordbaumes / Champion Tree 2017 einer Brautmyrte (*Myrtus communis*) in Weinheim abgedruckt.

In den Nachrufen wird Hans-Joachim Albrecht, Gerhard Hanz und Dr. Reinhard Weidner (2004–2013 Präsident der GDA) gedacht. Zwei Rezessionen schließen den Band.

Der Sammelband deckt mit seinen Beiträgen zu Gehölzen, Arboreten und Parkanlagen wieder ein breites Spektrum an gehölzkundlichen Themen ab. Neben den MDDG sind die Beiträge zur Gehölzkunde eine weitere Schriftenreihe, die regelmäßig dendrologische Beiträge veröffentlicht. Die aktuelle und verschiedene ältere Ausgaben können über die GDA (krause-armin@t-online.de) bezogen werden.

Mirko Liesebach, Ahrensburg

Belgische Dendrologische Gesellschaft

Jaarboek van de Belgische Dendrologische Vereniging / Annales de la Société belge de Dendrologie 2022. Belgische Dendrologie Belge (Hrsg.), Selbstverlag, Brüssel 2023. 203 Seiten. ISBN 978-94-927-7172-8.

Im Dezember 2023 erschien das Jahrbuch 2022 der Belgischen Dendrologischen Gesellschaft, wie stets mindestens zweisprachig (neben Französisch und Niederländisch selten in Englisch, sehr selten sogar in der dritten Amtssprache Belgiens Deutsch). Die Redaktion liegt in den bewährten Händen von DIRK DE MEYERE und KOEN CAMELBEKE.

Mit einem Nachruf auf den in Belgien sehr bekannten Dendrologen ANDRÉ CHARLIER, der in zweiter Generation das Arboretum Closerie de Rond-Chêne bewirtschaftete und dort 1941 seine ersten Gehölze pflanzte, beginnt das Jahrbuch. Der im 94. Lebensjahr verstorbene CHARLIER war einer der großen „plantsmen" Belgiens; ich selbst habe viele Jahre seine Gastfreundschaft genießen dürfen und von seinem großen Wissen profitieren können – wir haben viele seiner eigenen Selektionen in unserer Vermehrungsabteilung vermehrt und in unserem Arboretum in Luxemburg gepflanzt. Dort werden sie zu einer kleinen Spezialsammlung zusammengefasst. Auf S. 113 ist eine *Abies pindrow* abgebildet, die 2004 als Geschenk der DDG in das Arboretum kam; CHARLES SNYERS D'ATTENHOVEN berichtet an dieser Stelle von einem Besuch der BDB im April des Jahres – es sollte der letzte Besuch der Dendrologen sein, in dem ANDRÉ noch selbst führte. Sohn und Enkel sind ebenfalls „gehölzaffin", und so wird die Closerie und der Baumbestand weitergeführt werden. DIRK DE MEYERE befasst sich ebenfalls mit Sorten, die von ANDRÉ CHARLIER herausgegeben wurden. Viele von ihnen lauten 'Mercedes', nach seiner Frau benannt. Es gibt Sorten dieses Namens von *Berberis*, *Castanea*, *Fagus*, *Fraxinus*, *Ilex*, *Malus*, *Prunus*, *Quercus*, *Sorbus* und *Tilia*. Vom selben Autor kommt ein kurzer Beitrag zu *Fraxinus* 'Charles Bommer', dessen Identität nicht abschließend geklärt werden kann. Der Originalbaum steht im Kruidtuin in Brüssel, und wurde u. a. *F. xanthoxyloides* oder *F. angustifolia* zugeordnet. Bereits im Jahrbuch 2021 der BDB wurde über diese merkwürdige Esche berichtet. Zwei Reiseberichte nach Montenegro bzw. ins griechische Thessalien beleuchten nicht nur die Dendroflora der Gebiete näher. Weitere Reiseberichte ins Pindosgebirge Griechenlands und an die Pazifikküste der nordwestlichen USA stellen dendrologische Besonderheiten dar. Der jährlich stattfindende, einer Gattung gewidmete Studientag hatte *Rubus* zum Thema, den „garden underdogs", wie der Autor KOEN CAMELBEKE es beschreibt. Gartenwürdig sind viele der etwa 300–400 *„sexual species"* (erwähnt werden auch die etwa 1000 apomiktischen Kleinarten, die in Europa beschrieben wurden). Allein im Arboretum Kalmthout sind 100 *Rubus*-Taxa zu sehen. Gut, dass das Arboretum kürzlich erst um 1 ha erweitert werden konnte; Platz für weitere *Rubus*! Gartenwürdige *Rubus* sind bei uns wenig bekannt, dieser Beitrag macht aber große Lust, selbst einmal die blattschönen oder großblütigen Arten oder auch Sorten auszuprobieren (etwa 40 *Rubus*-Taxa werden im Text erwähnt). Innerhalb der Gattung gibt es sicherlich einiges zu entdecken!

Den größten Teil des Jahrbuches nehmen traditionell die „Dendrologischen Notizen" ein, in denen Mitglieder von ihren öffentlichen oder privaten Arboreten berichten, sowie der Bericht über die Studienfahrt der belgischen Dendrologen nach Irland im Frühjahr 2022.

EIKE JABLONSKI, Kruchten

Schweizerische Dendrologische Gesellschaft

Schweizerische Beiträge zur Dendrologie 73–74 / 2021–2022. Schweizerische Dendrologische Gesellschaft (Hrsg.). Druck von Mattenbach AG, Winterthur 2023. 195 Seiten. ISSN 0080-7265, 30,00 €.

Die 1948 gegründete Schweizerische Dendrologische Gesellschaft beging 2023 ihr 75-jähriges Bestehen. Darauf weist ihr Präsident, ROGER BEER, bereits im Vorwort hin und kündigt an, dass im nächsten Heft auf dieses Jubiläum näher eingegangen wird.

Die aktuelle Ausgabe der im zweijährigen Turnus erscheinenden Schweizerischen Beiträge zur Dendrologie, deren bewährte Redaktion Dr. HANS-PETER STUTZ und BLANCHE KEERIS innehaben, ist über 50 Seiten stärker als die letzte und belegt die ungebrochene Reiselust der SDG nach der Pandemie.

In den Fachbeiträgen und Dendrologischen Notizen beginnen VEIT MARTIN DÖRKEN und HUBERTUS NIMSCH mit einer sehr gut illustrierten Abhandlung zur Gattung *Phyllocladus*, den Blatteiben, die in Deutschland nur unter Glas kultiviert werden können. Die Beschreibungen der u. a. in

Neuseeland und Tasmanien vorkommenden Arten werden durch Fotos von HANS-PETER STUTZ ergänzt, die sie in Vergesellschaftung mit anderen Arten, in Baumgruppen, Wäldern, aber auch imposanten Landschaftsaufnahmen zeigen.

NICOLAS KÜFFER, ANNICK MONOD, ALAIN MÜLLER und GREGOR KOZLOWSKI verdanken wir einen Beitrag zum Botanischen Garten Freiburg, wo eine neue Abteilung „Bäume der Vergangenheit – Bäume der Zukunft" entstand.

Danach folgen 40 Seiten zur „Flora Australis – Das Erblühen Australiens" von ROLAND FASNACHT. Er nimmt uns auf seiner Reise mit in dieses einzigartige Florenreich, das wir mit Fabaceen, Myrtaceen und Proteaceen verbinden. Viele Fotos zur Vegetation und insbesondere Gehölzen machen Lust darauf, einmal selbst die bis über 100 m hohen Eukalyptusarten zu sehen, darunter der berühmte „Centurion" (*Eucalyptus regnans*) mit einer Höhe von 100,5 m. Aber nicht nur die Größe, sondern auch die vom Autor erwähnten über 700 Arten flößen uns Respekt ein. Der Artikel endet mit einem ganzseitigen eindrucksvollen Foto eines *Eucalyptus jacksonii*, Red Tingle, der 75 m hoch ist und einen StU von 20 m hat.

Drei Reiseberichte zu Exkursionen und Tagungen der SDG sowie die Beschreibung seines Gartens durch den Besitzer („Gärten der Mitglieder der SDG") folgen.

So dokumentieren FRANCESCA PALLI, VERENA PEDROTTA, ROGER BEER und HANS-PETER STUTZ eine Exkursion vom 24. bis 26. September 2021 in die Region des Lago Maggiore, wo sehr berühmte, dendrologisch reichhaltige Gärten wie die Parks der Villa Taranto und der Isola Madre besucht wurden. Letztere kommt einem Botanischen Garten gleich und dient zur Akklimatisierung von exotischen Pflanzen, insbesondere Palmen. Viele Leser erinnern sich an die 1862 entstandene, weit ausladende *Cupressus cashmeriana* 'Glauca' am Palazzo, die im Juni 2006 durch einen Wirbelsturm entwurzelt wurde, was anhand von gutem Bildmaterial ersichtlich ist. Wieder aufgerichtet und durch Stahlseile bis heute gesichert, konnte der „schönste Baum der Welt" (StU von fast 8 m) gerettet werden. Im Park der Villa Taranto formierte sich die SDG zu einem Gruppenfoto unter der starken *Quercus rubra,* und eine vom Boden an verzweigte, weit ausladende *Davidia involucrata* ist ebenso im Bild festgehalten.

Es folgt die Vorstellung des privaten Gartens La Maddalena in Brissago durch den Besitzer, der selbst Mitglied der SDG ist. Dabei beschreibt JÜRG BLOME die Lage und Wuchsbedingungen und seine Pflanzensammlung nach Pflanzphasen von 2013 bis 2019 und fügt seinen Ausführungen eine fast drei Seiten umfassende Pflanzenliste an, die Lust auf einen Besuch macht.

Im zweiten Exkursionsbericht (vom 20. bis 29. Mai 2022) beschreiben HANS-PETER STUTZ et al. berühmte Parks und Gärten in Tschechien wie Lednice (UNESCO-Weltkulturerbe), das Rosarium und die Stadt Olomouc, das Arboretum beim Sanatorium in Jablunkov und insbesondere Pruhonice, wo *Magnolia ×pruhoniciana* (*M. tripetala* × *M. obovata*) in den 1970er-Jahren entstand. Pruhonitz verbinden wir in der DDG mit dem damaligen Ehrenmitglied ERNST Graf SILVA TAROUCA, unter dessen Herausgeberschaft und in Zusammenarbeit u. a. mit CAMILLO SCHNEIDER bedeutende dendrologische Bücher zu Laub- und Nadelgehölzen erschienen.

Im Amerikanischen Garten von Chudenice werden ausgewählte, nicht nur aus den USA stammende Gehölze vermerkt und die Gruppe postiert sich unter einer starken Douglasie, die nachweislich 1842 als Sämling aus Hamburg-Flottbeck kam. Eine (unvollständige) Artenliste des Gartens schließt den Exkursionsbericht ab und die Autoren sagen, illustriert von einer Abbildung der *Magnolia ×pruhoniciana,* „Au revoir Tchechie...", der Bericht mag zu zukünftigen Besuchen auch die Leser anregen.

Im dritten Exkursionsbericht gibt HANS-PETER STUTZ schließlich einen Überblick zur Reise ins Zürcher Unterland mit dem Schlosspark Andelfingen, dem Besuch des Arboretums von Vorstandsmitglied THOMAS KELLER in Rorbas mit Schwerpunkt Ahorne, Eichen und 31 *Sorbus*-Arten sowie einer Wanderung am Irchel.

Danach folgen auf zwölf Seiten Buchbesprechungen, ein Nachruf auf das verdiente Vorstandsmitglied OSKAR HUGENTOBLER sowie die Jahresberichte und Protokolle der Mitgliederversammlungen der SDG von 2020 und 2021 und die Protokolle der ordentlichen Generalversammlungen 2021 in Brissago und 2022 in Glattfelden.

Unseren Lesern darf ich diese gut illustrierte Ausgabe mit attraktiven Reisezielen sehr empfehlen. Im Rahmen einer Mitgliedschaft bei der Schweizerischen Dendrologischen Gesellschaft ist das Jahrbuch im Jahresbeitrag von z. Z. SFr. 50.–/ Jahr/Einzelmitgliedschaft inbegriffen.

VOLKER A. BOUFFIER, Nistertal

Register der wissenschaftlichen Pflanzennamen

Hinweise für Autoren

Die **„Mitteilungen der Deutschen Dendrologischen Gesellschaft“** (interne Abkürzung MDDG, für das Zitieren nach internationalen Empfehlungen für bibliografische Abkürzungen von Zeitschriften: **Mitt. Deutsch. Dendrol. Ges.**) erscheinen in der Regel jährlich in einem Band (Jahrbuch). Es werden Beiträge aus dem Gesamtgebiet der wissenschaftlichen und angewandten Dendrologie in deutscher Sprache aufgenommen. Über die Annahme der Artikel entscheidet die Redaktion nach **Begutachtung der Manuskripte** durch Mitglieder des Redaktionsbeirates und weitere Experten/Expertinnen sowie unter Berücksichtigung der Gutachterhinweise, die den Autoren/Autorinnen für eine gegebenenfalls als erforderlich angesehene Überarbeitung übergeben werden. Die Beiträge werden außerdem lektoriert.

Für den Inhalt der Beiträge sind die Autoren/Autorinnen verantwortlich. Ferner erklären sie, dass die Verwendung der darin enthaltenen Elemente (Fotos, Grafiken, Tabellen) nicht gegen die Rechte Dritter oder gegen gesetzliche Bestimmungen verstößt. Mit der Einreichung des Manuskripts erklären sie ferner, dass sie im Besitz aller diesbezüglichen Nutzungsrechte, insbesondere der Vervielfältigungs- und Verbreitungsrechte sind. Die Autoren/Autorinnen befreien den Herausgeber von jeglicher Verantwortung für Forderungen Dritter, die im Zuge des Inkrafttretens solcher Rechte entstehen, und erstatten dem Herausgeber alle daraus entstehenden Schäden und Kosten.

Da die MDDG alljährlich spätestens im Juli vor der Jahrestagung der DDG erscheinen sollen, sind für das jeweils nächste Jahrbuch vorgesehene Arbeiten **bis zum 30. September des Vorjahres bei der Redaktion einzureichen:**

Eike J. Jablonski
Kapellenstr. 8
54675 Kruchten
Tel. 06566-932767
E-Mail: eike.jablonski@education.lu

Bei der Abfassung der Manuskripte sind folgende Hinweise einzuhalten:

Die Artikel sollen einen **Umfang von 20 Druckseiten** nicht überschreiten (dies entspricht etwa 30 Manuskriptseiten, ohne Abbildungen). Über die Aufnahme längerer Beiträge entscheidet die Redaktion. Die Artikel können Tabellen, schwarzweiße und farbige Abbildungen enthalten.

Die **Manuskripte** legen Sie bitte in elektronischer **Form auf USB-Stick** als Word-Dokument (doc, docx oder rtf; Schriftart Times New Roman, Schriftgröße 12, Zeilenabstand 1,5) vor. Nach Absprache mit der Schriftleitung kann das Manuskript auch **auf elektronischem Weg per E-Mail oder WeTransfer übermittelt werden.**

Um Abhandlungen und dendrologische Beiträge über den deutschen Sprachraum hinaus Interessierten zu erschließen, ist den Manuskripten ein **Abstract in englischer Sprache mit Überschrift und eine Zusammenfassung** beizufügen. Umfangreicheren Beiträgen ist eine Gliederung voranzustellen.

Zitierte Literatur, im laufenden Text nur mit Autor und Jahreszahl erscheinend, ist am Schluss des Beitrages in alphabetischer Folge aufzulisten, mit vollständigem Titel der Publikation, bei Büchern mit Angabe von Verlag und Erscheinungsort, bei Zeitschriften mit Jahrgang, ggf. Heftnummer und Seitenzahlen, bei Internetzugriffen mit Internetadresse und Zugriffsdatum. Bei Titeln mit ungeläufigen Sprachen sollte möglichst eine deutsche Übersetzung hinzugefügt werden. Titel kyrillisch geschriebener Publikationen sind transliteriert wiederzugeben.

Bitte richten Sie sich bei den bibliographischen Angaben im Literaturverzeichnis nach folgenden Beispielen:

Bei Büchern:
Roloff, A.; Bärtels, A. (2018): Flora der Gehölze. 5. Aufl. Ulmer, Stuttgart.

Bei Aufsätzen aus Zeitschriften (Periodika):
Liepe, K.; Liesebach, M. (2017): Einfluss der Genetik auf das Wachstum genauer bestimmen. AFZ-DerWald 72 (10): 25–27.

Bei Titeln aus Sammelwerken:
Schmidt, P. A. (2019): Familie Pinaceae, Kieferngewächse. In: Parolly, G.; Rohwer, J. G. (Hrsg.): Schmeil-Fitschen – Die Flora Deutschlands und angrenzender Länder, 97. Aufl.: 166–170. Quelle & Meyer, Wiebelsheim.

Bei Internetquellen:
Deutsche Dendrologische Gesellschaft (2018): Rekordbaum-/Champion Tree-Kür. www.ddg-web.de/index.php/championtrees-info.html, Zugriff 01.02.2019.

Wissenschaftliche Gattungs- und Artnamen sind *kursiv*, **Autorennamen** in Kapitälchen zu schreiben. Es können wissenschaftliche Pflanzennamen und Trivialnamen verwendet werden. Bei erstmaliger Nennung eines Pflanzennamens in einem Beitrag muss der jeweils andere Name in Klammern angefügt werden. Wichtige Begriffe können im Text **fett** hervorgehoben werden. Verwenden Sie als Auszeichnung **weder Unterstreichungen noch Sperrungen**. Statt Fußnoten setzen Sie bitte **Endnoten** ein.

Autorenadresse(n), Tabellen und Abbildungs-Unterschriften bitte am Ende des Textes (nach dem Literaturverzeichnis) zusammenstellen. Bei den Autorenadressen werden Dr. und Prof. Dr. genannt, andere akademische Abschlussbezeichnungen nicht. Für jede Abbildung ist ein Bildautor zu benennen. Über die jeweilige Form der Nennung der Namen im Beitrag entscheidet die Redaktion.

Bitte benutzen Sie bei **Tabellen** die Tabellenfunktion Ihres Textverarbeitungsprogramms oder trennen Sie die Spalten durch Tabstopps. Excel-Tabellen sind ebenfalls möglich.

Bilddateien liefern Sie bitte im TIF-, PNG- oder JPG-Format (möglichst nicht komprimiert) mit einer Auflösung von mindestens 300 dpi **als separate Dateien.** Bitte vermerken Sie im Text, wo die Abbildungen stehen sollen, und geben Sie entsprechende Hinweise, wenn Abbildungen kombiniert und z. B. als Tafel zusammengestellt werden sollen.

Grafiken schicken Sie uns bitte als Excel-Grafiken (xls, xlsx) oder Vektordaten (Dateiformate eps, ai) und separat die zugehörigen Daten als Excel-Tabellen.

Der/die verantwortliche Autor/Autorin erhält vom Verlag eine PDF-Datei mit seinem/ihrem Artikel.

Mit der Veröffentlichung in den Mitt. Deutsch. Dendrol. Ges. erklären sich die Autoren/Autorinnen damit einverstanden, dass der Beitrag zu einem späteren Zeitpunkt auch in digitalisierter Form online verfügbar wird.

Bäume brauchen eine Lobby

Deutsche
Dendrologische
Gesellschaft e.V.
gegründet 1892

Die Deutsche Dendrologische Gesellschaft (Vereinigung für Baumkunde) wurde 1892 gegründet. Ihre Mitglieder engagieren sich für Bäume, deshalb möchte die Gesellschaft gehölzkundliche Themen vermitteln, Interesse für Bäume und Sträucher wecken und Kenntnisse über Gehölze erweitern, auf wertvolle Gehölzbestände aufmerksam machen und dazu beizutragen, diese zu erhalten.

Sie möchten Mitglied in der Deutschen Dendrologischen Gesellschaft e.V. (DDG) werden, um über alle Aktivitäten informiert zu sein und sich aktiv für Bäume zu engagieren? Eine hervorragende Idee und eine, die Sie kaum bereuen dürften.

Bitte wenden Sie ich an unsere Geschäftsstelle – mit dem unten stehenden Formular, gerne auch per E-Mail an ddg-web@web.de – oder informieren Sie sich auf unserer Homepage www.ddg-web.de.

Eike Jablonski
Präsident der DDG

✂ ———————————————————— ✂

An die
Deutsche Dendrologische Gesellschaft e. V.
z. Hd. Herrn Dr. Mirko Liesebach
Hugo-Schilling-Weg 5
22926 Ahrensburg

Sehr geehrter Herr Dr. Liesebach,
ich habe Interesse an einer Mitgliedschaft in der Deutschen Dendrologischen Gesellschaft e.V. Bitte senden Sie mir einen Beitrittsantrag, die Satzung und ggf. weitere Informationen zu. Nachfolgend finden Sie meine Kontaktdaten:

Name: .... Vorname: ....

Anschrift: ....

....

Tel.: ....

E-Mail: ....